U0527753

南宗集

南宗丹书

张紫阳等　原著

盛克琦　编撰

《中华内丹学典籍丛书》
编委会

学术顾问（姓名笔画排序）
朱越利　四川大学道教与宗教文化研究所教授
张高澄　中国道教协会副会长
胡孚琛　中国社会科学院哲学研究所研究员

学术委员（姓名笔画排序）
王彤江　中国道教协会道教文化研究所研究员
戈国龙　中国社会科学院世界宗教研究所研究员
张超中　中国科学技术信息研究所研究员
宋学立　中国社会科学院古代史研究所副研究员
曾传辉　中国社会科学院世界宗教研究所研究员

主　编　盛克琦

编　委（姓名笔画排序）
付前京　史原朋　闫晓飞　陈全林　陈　念　汪登伟
周全彬　盛克琦　蒋门马　蒋智明　滕树军

前言

一

吾华丹道之学，向有南、北二宗之说。南宗又作南派，为浙江天台张紫阳（984—1082）创立；北宗也作北派，为陕西咸阳王重阳（1112—1170）创立。其实张紫阳并没有开宗立派之意，虽传丹道诀法给石泰、刘永年等，薪传不断，但传播面并不大，影响也不广。直至传承到白玉蟾才在南方建立教团组织，初具规模，但是当时并没有"南宗""南派"等称谓。

王重阳在甘河镇得到仙人传授修炼真诀，于终南山"活死人墓"修炼有成后，去山东传道，先后传法给马丹阳、刘处玄、王玉阳、丘处机、谭处端、郝大通、孙不二等七人，建有三教七宝会、三教金莲会、三教三光会、三教玉华会、三教平等会等会社组织，后统称"全真"①，创立"全真道"。王重阳及其弟子积极创办教团组织，也无"北宗""北派"之名目。

南宋景定年间（1260—1264）袁州（今江西宜春）人李简易，号玉溪子，遇异人授以丹诀，著《玉溪子丹经指要》三卷②，阐述《悟真》一派丹法。在卷首有《混元仙派图》，列举唐宋丹道派师承谱系，其间张紫阳至白玉蟾、王重阳、丘处机等都在其中，可见当时是称为"混元仙派"。③

---

① 王重阳在马钰、孙不二家后园结庵修炼，匾其居曰"全真"，是为"全真"立教之始。
② 玉溪子李简易《自序》作于宋景定五年，即公元1264年。
③ 马西沙、韩秉方《中国民间宗教史》称："该派即两宋兴起的内丹派最初称谓。"上海人民出版社，1992年版。

二

元萧廷芝是白玉蟾弟子彭耜的门人，在《大道正统》中叙述道统谱系："一自三阳唱道以来，至于海蟾真人，传之张紫阳、王重阳。紫阳传之翠玄（石泰），翠玄传之紫贤（薛道光），紫贤传之翠虚（陈泥丸），翠虚传之海琼（白玉蟾），先生凡九传。又王重阳真人之所传，凡七传。其间潜通默会，旁出普度，未究其几千万人。……海琼而后，大道一脉归之鹤林先生，为往圣继绝学，为后世立法门。"① 南之张紫阳与北之王重阳相对举，南北之势已经形成。

元代李道纯本是南宗白玉蟾的弟子王金蟾（名景玄，字启道）的门人，入元后称全真道士，加入全真道。其弟子柯道冲于所作《玄教大公案序》说："自周汉以来，惟尹子嗣祖位，金阙帝君继道统，授东华帝君，帝君授正阳钟离仙君，钟传纯阳仙君，吕传海蟾刘仙君，刘南传张紫阳五祖，北传王重阳七真，道统一脉自此分而为二。""南五祖""北七真"之名，当从此而立。

陈致虚（1290—？）师承全真马钰一系，《金丹大要序》说："华阳、玄甫、云房、洞宾授受以来，……燕相海蟾，受于纯阳而得紫阳以传，杏林、紫贤、泥丸、海琼接踵者多；我重阳翁受于纯阳而得丹阳，全真教立，长春、长真、长生、玉阳、广宁、清净诸老仙辈，枝分接济，丹经妙诀散满人间。……我黄房公得于丹阳，乃授太虚，以传紫琼，我缘督子得于紫琼。"

南北二宗社团是在萧廷芝、李道纯、陈致虚等明智之士的不断努力下，逐渐实现了合流和统一。

元末明初宋濂（1310—1381）在《潜溪后集·卷之四·跋长春子手帖》中说："盖自东华少阳君得老聃之道，以授汉钟离权，权授唐进士吕岩、辽进士刘操。操授宋之张伯端，伯端授石泰，泰授薛道光，道光授陈楠，楠授白玉蟾，玉蟾授彭耜，此则世所号南宗者也。岩授金之王嚞，嚞授七弟子，其一即公（长春子丘处机）。余曰谭处端、曰刘处元（玄）、曰王处一、曰

---

① 《大道正统》，《道藏》第12册，第186页。

郝大通、曰马钰及钰妻孙不二，此则世所号北宗者也。"① 在《翰苑别集·卷九·送许从善学道还闽南序》中又说："宋金以来，说者滋炽，南北分为二宗；南则天台张用成（伯端），其学先命而后性；北则咸阳王中孚（王嚞），其学先性而后命。"②

与宋濂同时代的王祎（1321—1372）在其《丛录》中云："今也炼养、服食其术具传，而全真之教兼而用之。全真之名，昉于金世，有南北二宗之分，南宗先性，北宗先命。"③

从宋濂与王祎的记载看，在元末明初"南宗""北宗"的称谓已经正式确立。明清学者普遍承袭其说，如明万历间胡应麟《少室山房笔谈丛正集》卷二十六《玉壶遐览一》云："盖南北二宗之分，实自宋南渡后，而皆始于吕岩。岩得道钟离权，权得之东华少阳君。南宗自岩授刘海蟾操，操授张紫阳伯端，伯端授石翠玄泰，泰授薛紫贤道光，道光授陈泥丸楠，楠授白海琼玉蟾，玉蟾授彭鹤林耜，此所谓南宗也。北宗自岩传王重阳嚞，嚞传马丹阳钰及妻孙不二，钰传谭长真处端、刘长生处玄、丘长春处机，此所谓北宗也。"

三

南宗自张紫阳著《悟真篇》以来，法嗣多有著述传世。紫阳一传石泰（1021—1158）著《还源篇》，二传薛道光（1078—1191）著《还丹复命篇》，三传陈泥丸（？—1213）著《翠虚篇》，四传白玉蟾（1194—1289）著《紫清指玄集》等，且都享高寿。今有浙江天台山桐柏宫为"南宗祖庭"。

张紫阳传至白玉蟾之间，徒裔基本很少，呈自由的隐修状态。白玉蟾之后，南宗的修炼内容和传授形式为之一变，内修丹道，外行雷法，斋醮设仪，名声大噪，引来四方修士从之求法，南宗道法得以普传。据考证，能知白玉蟾弟子之名者有四十余人，计有彭耜、潘常吉、留元长、林伯谦、谢显道、王金蟾、方碧虚等。其后彭耜之门人萧廷芝著《金丹大成集》，王金蟾

---

① 《宋濂全集》，201 页，浙江古籍出版社，1999 年 12 月第 1 版。
② 《宋濂全集》，1110 页，浙江古籍出版社，1999 年 12 月第 1 版。
③ 《王忠文集》卷二十，《文渊阁四库全书》第 1226 册，第 430 页。

门人李道纯著《中和集》，以及方碧虚著《碧虚子亲传直指》、龙眉子著《金丹印证图》等，汇聚成一个蔚为大观的"南宗丹经"体系。

南宗丹经著述广博，卷帙浩瀚，散见于《道藏》[①]。近世以来，南宗丹经缺乏系统梳理，既不利于学界的研究，也不利于丹道修士的阅读。本编将南宗丹经汇集为一册，名曰《南宗丹书》，献诸学界、教界和广大丹道爱好者。所选取的资料系以广义南宗而言，非寞曰于一脉之传承。因此本书既有南宗传承之法本，也有丹道理论相近之丹书。由于南宗丹经著述非常丰富，故本书取材仅限定宋元间存于《道藏》等文献，不做最广泛的收集。

由于我等学力不足，本书中难免存在诸多的不足和讹误，敬请读者悉心阅读，给以批评指正。电子信箱：shengkq999@163.com。

盛克琦
2022 年 5 月识于京华

[①] 本书所用《道藏》为俗称"三家本"，即文物出版社、上海书店出版社和天津古籍出版社于 1988 年出版的 36 册。

目 录

第一编　悟真篇 1
点校说明 1
《悟真篇》序 2
《悟真篇注》始末 4
《悟真篇》本末事迹 5
　　张真人本末 5
　　薛紫贤事迹 6
　　陆彦孚记 8
悟真篇 9
　　七言四韵一十六首 9
　　五言四韵一首 23
　　七言绝句六十四首 24
　　西江月十二首 46
　　又一首 53
　　绝句五首 53
　　读《周易参同契》 55
　　赠白洞刘道人歌 57
　　石桥歌 59
《悟真篇》外集 60
　　性地颂 60
　　无罪福 61
　　三界惟心 62
　　见物便见心 62

圆通 62

　　随他 62

　　宝月 62

　　《心经》颂 62

　　人我 63

　　读雪窦禅师《祖英集》 63

　　戒定慧解 63

　　即心是佛颂 64

　　采珠歌 64

　　禅定指迷歌 64

　　无心颂 65

　　西江月一十二首 66

　《悟真篇》后序 68

　跋 69

第二编　金丹四百字 70

　点校说明 70

　《金丹四百字》序 71

　　序 71

　　金丹四百字 73

第三编　青华秘文 79

　点校说明 79

　《玉清金笥宝箓》序 79

　玉清金笥青华秘文金宝内炼丹法 81

　《玉清金笥青华秘文金宝内炼丹诀》卷上 82

　　表奏 82

　　金丹图论序 83

　　心为君论 84

　　口诀 85

· 2 ·

口诀中口诀	85
神为主论	86
气为用说	87
精从气说	87
意为媒说	87
坎离说	87
下手工夫	88
精神论	89
幻丹说	89
捉丹法	90
神水华池说	91
百窍说	91

《玉清金笥青华秘文金宝内炼丹诀》卷中　92

采取图论	92
交会图论	94
采取交会口诀	95
口诀中口诀	95
青娥何在我	95
直泄天机图	97
直泄天机图论	98
口诀	98
蟾光论	100
炉鼎图论	102
神室图论	103

《玉清金笥青华秘文金宝内炼丹诀》卷下　105

火候图论	105
阴尽图论	107
阳纯图论	109
总论金丹之要	109
次第秘诀	112

火候秘诀 ·· 112
　　　后跋 ·· 114
　　附录 ·· 115
　　　《浮黎鼻祖金药秘诀》序 ·· 115
　　　八脉经 ·· 117

第四编　还源篇 ·· 118
　　点校说明 ·· 118
　　《还源篇》序 ·· 118
　　还源篇 ·· 119
　　　五言绝句 ·· 119
　　后序 ·· 128

第五编　还丹复命篇 ·· 129
　　点校说明 ·· 129
　　序 ·· 129
　　还丹复命篇 ·· 131
　　　五言律诗一十六首 ·· 131
　　　七言绝句三十首 ·· 133
　　　又诗一首 ·· 138
　　　西江月词九首 ·· 138
　　　诗一首 ·· 139
　　　丹髓歌 ·· 139

第六编　翠虚篇 ·· 144
　　点校说明 ·· 144
　　《翠虚篇》序 ·· 144
　　翠虚篇 ·· 145
　　　紫庭经 ·· 145
　　　大道歌 ·· 147

罗浮翠虚吟	148
丹基归一论	152
水调歌头	153
鹊桥仙	153
真珠簾	154
金丹诗诀	154

第七编　紫清指玄集　170

点校说明　170

紫清指玄集　171

玄关显秘论	171
修仙辨惑论	173
性命日月论	176
谷神不死论	176
阴阳升降论	177
金液还丹赋	178
学道自勉文	179
东楼小参文	179
冬至小参文	180
丹房法语与胡胎仙	181
题张紫阳、薛紫贤二真人像	181
谢陈仙师寄书词	182
鹤林问道篇上	183
大道歌	186
必竟恁地歌	187
快活歌	188
金液还丹诗	190
炼丹不成作	190
赠潘高士	191
赠赵县尉	191

赠赵翠云 ………………………………………… 191
　　赠雷怡真 ………………………………………… 191
　　三华院还丹诗 …………………………………… 192
　　还丹诗 …………………………………………… 192
　　述翠虚真人安乐法 ……………………………… 192
　　呈万庵十章 ……………………………………… 192
　　赠何道人 ………………………………………… 194
　　赠云谷孔全道 …………………………………… 195
　　赠赵寺丞 ………………………………………… 195
　　赠陈先生 ………………………………………… 195
　　华阳吟 …………………………………………… 195
　　水调歌头 ………………………………………… 200
　　沁园春 …………………………………………… 201
　　山坡羊 …………………………………………… 202
　　满庭芳 …………………………………………… 202
　　酹江月 …………………………………………… 203
　附录 ………………………………………………… 203
　　道阃元枢歌 ……………………………………… 203

第八编　金丹大成集 ………………………………… 205
　点校说明 …………………………………………… 205
　金丹大成集 ………………………………………… 206
　　卷一 ……………………………………………… 206
　　无极图说 ………………………………………… 206
　　天心图 …………………………………………… 207
　　玄牝图 …………………………………………… 207
　　既济鼎之图 ……………………………………… 208
　　河车图 …………………………………………… 208
　　周天火候图 ……………………………………… 208
　　泄天符火候图 …………………………………… 209

六十卦火候图	210
大衍数图	211
金丹橐籥图	211
橐籥歌	212
金液还丹赋	212
金液还丹诗	213
金液还丹论	213
卷二	215
金丹问答	215
卷三	225
七言绝句	225
卷四	236
乐道歌	236
茅庐得意歌	237
剑歌	238
赠谌高士辞往武夷歌	238
赠邹峄山歌	239
西江月	239
南乡子（十二首）	241
读《参同契》作	244
卷五	245
解注崔公《入药镜》	245
解注吕公《沁园春》	250

第九编　金液还丹印证图　254

点校说明　254
龙眉子叙　254
金液还丹印证图　256
警悟　256
原本　257

乾坤	258
鼎器	260
铅汞	261
和合	262
真土	263
采取	264
制度	265
辅佐	266
服丹	267
九鼎	268
进火	269
退符	271
抽添	273
沐浴	274
金液	275
抱元	276
朝元	277
还元	278
炼丹行	278
指迷箴	280
后识	281
还丹印证图后叙	282

第十编 碧虚子亲传直指 284
点校说明 284
碧虚子亲传直指 284

第十一编 长生指要篇 290
点校说明 290
长生指要篇 290

《长生指要篇》序 ·· 290
第一 ·· 291
第二 ·· 292
第三 ·· 293
第四 ·· 294
第五 ·· 295
第六 ·· 295
第七 ·· 297
金丹合潮候图 ··· 298

第十二编　金丹直指ㅡ·· 300
点校说明 ·· 300
《金丹直指》序 ··· 300
金丹直指 ·· 301
　玄关一窍颂 ··· 301
　真土颂 ·· 301
　阳晶颂 ·· 302
　玄牝颂 ·· 302
　龙虎颂 ·· 302
　铅汞颂 ·· 302
　真炉鼎颂 ·· 302
　真药物颂 ·· 302
　斤两颂 ·· 302
　抽添颂 ·· 303
　火候颂 ·· 303
　法度颂 ·· 303
　口诀颂 ·· 303
　沐浴颂 ·· 303
　工夫颂 ·· 303
　温养颂 ·· 303

或问 ·· 304

第十三编　玉溪子丹经指要

　点校说明 ·· 308
　混元仙派之图 ······································ 309
　《玉溪子丹经指要》序 ······························ 310
　玉溪子丹经指要卷上 ································ 311
　《悟真篇》指要 ···································· 311
　　交会图 ·· 311
　　三五一都图 ······································ 312
　　一曰九还七返 ···································· 312
　　二曰鼎器 ·· 313
　　三曰真铅 ·· 314
　　四曰真汞 ·· 314
　　五曰真土 ·· 314
　　六曰刀圭 ·· 314
　　七曰媒人 ·· 314
　　八曰采取 ·· 315
　　九曰融结 ·· 315
　　十曰烹炼 ·· 315
　　十一曰金木交并 ·································· 316
　　十二曰水源清浊 ·································· 316
　　十三曰温养 ······································ 316
　　十四曰火候 ······································ 316
　　十五曰沐浴 ······································ 317
　　十六曰脱胎 ······································ 317
　《玉溪子丹经指要》卷中 ····························· 319
　　长生久视之书 ···································· 319
　　辩惑论 ·· 323
　　丹房法语 ·· 325

羲皇作用	325
《玉溪子丹经指要》卷下	327
张紫阳赠白龙洞刘道人歌	327
规中图十二字诀序	330
规中图	330
解纯阳真人《沁园春》	332
密语诗五首	336
赞纯阳仙像	336

第十四编　规中指南 　338

点校说明	338
规中指南序	338
《规中指南》卷上	339
止念第一	339
采药第二	340
识炉鼎第三	340
入药起火第四	341
坎离交姤第五	341
乾坤交姤第六	342
攒簇火候第七	343
阳神脱胎第八	344
忘神合虚第九	344
《规中指南》卷下	344
内丹三要	344
玄牝	347
药物	349
火候	351
后序	352

第十五编　金液大丹口诀 ... 353
点校说明 ... 353
序 ... 353
金液大丹口诀 ... 354
诗 ... 355
西江月 ... 357
安乐歌 ... 358
归真篇 ... 359
抽添诗 ... 360

第十六编　爱清子至命篇 ... 361
点校说明 ... 361
《爱清子至命篇》序 ... 361
《爱清子至命篇》卷上 ... 362
先天四象之图 ... 362
后天四象之图 ... 363
安炉立鼎之图 ... 363
排符进火之图 ... 364
九转成功之图 ... 366
《爱清子至命篇》卷下 ... 368
入道诗 ... 368
注《沁园春》 ... 371
注《北斗真形咒》 ... 374

第十七编　三极至命筌蹄 ... 376
点校说明 ... 376
三极至命筌蹄 ... 376
奇耦极象 ... 376
无极之象 ... 377
太极之象 ... 377

两仪之象	378
四象之图	378
八卦之象	378
皇极之象	379
混元三宝之象	379
九宫用中之象	380
十干纳甲之象	380
生死三徒之象	381
乾坤直夏之象	381
艮兑手口之象	382
震巽足尺之象	382
坎离耳目之象	383
腹背根蒂之象	383
金木间隔之象	384
五车三乘	384
大牛车上乘	386
大白牛车无上乘	386
注紫清白真人《金液大还外丹诀》	388
述赞纯阳真人《霜天晓角》	392
炼药指真歌	393
丹经举要	394
三要总叙	394
三关总叙	394
九鼎总叙	395
阴符破迷赞	395
古仙真诀集句	396
修真六用	397
五空颂	398
修丹十戒	399
修仙善恶劝戒	400

第十八编　金丹正宗 · 404
点校说明 · 404
金丹正宗 · 404
序 · 404
金丹正宗 · 405
短句十二首 · 409

第十九编　先天金丹大道玄奥口诀 · 411
点校说明 · 411
《先天金丹大道玄奥口诀》序 · 411
先天金丹大道玄奥口诀 · 413
归根图 · 414
人之根喻如草木，颠倒而生，是谓天根 · 414
金丹药物直指图 · 415
口诀直指 · 416
金丹大道指迷颂 · 417
后序 · 419

第二十编　悟玄篇 · 421
点校说明 · 421
《悟玄篇》序 · 421
悟玄篇 · 422
形化 · 422
气化 · 423
坐工口诀 · 423
火燥水滥 · 424
沐浴 · 424
玄关一窍 · 424
药物 · 425
火候 · 425

中宫	425
抱一	425
出神名曰解胎	425
玄关一窍	426
药物	426
初下手	427

第二十一编　丹经极论

点校说明	430
丹经极论	430
外药火候	432
内药运功	433
出神	434
悟真遗篇	434
西江月	435
还丹复命遗篇	435

第二十二编　存神固气论

点校说明	437
存神固气论	437
炉鼎地位	437
阴阳颠倒	437
阴阳老少	438
水火相求	438
金木相刑	438
五行还返	438
王气盛衰	439
添进火候	439
龙虎关轴	439
情性动静	439

身分色化 440

胎息真趣 440

寂灭无为 440

形神俱妙法 440

中源篇 441

第二十三编　养生秘录 442

点校说明 442

养生秘录 442

玉溪子丹房语录 442

口诀 443

玉虚子宜春心诀 443

规中图 444

中黄内旨 445

四段锦 446

青霞翁丹经直指 447

大道歌 451

金丹问答 452

第二十四编　太上修真玄章 453

点校说明 453

太上修真玄章 453

一气化生章第一 453

性命根蒂章第二 454

先天后天章第三 454

形神玄用章第四 454

金丹作为章第五 455

虚无生化章第六 455

修炼三治章第七 455

神气交媾章第八 456

动静升降章第九 ·················· 456
　　炼气成神章第十 ·················· 456

附　录 ···························· 458
　　易筋经 ························ 458
　　洗髓经 ························ 484

第一编　悟真篇

张紫阳　著

薛道光　注

点校说明

1.《悟真篇》，北宋张紫阳著。张紫阳（983—1082），名伯端，字平叔，号紫阳、紫阳仙人，后改名用成，世称"悟真先生"，又尊为"紫阳真人"。天台人（今浙江省天台县）。自幼博览三教经书，涉猎诸种方术。《悟真篇·序》有："仆幼亲善道，涉躐三教经书，以至刑法书算、医卜战阵、天文地理、吉凶死生之术，靡不留心详究"。后于成都遇仙人（刘海蟾）授道，著有《悟真篇》《青华秘文》《金丹四百字》等。元丰五年（1082年）仙逝，留有《尸解颂》云："四大欲散，浮云已空。一灵妙有，法界通融。"清雍正年间封"大慈圆通禅仙紫阳真人"，尊祀天台山桐柏宫，为"南宗祖庭"。

2.《悟真篇》在内丹学中具有很高的学术地位，与"万古丹经王"《参同契》相媲美。自宋朝以降，《悟真篇》注释版本甚多，纷陈各家丹道之学，蔚然汇集而成"悟真学"。

3. 本篇所选《悟真篇注》是署名"薛道光注"本。薛注本，自元朝以来，颇有争议。元人戴起宗判"薛道光注"是"翁葆光注"，作有《悟真篇注辩》。今人杨立华撰《悟真篇薛注考》[①]，力证"薛道光注"本的存在。

4. 薛道光注现有两个本子，一是元人陈致虚本《悟真篇三注》本，题

[①] 杨立华，《悟真篇薛注考》，见《世界宗教研究》，2000年第2期。

"紫贤真人薛道光注";二是《古今图书集成》本,题"薛道光注"。

5. 本篇以《钦定古今图书集成·博物汇编·神异典·第二百九十七卷·静功部汇考五》所收《悟真篇》薛道光注为底本,参校以《悟真篇注疏》之翁注和《悟真篇三注》之薛注。

《悟真篇》序①

嗟夫,人身难得,光景易迁,罔测短修,安逃业报?不自及早省悟,惟只甘分待终,若临期一念有差,堕三途恶趣,则动经尘劫,无有出期。当此之时,虽悔何及?故老释以性命学开方便门,教人修种,以逃生死。释氏以空寂为宗,若顿悟圆通,则直超彼岸,如其习漏未尽,则尚徇于有生;老氏以炼养为真,若得其要枢,则立跻圣位,如其未明本性,则犹滞于幻形。其次《周易》有"穷理尽性至命"之辞,《鲁论》有"毋意必固我"之说,此又仲尼极臻乎性命之奥也。然其言之常略,而不至于详者,何也?盖欲序正人伦,施仁义礼乐有为之教,故于无为之道未尝显言,但以命术寓诸易象,性法混诸微言耳。至于庄子推穷物累逍遥之性,孟子善养浩然之气,皆切几之。迨夫汉魏伯阳引《易》道交姤之体,作《参同契》,以明大丹之作用;唐忠国师于《语录》首叙老庄言,以显至道之本末。如此,岂非教虽分三,道乃归一。奈何后世黄缁之流,各自专门,互相非是,致使三家宗要,迷没邪歧,不能混一而同归矣。且今人以道门尚于修命,而不知修命之法,理出两端:有易遇而难成者,有难遇而易成者。如炼五芽之气,服七曜之光;注想按摩,纳清吐浊;念经持咒,噀水叱符;叩齿集神,休妻绝粒;存神闭息,运眉间之思;补脑还精,习房中之术;以至服炼金石草木之类,皆易遇而难成。以上诸法,于修身之道,率多灭裂,故施功虽多,而求效莫验。若勤心苦志,日夕修持,止可辟病免其非横,一旦不行,则前功渐弃,此乃迁延岁月,必难成功。欲望一得永得,还婴返老,变化飞升,不亦难乎?深可痛伤!盖近世修行之徒,妄自执著,不悟妙法之真,却怨神仙谩语,殊不知

---

① 《悟真篇》序,底本无,据《道藏》本《悟真篇三注》增补。

成道者皆因炼金丹而得，恐泄天机，遂托数事为名。其中惟闭息一法，如能忘机绝虑，即与二乘坐禅颇同。若勤而行之，可以入定出神。奈何精神属阴，宅舍难固，不免长用迁徙之法。既未得金汞返还之道，又岂能回阳换骨、白日而升天哉？夫炼金液还丹者，则难遇而易成，须要洞晓阴阳，深达造化，方能追二气于黄道，会三性于元宫，攒簇五行，和合四象，龙吟虎啸，夫唱妇随，玉鼎汤煎，金炉火炽，始得玄珠有象，太乙归真。都来片饷工夫，永保无穷逸乐。至若防危虑险，慎于运用抽添；养正持盈，要在守雌抱一。自然复阳生之气，剥阴杀之形。节气既周，脱胎神化，名题仙籍，位号真人，此乃大丈夫功成名遂之时也。今之学者，有取铅汞为二气，指脏腑为五行，分心肾为坎离，以肝肺为龙虎，用神气为子母，执津液为铅汞，不识浮沉，宁分主客？何异认他财为己物，呼别姓为亲儿？又岂知金木相克之幽微，阴阳互用之奥妙？是皆日月失道，铅汞异炉，欲望结成还丹，不亦难乎？

　　仆幼亲善道，涉猎三教经书，以至刑法书算、医卜战阵、天文地理、吉凶死生之术，靡不留心详究。惟金丹一法，阅尽群经及诸家歌诗论契，皆云日魂月魄、庚虎甲龙、水银丹砂、白金黑锡、坎男离女，能成金液还丹，终不言真铅真汞是何物色？又不说火候法度、温养指归。加以后世迷徒恣其臆说，将先圣典教妄行笺注，乖讹万状，不惟紊乱仙经，抑亦惑误后学。仆以至人未遇，口诀难逢，遂至寝食不安，精神疲顇。且询求遍于海岳，请益尽于贤愚，皆莫能通晓真宗，开照心腑。后至熙宁二年己酉岁，因随龙图陆公入成都，以夙志不回，初诚愈恪，遂感真人授金丹药物火候之诀，其言甚简，其要不繁，可谓指流知源，语一悟百，雾开日莹，尘尽鉴明，校之仙经，若合符契。因念世之学仙者十有八九，而达其真要者未闻一二。仆既遇真诠，安敢隐默？罄所得成律诗九九八十一首，号曰《悟真篇》，内七言四韵一十六首，以表二八之数；绝句六十四首，按《周易》诸卦；五言一首，以象太乙之奇；续添西江月一十二首，以周岁律。其如鼎器尊卑、药物斤两、火候进退、主客后先、存亡有无、吉凶悔吝，悉备其中矣。及乎编集既成之后，又觉其中惟谈养命固形之术，而于本源真觉之性，有所未究，遂援①佛书及《传灯录》，至于祖师有击竹而悟者，乃形于歌颂诗曲杂言三十二

---

① 援，一作"玩"。

首，今附之卷末，庶几达本明性之道，尽于此矣。所期同志者览之，则见末而悟本，舍妄以从真。

时皇宋熙宁乙卯岁旦天台张伯端平叔序

《悟真篇注》始末[①]

　　道光禅师在毗陵水由寺，有碑可考。道光姓薛，名式，字道源，陕府鸡足山人也。尝为僧，法号紫贤。云游长安，留开福寺，参长老修岩，修岩与道眼因缘，金鸡未鸣时，如何没这音响？又参僧如环，如何是超越佛祖之谈？糊饼圆陀陀地。因桔槔顿有省悟，有颂曰："轧轧相从响发时，不从他得豁然知。桔槔说尽无生话，井底泥蛇舞柘枝。"二老然之。自是顿悟无上秘密圆明真实法要，机锋迅捷，宗说兼通，积有年矣。一日，复悟如上皆这边事，辩论纵如悬河，不过是说禅谈道；兀坐饶经亿劫，终不能养命长生。惟达磨、六祖，先已得法，犹必抵东土以求成道；祖已悟性，然必参黄梅以求传法，二公所为岂止如是哉！且复雅意金丹修命之道，必有秘妙处，尽力参访。

　　崇宁丙戌岁冬，寓郿县青镇，听讲佛寺。适遇凤翔府扶风县杏林驿道人石泰字得之，年八十五矣。绿鬓朱颜，神宇非凡。夜事缝纫，道源察焉，心因异之，乃试举张平叔诗曲为问，得之曰："识斯人乎？吾师也。"因语其故，曰："平叔先生，旧名伯端，始游成都，宿天回寺遇异人，改名用成，授以丹诀。后因泄漏妄传获谴，成州太守怒，按以事，坐黥窜。出郊境，会大雪，与护送者俱饮酒村肆。吾适在肆，既揖而坐，见邀同席，于是会饮。酒酣，问其故，一一具告。泰念之曰：'郊守，故人也，乐善忘势，不远千里。'平叔曰：'能迂玉趾，有因缘可免此行。'护送者亦许之。乃相与之郊，一见获免。平叔谓得之曰：'此恩须报，予平生学道，先所得闻，今将丹法用传于子，可依之修炼以成道。'泰再拜，受付嘱。"

　　道源既闻得之说是语已，即发信心，稽首皈依，请因受业，卒学大丹。

[①]《悟真篇注》始末，底本无，据傅金铨刊本《悟真篇三注》增补。

得之悉以口诀真要授之，既而戒之曰："此非有巨室①外护，则易生谤毁，可疾往通邑大都，依有力者，可即图之。"

道源弃僧伽黎，幅巾逢掖，来京师，和光混俗，以了大事。方知此书句句开明，言言透露。惜乎世人不得真师开悟，猜疑讪谤。靖康之初，道源撰《复命篇》，祖述此书，以晓后学。今四十余年，意欲隐去，方见叶文叔以意猜注，不得口诀，道源恻焉。今特推广其意，为之注解，明白真要，洞阐玄机，法事备悉，表里焕然，余蕴无留藏矣。后之览者，得以寻详，释其疑惑，不俟咨问，能自了了，所以成平叔先生之志也。然而道源既注此书，垂世传道，亦将缄默，自此隐矣。且不敢显名注之，但云无名子，若祖经云"无名天地之始"之义。

方来有获斯文者，宜加秘密，此书上天所宝，在在处处，自有神明营卫护持。若有志士，信道明真，言行无玷，审是修行，然后付焉。金玉堆里不可与焉，父子至亲亦勿与焉。盖轻泄妄漏，身则受殃，门户有灾，子孙不祥，岂止如是，又将祸延七祖，永不受生，切戒毋忽。

乾道五年乙丑岁中秋日前孙复式书，后二十八年阳生日，商丘老圃全是翁元王真一再拜缮录。

《悟真篇》本末事迹[②]

张真人本末

紫阳真人，乃天台缨络街人。先名伯端，字平叔，后名用成。少时无书不学，浪迹云水。晚传混元之道，未备纤微，孜孜访问，遍历四方。熙宁中，陆公龙图锐镇成都，乃依以游蜀，任四川节度制置使安抚司参议。于己酉岁，遂遇异人传火候之秘，其道乃成。仍戒之曰："他日有与汝脱缰锁者，当受之。"既而三传，每罹灾患，乃深自悔责，遁世忘言。著《悟真

---

① 室，《道书全集》本作"富"。
② 《悟真篇本末事迹》，底本无，据《悟真篇注疏》增补。

篇》八十一章，尽述二丹之秘。其议论大旨则深嫉世之学者专门各宗，三教异流，不能混一。异派同源之理，通究继正，力补于道，天下传诵之。元丰间，与刘奉真之徒广宣佛法，以无生留偈而入寂。奉真之徒已焚其蜕，获舍利千百，若鸡头实者，色皆绀碧。后七年，奉真到王屋山，复会仙翁如故，此又示其形神俱妙，性命两全之玄也。政和中，通姓名以谒黄君仲冕尚书于延平，黄公素传容成之道，且酷嗜炉火，年加耄矣，语不契而去。继而使人寓书于黄，叙述甚异。其孙铨见其书，秘不尽言，独告予大略云：平叔自谓与黄皆紫微天官，号九皇真人，因校劫运之籍，遂谪于人间。今垣中可见者，六星而已，潜耀者三：平叔、冕仲、洎维扬于先生也。平叔曰紫阳真人，冕仲曰紫元真人，于公曰紫华真人。一时被谴者官吏，皆已复于清都矣。今平叔又登仙品，独冕仲沉沦于宦海，凡当为人者十世，今九世矣。来世苟复迷妄合尘，则沦坠异趣，无复升仙之期。平叔明叙仙契，力欲振拔，而黄公竟不契而没，惟自号曰紫元翁而已。九皇不载于天官，盖微星也。非常名而可名者，在万二千五百之间耶？

薛紫贤事迹

道光姓薛名式，字道源，陕府鸡足山人也。尝[①]为僧，法号紫贤。云游长安，留开福寺，参长老修岩，岩与道眼因缘，金鸡未鸣时，如何没这音响？又参僧如环，如何是超越佛祖之谈？糊饼圆陀陀地。闻桔槔顿有省悟，有颂曰："轧轧相从响发时，不从他得豁然知。桔槔说尽无生曲，井底泥蛇舞柘枝。"二老然之。自尔顿悟无上秘密圆明真实法要，机锋迅速，宗说兼通，积有年矣。一日，复悟如上皆这边事，辩论纵如悬河，不过是说禅谈道；兀坐饶经亿劫，终不能养命长生。惟达磨已得法，犹必抵东土以求成道；六祖已悟性，然必参黄梅以求传法。二公所为岂止如是哉！且复雅志金丹修命之道，必有秘妙处，尽力参访。

崇宁丙戌岁冬，寓郿县青镇，听讲佛寺，适遇凤翔府扶风县杏林驿道人石泰字得之，年八十五矣，绿发朱颜，神宇不凡，夜事缝纫，道源密察焉，

[①] 尝，底本作"当"，据校本改。

心因异之，偶举张平叔诗曲为问，石攫然曰："识斯人乎？吾师也。"因语其故，曰："平叔先生，旧名伯端，始于成都宿天回寺，遇异人，改名用成，授以丹诀。后因泄漏妄传获谴，凤州太守怒，按以事，坐黥窜。经由邠境，会天大雪，与护送者俱饮酒村肆。吾适肆中，既揖而坐，见邀同席，吾顾笑此，众客方欢，彼客未成饮，盍来相就，于是会饮。酒酣，问其故，具以告。吾念之曰：'邠守，故人也，乐善忘势，不远百里。'平叔曰：'能迁玉趾，有因缘可免此行。'恳诸护送者，亦许之。遂相与之邠，吾为之先，一见获免。平叔德之曰：'此恩不报，岂人也哉？子平生学道，无所得闻，今将丹法用传于子，子可依之修炼以成道。'吾再拜谢，仰受付嘱。"

道源既闻石泰说是语已，即发信心，稽首皈依，请因受业，卒学大丹，得之悉以口诀真要授之，且戒之曰："此非有巨室①外护，易生谤毁，可疾往通邑大都，依有德有力者，可即图之。"道源遂弃僧伽黎，幅巾逢掖，来京师，和光同尘，混于常俗，觊了此事。

岂意学仙道流，得遇平叔诗曲，随其所见，致有差殊，而意之所疑，又须展转，心生迷谬，莫能晓悟，孰从而语之《参同》哉！致使不敢下手修炼者，多矣。鸣呼，岂平叔先生之本心哉！于是慨然首为训释，条达宗旨，通玄究微，开蒙发昧，人可率解，俾修炼者，无或差误，得证高真，作丹妙用。初平叔先生尝因获罪，誓不语人，已而叹曰："自为计得矣，非所以为道也。太上玄科曰：'遇人不传失天道，妄传非人泄天宝。传得其人身有功，妄传七祖受冥考。'我今靳固秘天道也，祸将大矣。"不得已述诗曲，始以流传。世之奇人，使读之自悟诗曲中之意，亦隐深不可识。

道源因以推广其意，为注解，明白真要，洞阐玄微，法事悉备，表里焕然，余蕴无所藏矣。然获览者，得以寻详，释其疑惑，不待咨询，能自了了，所以成平叔先生之志也。然而道源既欲以是垂世，传后则亦将缄默，自此隐矣。获斯文者，宜加秘密，天之所宝，在在处处，自有神物营卫护持。若有志士信道明真，言行无玷，审是修行，然后付焉。金玉堆里不可传焉，父子至亲亦勿与之。盖轻泄慢漏，身则受殃，门户有灾，子孙不祥。岂止如是，又将祸延九玄七祖，阴谴冥责，长役鬼官，永不受生。念兹慎兹，毋

---

① 室，《道书全集》本作"富"。

忽。商丘老圃今是翁元王真一既缮写注解《悟真篇》诗曲，并与当时承受事迹，因编详记于后，虽言不文饰而直书实录，庶几备①见本末云。

政和岁次乙未中秋日记。

陆彦孚记②

张平叔先生，天台人。少业进士，坐累，谪岭南兵籍。治平中，先大父龙图公诜帅桂林，引置帐下，典机事。公移他镇，皆以自随。最后公薨于成都，平叔转徙秦陇。久之，事扶风马默处厚于河东。处厚被召，临行，平叔以此书授之曰："平生所学，尽在是矣，愿公流布，当有因书而会意者。"处厚为司农少卿，南阳张公履坦夫为寺主簿。坦夫曰："吾龙图公之子壻也。"默意坦夫能知其术，遂以书传之。坦夫复传先考宝文公。余时童丱，在傍窃取读之，不能通也。先公帅秦，阳平王箴衮臣在幕府，因言其兄冲熙先生学道，遇刘海蟾，得金丹之术。冲熙谓："举世道人无能达此者，独张平叔知之。"成道之难，非巨有力者不能也。冲熙入洛，谒富韩公，赖其力而后就。

余时年少气锐，虽闻其说，不甚介意，亦不省平叔为何人？迩来年运日往，志气益衰，稍以黄老方士之术自治。有以金丹之术见授者，曰："神者生之体，形者神之舍；道以全神，术以固形；神全而形固，则去留得以自如矣。"因卜吉戒誓，传法既竟，再谓余曰："九转金液大还丹，上圣秘重，不可轻泄。异日各见所授，先依盟誓，又须自修功成，方可审择而付之。盖欲亲历其事，然后开谕后学，俾抽添运用之时，得免危殆，则形神俱妙之道，由是著矣。古今相传，皆有斯约，违者必有天谴。岂不知平叔'传非其人，三遭祸患'乎？子当勉之，毋忽焉。复叙其所从来，得之成都异人者，岂非海蟾耶？且冲熙成丹之难，及于世之道人者，无所许可，惟平叔一人而已。"其言与昔所闻于衮臣者皆合，因取此书玩之，始悟其说。又考世所传吕公《沁园春》及海蟾诗辞，无一语不相契者，故知渊源有自矣。

今好事者，多收此篇，而文理颇有不同，疑其初成未经裁益，时已有传

---

① 备，《道书全集》本作"并"。
② 《陆彦孚记》，底本无，据清仇兆鳌《悟真篇集注》增补。

之者尔。亦尝参较舛误二十余处，而尤甚者，如诗所谓："才见芽生须急采，若逢望远不堪尝"，此本乃云"铅逢癸生""金逢望后"。盖补完丹诀于其间，显见世所传者，词旨未善也。其别本复有"了悟真如"一绝，此乃以"欧冶铸剑"之事易去之。缘平叔自叙云："歌咏大丹药物火候细微之诀，无不悉备，观之可以寻文解义。"苟无是诗，则变炼金木之妙，从何而得？其文简而理隐，故出此篇，以继成其事，然后还返之旨焕然可推，大丹既成，而圣胎可结矣。此书传之寖广，独吾家之本为真，盖平叔亲授者也。余虽得之，愿力不足，当求同志者共成之，因以托其自悲之意于末云。

朝奉郎陆思诚谨记

悟真篇

张紫阳　著

薛道光　注

七言四韵一十六首
（象龙虎二八之数）

一

不求大道出迷途，纵负贤才岂丈夫。
百岁光阴石火烁，一生身世水泡浮。
只贪利禄求荣显，不觉形容暗瘁枯。
试问堆金等山岳，无常买得不来无？

人世所重之至极者，曰富曰贵。二者，皆人之所欲也。故天下之人，莫不抉其性命之情，尽其平生之志，争先力求，而以得之为快也。观其所以然者，无过浸淫于利禄声色而已矣。殊不知，利禄声色，实为伐性命之戈矛，囚一身之桎梏也。夫世之人，不明道德性命之妙，惟饕利禄，日恣嗔痴，汩没爱河，漂流欲海，是非人我，交战胸怀，喜怒哀乐，互残躯体，是致尸魔促其气寿，寒暑削其容光，不觉在生一世，瞥然水上之沤；光景百年，瞬若石中之火。纵积金齐斗，累玉等山，迨至无常而欲买身，使不为蝼蚁之窟穴可乎？哀哉，痛哉！命未告终，真灵已投于别壳矣。虚静天师曰："今生不觉，别后换壳。投入别壳，展转不觉。"吁！与其不觉投于异类，曷若栖迟于大道耶？道遂功成，身超碧落，乘云气、御飞龙而游乎无极，死生不变矣，已而位号真人矣，至此乃大丈夫得意之秋，至荣至显之日也。若乃区区俗务，碌碌尘心，而堕于世网者，纵负班、马之雄才，兼有苏、张之荣显，抑不过土上之游魂，行尸之阴鬼耳！乌足以为真大丈夫哉？是以仙翁首咏是章，盖以特达高明之士言之，可因一言而自悟，速求大道，出离迷途，为无为之事，乃真大丈夫耳，除此俱无足取矣！

二

人生虽有百年期，寿夭穷通莫预知。
昨日街头犹走马，今朝棺内已眠尸。
妻财抛下非君有，罪业将行难自欺。
大药不求争得遇，遇之不炼是愚痴。

凡人之寿夭穷通，富贵贫贱，未有不默定于未然之先，然非常人可测度而预知之者也。故人之寿，虽曰百年，迨其七十固已稀矣。今以有限易摧之身，终日汩汩而逐无涯不测之事，不亦难乎？一息不来，则苶然长往，而不知所归，可不为之大哀耶！是以昨日方走马，今日已眠尸，出息不保入息者也。当斯之时，虽则荣居极品，禄享万钟，家丰无价之珠，室美倾城之态，悉皆抛下，非己有也。所有与之偕行，而不可欺者，平昔所造之罪业而已。故云"万般将不去，惟有业随身"也。曹真人词曰："叹人生，多忙乱，火宅尘缘，日相萦绊。蓦地喉中三寸断，性魄神魂，自此俱消散。任妻儿，哀切唤，万句千声，更不回头看。饶你在生多计算，卧在荒丘，失了惺惺汉。"诚哉是言也！夫人欲免轮回，而不堕于世网者，莫若金丹大药，为升天之灵梯，超凡之捷径也。其道至简至易，虽愚昧小人，得而行之，亦立跻圣位。奈何上圣秘重，不许轻泄。传之者，皆口口相授，不记文字，是以难遇也。自匪勤求苦志，诚动高穹，未获闻于一二也。昔谢自然，以兹道之难遇，欲求真师于蓬莱，竭其家产，以备舟楫，不顾洪涛巨浪之危，直往而不惮，遂感神人，而语之曰："蓬莱隔弱水三万里，一芥不为之浮，子将安往？赤城山有司马子微在焉，子往师之。"谢回舟寻访赤城，果遇子微。受其道，修之不数载，白日升天。噫！人之精诚，一发于中，感格应之于外，将无往而不遇矣。苟能操心秉志如此，奚虑金丹不得耶？道不负人，人自负道耳！《参同契》曰："大道无适莫兮，惟传与贤者。"倘不推诚而力慕，争得遇之哉？金丹秘要，诚难遇矣。得遇之者，皆夙有仙骨，祖宗阴德累积深厚也。然亦须有财力，结丹友三人，方能成就。此理惟达者自知，诚难一一具言也。阴真君《六五精微论》曰：欲学此道，须假资财。如无资财，金丹即不成也。又须三人，方可修炼。所以冲熙王君遇刘海蟾，得金丹数术，无财下手，遂入洛谒富韩公，赖其力，成道而去。苟遇此道，而又得有力者同心修炼，不即肯为，实愚痴之甚也。仙翁赠刘君诗曰："闻君知药已多年，何不收心炼汞铅。休教烛被风吹灭，六道轮回莫怨天。"亦此意也。

三

学仙须是学天仙，唯有金丹最的端。
二物会时情性合，五行全处虎龙蟠。
本因戊己为媒娉，遂使夫妻镇合欢。
只候功成朝玉阙，九霞光里驾翔鸾。

仙有数等：阴神至灵而无形者，鬼仙也；处世无诸疾恼而永寿者，人仙也；飞空走雾，饥渴不挠，寒暑无侵，邀游海岛，长生不死者，地仙也；形神俱妙，与道合真，步日月无影，入金石无碍，水火不焚溺，变化无穷，或老或少，隐显莫测，若存若亡，散则成气，聚则成形，蓍龟莫能测，鬼神莫能知者，天仙也。阴真君曰："若能绝欲，兼修胎息，移神脱壳，入定投尸，托阴生化而不坏者，可为下品仙也；若授六甲符箓、正一盟威、上清三洞经箓等法，及剑术尸解等术得道者，并为南宫列仙，在诸洞府，为中品仙也；若是修金丹大药得道者，全身冲天，为无极上品之天仙也。"故仙翁勉修真之士，须立志慷慨，特达不群，无为彼中、下之仙真，为无上、无极上品天仙可也。丹有七十二品，欲学天仙，其道简而易成者，惟有金丹至道最端的矣。此盖无中生有，非五金八石、朱砂、水银、黑铅、白锡、黄丹、雄黄、雌黄、砒霜、粉霜、空青、胆矾、秋石、草木灰霜查滓煮伏之类。以至自己精气血液，应于有中生有等物。惟先天之气，乃是天地未分之前，混元真一之气，谓之无中生有。圣人以法追摄，于一个时辰内，结成一粒，大如黍米，号曰金丹，又曰真铅，又曰阳丹，又曰真精，又曰真一水，又曰真水，又曰水虎，又曰太乙含真气。人得一粒饵之，立跻圣地。此乃无上之甲科、天仙之大道也，举世罕有知者。真一之气，生于天地之先，混于虚无之中，恍惚杳冥，视之不见，听之不闻，抟之不得，如之何凝结而成黍米哉？

圣人以实而形虚，以有而形无。实而有者，真阴、真阳也，同类有情之物也；虚而无者，二八初弦之气也，有气而无质者也。两者相形，一物生焉。所谓一物者，真一之气凝而为一黍之珠者也。经曰："元始悬一宝珠，大如黍米，在空元之中。"此其证也。圣人恐泄天地之机，以其真阴、真阳取喻青龙、白虎也；以两弦之气，取喻真铅、真汞也。今仙翁于诗曲中，复以青龙之一物，名曰赤龙、曰震龙、曰天魂、曰乾家、曰乾炉、曰玉鼎、曰扶桑、曰玉池、曰下弦半轮月、曰东阳、曰长男、曰朱汞、曰朱砂①鼎、曰离日、曰赤凤，无过比类青龙之一名也。又以白虎之一物，名曰黑虎、曰兑虎、曰地魄、曰坤位、曰坤鼎、曰金鼎、曰金炉、曰华岳、曰前弦半轮月、曰西川、曰少女、曰黑铅、曰偃月炉、曰坎月、曰黑龟，无过比类白虎一名也。又以龙之弦气曰真汞、曰姹女、曰木液、曰青娥、曰砂里汞、曰朱里汞、曰情②、曰黄芽③、曰流珠、曰青衣女子、曰金乌、曰离女、曰牝龙、曰真火、曰二八姹女、曰玉液、曰玉芝之类，其实一也。又以虎之弦气名曰真铅、曰金公、曰金精、曰水中金、曰水中银、曰性④、曰金花、曰白雪⑤、曰素练郎君、曰玉兔、曰坎男、曰真水、曰九三郎君、曰雄虎、曰刀圭之类，其实一也。二物会时情性合者，二物即龙虎也。青龙在东，东方属木，木能生火。龙之弦气为火，曰情⑥，属南方，谓之朱雀也。白虎在西，西方属金，金

---

① 砂，底本作"硃"，改。
② 情，《三注》本作"性"。
③ 黄芽，《三注》本作"白雪"。
④ 性，《三注》本作"情"。
⑤ 白雪，《三注》本作"黄芽"。
⑥ 情，《三注》本作"性"。

能生水。虎之弦气为水，曰性①，属北方，谓之元武也。夫龙木、虎金、性水、情火，谓之四象。四象会聚于中宫而成丹者，土也。此乃真五行也。龙虎二物相交，则情性合矣；龙虎合而丹成，则五行全矣。故曰："二物会时情性合，五行全处虎龙蟠"也。木龙在东，金虎在西，二物间隔，孰能使之配合而为夫妻耶？配合在黄婆而已，左手擒龙，右手捉虎，使之交并也。戊己属土，故谓之黄婆。金木间隔，黄婆能使之交并，黄婆能使之配合、岂非媒娉使之欢合而为夫妻乎？两者异，真一之气藏；两者同，真一之气变。真一之气变，真人自出现，此外药之法象也。饵此金丹之后，复有十月之功，化形成气。又有九载抱一，化气成神，方能形神俱妙，与道合真，膺箓授图，上宾于天。丹熟人间，道成天上，九霞光里．两腋风生，驾凤骖鸾，翱翔碧落，自非夙植灵根，广积阴骘，其孰能与于此哉！

四

　　此法真中妙更真，都缘我独异于人。
　　自知颠倒由离坎，谁识浮沉定主宾。
　　金鼎欲留砂里汞，玉池先下水中银。
　　神功运火非终旦，现出深潭日一轮。

　　此道至圣至神，至贵至尊，至简至易，元中之元，妙中之妙，举世罕闻。仙翁出乎其类，拔乎其萃，独得深旨。故冲熙翁曰："金丹大道，举世道人无所许可，惟平叔一人而已。"泰山也，河海也，丘垤行潦，何敢冀焉？离为阳而居南，所以反为女者，外阳而内阴也，谓之真汞；坎为阴而居北，所以反为男者，外阴而内阳也，谓之真铅。故仙翁曰："日居离位反为女，坎配蟾宫却是男。不会个中颠倒意，休将管见事②高谈。"此言坎之男、离之女，犹父之精、母之血也，日之乌、月之兔也，砂之汞、铅之银也，天之元、地之黄也。此数者，皆指示龙虎初弦二气也。主宾者，阳尊高居左曰主，阴低下居右曰宾。夫离为火，火炎上，火乃与木之性俱浮，属阳，故为主也；坎为水，水润下，水与金之性俱沉，属阴，故为宾也。此常道也。今

---

① 性，《三注》本作"情"。
② 事，底本作"是"，据《悟真篇》原文改。

也，离反为女，坎反为男，是主反为宾，宾反为主，岂非颠倒乎？故曰："自知颠倒由离坎，谁识浮沉定主宾。"定主宾者，盖道中取二弦之气颠倒之主宾，不取常道主宾，故曰"定主宾"也。金鼎者，金为阴物，鼎中有火之气，是阴中有阳之象，白虎是也。玉池者，玉为阳物，池中有水之气，是阳中有阴之象，青龙是也。砂中汞者，龙之弦气也；水中银者，虎之弦气也。修丹之士，若欲以虎留恋龙之气，必先驱龙就虎，然后二物绷缊，两情交合，施功锻炼，自然凝结真一之精也。火即二弦之气也。旦者一昼之首，子为六阳之元，故曰旦也。圣人运动丹火，有神妙之功，不半时中，立得真一之精，一粒如黍，现于北海之中，赫然光透帘帏，若深潭现出一轮之红日也。非终旦者，明一时辰金丹成也。此外药法象也。

五

虎跃龙腾风浪粗，中央正位产元珠。
果生枝上终期熟，子在胎中岂有殊？
南北宗源翻卦象，晨昏火候合天枢。
须知大隐居廛市，岂必深山守静孤！

此诗言内药之法象也。夫真一之精，造化在外，曰金丹，又曰真土。吞入腹中，即名真铅，又名阳丹。此言虎即丹也。龙者，我之真气也。我之真气，自气海而上，其涌如浪，其动如风也。中央正位者，即丹田中金胎神室也，乃丹结聚之处。元珠者，运火之际，真精自然运转，沿尾闾直透夹脊，上冲泥丸宫，颗颗降下口中，状若雀卵，甘香无比，号曰元珠。咽下丹田，名曰婴儿，又曰金液还丹也。夫黍珠之丹，是先天地之气，即真一之精结成，为母，为君，为铅。故《金钥匙》谓之黑铅也，又谓之水虎也。己之真气，后天地生，为子，为臣，为汞。故《金钥匙》谓之红铅也，又谓之火龙也。金丹自外来，吞入腹中，则己之真气，自下元气海而上，涌如风浪，翕然而凑丹，若臣之于君、子之于母，其相与之意可知也。龙虎相交，在神室土釜之中，受火符运育，结成圣胎，若果之必熟、儿之必生，十月功圆，脱胎神化无方也。南北者，子午时也。宗源者，起首之初也。晨昏者，昼夜之首也。子为六阳之首，故为晨，用屯卦直事，进火之候也；午为六阴之元，故为昏，用蒙卦直事，进水之候也。一日两卦直事，至三十日终，为既济、未济二卦。终而复始，循环不已，故曰"翻卦象"也。《参同契》云："朔旦屯直事，至暮蒙当受。昼夜各一卦，用之依次序。既未至晦爽，终则复更始"是也。一日两卦直事，并牝牡四卦，一月计六十四卦，计三百八十四爻，应一年并闰余之数。乾之初九，起于坤之初六，乾之策三十有六爻，计二百一十六。坤之初六，起于乾之初九，坤之策二十有四爻，计一百四十有四，总而计之三百六十，应周天之数。日月行度、交合、升降，不出于卦爻之内。日行速，一月一周天；月行迟，一年一周天。天枢者，斗建之极也，一昼一夜一周天，一月一移也。如正月建寅，二月建卯是也。且如正月建寅，如太阳未过宫分，以寅加亥，至酉建子。正月斗建临子，正酉时也。如太阳已过宫分，以寅加戌，至寅建午，正月斗建临午，正寅时也。上士至人，明阴阳上下，知日月盈亏，行子午火符，日有昼夜数，月应时加减，然后暗合天度，一一依斗建而用之，故曰"合天枢"也。天枢，即斗柄也。《夷门歌》曰："十二门中月建移，刻漏依时逐施布。"此其旨也。至道之妙，妙在于斯。坎离升降，生产灵药，结成黄芽也。且如正月建寅，立春戌时指艮，雨水戌时指寅。故曰："日月常如戌，时时见破军。"金丹大药，家家自有，不拘市朝。奈何见龙不识龙，见虎不识虎，逆而修之，几何人哉？片晌之间，结一宝珠，大如黍米。古诗曰："将来掌上霞光灿，吞入腹中宫殿新。"又曰："大道隐朝市，山中知不知。"

六

人人本有长生药，自是迷徒枉摆抛。
甘露降时天地合，黄芽生处坎离交。
井蛙应谓无龙窟，篱鹨争知有凤巢？
丹熟自然金满屋，何须寻草学烧茅。

甘露、黄芽，皆金丹异名也。天地、坎离，皆龙虎之象也。天地之气絪缊，甘露自降；坎离之气交并，黄芽自生；龙虎二弦之道交接，真一之气自结。此般至宝，家家自有，以其太近，故轻而弃之。殊不知，此乃升天之灵梯也。近世学者，多执傍门非类，孤阴寡阳，有中生有，易遇难成等法，而自误其身。不知斯道简而易成者，有如井底之蛙、篱间之雀，安知有龙窟凤巢也？黍粒之珠既悬，天地之金可掬。昔邵刚中精于黄白之术，世号为小淮南王，后遇仙翁韩子陶法师于水上，北面事之，出汞金百镒，献陶以为质，陶笑而不顾，邵歃血书盟，陶遂授道焉。既竟，陶取汞一掬，入口漱之，吐于水盆中，水为之涌沸，沸定，成紫金一垛。此示其内丹大药有如此之神，岂待穷年卒岁，弄草烧茅之辈，可得而见之乎？经文不曰："地藏发泄，金玉露形。"又其证也。

七

要知产药川源处，只在西南是本乡。
铅遇癸生须急采，金逢望远不堪尝。
送归土釜牢封固，次入流珠厮配当。
药重一斤须二八，调停火候托阴阳。

《西华经》曰："药生西方，收归戊己。采及其时，下功有日。"夫西南坤地，虎生处也；坤方，又是月所生之处，故曰本乡。月是金水之精，上下两弦，合气成丹。是以金丹药材，所产川源之处，实出于坤地也。铅遇癸生，时将丑也；金逢望远，月将亏也。"月之圆，存乎口诀；时之子，妙在心传。周天息数微微数，玉漏声寒滴滴符。"此真人口口相传之密旨也。陆思诚作《悟真篇后序》云："以此诗传者，多谬以'铅'为'若'字，甚失仙翁旨意。"铅与金，即金丹也。陆公发其端，救鲁鱼之失；秘其源，惧竹帛之传。吾侪亲受师旨，当自知之。如或不然，空元之中，去地五丈，黍米之珠，未易得也。奈何纷纷傍门，以圭丹为铅金，在天癸时采取，真同儿戏！又有坤纳癸之说，如叶文叔者，可付之一笑。盖金丹以癸日子时下工，不得逾时过刻，是以急采也。时日既远，月亏气减，故不堪尝也。盖癸日适得壬，子时天壬地癸会于北方，故朱震《易传》曰："晦日朔旦，坎月离日，会于壬癸。"坎月，戊也；离日，己也。三日暮震象，月出庚；八日兑象，月现丁；十五乾象，月盈甲壬；十六日旦巽象，月退辛；二十三日艮象，月消丙；三十日坤象，月减乙藏癸。晦日朔旦，月中坎水流戊，日中流火就己。此乃天机要旨，当以口诀，难以书传。未遇真师，徒尔妄意强猜，穿凿而已。饵丹归丹田土釜之中，固济胎不泄，运火龙流珠之汞以配之，则圣胎结矣。乌肝八两，兔髓半斤，合成一斤。故曰：药重一斤须二八也。火实无火，不过假托阴阳二气，调停而运用耳。

八

休炼三黄及四神，若寻众草便非真。
阴阳得类方交感，二八相当自合亲。
潭底日红阴怪灭，山头月白药苗新。
时人要识真铅汞，不是凡砂及水银。

三黄四神、金石草木，皆后天地生，查滓之物，安能化有形而入于无形哉？外物不可以成胎，缀花不可以结子。真一之气，生于天地之先，杳杳冥冥，不可测度。因二八同类相当之物，合而成亲，缊缊交感之中，激而有象。同类者，无情之情，不色之色，正谓乌肝八两、兔髓半斤是也。此二八相当之同类，合而成亲，则真一之气，归于交感穴中，凝成黍粒，斯道妙矣。潭，阴也；日，阳也。潭底日红者，阴中之阳也。阴中之阳，为纯阳而无阴气，故曰"阴怪灭"也，乃是虎之弦气，谓之红铅。山，阳也；月，阴也。山头月白者，阳中之阴也，乃龙之弦气，初弦之气，故曰"药苗新"，谓之黑汞。古歌曰："红铅黑汞大丹头，将红入黑是真修。"此之谓也。圣人以此二物，于一时之中，造化成一粒阳丹，在北海之中，赫然如日，光透帘帏，即时采吞入腹，点己阴汞，则一身阴邪之气，悉皆消灭，亦如晓日初自东海而升，赫然照耀，阴怪悉消灭矣。阴汞自下丹田峰顶，午禀阳丹之气，渐渐凝结，萌芽新嫩，故"药苗新"也。亦如月之朔旦，与日相交，午禀太阳之气，日没时则吐微光于西方庚上，状若蛾眉，月光新嫩，如药苗新也。此咏内外二药之法象也。《西华经》曰："阳中之阴，名曰姹女；阴中之阳，名曰金公。"此乃壶中夫妇，紫府阶梯。悟之者，神仙现在目前；迷之者，尘沙杳隔万里。夫外药之真铅、真汞，即龙虎初弦之气也；内之真铅、真汞，即金丹与己之真气也。时人要识真铅、真汞，只此是真，此外皆非真道。此二真物，能化有形而入无形，为真人仙子，乃若凡砂、凡汞，岂可比伦哉！

九

阳里阴精质不刚，独修一物转羸尪。
劳形按引皆非道，服气餐霞总是狂。
举世谩求铅汞伏，何时得见虎龙降？
劝君穷取生身处，返本还源是药王。

阳里阴精，己之真精也。精能生气，气能生神，荣卫一身，莫大于此。油枯灯灭，髓竭人亡。以此言精气，实一身之根本也。奈何此物属阴，其质不刚，亦如朱砂内含水银，亦如木中之生火，其性好飞，日逐前后，便溺、涕唾、汗泪，易失难擒，不受制炼，故圣人谓之"太阳流珠"。其性猛烈，若不得混元真一阳丹以制之，兼以阴中阳火以育之，则无由凝结，以成变化。若只修此一物，转见尪羸。按引劳形，皆非正道；餐霞服气，总是狂徒。设使吞日月之精华，光生五内，运双关于夹脊，补脑还精，以至尸解投胎，出神入定，千门万法，不过独修此阳里阴精一物而已。孤阴无阳，如牝鸡自卵，欲胞成雏，岂可得乎？钟离翁曰："涕唾精津气血液，七般灵物总皆阴。若将此物为丹质，怎得飞神贯玉京？"以此言之，一身之中，非为真精一物属阴，五脏六腑俱阴非阳。分心肾为坎离，以肝肺为龙虎，得乎？用神气为子母，执津液为铅汞，得乎？若执此等治身而求纯阳之证，犹如去冷加冰，除热用汤，飞龟舞蛇，愈见乖张。《参同契》曰："使二女同居，颜色甚殊，苏秦通言，张仪结媒，发辩利舌，奋为美辞，推心调谐，合为夫妻，弊发腐齿，终不相知。"此喻以女妻女，以阴炼阴，胡为乎絪缊，安能有化生之道哉？真龙、真虎者，二八是也；真铅、真汞，龙虎二弦之气是也。此道至简不繁，至近匪遥。但学者执固僻坚，以傍门非类之药为铅汞，反以大道真诀为非，深可悲伤！故钟离公曰："求仙不识真铅汞，谩读丹经千万篇。不识个中含蓄意，谤他真语作虚言。"故仙翁直指铅汞所产川源之处，身从何生，命从何立，返此之本，还此之源，颠倒修之，则真龙、真虎自降，真铅、真汞自伏。非药中之王，其孰能与于此哉？近世多以十六岁童男、童女，使之交合，结而成胎，谓之胎元丹，谓之紫河车，以此为金丹大药，亦犹接竹点月，不亦远之愈远乎？后天地生，有形有质者，皆非至药。盖形而下者，非先天之道也。

十

好把真铅著意寻，莫教容易度光阴。
但将地魄擒朱汞，自有天魂制水金。
可谓道高龙虎伏，堪言德重鬼神钦。
已知寿永齐天地，烦恼无由更上心。

真铅，即金丹也。地魄在外药，则白虎是也，内药即金丹也。天魂在外药，则青龙是也，内药即己身也。朱汞者，在外龙之弦气也，在内己之真气也。水金者，在外虎之弦气也，在内金丹也，又谓之朱里汞、水中银。已上喻内外二事也。仙翁勉修真之士，速修金丹，以超生死，无虚度日也。但将白虎擒龙，自有青龙制虎，二气絪缊，以产金丹。既得金丹，复将此金丹吞入腹中，擒自己真气，其自己真气，炼金丹而结圣胎也。内之真龙、真虎既降，则世外之龙虎自伏；内炼神魂、鬼魄既圣，则世外之鬼神自钦。非道隆德劭①，其孰能与于此哉？体化纯阳，寿齐天地，逍遥物外，自在人间，万念俱空，何烦恼之有？

十一

黄芽白雪不难寻，达者须凭德行深。
四象五行全藉土，三元八卦岂离壬？
炼成灵质人难识，消尽阴魔鬼莫侵。
欲向人间留秘诀，未逢一个是知音。

龙之弦气曰黄芽②，虎之弦气曰白雪③，大药根源，实基于此。其道至简，其事非难。若非丰功伟行，莫能遭遇真师，指授元要也。盖谓大道肇自虚无生一气，一气生阴阳，曰龙、曰虎。龙木生火，虎金生水，木火金水，合成四象，四象合而成丹。丹之成，本于土，土无正位，分旺四季。四时不得四季之土，四序不行，不能生成万物也，是以"四象五行全藉土"也。壬者，水也，即真一之气，号曰真一水也。生于天地之先，变而为阳龙、阴虎也。龙虎合而成丹。丹，土也；龙，木也；虎，金也。谓之三性、三元，不离真一之水变也。八卦者，真一之气一变为天，曰乾、曰父；二变为地，曰坤、曰母；乾以阳气索坤之阴气，一索生长男，曰震；再索生中男，曰坎；三索生少男，曰艮。此乾之气，交于坤气，而生三阳也。及乎坤以阴气索乾之阳气，一索生长女，曰巽；再索生中女，曰离；三索生少女，曰兑；此坤之气，交于乾气，而生三阴也。亦不离真一之水变也，故曰"三元八卦岂离

---

① 劭，《注疏》本作"尚"。
② 黄芽，《三注》本作"白雪"。
③ 白雪，《三注》本作"黄芽"。

壬"也。非惟三元八卦不离真一之精，自开辟以来，凡有形与名之显，莫不由此而成变化。真一子曰：真一之精，乃天地之母，阴阳之根，水火之本，日月之宗，三才之源，五行之祖。万物赖之以生成，千灵承之以舒惨。至于高天厚地，洞府名山，元象灵官，神仙圣众，风雨晦明，春夏秋冬，未兆之前，莫不由此铅气产出，而成变化者也。修丹之士，得真一之水，万事毕矣。真一之黍，吞归五内，运火十月，炼尽群阴，化为纯阳真一之仙，阴魔尸鬼，逃遁无门。仙翁欲留秘旨于人间，未闻有知音者，大有径庭，不近人情故也。盖善根种而灵骨钟，灵骨钟而仙可冀。灵骨之钟，善根之种也，不惟一生二，二生三，而于无量亿万生中，种诸善根，才出头来，飘飘然便有出尘气象。噫！走鬼行尸，一瓶一钵，便欲登仙，神仙中人不易得也。胡不扪[①]己心与平凡之心，有以异乎？无以异乎？我之仙事，亦无涯也。必也广大变通为己任，独高一世，鹤立鸡群，人笑我谓之疏，我知我非凡俗，赤精、赤松乃吾友，蓬莱、方丈乃吾家。自然遭遇异人，亲传至道，结合心友，一黍丹成。仙翁欲向人间留此不传之秘旨，莫怪子期期不遇，怎生得个这般人！

十二

　　草木阴阳亦两齐，若还缺一不芳菲。
　　初开绿叶阳先倡，次发红花阴后随。
　　常道积斯为日用，真源返此有谁知？
　　报言学道诸君子，不识阴阳莫乱为。

　　草木未生之初，含孕至朴，及其甲坼，禀一气以萌芽，故抽一干以象一气，次分两叶以象阴阳，又于两叶中间，复抽一蕊，以应三才。过此以往，渐渐支离。花叶芳菲，春以之生而开绿叶，夏以之长而发红花，此阳气使之然也。秋以之肃而结实，冬以之杀而粪土，此阴气使之然也。阴阳两齐，化生不已。若还缺一，则万物不生。故真一子曰："孤阴不自产，寡阳不自成。"是以天地纲缊，万物化醇。男女媾精，万物化生。百姓即兹日用以为常道，不知真源妙理，反复阴阳、颠倒互用之机。人能炼之，可以超生死。学者苟不明此，而反笑我者，乃自蒙蔽耳！

---

① 扪，底本作"猛"，据《注疏》本改。

十三

不识玄中颠倒颠，争知火里好栽莲。
牵将白虎归家养，产个明珠似月圆。
谩守药炉存火候，但安神息任天然。
群阴剥尽丹成熟，跳出樊笼寿万年。

以人事推之，男儿固不可有孕，火里固不可栽莲。然神仙元妙之道，有颠倒颠之术，辄使男儿有孕，亦犹火里栽莲也。何则？日离为男反为女，月坎为女反为男，此颠倒颠之义也。二物颠倒，则能生丹。以丹点己阴汞，而结圣胎，养就婴儿，即是男儿有孕，亦犹火里栽莲，岂非颠倒颠乎？故仙翁《读参同契》曰："五行逆兮，丹体常灵①常存。"言水逆而土，土逆而木，木逆而金，金逆而火，火逆而水。此颠倒颠之深旨也，颠倒颠之义明白也。青龙、白虎，元是真一之精，变为二物，分位东西，实同出而异名也。真一之精，属汞，为龙，在东，故真一之精居东也；白虎本是真一精之子，寄体生在西，其家在东也。故仙翁曰："金公本是东家子，送在西邻寄体生。认得唤来归舍养，配将姹女作亲情"是也。金公者，铅也。姹女者，汞也。以铅点己之汞，而结为圣胎，所以"牵将白虎归家养"；配以青龙，结为夫妇，"产个明珠似月圆"也。似月圆者，修丹之士，先取上弦西畔半轮之月，得阳金八两，次取下弦东畔半轮之月，得阴水半斤，以此两个半轮之月，合气而生丹，故得金丹一粒似月圆也。亦如道光禅师谓："灵丹一粒，其重一斤。"此乃两个八两，合成一斤而言之，与仙翁"月圆"之意亦同，此比喻外药法象也。及得此丹，吞入己腹中，配以己汞，然后运阴符阳火，循历六十四卦，锻炼成金液还丹一粒，亦重一斤，似月圆也。此比喻内药法象也。内丹所以似月圆者，盖运火之卦，一卦有六爻，六十四卦，计三百八十四爻，象一斤三百八十四铢也。外丹所以似月圆者，一斤乃上下二弦半轮，二八之数，故似月圆也。《参同契》云："上弦兑数八，下弦艮亦八。两弦合其精，乾坤体乃成。二八应一斤，易道正不倾。"故真一子曰：上下两弦一斤之数，分三百八十四铢，以运用火符爻数是也。仙翁指示月圆之意，要使学者洞明

---

① 常灵，底本无，据《读周易参同契》原文补。

造化之旨，分内外二八之数，不可一概而论之也。火，非人间凡火也，元始之祖气也。阴阳之气，而无质者也。亦无药可守，谩言而已。青霞子曰：鼎鼎非金鼎，炉炉非玉炉。火从离下发，水向坎中符。三性既会合，二物自相拘。固脐胎不泄，变化在须臾。高象先曰："天地纲缊男女姤，四象五行随辐辏。昼夜屯蒙法自然，焉用孜孜看火候。"此非世间之鼎炉，乃自然鼎炉中之火也。但安神定息，任其自然，调文治武，则符刻漏，不得分毫差忒，不半时辰，立得丹饵。然后复依此进退阴符阳火，运用抽添，防危虑险，十月功圆，剥尽群阴，体化纯阳，跳出尘笼寿万年也。此方为金液还丹也。尚未能入妙，更又抱一九载，使气归神，方为九转金液大还丹也。于斯时也，形神俱妙，与道合真矣。

十四

三五一都三个字，古今明者实然稀。

东三南二同成五，北一西方四共之。

戊己自归生数五，三家相见结婴儿。

婴儿是一含真气，十月胎圆入圣基。

三五一，不离龙虎也。龙属木，木数三，居东，木能生火，故龙之弦气属火。火数二，居南。二物同源，故三与二合，成一五也；虎属金，金数四，居西，金能生水，故虎之弦气属水，水数一，居北。二物同宫，故四与一合，成二五也；二物之五，交于戊己之中宫，中宫属土，土生数五，是为三五也。三五合而成丹。丹者，一也。故曰"三五一"也。此三个字，自古迄今，能合三五一而成丹，能了达婴儿者，实稀有也。一，即金丹也。婴儿者，即丹也。丹是一，一是真一之气，天地之母气也；己之真气，天地之子气也。以母气咽归五内，以伏子气，犹猫伏鼠而不走也。子母之气相恋，于胞胎之中，结成婴儿之一，故曰"太一含真气"。言含真一之气，如人怀胎，十月满足，然后降生，圣胎亦如之。十月功圆，自然神圣，故曰"十月胎圆入圣基"。后人以肾为婴儿，安有如此之功哉？

十五

不识真铅正祖宗，万般作用枉施功。
休妻谩遣阴阳隔。绝粒徒教肠胃空。
草木金银皆滓质，云霞日月属朦胧。
更饶吐纳并存想，总与金丹事不同。

真铅之要，以二八之气为宗。此外皆非至道，枉施功耳。《夷门破迷歌》曰："孤阴不是道，阴阳失宗位。"王真人曰："学人刚要辞妻妾，不念无为无不为。"高象先曰："或阳兮孤栖，或阴兮独宿。"此皆言孤阴寡阳，独修一物之意。或者不知，又执此说以行房中御女之术，毁谤仙道，咎将谁归？殊不知，喻阳夫、阴妻之义，非人间夫妻也。《破迷歌》曰："休粮不是道，死后作饿鬼。"以上诸物，皆后天地生，渣滓之类，易遇难成，乌可与金丹大药同日而语哉！

十六

万卷仙经语总同，金丹只此是根宗。
依他坤位生成体，种在乾家交感宫。
莫怪天机多泄漏，只缘学者自愚蒙。
若人了得诗中意，立见三清太上翁。

万卷仙经，至当归一，莫不以龙虎[①]二八初弦之气为丹之质，但依坤母生成之理，逆而修之。得丹之后，种在乾父交感之宫，以运符火。修丹至要，不出"铅火"二字，铅火为大丹之本。仙翁于此，泄尽天机。学者皓首迷蒙，何不近取诸身，以明至道，结成一黍，立宾于天。

五言四韵一首

（象金丹一粒）

女子著青衣，郎君披素练。
见之不可用，用之不可见。

---

① 虎，底本作"火"，据《悟真篇注疏》改。

恍惚里相逢，杳冥中有变。

一霎火焰飞，真人自出现。

　　女子者，龙之弦气也，阳中之阴，故曰女子，又名木姬，生于青龙，故著青衣也；郎君者，虎之弦气也，阴中之阳，故曰郎君，又名金郎，生于白虎，故披素练也。有质可见者，后天地生滓质之物类也，以其有质，故可见而不可用也；无形可睹者，龙虎二八初弦之气也，以其有气而无质，故不可见而可用也，实采铅之枢机也。恍恍惚惚、杳杳冥冥者，混元真一之气也，生于天地之先，不可测度。恍惚中有物者，龙之弦气也；杳冥中有精者，虎之弦气也。二弦之气，在于恍惚之中、杳冥之内，细缊相逢，磅礴相恋，故得真一之气兆灵有变，而为一黍之珠，此无中生有之妙也。真人者，金丹也。圣人将一年火候攒于一个时辰中，又于一个时辰中分为六候，先于两候中运火煅炼，立得真一之气，结成一粒之丹，现在北海之中，大如黍米，岂非一霎时火，真人自出现乎？此道至妙至元，苟非遭遇真师，口授真诀，其孰能与于此哉！

七言绝句六十四首

（象六十四卦）

一

先把乾坤为鼎器，次将乌兔药来烹。

既驱二物归黄道，争得金丹不解生。

　　日月本是乾坤精，故圣人以乾坤喻为鼎器，日月喻为药物也。乾坤，即真龙、真虎也；药物，即龙虎之弦气也。魏真人曰：鼎鼎元无鼎，药药元无药。圣人假名托象，借喻如此。其要只以真龙、真虎，初弦二气交媾，凝炼真一之精，结于北海中宫之内。既驱二物归黄道，争得金丹不解生。黄道，即中宫，金丹凝结生成之处也。

二

安炉立鼎法乾坤，煅炼精华制魄魂。

聚散细缊成变化，敢将玄妙等闲论。

积诸阳气为天，在上而不润下；积诸阴气为地，在下而不炎上，即天地不交也。不交焉能造化而生万物也哉？盖天虽为至阳之物，而有一阴之气在其中，故能降地；地虽是至阴之物，而有一阳之气在其中，故能升天。二气絪缊，万物化醇。此以二气交合，而成变化。金丹之要，安炉立鼎，煅炼精华，以制魂魄，莫不取法于天地也。《子母歌》曰："精交无用药，气合无言语。"金丹以气与类结而成之，故曰"药逢气类方成象"也。始自无中生有，复自有中生无，无形而能变化，是以变化无穷。此乃天机，安敢饶舌，自取轻泄漏慢之愆尤哉！

三

休泥丹灶费工夫，炼药须寻偃月炉。
自有天然真火候，何须柴炭及吹嘘。

叶文叔指两肾中间为偃月炉，谬哉！亦有指为两睛者，靡肯自思己错，更教错路教人，何不揣之甚耶？此炉之口，仰开如偃月之状，故谓之"偃月炉"，即北海也，元始之祖气存焉。内有自然真火，何假柴炭吹嘘之耶？

四

偃月炉中玉蕊生，朱砂鼎内水银平。
只因火力调和后，种得黄芽渐长成。

偃月炉者，阴炉也，中有玉蕊之阳气，即虎之弦气也；朱砂鼎者，阳鼎也，中有水银之阴气，即龙之弦气也。金丹只因此二弦之气，调停和合之力，种得真一之芽，长在黄家，结成黍珠也。

五

咽津纳气是人行，有物方能万物生。
鼎内若无真种子，犹将水火煮空铛。

世人所谓咽津纳气者，皆后天地生，至阴之物也，非真服气也。夫真服气者，先伏而后服气也。经曰"伏气不服气，服气须伏气。服气不长生，长生须伏气"是也。夫真一之气，混于杳冥恍惚之中，难求难见。圣人以法伏之，故得杳冥中有精，恍惚中有物，变化煅炼成丹，服归丹田之中，则万物化生也。故曰"有物方能万物生"也，以其有真种子故也。若无真种子，万般作用，劳而无功，空铛水火，妄作何为？

六

　　调和铅汞要成丹，大小无伤两国全。

　　若问真铅何物是，蟾光终日照西川。

　　驱龙则火汞飞扬，驾虎则水铅闪烁，絪缊造化，一粒黍米，先天气成，何伤之有？故曰"大小无伤两国全"也。夫龙大虎小，阳尊阴卑之义也。金丹因上下两弦金水结成，名曰真铅。蟾光者，金水之精属阴也。终日照者，与日交光之旨，象阴阳交合之义。西者，金方也。川者，水也。圣人于八月十五日，合金水二气，结成金液之精者，此也。月之上弦属水，下弦属金，故仙翁以西为金之方，以川为水之体。然月未尝能终日照，惟下弦之月，日初出现东畔半轮，金之光出于南方丙上，至日午时，没于西方庚上；上弦之月，日午时现西畔半轮，水之光出于东方甲上，至日没时，升到南方丁上。两个半轮月，合为金水团圆之光，共成终日之照，喻如龙虎合两弦之气而生丹也。故曰"若问真铅何物是，蟾光终日照西川"也。

七

　　未炼还丹莫入山，山中内外尽非铅。

　　此般至宝家家有，自是时人识不全。

　　龙不在东溟，虎不在西山，家家自有。逆而修之，还丹可冀。

八

　　竹破须将竹补宜，抱鸡当用卵为之。

　　万般非类徒劳力，争似真铅合圣机。

　　竹器破矣，用金木之类补之可乎？此必以竹补之，然后器用完也。雏将覆矣，土石之物抱之可乎？此必以卵覆之，然后毂音生焉。陶真人云："竹断须竹续，木破须木补。屋漏用瓦盖，人衰以类主①。"修真者，若非同类，

---

① 主，《注疏》本作"生"。

功用徒劳。《参同契》曰："同类易施功，非种难为巧。欲作服食仙，当以同类者。"盖人禀天地之秀气以有生，真铅是天地之母气，托同类之物，孕而育之。故真铅为母气，我真气为子气，岂非同类之至妙者乎？是以合至圣之深机，自然之大道也。

九

用铅不得用凡铅，用了真铅也弃捐。
此是用铅真妙诀，用铅不用是诚言。

凡铅，是后天地生，滓质之物也。真铅，是先天地生、真一之气也。夫人元阳真气，逐日飞散，无由凝聚以结圣胎，故圣人炼真铅，取而伏之，凝结成砂。逐日用火，渐渐添汞，汞渐渐多，铅气渐散。抽铅添汞，其妙如此。十月火足，六十卦终，铅气飞浮，如明窗中射日之尘，片片飞浮而去。九载抱一，元气浮尽，只留得一味干水银也。铅尽汞干，化为金液大还丹也。体变纯阳，与天齐年。故曰"用了真铅也弃捐"。"用铅不用铅"之语，岂虚语哉？闻道至此，当以心盟天曰："师恩难报，当成道以答师恩。若负师言，是负天地也。"

十

虚心实腹义俱深，只为虚心要识心。
不若炼铅先实腹，且教守取满堂金。

汞者，精也。守汞以实腹，则金玉满堂矣。一者，丹也。抱一以空其心，则纤尘不立矣。方其虚也，形不可以久待，必炼铅以制之。及其实也，心不可以有执，必抱一以空之。夫欲实其腹，必先炼铅以制汞，汞干形化，然后抱一以空其心。心空形妙，与道冥一，而无形矣。二理俱妙，殊途同归，非大圣莫能知此。满堂金，一身之精气也。修真之士，欲炼铅以实其腹。若夫炼铅，宜毋摇汝精，精少则还丹不可成也。

十一

梦谒西华到九天，真人授我指元篇。
其间简易无多语，只是教人炼汞铅。

高象先云：忽尔魂升玉京，上帝怜之，命西华真人指示丹诀，其①篇略曰："叔通从事魏伯阳，相将笑入无何乡。准连山作《参同契》，留为万古丹中王。首曰乾坤易门户，乾道成男坤道女。时人不识真阴阳，茫茫天下寻龙虎。"其言甚多，只是教人明真龙、真虎，炼铅汞而已。叔通，姓淳于氏。

十二

道自虚无生一气，便从一气产阴阳。

阴阳再合成三体，三体重生万物昌。

道本虚而乃有形之气，气本实而乃无形之形。有无相制，而一生焉。是以一生二，二生三，三生万物。万物负阴而抱阳，冲气以为和。方其未形，冲和之气不可见也；及其既形，轻清之气属阳，重浊之气属阴。故阳天为父，阴地为母。二气细缊，两情交媾。曰天，曰地，曰人，合成三体，谓之三才，三物生焉。故《易》曰："天地细缊，万物化醇。男女媾精，万物化生。"至人探斯之赜而知源，穷斯之神而知化，故能返其本，还其源。颠倒陶熔，逆施造化，贼天地之母气以为丹，盗阴阳之精气以为火，炼形返归于一气，炼气复归于虚无，故得神与道合，冥妙无形，变化无穷，隐显莫测，号曰真人。

十三

坎电烹轰金水方，火发昆仑阴与阳。

二物若还和合了，自然丹熟遍身香。

此章咏内外二丹法象也。坎电者，水中之火，谓之阴火，即虎之弦气元门也。此言虎以阴中之火烹炼乾龙，乾龙即发昆仑之火以应之也。二火相并，则真一之精自然凝结，即时采饵，百骸俱理，香且美矣。《参同契》曰："金砂入五内，雾散若风雨，熏蒸达四肢，颜色悦泽好，发白皆返黑，齿落生旧所，老翁复丁壮，耆妪成姹女。"岂非真香满体乎？既饵丹后，复运阴阳符火，虎以阴中之火烁此元门，龙即于昆仑发火以应之。二物和合，则金精自然运转，自尾闾历历然有声，运透夹脊双关，直上泥丸，颗颗降下重

---

① 其，底本作"真"，据《注疏》本改。

楼，其味甘美，馨香无比，自然满身增辉也。

十四

离坎若还无戊己，虽含四象不成丹。

只缘彼此怀真土，遂使金丹有返还。

《参同契》曰："离己日光，坎戊月精。"故离之己，象龙之弦气也；坎之戊，象虎之弦气也。夫戊与己，是真土之体，分居龙虎二体之中，故曰"彼此怀真土"也。龙虎苟无土，安能合并四象，会于土而成丹也哉？只缘彼此各有土气，二土乃合并而成刀圭，是以龙虎交而戊己合也。戊己合为一体，则四象合而成丹也，所谓"金丹有返还"也。故吕真人云："二物会时为道本，五行全处得丹名"者，此也。

十五

日居离位反为女，坎配蟾宫却是男。

不会个中颠倒妙，徒将管见事高谈。

日中乌属阴，故为离女；月中兔属阳，故为坎男。苟不知颠倒之妙，徒自高谈，亦犹以管窥天。

十六

取将坎位中心实，点化离宫腹里阴。

从此变成乾健体，潜藏飞跃尽由心。

离卦内阴外阳，坎卦外阴内阳，以内阳制内阴，即成乾三也。譬如金丹是至阳之气，号为阳丹，结在北海之中，取来点己阴汞，即为纯乾，化为纯阳之体。然后运火、抽添、进退，俱由我心运用也。或乃以圭丹为坎中之气，此乃后天地生滓质之物，非先天地生之气也。若以心肾为坎离，则天地远矣。

十七

震龙汞自出离乡，兑虎铅生在坎方。

二物总因儿产母，五行全要入中央。

汞为震龙，属木，木生火，木为火母，火为木子，此常道之顺也。及乎朱砂属火，火为离，汞自砂中出，却是火返能生木，故曰"儿产母"也。太白真人歌曰："五行颠倒术，龙从火里出"是也。仙翁所以言汞生离，不言砂中汞生者，盖砂中汞谓之真汞，又曰火中汞，故取其真汞而言之，是以言汞而不言砂也。铅为兑虎，属金，金生水，金为水母，水为金子，此常道之顺也。及乎黑铅属水，水为坎，银自铅中生，却是水返能生金，故曰"儿产母"也。太白真人歌曰："五行不顺行，虎向水中生"是也。仙翁所以言铅生在坎，不言银生者，盖铅中银谓之真铅，又曰水中铅，故取其真铅而言之，是以言铅而不言银也。二物互相生产而成四象，会合中央而成五行，五行合则金丹结也，故曰"五行全要入中央"。中央，即中宫太极也。后人以心肾气液为龙虎、铅汞，言虎是肾之气，而肾属水，为虎向水中生；言龙是心之液，而心属火，为龙从火里出，此言有同儿戏耳。欲成大药，岂不戾乎？

十八

月才天际半轮明，早有龙吟虎啸声。

便好用工修二八，一时辰内管丹成。

月之半轮者，一八之数也。仙翁指龙虎者，皆一八之数合而成二八也。此时水源至清，有气而无质者，一年之中止有一日，一日之中止有一时。一时之中，分为六候。下工不出两候，立得金丹一粒服饵。余四候，别有妙用。此皆天机，不书竹帛，口传心授。仙翁亦不敢成文漏露，但寓意于篇诗中，混而言之曰："一时辰内管丹成"。叶文叔不明此理，不得此理，却言药成于一时，非止用一时，茫然不知指归，私意妄揣，诚可笑也。若言非用一时，是将延款日程也，奚为至简至易耶！玄[①]妙哉斯道，非人间世上可得而闻也。

十九

华岳山头雄虎啸，扶桑海底牝龙吟。

黄婆自解相媒合，遣作夫妻共一心。

华岳者，西山月出之处，以象虎也。雄虎，乃虎之弦气，阴中之阳，故

[①] 玄，底本作"元"，避讳清康熙帝名字该"玄"作"元"。

号为雄虎也。扶桑者，东方日出之处，以象龙也。牝龙，乃龙之弦气也，阳中有阴，故号为牝龙也。二物间隔，在东、在西，媒者黄婆，使之交合，结为夫妇，以产元珠黄芽也。

二十

西山白虎正猖狂，东海青龙不可当。

两手捉来令死斗，化成一片紫金霜。

此言外象也。释在前律曰："五行全处虎龙蟠"注内。紫金霜，即金丹也。海蟾翁曰："左手捉着青龙头，右手拽着白虎尾。一时将来入口吞，思量此物甚甘美。算来只是水中银，妙达元机真要理。"此其证也。或有未闻至道者，以意乱猜，以两手作两兽解者，可笑也哉！远之又远矣。

二十一

赤龙黑虎各西东，四象交加戊己中。

复姤自兹能运用，金丹谁道不成功。

东是青龙木、木生火，故龙之弦气属火，火居南而赤，故曰赤龙；西是白虎金，金生水，故虎之弦气属水，水居北而黑，故号黑虎也。赤龙又曰姹女，黑虎又名金公，二物亦犹砂中汞、铅中银也。赤龙、黑虎合两弦之气交，即是东、西、南、北合也。四象交加于戊己真土之中，结成真丹，一粒如黍，吞归五内，熏蒸达四肢，入昆仑山，八水俱来朝会，然后进阳火于复卦，退阴符于姤爻，自然运用抽添，莫不头头中度，金丹至道，指日可成。

二十二

先且观天明五贼，次须察地以安民。

民安国富当求战，战罢方能见圣人。

五贼在天为五星，在地为五岳，在人为五常。愚谓：在人为五脏，在气为五性，五常在物为五音、五行、五金、五谷、五果、五味是也。《阴符经》曰："天有五贼，见之者昌。"人能见此，逆而修之，则"宇宙在乎手，万化生[①]乎身"也。察地之利，在于安民，民为邦本，本固邦宁，而国富矣。是以圣人以身为国，以丹为君，以火为臣，以精气为民。修丹之士，若能观天擒五贼，逆而修之，盗阴阳而返化之，则真一之精可夺，而己之阴汞立干矣。精固气牢，求战必胜。是以运火无差，十月功圆，则脱胎神化，为真人仙子。故曰"战胜方能见圣人"者，此之谓也。

二十三

用将须分左右军，饶他为主我为宾。

劝君临阵休轻敌，恐丧吾家无价珍。

此章明火作用也。将者，火也。左为文火，右为武火。圣人缩一年火候于一月之内，缩一月火候于一日之中。自子至巳六辰，属阳，象春夏发生之德，故为文火，居左，谓之阳火；自午至亥六辰，属阴，象秋冬肃杀之刑，故为武火，居右，谓之阴符。饶他为主我为宾者，主为阳而雄，好争也；宾为阴而雌，好静也。

二十四

火生于木本藏烽，不会钻研莫强攻。

祸发必因斯害己，要须制伏觅金公。

火生于木，祸发必克；精生于身，情动必溃。不会钻研，祸斯害己，要须制伏，须藉金公。吕公曰："火发七户密牢关，莫教烧破河车路。"

二十五

金公本是东家子，送在西邻寄体生。

认得唤来归舍养，配将姹女结亲情。

此义已解在律诗中"牵将白虎归家养"注内。盖金丹大药，都有作用法象。有阳中之阴，复有阳而又阴者；有阴中之阳，复有阴而又阳者；又有内药阴阳水火，外药阴阳水火；内三性，外三性；内四象、五行，外四象、五行。又有内外阴阳互用法象，反反复复，不可名状。吾侪亲承元旨，

[①] 生，底本作"在"，据《阴符经》改。

默识心通可也。如未遇真师，莫能洞晓。仙翁作此诗以深明之，惟举一隅，常自得之耳。

二十六

姹女游从各有方，前行须短后须长。

归来却入黄婆舍，嫁个金翁作老郎。

姹女者，汞也。谓之汞火游从有方，前行是外药作用也，后行是内药作用也。有此两用，故曰"游从各有方"也。圣人下工炼丹之初，运汞火不出于半个时辰，立得真一之精，炼成黍米而吞服之，故曰"前行须短"也。及夫服丹之后，运以汞火，却有十月之功，故曰"后行须长"者，此也。黄婆，在内象即金胎神室也。金翁，即真铅也。老郎，即纯阳之象也。真汞因外运火，飞入神室中，配合真铅，相交相恋，化为纯阳之体，故曰"嫁个金翁作老郎"也。归来者，取其收中宫之义也。

二十七

纵识朱砂及黑铅，不知火候也如闲。

大都全藉修持力，毫发差殊不作丹。

金丹造化，全藉丁公，毫发差殊，失之千里。是以圣人传药不传火，须共神仙仔细论。

二十八

契论经歌讲至真，不将火候著于文。

要知口诀通玄处，须共神仙仔细论。

火候六百篇，篇篇相似，出入贯串，与天合度。天之所秘，圣莫传文，遭遇真师，勿自卤莽。

二十九

八月十五玩蟾辉，正是金精壮盛时。

若到一阳来起复，便宜进火莫延迟。

八月十五，正是金水气旺之时。子时，乃一阳来复之时。外内二丹，火功并进，不可延迟，失于时节。

三十

一阳才动作丹时，铅鼎温温照幌帏。
受气之初容易得，抽添运火却防危。

圣人穷神索隐，默知金精气旺之时，一阳初动之际，擒龙捉虎，布武施文，诱太乙真气，归斯铅鼎，交感之中宫，温温孕一黍珠，赫然光透帘帏，用半个时辰，求获丹饵，可谓受气之初，得之容易矣。及乎饵丹之后，运动阴阳符火，却有十月之功，始伤四①，知雷变风，屯、蒙起自朝昏，既、未终于晦爽，运用抽添，循环不已。当斯之时，情如槁木，心若死灰，防危虑险，不及妄动，故得外接阴阳符火，内生金液之质，运转不停，自尾闾逆上泥丸，降下重楼，而归丹田土釜之中，乃金液还丹也。神验不可名状，是以抽添运用，安得不谨其危，而虑其险乎？

三十一

元珠有象逐阳生，阳极阴消渐剥形。
十月霜飞丹始熟，此时神鬼亦须惊。

金液还丹所以有象者，盖自冬至一阳进阳火，所以逐阳而生金液之质。夏至一阴进阴符，剥至十月霜飞之时，还丹始熟，脱胎神化，为纯阳之仙，岂不使神鬼惊愕而宾伏哉！

三十二

前弦之后后弦前，药味平平气象全。
采得归来炉内煅，炼成温养自烹煎。

月至三十日，阳魂之金丧尽，阴魄之水盈轮，故纯黑无光也。法象坤卦，故曰晦，此时与日相交。在晦、朔两日之中，合体而行，同出同没，至初二日，借太阳之光而有娠，渐渐相离。至初三日，日没时，即现蛾眉于西方庚上，于纯阴中生一阳光，魄中生魂，象震卦，此时阳魂之金初生，药苗

---

① 始伤四，《注疏》本作"始复终坤"，当是。

新也。至初八日，二阳生，象兑卦，此时魄中魂半，其平如绳，故曰上弦也。此弦之前属阴，其后属阳，阴中阳半，得水中之金八两，其味平平，其气象全也。至十五日，三阳备，象乾卦，此时阴魄之水消尽，阳魂之金盈轮，是以团圆，纯阳而无阴也，故曰望。夫阳极则阴生，故十六日于纯阳轮中生一阴，魂中生魄，象巽卦。渐渐缺至二十三日，二阴生，象艮卦，此时魂中魄半，其平如绳，故曰下弦也。此弦之前属阳，其后属阴。阳中阴半，得金中之水半斤，其味平平，其气象全也。故圣人采此二八金水之精，擒归造化炉中，烹炼真一之气，变化黍粒，吞归五内，复运火温养烹煎，而成金液还丹。全藉阴符阳火，进退抽添，若毫发差殊，不作丹也。仙翁如此叮咛反复，使自烹煎者，良有意也。

三十三

长男乍饮西方酒，少女初开北苑花。

若使青娥相见后，一时关锁在黄家。

震为长男，青龙也。酒，阴物也，藏阴气，谓之阴火；兑为少女，白虎也。花，阳物也，藏阳气，谓之阳火。青娥、姹女，谓之汞火。此皆修丹之士，驱龙来就虎，虎即开北苑之花以就龙，龙饮西方之酒以就虎，龙虎吞啖，交媾成象，即运青娥汞火，与龙虎二火相见。眷恋之后，一时封锁在黄家中宫，而产真一之精，以成金液还丹也。黄家，即鼎炉元关是也。

三十四

兔鸡之月及其时，刑德临门药象之。

到此金丹宜沐浴，若还加火必倾危。

二月为德，八月为刑，此两月为沐浴之候，即宜罢火。加必倾危，还丹走失矣。

三十五

日月三旬一遇逢，以时易日法神功。

守城野战知凶吉，增得灵砂满鼎红。

太阳太阴，一月一次相交。圣人则之，移一月为一日，移一日为一时。

守城则沐浴罢功，野战则龙虎交斗。神功者，进火之度也。苟或阴阳错乱，日月乖戾，外火虽动而行，内符闲静不应。有道之士，进退水火，知吉知凶，旋斗历箕，暗合天度，自然灵胎密运，神鼎增辉矣。

三十六

否泰才交万物盈，屯蒙二卦禀生成。

此中得意休求象，若究群爻谩役情。

冬夏二至，为一阴一阳之首；子午二时，为一日一夜之元。圣人运动阴符阳火，协天地升降之道，日月往来之理，攒簇四时、八节、二十四气、七十二候，环列鼎中，而生真一之体。此理甚简，其功不繁，无可云为，故托诸卦象，分于一月三十日之中，以阐元机，以明火候。用爻象者，筌蹄也。屯、蒙为众卦之首，以象运火生成之始，造化禀受之源，故朝以屯、暮以蒙也。否、泰者，阴升阳降于四时之中。至二月春分之节，阳气升于天地之中，阴阳相半，不寒不热为温，故为泰卦，亦如月之上弦气候也，此时阴阳二气自然相交，故圣人不进火，谓之沐浴也。至八月秋分之节，阴气降到大地之中，亦阴阳相半，不寒不热而凉，故为否卦，亦如月之下弦气候也，此时阴阳二气自然相交，故圣人不进水，亦谓之沐浴也。故仙翁曰："兔鸡之月及其时，刑德临门药象之。"二月为刑，八月为德故也。修道之士，若能于此四卦之中得意，何必执滞群爻，劳心役思哉？仙翁慈悲，直指其捷径如此。

三十七

卦中设象本仪形，得象忘言意自明。

举世迷人惟泥象，却行卦象望飞升。

卦象者，火之筌蹄也。魏伯阳真人因读《易》，而悟金丹作用与易道一同，故作《参同契》，演大易卦象，以明丹旨，开示后人。故比喻乾坤为鼎器，象灵胎神室在我丹田中也。又以坎离喻为药物，象铅汞之在灵胎神室中也。夫乾坤为众卦之父母，坎离为乾坤之真精，故以四卦居于中宫，犹灵胎铅汞在丹田中也。处中以制外，故四卦不系运火之数。其余诸卦，并分在一月之中，搬运符火，始于屯蒙，终于既未，周而复始，如车之轮，运转不已。一日两卦直事，三十日计六十卦，连乾坤、坎离四卦为鼎器、药物，共六十四卦，总三百八十四爻，象一年，并闰余共三百八十四日也。又象金丹二八一斤之数，一斤计三百八十四铢。此皆比喻设象如此，学者观此卦象，可以悟运火之作用。苟明用火，则卦象皆可忘言而无用也。今之学者，不晓此旨，而反泥此以行卦气，劳形苦思而望飞升，不亦愚乎！得鱼忘筌，得兔忘蹄。今反泥筌蹄而为鱼兔，去道愈远矣。钟离公曰："大道安能以语通，伯阳假《易》作《参同》。后人不识神仙喻，妄执筌蹄便下工。"此其证也。

三十八

天地盈虚自有时，审能消息始知机。

由来庚甲申明令，杀尽三尸道可期。

天地盈虚自有时者，天地相去八万四千里，冬至之日，地中有一阳气上升，一日升四百六十里二百四十步。至后五日为一候，三候为一气，三气为一节，二节为一时，即春分也，计九十日，阳气共升至天四万二千里，正到天地之中，此时阴中阳半，为泰卦，其气变寒为温，万物发生之时，故为春也。自此以后，阳气升入阳位，亦如前，渐渐升至夏至之日，并前计一百八十日，共升八万四千里，乃到天也。此时阳中又有阳，为纯阳乾卦，其气变温为热，曰夏，万物茂盛之时，故曰盈也。夫热极则阴生，故夏至之日，一阴自天而降，亦一日降四百六十里二百四十步。亦五日为一候，三候为一气，三气为一节，二节为一时，即秋分也，计九十日，阴气共降四万二千里，正到天地之中，此时阳中阴半，为否卦，其气变热为凉，万物结实之时，故为秋也。自此以后，阴气降入阴位，亦如前，渐渐降至冬至之日，并前计一百八十日，共降八万四千里，乃到地也。此时阴中又有阴，为纯阴坤卦，其气变凉为寒，曰冬，万物收藏之时，故曰虚也。圣人消息天地盈虚，因月而见，月从日生，初三日震庚生形，初八日兑丁成形，十五日乾甲盈满，天地盈之时也；十六日巽辛受统，二十三日艮丙守弦，三十日坤乙消灭，天地虚之时也。圣人能消息天地之机，故簇一年气候在一月之中，以初一日一阳之生为冬至。分二日半三十时为三十日，当一月气候。至上弦日，阴中阳半，即春分之日也。至十五日，得四月节气为纯阳，故曰满，阳气盈轮，故曰盈也。至十六日，阴生为夏至。至下弦日，阳中阴半，象秋分之日也。至三十日，得十月节气为纯阴，阴气满轮，故曰虚也。终而复始，循环不已，圣人运动阳火阴符，一依准天地盈虚，升降循环，六十四卦由庚及甲，圆缺之理，亦犹人君申明号令，戮尽阴魔，成道可期也。

三十九

要得谷神长不死，须凭玄牝立根基。

真精既返黄金屋，一颗明珠永不离。

阴阳不测之谓神。神无形也，感而遂通，若谷之应声，故曰谷神。夫神因气而立，气因精而立。精能生气，气能生神。故气为一身之主，一身为神气之府。形不得神气则不生，神气不得形则不立。二物相须，始有生也。若欲长生，根基立玄牝，然后长生可致也。万物莫不由此二物而生，因此二物而死。实为天地之根，五行之祖，阴阳之蒂，万物之基。圣人凭此而成外药，藉此以变内丹。故得真精运动不停，复还黄金土釜之室，变为一颗灵珠明光，永不飞走，渐渐形化为气，气化为神，神形俱妙，隐显莫测也。

四十

玄牝之门世罕知，休将口鼻妄施为。

饶君吐纳经千载，争得金乌搦兔儿？

玄牝之门，是谓天地根。妙哉是言也！举世莫能知此，非真师指示，孰能晓哉！亦有指两肾之间，混元一穴，如叶文叔者，岂能窥测天机，而欲以排斥他说也哉？玄牝乃二物，岂可以一穴言之。自开辟以来，若无此二物，安能有万物乎？故因内外二丹从此而立，圣人秘之，号曰偃月炉、悬胎鼎也。金乌者，金丹也。兔者，己之真气也。金丹制己汞，如猫捕鼠，似鹰擒兔，不令逃遁。若以口鼻为玄牝，直饶千载吐纳，转见尫羸，争得金乌搦兔，而成圣胎也哉！

四十一

异名同出少人知，两者玄玄是要机。

保命全形明损益，紫金丹药最灵奇。

太上曰："无名天地之始，有名万物之母。"又曰："此两者，同出而异名。"方其无也，真一之气不可见也，故为天地之始；及其有也，真一之气化而为黍，现于空元之中，故为万物之母。在天曰离，为汞；在地曰坎，为铅。其本则同，其出则异，同谓之玄，玄之又玄。修真之功，执此二者，玄机以明，损益以治，修身则形可全而命可保也。所谓二者，阴阳二气而已。所谓损者，五行顺兮，常道有生有灭是也。呼！纯阳紫金之丹，立为天地之始，出为万物之母。其曰"紫金丹药最灵奇"，当知仙翁叹羡不尽之意也。

四十二

始于有作人难见，及至无为众始知。
但见无为为要妙，岂知有作是根基。

世有学释氏修性之道，执此一节有为，皆是虚妄之语，以毁老氏修命之道。此乃知其一，不知其二，窥其门墙而未升堂入室者也。乌知修命之道，始于有作，炼丹以化形；中则有为，炼形以化气；终则无为自在。面壁九年，抱一以空其心，以见其性。性即神也，神性一体，变现无方。九载功毕，气自成神，神自合道。故形与神俱，而妙不可测；神与道合，而升入无形。形既无己，可得谓之为有作而为幻化乎？安知性非命，命非性耶？强而分之，曰性、曰命。混而一之，未始有以异也。故自有作以至于无作，有为以至于无为，有形以至于无形也。斯道至大，非中下根器所能知，故仙翁作诗以示后学，勿但见无为为要妙，而不知有为，为有作实无为，为无作之根基也。

四十三

黑中有白为丹母，雄里藏雌是圣胎。
太一在炉宜慎守，三田聚宝应三台。

铅中取银，是为丹母；朱里抽汞，乃为圣胎。二物能感化真一之气，结在太一炉中，惟在精调火候，慎守规模，不使分毫差忒，方得三性会合，结成丹宝，上应三台。太一者，真一之气也，故曰"太一含真气"也。

四十四

恍惚之中寻有象，杳冥之内觅真精。
有无由此自相入，未见如何想得成。

恍惚之中有象者，龙之弦气也；杳冥之内有真精者，虎之弦气也。二弦皆有气而无质者也。恍恍惚惚，杳杳冥冥，视之不见，听之不闻者，真一之气也。真一之气，至灵而无形者也。真一子曰：无者，龙也。有者，虎也；无者，汞气也。有者，铅气也。无因有激之而有象，有因无感之而有灵，故得之黍珠悬空、紫霜耀日也。彼哉[①]兀兀存想尘埃心地者，亦可悲夫！

四十五

四象会时玄体就，五行全处紫光明。

脱胎入口通神圣，无限龙神尽失惊。

龙虎交姤，则四象会而五行全矣。四象五行会合，则真一之体结如黍珠，紫色光明矣。密运于内，夺归入口，通神达圣，无限龙神，孰不惊愕而钦仰也哉！

四十六

华池饮罢月澄辉，跨个金龙访紫微。

从此众仙相识后，海田陵谷任迁移。

华池，丹也。饮罢功圆，脱胎神化，肌肤若冰雪，绰约如处[②]子，御气乘云，游乎八极，饱观尘世。一任海变桑田，桑田变海，高谷为岸，深谷为陵也。

四十七

要知金液还丹法，自向家园下种栽。

不假吹嘘并著力，自然丹熟脱灵胎。

此物只自家身里同类之物也。此道甚近，初不远人。亦犹家园下种，其物自生，其近可知。种非其类，难以成功；种得其类，易若反掌。《参同契》曰："同类易施功，非类难为巧。"何著力之有？

---

① 哉，《注疏》本作"之"。

② 处，底本作"列"，据《注释》本改。绰约如处子，典出《庄子·逍遥游》。

四十八

休施巧伪为功力，认取他家不死方。

壶内旋添延命酒，鼎中收取返魂浆。

修真之士，多执非类巧伪之法施功而已，而不肯问他家自有同类①不死之方，能于鼎中采取返魂之阳丹，腹内旋添延命之汞火。二物者，真修身之至宝也。《参同契》曰："同类易施功，非类难为巧。"此其证也。所谓他家者，即白虎之弦气也。后学之人，多执以己身精气，谓之真铅。既然如是，仙翁岂有以他家之说而诳他人乎？

四十九

雪山一味好醍醐，倾入东阳造化炉。

若遇昆仑西北去，张骞始得见麻姑。

雪山白色，西方金之象，即金丹也。金丹一粒，味若醍醐，取而饵之，入我丹田造化炉中也。昆仑山在海水之中，故入昆仑，实发火之处也。昆仑顶上有门，谓之元门，即天门也。天门在西方乾位，故仙翁曰："种向乾家交感宫"。是以过西北去处，则张骞见麻姑矣。张骞，男子也，象乾卦，为阳火，又象真汞；麻姑，妇女也，象坤卦，为阴符，又象真铅也。此言若过昆仑发火，自元门而入，则鼎内真汞始得见真铅，而有变化也。方其真铅内融，真火外接，坤象变乾象，阳火逐阴符。两火交进，铅汞凝结，神仙之道，根本于此。张骞乘槎过天河遇女宿，取其阴阳交相会遇之义，为托言之耳。

五十

不识阳精及主宾，知他那个是疏亲？

房中空闭尾闾穴，误杀阎浮多少人。

钟离曰："四大一身都属阴，不知何物是阳精。"盖阳精，是真一之精，至阳之气，号曰阳丹也。自己之真气属阴，为一身之主，以养百体。及阳丹

---

① 类，底本作"实"，据《注疏》本改。

自外来，以制己之阴汞，即是阳丹反为主也，而自己阴汞反为客也。二物相恋，结为金砂，自然不飞不走，然后加火，炼成金液还丹也。故阳丹在外，谓之疏；己之真气在内，谓之亲。反此亲疏，以定宾主，即道成矣。迷途之人，不达此理，却行房中御女之术，强闭精气，谓之炼阴丹，将欲延年，反尔促寿，是犹抱薪以救火者也。《阴符经》曰："火生于①木，祸发必克。"可不慎乎？

五十一

万物芸芸各返根，返根复命即长存。

知常返本人难会，妄作招凶众所闻。

"万物芸芸，各归其本根。归根曰静，静曰复命。复命曰常，知常曰明。"此太上之至言也。夫人未生之前，冥然无知，混乎至朴。及其生也，禀之阴阳，受之父母。圣人逆而修之，夺先天之一气，以为丹母；贼阴阳之真气，以为化基。炼形反入无形，炼气过于至朴，炼神而与道合真，故归根复命，即长存也。能知常道而返本者，圣人也，是以长生焉。不知常道返本而妄作者，众人也，是以招凶焉。

五十二

欧冶亲传铸剑方，镆铘金水配柔刚。

炼成便会知人意，万里诛妖一电光。

欧冶铸剑，天帝遣神女为之侍炉，制以金水，配以柔刚。炼成宝剑之后，诛凶剪恶，一电光顷，其灵如此之圣。所作还丹，铸剑亦如之。以天地为炉冶，以阴阳为水火，配以五行，制以神气。炼成之后，能曲能直，能柔能刚，能善能恶，能圆能方，心有所思，意有所适，则已知人之意，而运动诛剪一电光耳。此乃自然神剑也。修丹之士，若无此剑，犹取鱼兔而无筌蹄也。仙翁托欧冶铸剑之事而言之，实元珠之罔象也。罔象者，天机秘诀也。

---

① 于，底本作"亡"，据《阴符经》改。

五十三

敲竹唤龟吞玉芝，鼓琴招凤饮刀圭。

近来透体金光现，不与凡人话此规。

此言运火之功也。竹者，虚心无情之物也。敲者，两物相击之义也。鼓琴者，夫妇谐和之义也。龟者，铅也。凤者，汞也。刀圭者，阴符之器也。玉芝者，阳火之气也。龙之弦气，曰玉芝；虎之弦气，曰刀圭。此言龙虎相击，而结为夫妇，如琴声之谐和也。凤者，南方朱雀也。龟者，北方元武也。亦南北坎离之象，交炼而成金丹，即时采取，饵归丹田土釜之中，以制己之阴汞。然后虚心谐和夫妇之情，交接阴阳，以运符火，按卦爻，合呼吸，用神气。以神气驭水火，以水火炼胎息。游泳坎离，交感于中宫土釜之中，唛养铅汞，日夕饮唛符火之气，而生金液之质，是谓金液还丹也。

五十四

药逢气类方成象，道在虚无合自然。

一粒灵丹吞入腹，始知我命不由天。

有物混成，先天地生，圣人固强名之曰道，强名之曰混元真一之气。视之不见，听之不闻，抟之不得。圣人以同类二八初弦之气，感而遂通，降灵成象于空元之中，一粒如黍，饵在腹中，立干己汞，化为纯阳之躯，与天地同久。朝元子曰："死生尽道由天地，性命元来属汞铅。"此非"我命在我不由天"乎？

五十五

赫赤金丹一日成，古仙垂语实堪听。

若言九载三年者，总是推延款日程。

金丹大药，下功不逾半时辰，立得吞饵。此言一日，皆因圣人簇一年气候于一月之中，又簇一月气候于一日之中，又簇一日气候于一时之中，通而言之，谓之一日成仙也。故仙翁曰："以时易日法神功"是也。金丹入口，立跻圣地，明验如此之速，岂三年九载，迁延岁月，以款日程乎？古仙张果老诗曰："赫赫金丹一日成，黄芽不离水银坑。功成虽未三周变，开炉已觉放光明。"即此道也。

五十六

大药修之有易难，也知由我亦由天。

若非积行施阴德，动有群魔作障缘。

魔障在天，修持在我。阴德匪施，触途有碍。前诗云："一点灵丹吞入腹，始知由我不由天。"甚赞金丹之功，至灵至神。今诗云："也知由我也由天"，劝勉学者，若闻大道，亦当积行施德，以求天助，不可自恃其丹之灵，必有魔障为碍。

五十七

三才相盗食其时，此是神仙道德机。

万化既安诸虑息，百骸俱理证无为。

天地以四时盗万物，故有荣枯而不能长荣。万物以五味盗人，故有生死而不能长生。人以五行盗万物，故有成坏而不能长存。三盗既宜，三才斯安，是以有生、有死，有盛、有衰，有荣、有谢，有昼、有夜，有往、有来，有生、有杀，有兴、有废，有物、有我，有是、有非，纷纷而起，循环无端而不可测者，自然之道也。若能混此三盗而一之，反其机而动之，及其时而食之，则百骸俱理，而万化自安。万化既安，则诸虑自息。诸虑既息，则无为之道自证矣。

五十八

《阴符》宝字逾三百，《道德》灵文止五千。

今古上仙无限数，尽从此处达真诠。

二经为群经之管辖，诸子之枢纽。古仙上圣，莫不由此二经之中，达悟真诠而成大道也。

五十九

饶君聪慧过颜闵，不遇真师莫强猜。

只为金丹无口诀，教君何处结灵胎？

千经万论，惟布校条；至道不繁，独传心印。未遇真师，徒劳苦耳。此道非真师口诀，虽有颜、闵之聪慧，亦不可强自猜度也。

六十

　　了了心猿方寸机，三千功行与天齐。

　　自然有鼎烹龙虎，何必担家恋子妻。

此诗警时人之不知返者也。方寸机者，言修真之士，未炼还丹以前，须是心地了了，不为心猿意马之所使。古歌云："人生本是一猿猴，万种皆因向外游。制伏若能收拾住，六精结住夜明珠。"吕真人曰："未炼还丹先炼心。"《西山记》曰：真仙上圣，教人修道，即修心也。教人修心，即修道也。又曰：制之则正，放之则狂。清净道生，昏浊神忘。此其旨也。所谓行者，阴与阳也。仙翁曰："大药修之有易难，须知由我亦由天。若非积行施功德，动有群魔作障缘。"钟离公曰："有功无行如无足，有行无功目不前。功行两全足目备，谁云无计作神仙。"吕真人云："蓬莱路，仗①三千行满，独步云归。"阴功既积，必遇至人，故云"自然有鼎烹龙虎"也。其曰恋子爱妻，此仙翁之意，复恐学者迷失正道，而入邪行，爱妻恋子，永沉苦海矣。学者须存物外之志可也。

六十一

　　未炼还丹须急炼，炼了还须知止足。

　　若也持盈未已心，不免一朝遭祸辱。

男子二八而天癸至，八八而天癸竭。方其至也，满纯乾重一斤。逮至弱冠，汞走一两；岁当三十，汞走四两；岁当六十，剥床及肤；八八数终，乾坤传尽，乌飞兔走，时不待人。活汞须藉铅擒，还丹急须下手。炼之既毕，抱一守诚。若不知足，持不已之心，反遭祸辱。钟离公曰："丹熟不须行火候，更行火候便伤丹。只宜保守无亏损，渴饮饥餐困则眠。"更能明心见性，面壁九年，斯道愈弘矣。

六十二

　　但将死户为生户，莫执生门号死门。

　　若会杀机明反复，始知害里却生恩。

---

① 仗，底本作"伏"，据《注疏》本改。

阴阳五行，顺之则生，逆之则死，此常道也。庸夫岂知有不生之生则长生，不顺之顺则至顺。若能明此反复之机，则害里生恩，男儿有孕矣。杀机者，盗机也。

六十三

祸福由来互倚伏，还如影响相随逐。

若能转此生杀机，反掌之间灾变福。

阳主生，曰福；阴主杀，曰祸。阴消则阳长，阳极则阴生，互相倚伏，如影响之随逐，此常道自然之理也。若能逆此生杀之机而修之，则反掌之间，变灾为福，害里生恩，男儿有孕为不诬矣。

六十四

修行混俗且和光，圆即圆兮方即方。

显晦逆从人莫测，教人争得见行藏。

被褐怀玉，和光同尘，补破藩篱，无人无我。幽显顺逆，凡人岂得而测量也哉！

西江月十二首

（象十有二月之数）

一

内药还同外药，内通外亦须通。

丹头和合类相同，温养两般作用。

内有天然真火，炉中赫赫长红。

外炉增减要勤功，妙绝无过真种。

《夷门破迷歌》曰："道在内来，安炉立鼎却在外；道在外来，坎离铅汞却在内。"此明内外二丹也。夫外药者，金丹也。是造化在二八炉中，不出半个时辰，立得成就。内药者，金液还丹是也。造化在己腹中，须待十月满足，方能脱胎神化。观此二药，和合丹头作用之法，虽略相同，及其用功火候，实相远矣。修丹之士，下工之日，内药和合丹头之际，分毫差忒，大药不成。敬之哉，敬之哉！内药虽有真火，在土釜中赫赫长红，亦须凭外炉用功，增减抽添，运用无令差忒，以至危殆。然内外真火，变化无穷者，实藉真铅之妙也。此物偏能擒汞，不使飞走。叶文叔不达此理，却言内药须以真火烹炼，外药须假凡火增减，以管窥天，可付一笑。殊不知，内外二药虽异，其实一道也。所谓内外二药者，以人之一身，禀天地之秀气而有生，托阴阳陶铸而有形，故一身之中，以精、气、神为主。神生于气，气生于精，此三者，后天地生，至阴之物也。修真之士，若执己身而修之，无过炼治精、气、神三物而已。奈何三物一致，俱后天地生，纯阴而无阳，安能化形为纯阳，而出乎天地之外也哉！仙翁所以道："独修一物转尪羸。"钟离公曰："涕唾精津气血液，七般物事总皆阴。"又曰："独修一物是孤阴。"真一子曰："孤阴不自产，寡阳不自成。"《参同契》曰："牝鸡自卵，其雏不成。"

圣人知己之真气，后天地生属阴，难擒易失，乃采先天一气，真阴、真阳二八同类之物，擒在一时辰内，炼成一粒至阳之丹，号曰真铅。此造化在外，故曰外药。以此阳丹，点己阴汞，犹猫捕鼠。阳丹是天地之母气，己汞是天地之子气。以母气伏子气，岂非同类乎？此造化在内，故曰内药也。故仙翁曰："药逢气类应成象，道在虚无合自然。"真一子曰：未有天地混沌之前，真铅得一而先生，以次渐生天地、阴阳、五行，万物庶汇。《参同契》曰："先天地生，巍巍尊高。"此皆证先天地之一气也。以先天阳丹，点己阴汞，化为纯阳，更假阴阳符火，运用抽添。十月功足，形化为气，气化为神，神与道合而无形，变化不测，故能出乎天地之外，立乎造化之表，提挈天地，陶铸阴阳，而不为阴阳陶铸者，先天地生之一气使之然。其妙如此，故曰"妙绝无过真种"。安可以后天地生至阴之气类而为内药乎？学道之士，研穷本始，无惑邪说，庶免永堕三涂，自取轮回也。

二

此药至神至圣，忧君分薄难消。
调和铅汞不终朝，早睹元珠形兆。
志士若能修炼，何妨在市居朝。
工夫容易药非遥，说破人须失笑。

金丹入口，立跻圣位，岂非至神至圣者乎？煅炼不出半个时辰，立见金丹形兆，岂非至简至易者乎？家家自有，不拘市朝，岂非至近者乎？惟其至神至圣、至简至易、至近，所以说破不觉令人失笑也。得之者，第恐阴功浅薄，不胜其道尔，学者勉之！

三

　　白虎首经至宝，华池神水真金。
　　故知上善利源深，不比寻常药品。
　　若要修成九转，先须炼己持心。
　　依时采取定浮沉，进火须防危甚。

　　首者，初也。首经，即初弦之气，非女子天癸也。不可以三峰二十四品谤毁圣道。圣道不可毁者，犹天之不可阶而升也。夫真一之气，在天曰"真一之水"，在虎曰"初弦之气"，煅炼在华池中曰"神水"，此乃至宝真金也。皆不离真一之精，流历诸处，有种种异名而能造化。经曰："上善若水。"盖真一之水，生于天地之先，故曰"上善"。其利源甚为深远，不比寻常后天生滓质药品之类也。九转，九年也。在十月胎圆脱胎之后，达磨面壁九年，只履西归，盖有由矣。然欲修成九①转，先须运火十月，依时采取，以分宾主，守雌而不雄，方免危殆。自然形化为气，气化为神，抱元守一，九载功成，形神俱妙，与道合真，圣人强名曰"九转金液大还丹"也。

四

　　若要真铅留汞，亲中不离家臣。
　　木金间隔会无因，须仗媒人勾引。
　　木性爱金顺义，金情恋木慈仁，
　　相吞相啖却相亲，始觉男儿有孕。

　　此言内象也。家臣，即己之真气也。己之真气，因金丹而凝结，金丹因己汞而有神功。二物相须，两情惓恋，乃能变化通灵，故曰"若要真铅留汞，亲中不离家臣"。丹属金在外，己汞属木在内，二物间隔，全仗黄婆制

---

① 九，底本作"大"，据《注疏》本改。

造成丹。吞入己腹中，与己汞配合，亦仗黄婆勾引。二物既已和合，交接阴阳符火，木性恋金，金情恋木，相吞相啖，配合成夫妇，养就婴儿，在我腹中，始觉男儿有孕。此道至玄至妙，非仁慈及物，阴骘广积，此生安能与于此乎？

五

二八谁家姹女，九三何处郎君。
自称木液与金精，遇土却成三性。
便假丁公煅炼，夫妻始结欢情。
河车不敢暂留停，运入昆仑峰顶。

二八，阴数也。姹女，即我之真气也，又曰木液。九三，阳数也。郎君，即我之阳丹也，又曰金精。二物交会丹田土釜之中，即成三性也。丁公者，火也。夫妻者，铅汞。处于丹田土釜，逐日相交，夫妻欢情之火，搬入丹田土釜中，煅炼铅汞，受此符证，而生金液之质。复自尾闾逆上泥丸峰顶，降下口中，徐徐咽归丹田土釜之中。常常如此，运转不息，若河车之流转不已，化成金液还丹。钟离公曰："尾闾直上泥丸顶，自在河车数百遭。"海蟾公曰："若得黄芽填血脑，万年虽老身不死。"是其证也。

六

七返朱砂返本，九还金液还真。
休将寅子数坤申，但看五行成准。
本是水银一味，周流历遍诸辰。
阴阳数足自通神，出入不离玄牝。

九还七返者，不离天地五行生成之数也。天一生水，地以六数成水，居北，积坎阴之气以为真水，故《参同契》曰"六居"也。地二生火，天以七数成火，返南，孕离气而生砂，故曰"七返朱砂返本"也。天三生木，地以八数成木，居东，处震位而成汞，故《参同契》曰"八归"也。地四生金，天以九数成金，还西，主兑位而为金，故曰"九还金液还真"也。天五生土，地以十数成土，二土相合而并，居中，会四象而成丹也。故金不出五行而成，故曰"但看五行成准"。安可以寅子数坤申，而为七返九还耶？水银者，铅也。铅，即真一之气也。真一之气，结而成精，号曰"真一之精"。精，铅也。真一之气，一变为水，在北；二变为砂，在南；三变为汞，在东；四变为金，在西；五变为土，居中。故金丹非天地不生，非日月不产，非四时不全，非五行不就，非总数不成。是以遍历诸辰，阴阳数足，自然通神变化也。然其造化妙用，出入不离玄牝之门，是谓天地根。玄牝之理，已释于"玄牝之门世罕知"之矣。

七

  雄里内含雌质，真阴却抱阳精。
  两般和合药方成，点化魂灵魄圣。
  信道金丹一粒，蛇吞立化龙形。
  鸡餐亦乃化鸾鹏，飞入真阳圣境。

  雄里雌，乃龙之弦气，汞是也；阴抱阳，乃虎之弦气，铅是也。二物交合，灵丹自生，吞入腹中，点化阳魂，以消阴魄。一粒如黍，鸡吞蛇唊，亦化龙鹏，飞入真阳圣境，药之至灵至圣如此哉！

八

  天地才交否泰，朝昏好识屯蒙。
  辐来辏毂水朝宗，妙在抽添运用。
  得一万般皆毕，休分南北西东。
  损之又损慎前功，命宝不宜轻弄。

  夫运火之法，下功始于屯蒙，休功终于否泰。日夕搬运符火归于鼎中，如车之轮，辐辏于毂；若百川之水，朝宗于海。运用抽添，妙化如此。太上曰："了得一，万事毕。"妙哉是言也！一者，真一之精也。真一之气生阴阳，阴阳生四象，四象生五行，五行生万物，俱不出真一之气变化。故真一之精，为天地之母，阴阳之宗，四象之祖，五行之根，万物之基也。得此一，则万事毕矣。东西南北，皆可忘也。损之又损慎前功，方能尽得一之妙。盖一之有象，运阴阳二火以形之也。既得一粒，吞归五内，如前运用阴阳符火，当慎前功，方能尽归一之妙。虑险防危，不可轻动，恐失命宝之元珠，故曰"慎前功"也。

九

冬至一阳来复，三旬增一阳爻。

月中复卦朔晨朝，望罢乾终姤兆。

日又别为寒暑，阳生复起中宵。

午时姤象一阴朝，炼药须知昏晓。

冬至一阳生，为复卦，乃一阳爻也；又三十日为临卦，增二阳爻也；又三十日为泰卦，增三阳爻也；又三十日为大壮，增四阳爻也；又三十日为夬卦，增五阳爻也；又三十日为乾卦，乃六阳爻满，阳火之候也。阳极则阴生，故夏至一阴生，为姤卦，乃一阴爻也。亦如前，三十日增二阴爻，为遁卦，为否卦，为观卦，为剥卦，为坤卦，乃阴符之候也。阴极则阳生，周而复始，此一年之气候，加减之大数也。圣人移此一年之气候于一月之中，以朔旦为复，至望日为纯阳。两月半当三十日，是一个月也。望为纯乾，至十六日始一阴生，故曰"望罢乾终姤兆"。以阴初萌，故谓之兆。此一月之气候，周天之大数也。圣人又将一月之气候，移在一日之中，分为寒暑温凉四时之气，故以中夜子时一阳生为复卦，午后一阴生为姤卦，运用符火，阴阳升降，抽添进退，一一合天地四时、阴阳升降，不得毫发差忒，故曰"炼药须知昏晓"也。昏晓者，阴阳之首也。此一日之气候，周天之大数也。

十

不辨五行四象，那分朱汞铅银？

修丹火候未曾闻，早使称呼大隐。

靡肯自思己错，更将错路教人。

误他永劫在迷津，似恁欺心安忍？

丹经万卷，妙在《参同契》。其中三字《鼎器歌》一章，乃丹经之骨髓也。举世学此道者，莫能晓解，胡不思之甚耶？试取此歌，证我之所得。如或未明，即我之所得未尽善也。何迷惑于傍门非类之有？今之学者，未识吐故纳新之方，便起飞云奔雾之想，自高自大，模范于人，自己不知悔吝，反误他人，溺在迷津，有终身不可救药，没齿无成。似此欺心，安忍如是也耶？

十一

德行修逾八百，阴功积满三千。

均齐物我与亲冤，始合神仙本愿。

虎咒刀兵不害，无常火宅难牵。

宝符降后去朝天，稳驾琼舆凤辇。

抱一九载，功成道备，物我两忘，何刀兵虎咒之害哉？天降宝符，身飞碧落，真大丈夫出世间之日也。此言金液还丹，又全在德行阴功，八百三千圆满，方保无魔。依法修成，以至冲举，登琼舆凤辇，为至尊仙子，宾于上帝也。

十二

牛女情缘道本，龟蛇类禀天然。

蟾乌遇朔合婵娟，二气相资运转。

总是乾坤妙用，谁人达此真诠？

阴阳否隔即成怨，怎得天长地远？

牛郎织女，一岁一交；太阴太阳，一月一交。龟蛇以类，蟠虬相扶，此皆阴阳二气使之然也，实为道之根本。金丹大药作用，一一如之。盖真一之气，窅然无形，不得二八阴阳初弦之气相交，焉能降格兆形黍粒也哉？既得丹饵之后，不得缊缊符火，焉能变化金液还丹也哉！《参同契》曰："关关雎鸠，在河之洲。窈窕淑女，君子好逑。雄不独处，雌不孤居。元武龟蛇，蟠虬相扶。以明牝牡，竟当相须。"理之所在，夫复何疑？颠倒修之，宇宙在乎手。真一子曰："孤阴不自产，寡阳不自成。"须藉牝牡合气，方能有产化之道也。天地之所以能长且久者，阴阳交合，自然之道也。天不降，地不腾，四时不序，万物不生也。故仙翁于此章三致意焉。深知此意者，当以意合可也。

又一首

（以象闰月）

丹是色身至宝，炼成变化无穷。

更于性上究真宗，决了死生妙用。

不待他身后世，现成获佛神通。

自从龙女著斯功，尔后谁能继踵？

金丹能化有形入于无形，故能变化无穷，隐显莫测。若能兼以识心见性，遣其幻妄，以广神通，则性命之道双圆，形神俱妙，则斯道愈弘矣。迥超无漏，而为金刚不坏之躯，乃无上之大道也。故仙翁曰：若以长金妙色之身，证其真金慈相。巍巍堂堂，为天人师，示神通力，普现法界，运无碍大慈平等智慧，庄严佛土，广宣妙法，普度众生，则必兼以识心见性，方弘此道。昔龙女顿悟心珠，便超佛性，乃斯道也。若或修行之人，厌此幻相，不能修金丹，便欲直超如来真空，湛然常寂，此为究竟涅槃三昧，则斯之语言，斯之身相，又非所取也。

绝句五首

（以象铅汞砂银土之五行）

一

饶君了悟真如性，未免抛身却入身。

若解更能修大药，顿超无漏作真人。

人若顿悟真心，直超如来真空，清净性海，毕竟有今生后世、出彼入此之躯，曷若坚修金丹，炼形入于无形，变化不测，以臻乎千手千眼之应，故于形神性命之道，成彼迥超无漏，而具真金慈相，巍巍堂堂，为天人师，证无上至尊者哉！大用未明前，大法未明透，一毫渗漏，抛身入身也。若圆明照了，宝炼金丹，道成十极，号曰真人。世之迷徒[①]，以摩[②]抚吐纳旁门小法，

[①] 徒，底本作"途"，据《注疏》本改。
[②] 摩，底本作"麾"，据《注疏》本改。

以己合人，谓之金丹。夫金丹出于自然，旁门出于使然。金丹以月为本，出于庚金之方，会于坎水之元，金水相投，结成造化，所以谓之金丹也。

二

投胎夺舍及移居，旧住名为四果徒。
若会降龙并伏虎，真金起屋几时枯？

真金起屋，何枯之有？《度人经》曰："枯骨更生，皆起成人。"而况吞黍粒之珠者哉？投胎夺舍，四果之徒，特阴灵之鬼耳！道光曰：投胎夺舍，是执空之徒；降龙伏虎，是还丹之妙。

三

鉴形闭息思神法，初学艰难后坦途。
倏忽虽能游万国，奈何破屋却移居。

鉴形闭息思神法，乃出阴神小乘之法耳！初学亦甚艰难，及其习惯纯熟，坦然无碍，瞬息之间，遍游万国，其英灵爽妙如此。奈何其形属阴壳难固，易于敝坏，不免投胎夺舍，如移居也。

四

释氏教人修极乐，只缘极乐是金方。
大都色相惟金实，余二非真谩度量。

极乐净土，在西方。西者，金之方。此中惟产金丹，一粒如黍，其重一斤。释氏饵之，故有丈六金身，妙色身相。盖亦由金丹而产化也。丈六，亦按二八之数。西方，即金也。世人莫能晓此。古仙明有歌曰：借问瞿昙是阿谁，住在西方极乐国。其中二八产金精，丈六金身从此得。若人空此幻化身，亲授圣师真轨则。霎时咽罢一黍珠，立化金刚身顷刻。斯言尽之矣。外此议论，谩尔度量。

五

俗语常言合至道，宜向其中细寻讨。
能于日用颠倒求，大地尘沙尽成宝。

真铅、真汞，不离常言俗语，日用之间，颠倒修之，大地尘沙尽成宝矣。又歌曰："朝朝只在居家舍，日日随君君不知。"

读《周易参同契》

大丹妙用法乾坤，乾坤运兮五行分。五行顺兮，常道有生有灭；五行逆兮，丹体常灵常存。一自虚无兆质，两仪因①一开根。四象不离二体，八卦互为祖孙。万②物生乎变动，吉凶悔吝兹分。百姓日用不知，圣人能究本源。顾易道妙尽乾坤之理，遂托象于斯文。否泰交，则阴阳或升或降；屯蒙作，则动静在朝在昏。坎离为男女水火；震兑乃龙虎魄魂。守中则黄裳元吉，遇亢则无位而尊。既未慎万物之终始，复姤昭二气之归奔。月亏盈应精神之衰旺，日出没合荣卫之寒温。本立言以明象，既得象以忘言。犹设象以指意，悟其意则象捐。达者惟简惟易，迷者愈惑愈繁。故之修真之③士读《参同契》者，不在乎泥象执文。

乾坤者，父母也。乾坤运阴阳二气，化五行而生万物者也。故顺阴阳五行陶铸，则成人矣。夫人之身，阴阳相半者，因阴阳有形也。阴阳相半，是以有生有死也。阳主生，阴主死。一生一死，一去一来，此常道之顺，理之自然也。圣人则之，反此阴阳，逆施造化，立乾坤为鼎器，盗先天一气以为丹。炼形入于无形，与道冥一。道因无极，仙岂有终哉！故曰：顺常道则有生有灭，逆丹体则常灵常存也。虚无者，道之体也。道生一气而变阴阳，故阳天阴地，二仪是也。天一生水，居北曰冬；地二生火，居南曰夏；天三生木，居东曰春；地四生金，居西曰秋，而成四时，谓之四象也。天为乾，居戌、亥；地为坤，居未、申。坤索乾，生三男。长曰震，居卯；中曰坎，居子；少曰艮，居寅、丑。乾索坤，生三女，长曰巽，居辰、巳；中曰离，居午；少曰兑，居酉。合成八卦，谓之八方。故自子至巳为阳界分，自午至亥为阴界分。阴阳运转，则四时之气循历八方，更相终始，故曰"互为祖孙"也。春夏阳气生长万物为德，万物承之则舒矣；秋冬阴气肃杀万物为刑，万

---

① 因，底本作"固"，据《注疏》本改。
② 万，底本作"外"，据《注疏》本改。
③ 之，底本作"上"，据《注疏》本改。

物承之则惨矣。一舒一惨，一吉一凶，是以万物生乎变动，吉凶悔吝兹分也。原夫吉凶悔吝，万象八卦，以至四时阴阳，未有出乎一气而离乎大道者也。故道为一气，阴阳、四时、五行、八卦万象，吉凶悔吝，无乎不在矣。无乎不在，故视听言动、寤寐举止、触①净喧闹、恢诡怪谲、虫肝鼠臂、稊稗瓦砾，无适而非道也。无适而非道，道却在人中，而人不知，人在道中，而道不亏，是以百姓日用而不知也。自虚无至日用不知，言道也。圣人探赜索隐，穷理尽性，以至于命，故能作《易》，体道之妙用，立乾坤为《易》之门户。乾坤立，《易》道行乎其中矣。是以乾坤相索而成八卦，八卦相因而变成六十四卦，一卦六爻，阳爻奇，阴爻偶。故阳之一爻，以四因九数而得三十六策，六阳爻共得二百一十有六策，是乾之策也。阴之一爻，以四因六数而得二十四策，六阴爻共得一百四十有四策，是坤之策也。复以三十二数，乾坤二篇三百六十策，合成万有一千五百二十策，是为太极大衍之数，囊括三才，包含万象。故吉凶悔吝之极，生死祸福之兆，未有能逃乎斯数之外者，故曰"易之妙道，尽造化之体用"也。自圣人正造化体用，言《易》也。魏伯阳真人因《易》道与金丹符，故托《易》卦以作《参同契》，以明大丹之旨，亦不过假象寓言而已。言《参同契》也，修丹至要，不出"金火"二字。圣人先以真阴、真阳二物为炉鼎，然后诱太极之气，在于虚无之中，不可求测。苟不以真阴、真阳而诱之，则不能降灵成象。是以《参同契》立乾坤二卦为炉鼎，分坎离二卦为铅汞，四卦处于中宫，余卦分在一月内，以运符火。故乾坤者，龙虎也，震兑也，夫妇也，魂魄也。坎离者，铅汞也，水火也，男女也，情性也。触斯类而长之，则不可胜言也。原乎至当而言之，无过比喻真阴、真阳而已。以此二物含气于中宫黄道之室而为丹，故曰"守中则黄裳元吉"也。言外药也。既得丹饵，非真火无以育圣胎。运元阳真气为火，火无定位，周流六虚，故曰"遇亢则无位而尊"也。言内药也。夫天一生水，在人曰精；地二生火，在人曰神。夫人之精神，日夕荣卫一身，常以天地阴阳之气，运行不息。故冬至之日，地中有一阳之气，上升而为复卦，人之元气亦如之，故进阳火。至正月，阴阳之气相半，自然相交而为泰卦，人之元气亦然，是以息火，谓之沐浴。夏至之日，天中有一阴

---

① 触，似宜作"浊"。触净，《注释》本作"触事"。

之气，下降而为姤卦，故进阴符；至七月，阴阳之气相半，自然相交而为否卦，人之元气亦然，是以停符，亦谓之沐浴。故曰："否泰交，则阴阳或升或降"也。圣人移此一年气候，陷于一月三十日之中，以两日半三十辰当一月。三十日用事，自朔日后，太阴初萌光为复卦；至上弦月明一半，金水平分为泰卦；至十六日，月初亏为姤卦。至下弦月亏一半，金水平分为否卦。故曰"月盈亏，应精神之衰旺"也。言月也。又移此一月气候，归一日十二时之中。子时一阳生，故人肾中有一阳精纯之气上升，而为复卦，进阳火；午时一阴生，故人心中有一阴至神之气下降，而为姤卦，退①阴符，故曰"复姤昭二气之归奔"也。夫日出为昼，日入为夜。圣人运动符火，于一日一夜之内，分擘温凉寒暑之气，外合天符，内合荣卫，消长一身，抽添运用，温养子珠，故曰"日出没，合荣卫之寒温"也。言日也。子为六阳之首，故为朝，进阳火，用屯②卦直事；午为六阴之元，故为昏，进阴符，用蒙卦直事，故曰"屯蒙作，则动静在朝在昏"也。一日一夜，两卦直事。屯、蒙为六十卦之始，既、未为六十卦之终。终而复始，始而复终，故曰"既未慎万物之始终"也。言时也。已上皆魏真人以金丹大道，至简至易，无可阐扬秘要，故托《易》象立意寓言，俾学者观斯卦象，悟其旨要。苟得金丹元妙，则乾坤、坎离、龙虎、魂魄、铅汞、水火之类，皆可无言矣。言外之托象也。苟得运火真机，则屯蒙、既未、复姤、否泰，卦象爻铢，皆可无用矣。言内之托象也。此仙翁恐学者读《参同契》，不晓真人之深意，惟只泥象执文，而不知捐象忘言，故作此篇，以示同志。其仁慈如此。青城丈人歌曰："谢先圣，秘诀真筌蹄。的当处，都无数句。"可见其简易之至，非遇真师口诀，未易蹈其阃奥之万一也。

赠白洞刘道人歌

玉走金飞两曜忙，始闻花发又秋霜。徒夸铿铿千来岁，也似云中一电光。何太速，百年都是三万日。其间寒暑互煎熬，不觉童颜暗中失。纵有儿

---

① 退，底本作"进"，据《注疏》本改。
② 屯，底本作"兑"，据《注疏》本改。

孙满眼前，却成恩爱转牵缠。及乎精竭身枯朽，谁解教君暂驻延。既无计，不免将身归逝水。但看古来圣贤人，几个解留身在世？

日月如梭，时光似箭，人生七十者稀。寒暑逼人，儿孙牵情，至于老死，世世皆然。有谁回头，坚心求道，留形在世？深叹人生难得，至道难闻。

身在世，也有方，只为世人没度量。竞向山中寻草木，伏铅制汞点丹阳。

世人求道，不知正路，酷爱外炉，寻奇草木，炼凡铅汞，冀点化阳丹，换骨为宝。仙翁有诗云："休炼三黄及四神，若寻众草更非真。"此戒世人，以外炉见宝为心。若丹熟自然金满屋，何用耗火亡货财乎？

点丹阳，事迥别。须向坎中求赤血，捉来离位制阴精，配合调和有时节。时节正，用媒人，金公姹女结亲姻。金公偏好骑白虎，姹女常驾赤龙身。虎来静坐秋山里，龙向碧潭奋身起。两兽相逢战一场，波浪奔腾如鼎沸。黄婆丁老助威灵，撼动乾坤走神鬼。

能使铅汞伏火，点化赤血，换骨成形。只是贪财之心，为妄用之资，不知种德，反以增罪，何益于生死大事？金丹点化凡骨，变为纯阳之仙，事迥殊别。坎中求赤血，于白虎之中，而求一八之弦气，黑铅取精也；离位制阴精，于青龙之中，而求一八之弦气，红汞取髓也。坎白而求赤，离阳而制阴，二物交媾，采之有日，取之有时，时节既正，又用黄婆媒合，自然金公骑虎，姹女骑龙，配为夫妇，两情眷恋。二物交媾，黄婆作媒，金公助威，夺得乾坤，而乾坤为之撼动；钦伏鬼神，而鬼神为之奔走。古歌曰："微微腾倒天地精，攒簇阴阳走鬼神"是也。非世之所谓金石草木之类。

须臾战罢云雨收，种个元珠在泥底。从此根苗渐长成，随时灌溉抱真精。十月脱胎吞入口，不觉凡身已有灵。

两兽野战既毕，立得金丹，吞入五内，种此元珠，在于土釜泥底。依火符进退，以真火烹煎，从此金液还丹，根苗日长月盛，随时用之，灌溉而滋生。至于十月圣胎圆成，炼形化气，自有种种灵气，炼气化神，自然合道。

此个事，世间稀，不是等闲人得知。凤世若无仙骨分，容易如何得遇之。得遇之，宜便炼，都缘光景急如箭。要取鱼时须结罾，莫待临渊空叹美。闻君知药已多年，何不收心炼汞铅。休教烛被风吹灭，六道轮回莫怨天。

金丹大道，世罕得传，夙植仙骨，际遇真师，下手速修，犹太迟耳！年不待人，莫教浪死。既已知药，急宜修炼。铅汞非世间有质之物，非伏制铅汞点丹阳之药也。此劝人早修。

近来世上人多诈，尽著布衣称道者。问他金木是何般，禁口无言如害哑。却云伏气与休粮，别有门庭道路长。君不见《破迷歌》里说，太乙含真法最良。莫怪言辞多狂劣，只教时人难鉴别。惟君心与我心同，方敢倾怀向君说。

庸俗之徒，以修道为务，不知金木是何物，徒以服气休粮，傍门小术，乌知《破迷歌》内云："如何却是道？太乙含真气。五行不顺行，虎向水中生。坎离颠倒术，龙从火里出。"其斯之谓欤？或者解此歌以十月脱胎吞入口，此言圣胎出入变化之神，其言是也。又以一粒灵丹吞入腹，《参同契》云："金砂入五内。"以为后人疑此便为外丹，此言未当也，是未得《悟真》之的传也。其述《悟真》旨要，乃云真铅是先天之气，自肾中生；神汞是性中之真，从心中出。气中之气藏真水，性中之性蓄真火。何不深究《悟真篇序》有云：今之学者，取铅汞为二气，分心肾为坎离，是皆日月失道，铅汞异用①，欲望结成还丹，不亦远乎？此《悟真篇》之所诮，今反以此为旨要。以是观之，不得《悟真》之的传明矣。若遇真师，方知予言之不妄，非敢折其非，欲以明道也。

石桥歌

吾家本住石桥北，山镇水关森古木。桥下涧水彻昆仑，山下有泉香馥郁。吾归山内实堪夸，遍地均栽不谢花。山北穴中藏猛虎，出窟哮吼生风霞。山南潭底隐蛟龙，腾云降雨山濛濛。二兽相逢斗一场，元珠隐伏是祯祥。景堪美，吾暗喜，自斟自酌醺醺醉。醉弹一曲无弦琴，琴里声声教仔细。可煞醉后没人知，昏昏默默恰如痴。仰观造化工夫妙，日还西出月东归。天是地，地是天，反复阴阳合自然。识得五行颠倒处，指日升遐归洞

---

① 用，《注疏》本作"炉"。

天。黄金屋，白玉椽，玉女金童①日侍前。南辰②北斗分明布，森罗万象现无边。无昼夜，要绵绵，聚散周天火候全。若问金丹端的处，寻师指破水中铅。木生火，金生水，水火须分前后队。要辨浮沉识主宾，铅银砂汞方交会。有刚柔，莫逸意，知足常足归本位。万神齐贺太平年，恁时国富民欢喜。此个事，好推理，同道之人知此义。后来一辈学修真，只说存养并行气。在眼前，甚容易，得服之人妙难比。先且去病更延年，用火烹煎变阳体。学道人，去思己，休问傍门小法制。只知目下哄得人，不觉自身暗憔悴。劝后学，须猛鸷，莫徒抛家住他地。妙道不离自家身，岂在千山并万水？莫因循，自贪鄙，火急寻师觅元旨。在生若不学修行，未知来生甚胎里。既有心，要终始，人生大事惟生死。皇天若负道人心，令我三涂为下鬼。

此歌乃是总赞金丹之妙，破除旁门之非。其曰龙虎、铅银、朱汞、浮沉、主宾，是禀阴阳二物之真也。其曰日西月东，天是地，地是天，是喻阴阳之交姤、五行之颠倒也。水中铅，木生火，金生水，是喻阴阳所产也。元珠，是禀金丹成象也。昼夜抽添，是明十月用功也。存养行气，是破傍门小术也。其赞美金丹之功，劝勉修道之语，观辞易知，不用赘解。

《悟真篇》外集③

性地颂

一

佛性非同异，千灯共一光。增之宁解益，减著且无伤。
取舍俱无过，焚漂总不妨。见闻知觉法，无一可猜量。

---

① 童，底本为"音"，校改。
② 辰，底本为"宸"，校改。
③ 《悟真篇外集》，底本无，据《悟真篇三注》增补。

二

如来妙体遍河沙，万象森罗无障遮。
会得圆通真法眼，始知三界是吾家。

三

视之不可见其形，及至呼之又却应。
莫道此声如谷响，若还无谷有何声？

四

一物含闻见觉知，盖诸尘境显其机。
灵常一物尚非有，四者凭何作所依？

五

不移一步到西天，端坐诸方在目前。
顶后有光犹是幻，云生足下未为仙。

六

求生本自无生，畏灭何曾暂灭？
眼见不如耳见，口说争如鼻说。

无罪福

终日行，不曾行；终日坐，不曾坐。
修善不成功德，造恶原无罪过。
时人若未明心，莫执此言乱做。
死后要见阎王，难免镬汤碓磨。

三界惟心

三界惟心妙理，万物非此非彼。
无一物非我心，无一物是我己。

见物便见心

见物便见心，无物心不现。十方通塞中，真心无不遍。
若生知识解，却成颠倒见。睹境能无心，始见菩提面。

圆通

见了真空空不空，圆明何处不圆通。
根尘心法都无物，妙用方知与物同。

随他

万物纵横在目前，看他动静任他权。
圆明定慧终无染，似水生莲莲自莲。

宝月

一轮明月当虚空，万国清光无障碍。
收之不聚拨不开，前之不进后不退。
彼非远兮此非近，表非外兮里非内。
同中有异异中同，问你傀儡会不会？

《心经》颂

蕴谛根尘空色，都无一法堪言。

颠倒之见已尽，寂静之体翛然。

人我

（又名《齐物》）

我不异人，人心自异。人有亲疏，我无彼此。水陆飞行，等观一体。贵贱尊卑，首足同己。我尚非有，何尝有你。彼此俱无，众泡归水。

读雪窦禅师《祖英集》

曹溪一水分千派，照古澄今无滞碍。近来学者不穷源，妄指蹄窪为大海。雪窦老师达真趣，大震雷音椎法鼓。狮王哮吼出窟来，百兽千邪皆恐惧。或歌诗兮或语句，叮咛指引迷人路。言词磊落义高深，击玉敲金响千古。争奈迷人逐境留，却将言相寻名数。真如实相本无言，无下无高无有边。非色非空非二体，十方尘刹一轮圆。正定何曾分语默，取不得兮舍不得。但於诸相不留心，即是如来真轨则。为除妄相将真对，妄若不生真亦晦。能知真妄两俱非，方得真心无挂碍。无挂碍兮能自在，一悟顿消穷劫罪。不施功力证菩提，从此永离生死海。吾师近而言语畅，留在世间为榜样。昨宵被我唤将来，把鼻孔穿放杖上。问他第一义何如？却道有言皆是谤。

戒定慧解

夫戒定慧者，乃法中之妙用也。佛祖虽尝有言，而未达者有所执，今略而言之，庶资开悟。然其心境两忘，一念不动曰戒；觉性圆明，内外莹彻曰定；随缘应物，妙用无穷曰慧。此三者相须而成，互为体用。或戒之为体者，则定慧为其用；定之为体者，则戒慧为其用；慧之为体者，则戒定为其用。三者未尝斯须相离也。犹如日假光而能照，光假照以能明。非光则不能照，非照则不能明。原其戒定慧者，本乎一性；光照明者，本乎一日；一尚非一，三复何三？三一俱忘，湛然清净。

即心是佛颂

佛即心兮心即佛，心佛从来皆妄物。若知无物复无心，始是真如法身佛。法身佛，没模样，一颗圆光含万象。无体之体即真体，无相之相即实相。非色非空非不空，不动不静不来往。无异无同无有无，难取难舍难听望。内外圆通到处通，一佛国在一沙中。一粒沙含大千界，一个身心万个同。知之须会无心法，不染不滞为净业。善恶千端无所为，便是南无及迦叶。

采珠歌

贫子衣中珠，本自圆明好。不会自寻求，却数他人宝。数他宝，终无益，只是教君空费力。争如认取自家珍，价值黄金千万亿。此宝珠，光最大，遍照三千大千界。从来不解少分毫，刚被浮云无障碍。自从认得此摩尼，泡体空就谁更爱？佛珠还与我珠同，我性即归佛性海。珠非珠，海非海，坦然心量包法界。任你尘嚣满眼前，定慧圆明常自在。不是空，不是色，内外皎然无壅塞。六通神用妙无穷，自利利他宁解极。见即了，万事毕，绝学无为度终日。泊兮如未兆婴儿，动止随缘无固必。不断妄，不修真，真妄之心总属尘。从来万法皆无相，无相之中有法身。法身即是天真佛，亦非人兮亦非物。浩然充塞天地间，只是希夷并恍惚。垢不染，光自明，无法不从心里生。心若不生法自灭，即知罪福本无形。无佛修，无法说，丈夫智见自然别。出言便作狮子鸣，不似野狐论生灭。

禅定指迷歌

如来禅性如水，体静风波自止。兴居湛湛常清，不独坐时方是。今人静坐取证，不道全在见性。性于见里若明，见向性中自定。定成慧用无穷，是名诸佛神通。几欲究其体用，但见十方虚空。空中杳无一物，亦无希夷恍惚。希恍既不可寻，寻之却成乖失。只此乖失两字，不可执为凭据。本心尚乃如空，岂有得失能所。但将万法遣除，遣令净尽无余。豁然圆明自现，便与诸佛无殊。色身为我桎梏,且恁和光混俗。举动一切无心,争甚是非荣辱。生身只是寄居,逆旅主号毗卢。毗卢不来不去,乃知生灭无余。或问毗卢何似?只为有相不是。眼前叶叶尘尘,尘叶非同非异。见此尘尘叶叶,个个释迦迦叶。异则万籁皆鸣,同则一风都摄。若要认得摩尼,莫道得法方知。有病用他药疗,病差药更何施?心迷须假法照,心悟法更不要。又如昏镜得磨,痕垢自然灭了。本为心法皆妄,故令离尽诸相。诸相离了何如?是名至真无上。若欲庄严佛土,平等行慈救苦。菩提本愿虽深,切莫相中有取。此为福慧双圆,当来授记居先。断常纤尘有染,却于诸佛无缘。翻念凡夫迷执,尽被情爱染习。只为贪著情多,常生胎卵化湿。学道须教猛烈,无情心刚似铁。直饶父母妻儿,又与他人何别?常守一颗圆光,不见可欲思量。万法一时无著,说甚地狱天堂。然后我命在我,空中无声无臭①。出没诸佛土中,不离菩提本坐。观音三十二应,我当亦从中证。化现不可思议,尽出逍遥之性。我是无心禅客,凡事不会拣择。昔时一个黑牛,今日浑身总白。有时自歌自笑,旁人道我神妙。争知被褐之形,内怀无价之宝。更若见我谈空,恰似浑沦吞枣。此法惟佛能知,凡愚岂解相表。兼有修禅上人,只学斗口合唇。夸我问答敏慧,却原不识主人。尽是寻枝摘叶,不解穷究本根。得根枝叶自茂,无根枝叶难存。便逞已握灵珠,转于人我难除。与我灵源妙觉,远隔千里之殊。此辈可伤可笑,空说积年学道。心高不肯问人,枉使一身虚老。乃是愚迷钝根,邪见业重为因。若向此生不悟,后世争免沉沦?

无心颂

堪笑我心,如顽如鄙。兀兀腾腾,任物安委。不解修行,亦不造罪。不曾利人,亦不私己。不持戒律,不徇忌讳。不知礼乐,不行仁义。人间所能,百无一会。饥来吃饭,渴来饮水。困则打睡,觉则行履。热则单衣,寒则盖被。无思无虑,何忧何喜。不悔不谋,无念无意。凡生荣辱,逆旅而已。林木栖鸟,亦可为比。来且不禁,去亦不止。不避不求,无赞无毁。不

---

① 臭,《御选语录》作"堕",较合韵律。

厌丑恶，不羡善美。不趣静室，不远闹市。不说人非，不夸己是。不厚尊崇，不薄贱稚。亲爱冤仇，大小内外。哀乐得丧，欺侮险易。心无两睹，坦然一揆。不为福先，不为祸始。感而后应，迫而后起。不畏锋刀，焉怕虎兕。随物称呼，岂拘名字。眼不就色，声不来耳。凡所有相，皆属妄伪。男女形声，悉非定体。体相无心，不染不碍。自在逍遥，物莫能累。妙觉光圆，映彻表里。包裹六极，无有遐迩。光兮非光，如月在水。取舍既难，复何比拟。了兹妙用，迥然超彼。或问所宗，此而已矣。

西江月一十二首

一

妄想不复强灭，真如何必希求。本源自性佛齐修，迷悟岂拘前后。
悟即刹那成佛，迷而万劫随流。若能一念契真修，灭尽恒沙罪垢。

二

本自无生无灭，强作生灭区分。只如罪福亦无根，妙体何曾增损。
我有一轮明镜，从来只为蒙昏。今朝磨莹照乾坤，万象昭然难隐。

三

我性入诸佛性，诸方佛性皆然。亭亭寒影照寒泉，一月千潭普现。
小即毫毛莫识，大时遍满三千。高低不约信方圆，说甚短长深浅。

四

法法法元无法，空空空亦非空。静喧语默本来同，梦里何劳说梦。
有用用中无用，无功功里施功。还如果熟自然红，莫问如何修种。

五

善恶一时忘念，荣枯都不关心。晦明隐显任浮沉，随分饥餐渴饮。
神静湛然常寂，不妨坐卧歌吟。一池秋水碧仍深，风动莫惊尽恁。

六

对镜不须强灭，假名权立菩提。色空明暗本来齐，真[①]妄休分两体。
悟即便名净土，更无天竺曹溪。谁言极乐在天西，了即弥陀出世。

七

人我众生寿者，宁分彼此高低。法身通照没吾伊，念念不须寻觅。
见是何曾见是，闻非未必闻非。从来诸用不相知，生死谁能碍你？

八

住相修行布施，果报不离天人。恰如仰箭射浮云，坠落只缘力尽。
争似无为实相，还源返朴还淳。境忘情尽任天真，以证无生法忍。

九

鱼兔若还入手，自然忘却筌蹄。渡河筏子上天梯，到彼悉皆遗弃。
未悟须凭言说，悟来言说成非。虽然四句属无为，此等仍须脱离。

十

悟了莫求寂灭，随缘且接群迷。断常知见及提携，方识指归实际。
五眼三身四智，六度万行修齐。圆光一颗好摩尼，利物兼能自济。

十一

我见时人谈性，只夸口急酬机。及逢境界转痴迷，又与愚人何异。
说得便须行得，方名言行无亏。能将慧剑斩摩尼，此号如来正智。

十二

欲了无生妙道，莫非自见真心。真身无相亦无音，清净法身只恁。
此道非无非有，非中有甚求寻。二边俱遣弃中心，见了名为上品。

---

① 真，底本作"里"，据《藏外道书》傅金铨本改。

《悟真篇》后序[①]

切以人之生也，皆缘妄情而有其身，有其身则有患，若其无身，患从何有？夫欲免夫患者，莫若体夫至道；欲体夫至道，莫若明夫本心。故心者，道之体也；道者，心之用也。人能察心观性，则圆明之体自现，无为之用自成，不假施功，顿超彼岸。此非心镜朗然，神珠廓明，则何以使诸相顿离，纤尘不染，心源自在，决定无生者哉？然其明心体道之士，身不能累其性，境不能乱其真，则刀兵乌能伤，虎兕乌能害，巨焚大浸乌足为虞。达人心若明镜，鉴而不纳，随机应物，和而不唱，故能胜物而无伤也。此所谓无上至真之妙道也。原其道本无名，圣人强名；道本无言，圣人强言尔。然则名言若寂，则时流无以识其体而归其真，是以圣人设教立言，以显其道。故道因言而后显，言因道而反忘。奈何此道至妙至微，世人根性迷钝，执其有身而恶死悦生，故卒难了悟。黄老悲其贪著，乃以修生之术顺其所欲，渐次导之。以修生之要在金丹，金丹之要在乎神水华池，故《道德》《阴符》之教得以盛行于世矣，盖人悦其生也。然其言隐而理奥，学者虽讽诵其文，皆莫晓其义，若不遇至人授之口诀，纵揣量百种，终莫能著其功而成其事，岂非学者纷如牛毛，而达者乃如兔角也？

伯端向己酉岁，于成都遇师授丹法。当年且主公倾背，自后三传与人，三遭祸患，皆不逾两旬。近方忆师之所戒云："异日有与汝解缠脱锁者，当宜授之，余不许。"尔后欲解名籍，而患此道人不知信，遂撰此《悟真篇》，叙丹药本末，既成，而求学者凑然而来，观其意勤，心不忍秘，乃择而授之。然而所授者，皆非有巨势强力，能持危拯溺、慷慨特达、能仁明道之士。初再罹祸患，心犹未知，竟至于三，乃省前过。故知大丹之法至简至易，虽愚昧小人得而行之，则立超圣地。是以天意秘惜，不许轻传于非其人也。而伯端不遵师语，屡泄天机，以其有身，故每膺谴患，此天之深戒如此之神且速，敢不恐惧克责。自今以往，当钳口结舌，虽鼎镬居前，刀剑加项，亦无复敢言矣。

此《悟真篇》中所歌咏大丹药物火候细微之旨，无不备悉。好事者夙有

---

① 《悟真篇后序》，底本无，据《悟真篇三注》增补。

仙骨，观之则智虑自明，可以寻文解义，岂须伯端区区之口授之矣。如此乃天之所赐，非伯端之辄传也。如其篇末歌颂谈见性之法，即上之所谓无为妙觉之道也。然无为之道，齐物为心，虽显秘要，终无过咎。奈何凡夫缘业有厚薄，性根有利钝，纵闻一音，纷成异见，故释迦文殊所演法宝，无非一乘，而听学者随量会解，自然成三乘之差。此后若有根性猛利之士，见闻此篇，则知伯端得达磨六祖最上一乘之妙旨，可因一言而悟万法也。如其习气尚余，则归中小之见，亦非伯端之咎矣。

时元丰改元戊午岁仲夏月戊寅日张伯端平叔再序

跋①

《悟真篇》者，紫阳真人成道之后作，而授石杏林之文也。若夫药物、火候、运用抽添在于诗中，尽其玄旨矣。外有《西江月》词一十二首，《赠白龙洞刘道人歌》一篇，《读周易参同契》一章，及歌颂乐府等续集于后，名曰《悟真篇外集》。尽性至命，了生死，超阴阳，悉备于此矣。虽老君、世尊复出传道授人，亦无过此书之妙也。

紫贤薛道光跋

《悟真篇》终

---

① 《跋》，底本无，据《悟真篇三注》增补。"跋"字，系校者所加。

第二编　金丹四百字

天台紫阳真人张平叔　撰

盱江蕴空居士黄自如　注

点校说明

1. 本篇以《道藏·太玄部》(《道藏》第 24 册) 之《金丹四百字》点校，参校海王邨古籍丛刊《道书全集·诸真玄奥集成卷一》之《金丹四百字》[①]。

2. 元俞琰《席上腐谈》云："《群仙珠玉集》载张紫阳《金丹四百字》、石泰《还源篇》，其文辞格调，与玉蟾所作无异。"[②] 从文字风格上分析认定是白玉蟾所托。《金丹四百字序》云："今因马自然去，讲此数语，汝其味之。"白玉蟾《谢张紫阳书》中谓："昨到武夷，见马自然，口述谆谕，出示宝翰凡四百言，字字药石。"以此推之，似为确论。与白玉蟾（1194—1289？）同时代的黄自如在 1241 年为之作注，或亦有其自。

3.《金丹四百字》注释者有黄自如、陆西星、彭好古、刘一明、闵一得、魏则之等注解。黄自如，南宋人，号蕴空居士。

---

① 《海王邨古籍丛刊·道书全集》，1990 年中国书店影印，谓据明崇祯刻本影印。黄山书社出版《三洞拾遗》第十九册收录有《道书全集选刊》，题"阎鹤洲辑"，标注所据版本为"万历十九年金陵阎氏刊本"，核对版本，当与《海王邨古籍丛刊》本系同一刊本。

② 《席上腐谈》卷下，《藏外道书》第 9 册，第 804 页。

《金丹四百字》序

　　《阴符》三百字，或者病其简；《道德》五千言，或者病其繁。圣人著书，乌可轻议。简者非简也，芥子纳须弥；繁者非繁也，大海容百川。自黄老之心学不传，寥寥数千年间，有伯阳以导其流，有钟吕以扬其波。惟我国朝张紫阳真人《金丹四百字》，包含造化之根基，贯穿阴阳之骨髓，乃入道之阶梯，是修真之径路也。言虽不多，意已独至。三复再思，自为注解。人或难之曰：何以谓之金丹？余答曰：丹者，人人本具，个个圆成。若能以七返之火，炼九还之金，则丹之道成矣。先达者得兔忘蹄，后学者画蛇添足。明眼人难瞒，毋吝点化云。

　　　　淳祐改元岁次辛丑[②] 纯阳月纯阴日盱江城西蕴空居士黄自如序

序

　　七返九还金液大丹者，七乃火数，九乃金数，以火炼金，返本还源，谓之金丹也。以身心分上下两弦，以神气别冬夏二至，以形神契坎离二卦。以东魂之木，西魄之金，南神之火，北精之水，中意之土，是为"攒簇五行"。以含眼光，凝耳韵，调鼻息，缄舌气，是为"和合四象"。以眼不视而魂在肝，耳不闻而精在肾，舌不声而神在心，鼻不香而魄在肺，四肢不动而意在脾，故名曰"五气朝元"。以精化为气，以气化为神，以神化为虚，故名曰"三花聚顶"。以魂在肝而不从眼漏，魄在肺而不从鼻漏，神在心而不从口漏，精在肾而不从耳漏，意在脾而不从四肢孔窍漏，故曰"无漏"。精神魂魄意相与混融，化为一气，不可见闻，亦无名状，故曰"虚无"。

　　炼精者，炼元精，非淫佚所感之精；炼气者，炼元气，非口鼻呼吸之气；炼神者，炼元神，非心意念虑之神。故此神气精者，与天地同其根，与万物同其体，得之则生，失之则死。以阳火炼之，则化成阳气；以阴符养

---

① 标题"《金丹四百字》序"，据《道书全集》本补。《道藏》本此序在篇后，现调到篇首。

② 淳祐改元岁次辛丑，公元1241年。

之，则化成阴精，故曰"见之不可用，用之不可见"。身者，心之宅；心者，身之主。心之猖狂如龙，身之狞恶如虎。身中有一点真阳之气，心中有一点真阴之精，故曰二物。心属乾，身属坤，故曰"乾坤鼎器"。阳气属离，阴精属坎，故曰"乌兔药物"。抱一守中，炼元养素，故曰"采先天混元之气"。朝屯暮蒙，昼午夜子，故曰"行周天之火候"。木液旺在卯，金精旺在酉，故当沐浴。震男饮西酒，兑女攀北花，巽风吹起六阳，坤土藏蓄之数，故当抽添。

夫采药之初也，动乾坤之橐籥，取离坎之刀圭。初时如云满千山，次则如月涵万水，自然如龟蛇之交合，马牛之步骤。殊不知龙争魂，虎争魄，乌战精，兔战神，恍惚之中见真铅，杳冥之内有真汞。以黄婆媒合，守在中宫。铅见火则飞，汞见火则走，遂以无为油和之，复以无名璞镇之，铅归坤宫，汞归乾位，真土混合，含光默默。火数盛则燥，水铢多则滥。火之燥，水之滥，不可以不调匀，故有斤两法度。修炼至此，泥丸风生，绛宫月明，丹田火炽，谷海波澄，夹脊如车轮，四肢如山石，毛窍如浴之方起，骨脉如睡之正酣，精神如夫妇欢合，魂魄如子母留恋，此乃真境界也，非譬喻也。

以法度炼之，则聚而不散；以斤两炼之，则结而愈坚。魂藏魄灭，精结神凝，一意冲和，肌肤爽透，随日随时，渐凝渐聚，无质生质，结成圣胎。

夫一年十有二月也，一月三十日也，一日百刻也。一月总计三千刻，十月总计三万刻，行住坐卧，绵绵若存，胎气既凝，婴儿显相，玄珠成象，太乙含真。故此三万刻之中，可以夺天上三万年之数，何也？一刻之工夫，自有一年之节候，所以三万刻可以夺三万年之数也。故一年十二月，总有三万六千之数。虽愚昧小人行之，立跻圣地，奈何百姓日用而不知也。元精丧也，元气竭也，元神离也，是以三万刻，刻刻要调和。如有一刻差违，则药材消耗，火候亏缺，故曰"毫发差殊不作丹"也。是宜刻刻用事，用之不劳，真气凝结，元神广大。内则一年炼三万刻之丹，外则一身夺三万年之数；大则一日结一万三千五百息之胎，小则十二时行八万四千里之气，故曰夺天地一点之阳，采日月二轮之气，行真水于铅炉，运真火于汞鼎。以铅见汞，名曰"华池"；以汞入铅，名曰"神水"。不可执于无为，不可形于有作，不可泥于存想，不可著于持守，不可枯坐灰心，不可盲修瞎炼，惟恐不识药材出处，又恐不知火候法度。要须知，夫身中一窍，名曰玄牝。此窍者，非心、非肾、非口鼻也，非脾胃也，非谷道也，非膀胱也，非丹田也，非泥丸也。能知此之一窍，则冬至在此矣，药物在此矣，火候亦在此矣，沐浴亦在此矣。结胎在此矣，脱体亦在此矣。夫此一窍，亦无边傍，更无内外，乃神气之根，虚无之谷，在身中而求之，不可求于他也。此之一窍，不可以私意揣度，是必心传口授，苟或不耳，皆妄为矣。

今作此《金丹四百字》，包含造化之根基，贯穿阴阳之骨髓，使炼丹之士，寻流而知源，舍妄以从真，不至乎忘本逐末也。夫金丹于无中生有，养就婴儿，岂可泥象执文，而溺于旁蹊曲径？然金丹之生于无也，又不可为顽空，当知此空乃是真空，无中不无乃真虚无。今因马自然去，讲此数语，汝其味之。

金丹四百字

真土擒真铅，真铅制真汞。
铅汞归真土，身心寂不动。

解曰：真土者，身中之土也；铅汞者，身中之水火也。以土克水，则铅可擒矣；以水克火，则汞可制矣。铅水、汞火，皆为真土之擒制者，何哉？盖缘身心俱合，寂然不动，而后土、水、木三者，可以混融为一，此乃是采药物归炉鼎之内也。

虚无生白雪，寂静发黄芽。
玉炉火温温，鼎上飞紫霞。

解曰：白雪须要虚空而生，以其无中生有；黄芽须待火养而生，以其火能生土。正如天地之间，当子丑之月，阳气未萌，是物泯于无也，则白雪自天而下。及寅卯之月，阳气渐盛，是静中有动也，则黄芽自地而出矣。白雪、黄芽既见发生，则玉炉之火，但要温养，自然鼎上紫霞腾空而飞。若火太武，则冲散矣。

华池莲花开，神水金波静。
夜深月正明，天地一轮镜。

解曰：华者，花也；花，犹火也。神者，心也；心，属火也。金丹之要，在乎神水华池，即是水火既济之理。水中有波，莹然洁静，则火里生莲，自然开花矣。若到夜半子时，一阳初动，其月正明，透体金光，照见天地之间，如一轮之明镜。

　　朱砂炼阳气，水银烹金精。
　　金精与阳气，朱砂而水银。

　　解曰：阳气者，身中一点真阳之气。金精者，心中一点真阴之精。以阳火炼之，则如朱砂；以阴符养之，则如水银。朱砂、水银，乃外物也。以外药而比内丹，神仙不得已而语矣。

　　日魂玉兔脂，月魄金乌髓。
　　掇来归鼎中，化作一泓水。

　　解曰：魂主木，木能生火，故神者，魂藏之；魄主金，金能生水，故精者，魄藏之。苟能吸风以养神，吸气以养精，精神混合，调和于鼎内，则化①为一泓水。

　　药物生玄窍，火候发阳炉。
　　龙虎交会时，宝鼎产玄珠。

　　解曰：药物者，乌肝、兔髓、红汞、黑铅也，皆生于玄窍之中。若能奋三昧之火，发阳炉之内，则龙虎交会，炼金木，生黄芽，而后产一粒之玄珠。

　　此窍非凡物，乾坤共合成。
　　名为神气穴，内有坎离精。

　　解曰：玄牝之窍，非凡间物。未有此身，先有此窍，不在上，不在下，不在中间，所谓"先天一窍"是也。方其生身之物，乾父之精，坤母之血，相共合成，乃神气之穴，而藏水火之精。

　　木汞一点红，金铅三斤黑。
　　铅汞结丹砂，耿耿紫金色。

　　解曰：红者，汞也②，色红，为一点。黑者，铅也，色黑，重三斤。金中之铅，木中之汞，两者凝结，便成丹头。更加九转火候，则其色如紫金。

---

　　① 化，据《道书全集》本补。
　　② 也，据《道书全集》本补。

家园景物丽，风雨正春时。

犁锄不废力，大地皆黄金。

解曰：家园者，身中之真土也。景物者，身中之药物也。迨夫一阳来复之后，有风以吹之，有雨以润之。及至三阳交泰之时，虽犁锄不废其力，而大地皆黄芽自土中而迸出也。以黄金言之，取其黄芽之色如金也。

真铅生于坎，其用在离宫。

以黑而变红，一鼎云气浓。

真汞产于离，其用却在坎。

姹女过南园，手执玉橄榄。

解曰：真铅者，北精之水，而上升于离宫。真汞者，南神之火，而下降于坎户。铅之与汞，合而为一，近观则有红黑色，远观则如玉橄榄。姹女过南园而乘龙，婴儿往北地而骑虎。龙蟠金鼎，虎绕丹田，云从龙，风从虎，其一鼎之内，蔼然云气之薰蒸矣。

震兑非东西，坎离不南北。

斗柄运周天，要人会攒簇。

解曰：震兑、坎离，非凡间之东西、南北，乃天地之卦气也。正如斗柄之指月建，一日一周天。身中之起火，顷刻一周天。若不能攒簇五行，则何以同斗柄之运转？

火候不用时，冬至不在子。

及其沐浴法，卯酉时虚比。

解曰：大凡火候，非子时冬至、午时夏至也。及其沐浴，非卯时春分、酉时秋分也。人之一身，才起火周天，自有抽添沐浴，非可拘泥于四时也。

乌肝与兔髓，擒来归一处。

一粒复一粒，从微而至著。

解曰：乌肝者，日魂也。兔髓者，月魄也。擒制为一处，而以火炼之，日生一粒，如黍米大。自微至著，积铢而成两，三十日重三十八铢四累[①]，三百日重三百八十四铢，方圆一寸而重一斤矣。

---

① 累，古代重量单位。十黍为累，十累为一铢，二十四铢为一两。《汉书·律历志》："权轻重者不失累黍。"

混沌包虚空，虚空括三界。

及寻其根源，一粒如黍大。

解曰：夫混沌者，阴阳交媾也，乃是攒簇五行，合和四象，则量同虚空，而虚空可包矣。神游三界，而三界可括矣。推究其根源之所在，则起于玄牝之门，大如一粒之黍。

天地交真液，日月合真精。

会得坎离基，三界归一身。

解曰：心液下降，肾液上升，则天地交真液矣。魂是乌之精，魄是兔之髓①，则日月含真精矣。若人晓得坎离交媾之基，则天门开，地户闭，日照昆仑，月生沧海，而三界在吾一身矣。

龙从东海来，虎向西山起。

两兽战一场，化作天地髓。

解曰：震为青龙，来从东海。兑为白虎，起向西山。若使龙吟云起而下降，虎啸风生而上升，二兽相逢，战于黄屋之前，则风云庆会，自混合为一块髓矣。

金花开汞叶，玉蒂长铅枝。

坎离不曾闲，乾坤今几时。

解曰：金花者，金精也。上有金花，能开汞叶。玉蒂者，玉液也。下有玉蒂，能长铅枝。人能使坎离之运用不至闲散，则一刻之工夫，可夺天地一年之数，能要几多时候？

沐浴防危险，抽添自谨持。

都来三万刻，差失恐毫厘。

解曰：沐浴，乃超脱之法。七层宝塔，三级红楼，自下而升，要防危险。抽添，乃朝元之法。阳起子初，阴生午后。若不谨持，终须有②失。夫一日百刻也，一月三千刻，刻刻用事，用之不劳，则十月三万刻，可夺三万年之数。若毫发差殊，不作丹矣。

夫妇交会时，洞房云雨作。

一载生个儿，个个会骑鹤。

---

① 髓，底本作"精"，据《道书全集》本改。
② 有，诸本无，校补。

解曰：坎宫婴儿，离宫姹女。若得黄婆媒合而结为夫妇，洞房交接，雨散云收，便成圣胎。及至一载生儿，便跨鹤自泥丸宫出矣。夫十个月怀胎，两个月沐浴，共成一载矣。

予注《金丹四百字》后，口占律诗五首，按金木水火土。四首言命基[①]，末首言性基。性是命之体，命是性之用，盖取其"四象五行全藉土"也。所谓鼎器药物，符火法度，抽添沐浴，结胎脱体，皆在其中矣。用陈瑕类句，尚赖琢磨工，是予有望于先达者也。[②]

一

人身何物是金丹，恍惚真阳向内观。
天上风吹清浪沸，地中雷起紫云蟠。
玉炉夜夜烹铅[③]伏，金鼎时时制汞干。
息火不差七百二，泥丸霹雳觉生寒。

二

鹊桥有路[④]透玄关，立鼎安炉自不难。
四象合和凭藉土，三花聚会返还山。
子初运入昆仑去，午后周流沧海间。
更待玉壶点化后，顶门迸出换仙颜。

三

要识五行颠倒颠，龙居山下虎居田。
巽宫吹起乾天火，离位开通坤地泉。
复姤抽添宜谨慎，蒙屯沐浴要孜专。
若能识得生身处，十月胎完出世仙。

---

① 基，《修真十书》本作"铅"。
② 本段及律诗五首，《道藏》本无，据《道书全集》本增补。
③ 铅，底本作"龙"，改。
④ 路，底本作"露"，改。

四

得道来来未有年，玄关上面打秋千。
金乌偏好山头宿，玉兔常居海底眠。
一气薰蒸从北起，三车搬运向东边。
吾非漏泄天机事，切恐迷人妄乱言。

五

曹溪教外别流传，悟者何拘后与先。
性地混融成一片，心珠圆明照三田。
释迦寂灭非真死，达摩西归亦是仙。
但愿世人明此理，同超彼岸不须船。

第三编　青华秘文

张伯端　撰

点校说明

1.《青华秘文》，全名《玉清金笥青华秘文金宝内炼丹诀》，收入《道藏·洞真部方法类》，题名"张伯端撰"。

2. 本篇以《海王邨古籍丛刊·道书全集》为工作底本，参照《道藏》本（第4册）、《道藏辑要》本、董德宁《道贯真源》本。图片，截取自《道藏辑要》。

3.《道书全集》刊刻于明万历十九年间（1591年），该本《青华秘文》前有明正德九年（1514年）石淮《序》，叙述了《青华秘文》的传授系统，颇具史料价值。《道藏》刊印于明正统年间（1436-1450），早于石淮本，无序跋。《道藏辑要》本，有"远师真人王邦叔"云云，似依据《道书全集》本刻印，不同于《道藏》本。

《玉清金笥宝箓》序

成化丁未，予以疾上疏乞归林下，筑室东园，以养余息。早岁多疾，厌于药室。因访道书内修却疾之方，有道人初授予以《悟真篇》，乃天台张紫阳平叔所撰，诗词豪迈，有风人之体，真机口诀，隐而不露。所谓铅汞龙虎、婴儿姹女、金公黄婆，种种异名，莫知所适。至于"铅遇癸生须急采"

"独修一物转赢尫"等语，后人不悟，遂以为御女闺丹之术。加以上阳子从而注之，以悟后学，窃亦不能无疑。说者以为平叔初闻道，作此以结丹友。后观《金丹四百字》，及与马自然序，至谓炼元神、元气、元精之说，三花五气、真土真铅等语，绝无前项异说，乃知平叔不自秘藏，直以金丹正道开悟后学。说者谓此平叔成道后所作。至于先天玄关，亦未显露，尚恐泄漏玄机故也。甲戌首夏，予访三清院主垫朴[1]李先生，得遇中贵东和希古刘先生，一言相契，道谊相符。刘公出《玉清金笥宝箓》示予，乃平叔受之青华真人《玉清金笥长生度世金宝内炼丹诀》，表奏天庭，画图立论成书，以授远师王野真人邦叔，久秘藏经中，世罕得见，而至于垫朴表章之，复授希古。此盖教外丹传之秘。希古因悼此书，未行于世，后学莫知所宗，亟欲梓行，阐扬玄教。蕲予言序诸首简，予惟道在天地，天地莫知；道在于人，人亦莫知。天地无心，道自运化，故能万古常存。人惟有心，汩于形气爱欲，与道为二，凿丧真元，气尽而毙，良可惜哉！惟上古高真至人，体天修道，返本还元，升仙羽化，与天齐寿。惧斯道无传，恐遭阴谴，乃著丹经，以续道脉。又恐谩泄真机，以招殃咎。玄机口诀，秘载群经，未有如此《清华宝箓》直露真诠，显而不秘。先天玄关之妙，散寓诸篇。此平叔誓欲后人共跻至道，用心之仁，何其博哉？希古梓行，嘉惠同志，以广平叔之志。愿后之行道之士，获睹是书，庸可不知其所自耶？尚当珍重宝藏，寔所望也。谨序。

时大明正德九年岁在甲戌[2]孟夏吉旦，赐罗伦榜进士奉议大夫奉敕提督四川河南学校提刑按察司佥事致仕诏进朝列大夫前翰林院庶吉士石洞道人江浦石淮书于东园太乙轩。

---

[1] 朴，《道书全集》底本作"卧"，校者改。
[2] 明正德九年岁在甲戌，公元1514年。

玉清金笥青华秘文金宝内炼丹法

紫阳张平叔真人用成告天撰
远师真人王邦叔亲授
远师眉山大伪和尚沈志静
湄山真人傅元虚
衢山真人刘云洞子
度师真人王文辅字彦升
度师埜朴山人李景先授
东和希古渔人刘元一受

远师真人王邦叔，不知何许人也。时年十九，侍紫阳真人为弟子。凡九年，不知大道之自然，亦不请问。

一日侍师至罗浮观，先生曰："子之从我，不为不久。于金丹之诀，略不顾及，然而从我何为？"

邦叔再拜，曰："匪不顾也，自揣玄微，必无此分。"

先生曰："嘻！自太极既分之后，一点灵光，人人有之。贤者不加多，愚者不加少。似子所言，是蔽其明也。吁！可哀也哉！"

邦叔不觉涕泗交颐，顿首百拜，悲不能起。先生曰："子去静室中，思吾此语。有所觉，则急来。"

邦叔拜辞，遂去幽房静室中静思。

至夜，紫阳先生再诣其室坐处，叩寝门曰，邦叔闻之，趋而出迎。先生微笑曰："吾一寻汝，便见头目。尔两日寻他，不得其杳然。"遂灭所执之烛炀而退。

邦叔大寤，坐五更，大悟，通体汗流。待旦以颂呈先生："月照长江风浪息，鱼龙遁迹水天平。个中谁唱真仙子，声满虚空万籁清。"

先生览之，问曰："谁唱谁听？"

邦叔遂答以诗曰："莫问谁，莫问谁，一声高了一声低。阿谁唱，阿谁听，横竖大千说不尽。先生有意度迷徒，急撞灵台安宝镜。镜明澄静万缘空，百万丝条处处通。斗转星移人睡定，觉来红日正当中。"

先生遂出《金丹图》传与邦叔，遂止罗浮，后十三年坐化。

又十年，眉山大伪和尚沈志静遇之封山，自称王邦叔，今居蓬莱望海楼也。

《玉清金笥青华秘文金宝内炼丹诀》卷上

紫阳真人张平叔　撰

表奏

不避雷钺之诛，辄伸卑渎念。臣处世多虞，凡[1]有所为，为必颠踬。年迈三旬，独于大道有缘焉。回思穹苍，昔日使我无成者，正祐[2]今日之有成也。感恩至重，铭心戴德。今者切见，嘉尔下民，孰无道器？奔劳尘境，戕伐真[3]元，愈降愈下，弃人就物，就物思人，则不可得而返之矣。物不能修，终乎异类。哀哉！

臣之身自弗能度，反怜及此，固无异泥中蛙，而哂篱上鸡也。唯某昨传受青华真人《玉清金笥长生度世金宝内炼丹诀》，简而易行，详而不杂。身里分阴阳之主，壶中立四象之枢。三中常守以为机，一定不离而作用。用中无用，静里常存。哲人秀士，一览无遗[4]，造化在掌中矣。

今欲斋沐精思，著为图论，毫发无隐，直泄至真之奥旨。择其可传者而传之，得接续心灯，流传万世，顾[5]美事也。然始传之际，誓语至严，蒙师至嘱，轻泄犯刑，数欲作而踟蹰，勿记其几矣。

伏惟太上好生，度人为重。是用俯伏尘埃，冥心上界，欲望天慈鉴臣之意。若其[6]不允而立彰玄谴，如或谅容，俾臣安静，庶几敢践斯言，复陈天

---

① 凡，底本作"无"，据《道藏辑要》本改。
② 祐，《道藏》本作"佑"。
③ 真，底本、《道藏辑要》本作"一"，从《道藏》本。
④ 遗，底本、《道藏辑要》本作"疑"，从《道藏》本。
⑤ 顾，《道藏辑要》本作"真"。
⑥ 其，底本无，据《道藏辑要》本补。

陛：臣无任诚惶诚恐，顿首百拜，怀恩之至。

臣迩者表奏天廷，欲将青华真人《玉清金笥长生度世金宝内炼丹诀》秘旨画图立论，传诸缘士。俯伏茅庐，恭伺天罚，逾三旬焉。今不至，始敢斋沐焚香，精思著述。三日而成，秘诸法笥，以待贤者。谨录上奏，伏望天慈俯垂赦宥，伏冀人人依此炼成金宝，超出尘埃。世世相传，无有泄慢。臣无任诚惶诚恐，顿首百拜以闻。

金丹图论序

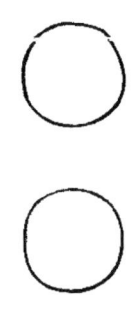

玄又之玄

吾自识金丹秘诀之后，累获罪于天而不自悛。又为玄书，并《悟真篇》等行于世，自心为至矣。忽有客至访，余怪其状貌非凡，敬肃待之。

或问曰："子于金丹之道，训人亦至矣。但首尾未明，机关尚隐，后学何以为识？"

"余自①此亦不得已矣！天机至重，玄律至严②。子固美言，某敢不奉。"

曰："子但著为一书，尽底泄露。苟有谴焉，某当其责。"

余再拜敬服，遂失所在。余思此语，故著是③书。

天机泄则泄矣，传之者，当以至宝拜受④，有玄律焉。泄慢堕地狱，祸及七祖翁。

---

① 余自，疑原本有误，或作"余曰"。
② 《太上玄律》：遇人不传失天道，传非其人泄天宝。传得其人身有功，妄传七祖受冥考。
③ 是，《道藏》本作"此"。
④ 受，据《道藏》本补。

心为君论

心者，神之舍也。心者众妙之理①，而宰万物也。性在乎是，命在乎是。若夫学道之士，先须了得这一个字，其余皆后段事矣。故为之论。

张子野人，身披百衲，自成都归于故山，筑室于山青水绿之中。万物馨然，而怡怡然若有所得。

客传于市曰："遭贬张平叔，归于山矣。"

从游之士，丛然而至。立于庭，且泣且拜。

曰："先生固无恙乎？且夫奔涉山川，逾越险阻者，于兹十年，而貌不少衰、形不少疲者，其有术乎？"

张子曰："吁！吾与汝言。人之所以憔悴枯槁者，谁使之然？心也。百事集之，一念未已，一念续之，尽日之中，全无顷暇。宵之寐也，则亦若无心焉，但神不存矣。吾本无他术，为能定心故。夫鬼神之所以测度者，吾心之有念耳。心无念，则神之灵不可得而知也。岂神不知吾心，吾亦自不知其为心，乃定之根本也。"

弟子曰："然则金丹之士，其静心乎？勿静心乎？"

曰："静之一字，能静，则金丹可坐而致也，但难耳！"

曰："夫子之言，其误后学多矣！"

张子矍然而请其旨。

曰："夫子与人言金丹之道，常使人心中生意。心②意为造化之主，心其能静乎？"

曰："子见偏耳，非吾言之所误也。君寻其平日用心，为何而动？寂然不动，感而遂通，乃吾心之用也。奔役天涯，了无居止，子之用心也。夫斗极之北辰，固未始动。其所以为动者，拱辰之星耳。然拱辰之星，固不能不动。其所以动者，辰③为之枢而运之耳。唯其不动之中，而有所谓动者，丹士之用心也。唯其动之中，而存不动者，仁者之用心也。于不动之中，终于不动者，土木之类也。心居于中，而两目属之、两肾属之、三窍属之，皆未

---

① 理，《道藏辑要》本作"宗"。
② 心，《道藏》本作"以"。
③ 辰，《道藏》本作"斗极"。

可尽其妙用。其所以为妙用者，但神服其令，气服其窍，精从其召①。神服其令者，心勿驰于外，则神反藏于内。气服其窍者，心和则气和，气和则形和，形和则天地之和应矣。故盛喜怒而气逆者，喜怒生乎心也。精从其召者，如男女媾形而精荡，亦心使之然也。心清即念清，念清则精止。吁！心惟静则不外驰，心惟静则和，心惟静则清。一言以蔽之曰：静，精、气、神始得而用矣。精、气、神之所以为用者，心静极则生动也。非平昔之所谓动也，用精、气、神于内之动也。精固精，气固气，神亦可谓性之基也。性则性，而基言之，何也？盖心静则神全，神全则性现。又一言以蔽之曰：静。其所以为静者，盖亦有理。顺水行舟，滔滔腾拔。欲往海岛，不曰劳形。一旦回家，思乡安静，急驾归帆，求风逆返。还家固静之道，但久违而始复，久失而始寻，一旦欲静其可得乎？当思归静之由，然后能静。既悟昨非，当求今是。非固常为，是在何处？"

诗曰：自下金梯堕碧崖，回思阆苑几花开。

　　　向来大道今何在？野草不除荆棘堆。

口诀

但于一念妄生之际，思平日心不得静者，此为梗耳。急舍之，久久纯熟，则自静矣。夫妄念莫大于喜怒，怒里回思，则不怒；喜中知抑，则不喜。种种皆然，久而自静，岂独坐时？然平日提百万强兵，但事至则理，退②则休，亦可为静之本。以此静心应事接物，谁云误事？实自灵耳。故曰：以事炼心，情无他用。镜能察形，不差毫发，形去而镜自镜。盖事至而应之，事去而心自心也。

口诀中口诀

心不留事，一静可期，此便是觅静底路。

---

① 召，《全集》本作"石"，从《道藏辑要》本。
② 退，《道藏辑要》本作"事过"。

又诗曰：得路欲归休问远，看看信步莫烦心。

云收将放金乌见，一点灵光眼内明。

心之所以不能静者，不可纯谓之心。盖神亦役心，心亦役神。二者交相役，而欲念生焉。心求静，必先制眼。眼者，神游之宅也。神游于眼，而役于心。故抑之于眼，而使之归于心，则心静而神亦静矣。

目不乱视，神返于心。神返于心，乃静之本。

神为主论

心为君者，喻乎人君之在位。一人有庆，兆民赖之。秦皇、汉武为之，则四海疮痍。尧、舜、禹、汤为之，则天下安逸，民歌太平者，何也？圣人以无为而治天下，则天下安肃。庸人以有为而治天下，则天下扰乱。盖心者，君之位也，以无为临之，则其所以动者，元神之性耳。以有为临之，则其所以动者，欲念之性耳。有为者，日用之心；无为者，金丹之用心也。以有为反乎无为，然后以无为而莅正事，金丹之入门也。

夫神者，有元神焉，有欲神焉。元神者，乃先天以来一点灵光也。欲神者，气质①之性也。元神者，先天之性也。形而后有气质之性，善反之，则天地之性存焉。自为气质之性所蔽之后，如云掩月。气质之性虽定，先天之性则无有。然元性微，而质性彰，如人君之不明，而小人用事以蠹国也。且父母媾形，而气质具于我矣。将生之际，而元性始入。父母以情而育我体，故气质之性每遇物而生情焉。今则徐徐划除。主于气质尽，而本元始见。本元见，而后可以用事。无他，百姓日用，乃气质之性胜本元之性。善反之，则本元之性胜气质之性。以气质之性而用之，则气亦后天之气也；以本元性而用之，则气乃先天之气也。气质之性本微，自生以来，日长日盛，则日用常行，无非气质。一旦反之矣，自今以往，先天之气纯熟，日月常行，无非本体矣。此得先天制后天，而为之用也。（余见《神室图论》）

① 质，《道藏》本作"禀"。

气为用说

先天气，后天气，得之者，如痴如醉，忘寝失寐。吁！元神见，则元气生。盖自太极既分，禀得这一点灵光，乃元性也。元性是何物为之？亦气凝而性灵①耳。故元性复而元气生，相感之理也。

元气之生，周流乎身，而独于肾府采而用之者，何也？夫肾府路径，直达气穴黄庭者，一也。肾为精府，精至，直引精华而用之，二也。周流于他处则难觅②，至精府而可识，三也。心气透肾，意下则直至，采之者易为力，四也。此四者，故采真阳于肾府。

精从气说

神有元神，气有元气，精得无元精乎？盖精依气生。精实肾宫，而气融之，故随气而升阳为铅者，此也。精失③而元气不生，元阳不见，何益于我哉？元神见，而元气生，元气生则元精产。

意为媒说

意者，岂特为媒而已？金丹之道，自始至终，作用不可离也。意生于心。然心勿驰于意，则可；心驰于意，则末④矣。

坎离说

坎者，肾宫也。离者，心田也。坎静属水，乃☷也。动属火，乃☰也。离动为火，乃☲也。静属水，乃☷也。交会之际，心田静而肾府动，得非真阳在下而真阴在上乎？况意生乎心，而直下肾府乎？阳生于肾，而直升于黄

---

① 凝而性灵，底本、《道藏》本作"灵凝而灵"，据董德宁本改。
② 觅，底本无，据《道藏》本补。
③ 失，《道藏》本作"实"，《道书全集》《道藏辑要》俱作"失"。
④ 则末，底本作"未"，《道藏》本、《道藏辑要》本作"末"，据董德宁本改。

庭乎？故曰"坎离颠倒"也①。若不颠倒而顺行，则心火动而不静，大地火坑之意明矣。（余见《交会图》）

下手工夫

持心论于前，然后参下手工夫于后。

盖心始欲静，而欲念未息。欲念者，气质之性所为也。此性役真性，常切于耳，目次之②。修丹之士，心既无事，则彼固无由而役之矣。其所以役神者，以外物诱之耳。静坐之际，先行闭息之道。闭息者，夫人之息，一息未际，而一息续之。今则一息既生，而抑后息。后息受抑，故续之缓缓焉，久而息定。抑息千万不可动心，动心则逐于息，息未止而心已动矣。

言未既，有笑于傍者曰："迂哉！此叟教人无法。抑息而又不动心，得非以千钧之物，责负于人，使之不用力，可乎？"

曰："子且听。吾虽闭息，而又存心，则心不动，而息亦息矣。"

又："此固闭息之道，安保欲念不生乎？"

曰："至于生，则末矣。念之生也，感物而动耳。定中觉目有所睹，则神役于目矣，急收而返视③。耳有所听，神役于耳矣，急收而内听。其他皆然。"

问者曰："闻一知二，吾并知此理矣。吾虽收神，而又存心，则神收而心本静矣。"

曰："存心者，养性也。性之始见，不存心则无所养。无所养，则终乎不见矣。存心实自收心始，所谓收神者，盖收心之余用耳。行之至久，见如不见，闻如不闻，形心相忘，合乎至道，则元性彰露而元气生矣。"

---

① 也，底本无，据董德宁本补。
② 耳、目二字，《道藏》《道藏辑要》本与《道书全集》本颠倒。
③ 视，《道藏》本作"于内"。

精神论①

神者，元性也。余前所说《神为主论》，盖亦尽之矣。今念夫修丹者，多昧凝神之法。凝神之法，不在乎速②，故又为之论。而后画《神室图》，并论于后。

凝者，以神凝于精气之内。精气本相依，而神亦恋之。今独重于神，何也？神者，精气之主。丹士交会采取，至于行火，无非以神而用气精。苟先以神凝于气之中，则气未可安，神亦未肯恋气，而反害药物矣。且神，元性也。性方寻见，尚未定，摇摇飏飏，进退存亡。而子使凝之，性岂能自凝？其所以凝之者，亦气质之性而凝之也。初以气③质之性而寻本性，反④以质之性而逐本性，可乎哉？

今之为学者，多为凝神所误，何也？盖神仙有"下手先凝神"之说，故妄引以盲众。岂知其所谓凝神者，盖息念而返神于心之道。神归于心，则性之全体见。全体见而用之，无非神用。念念不离金丹，故丹成而神自归之，何凝之有？故曰：凝神者，神融于精气也。精、气、神合而为一，而阳神产矣。到此际，此身乃始为无用之物也。谁曰不然？吾闻于度师，度师闻于远师，远师闻于天。

幻丹说

丹有幻丹者，盖学道之士，不知正理，而妄为采取交会，故成幻丹。

幻丹者，未静心田，遽采一阳。故斯时也，一阳虽⑤生，非真阳也。气非元气，乃呼吸之气也；精亦非元精，乃淫泆之精也；神亦非元神，乃情欲之念也。夫人方学道，便⑥欲为仙，得非欲念乎？以欲念而交会阳生，此幻

---

① 精神论，《道藏》本同，《道藏辑要》本作"凝神说"。
② 不在乎速，《道藏》本在此句前，有"不在乎前"一句，似衍文，不录。
③ 以气，底本作"云"，据《道藏辑要》改。
④ 反，底本作"是"，据《道藏辑要》改。
⑤ 虽，底本作"奕"，据《道藏辑要》改。
⑥ 便，底本作"更"，据《道藏》《道藏辑要》改。

丹之所以有也。

精在肾府，而若采之，升至于脐上，又无安顿处，故逐气而息于气穴之右。脐生于肾之缕，与气交结而止①，即自曰丹。既自曰丹矣，而精、气、神用著，便是后天底物。先天之物，果安在哉？谓之黄庭、内炉、外炉、泥丸等窍，皆先天立之后始见。当此时在何处？实未之有也。傍风捉影，入海寻蟾，守株待兔，缘木求鱼，一旦败露，精荡然而去，先天又无所主。呜呼！非长生之丹，乃促命之法也。

又有采气而上遇心血，气血凝而为物，亦曰幻丹。若此者众，故举以辨惑。

捉丹法

"金丹居内，亦有走失者乎？"

曰："有。"

"有可捉之道乎？"

曰："有。然而非丹之走失也，门户不坚，而被其出也。幻丹则有走失，金丹安有此患？"

曰："金丹之出，何以知之？"

曰："丹在鼎中，备五行之正气，吾身五行之气迫炉，则相感而动。一旦觉气升鼎外，而内无相感，乃丹不存也。急须放下，一场大静，并所谓炉鼎，丹之在不在，俱付之无何有。或一日，或一夜，始觉其在何处。或在心，或在肝，或在脾与肾。身中百窍，皆可藏之。知其在彼处，遂绵绵若存而守之，勿使之再去他处。又一日之久，始以意采之，则直降于阳宫。又就阳宫，如采取之时用意，遂从旧径直升阳于鼎矣。造化玄微，至此谁曰不然？苟有云云者，吾之师也。"

---

① 止，底本作"正"，据《道藏辑要》改。

神水华池说

神水者，即木液之谓也。华池者，脐中气穴之下，两肾中间一窍，绝肖黄庭，谷气就此而生精，医家所谓"精穴"者是也。斯窍也，少壮之士，阳盛气融，则神水华池，不过浇灌炉鼎、洗涤脾胃，周流润泽气穴而已。元气衰微，精元枯竭者，皆藉此以为丹本。元气既衰，非元气之衰也，乃气质之气斲丧已甚，邪欲之性，念念不已，先天既不得见，后天亦不足为用，羸尪之根，殆起于此。华池之窍，乃生精而降于肾者也。气壮则精多，精多则华盛，用之如有余。气凋之士，精元槁矣。谷气所临，不过产一等欶欶之水，流归肾府耳。然我既静矣，元气本无增减，但华池之水①无矣。大药三品，而欠其一。故阳生之际，未值采之时，以意斡归尾闾，自夹脊直透至泥丸。故就精穴用精，自然随气而升至午宫，遇众阳融之，则精始可用。然后降至于心，就心取汞，依然下至黄庭。即落乎其中，却用一意封固，即绵绵若存以养之。二者就其中，自相吞啖，而丹始成。

近有浙西一派，虽少壮之士，亦用此法而结丹。但道在迩，求诸远耳。然各执其是而已。

百窍说

人之一身，毛窍八万四千，气宫三百八十四。毛窍散属气宫。脐中气穴，又为三百八十四宫之主，降于阳宫，皆为精。心为中田，顶为上田。舌下有②玄膺，目中有银海，额之中，眉之间，口鼻之衡③，耳目之畔，咽喉之侧，腰胁中，皆窍也。余所谓丹之出者，若此窍皆可藏也，岂曰人身止有一二窍也？此一二窍者④，众之枢纽也，岂曰止乎斯而已矣？此其体也，用别著说于后。

《玉清金笥青华秘文金宝内炼丹诀》卷上终

---

① 之水，《道藏》《道书全集》本无，据《道藏辑要》本补。
② 有，据《道藏辑要》补。
③ 衡，《道藏辑要》本作"冲（衝）"。
④ 者，底本无，据《道藏》《道藏辑要》本补。

《玉清金笥青华秘文金宝内炼丹诀》卷中

紫阳真人张平叔　撰

采取图论

采者，采真阳于肾府；取者，取真汞于心田。可以采则采，采之必得其用。非其时而采之，则龙不降，虎不升。惟[1]见血气奔驰，冲冲来往，迷者以为交媾[2]矣。抑不知，离坎，阴中之真阳，阳中之真阴，自兀然耳。至于气脉为一念所止，则气疾入脉络之中，离坎之内，反有伤于铅汞。虽曰养气，要之于终，实所以丧元气也。夫元气之在人，至静始见，是先天之气也。后天之气，时刻循环。但人汩于欲，而不知详审耳。至于略定之际，心无他用，则方知其气之上下，遂错采以为先天，致返加害。所以近世之学道者，常有奇疾，盖为此也。夫人之疾病，但气脉为梗耳。气本自调，而若役之、使之升，则伤脾、胃、肺、肝、耳、目、口、鼻，降则如决水于[3]长堤，锐然而下趋，沛乎其不可御也。至真之物，其能存乎？

余悯此等言丹之士，故画《采取图》为于第一。虽直泄天机，但人有志于金丹，而反戕其性命，余救之以正理，太上好生，必不我罪。故此篇尽以刀圭、玄黄、婴儿、姹女诸般譬说[4]，尽扫而退三舍，使贤者见之而参同，愚

---

① 惟，底本作"虽"，据《道藏辑要》本改。
② 媾，诸本作"姤"，校者改，下同。
③ 于，底本作"如"，据《道藏》本改。
④ 说，《道藏辑要》本作"喻"。

者见之泮然冰释。分分朗朗，如宝鉴之察形，洞见毫发矣。

金丹之士，先修阴德，以尽人事。然后持前心论，则大药产而图形见矣。

采取之法，生于心。心者，万化纲维、枢纽，必须忘之，而始觅之。忘者，妄心也；觅者，真心也。但于忘中生一觅意，即真心也。恍惚①之中，始见真心。

真心既见，就此真心生一真意，加以反光内照，庶百窍备陈，元精吐华矣。要在乎无中生有，有中生无。到这境界，并真心俱忘而弃之也。我以无而待之②，则真息绵绵。真息绵绵之时，后天之气以定。后天隐，则先天之气见，故阳生焉。

阳生者，先天之气自气穴中流出，而至于肾中，○如喷泡然。盖两肾中间，有一缕透气穴，乃父母交媾之后，始生脉络也。故先天之气游之，既觉如斯，则一身百脉，尽若春生。春意融而渐长，此时先天之体始立，先天立而后天愈退藏矣，然后可以微动采取之意。

意者，以目垂观于心，却以心放下，送入阳宫。徐收而又纵，则阳起矣。（余见《一阳论》）○采之之意，生于心，心③生于目。故老子曰：吾尝观心得道，亦至灵。夫真息既定，内光乃神光，此心乃真心。真心生意，神光烛心。故常为之说曰：目视心，心生意，意采铅。若阳生未融盛，而遽采之，则一念住，采意既萌，后天复起，故曰：了命实关于性地。

性者，凡所有相，皆是虚妄。既无著相，则虚妄除而真理显矣。真理方明而一念生，岂非复为虚妄之相乎？故伺阳长而始采，则勃然而升。先天气盛，而后天伏不暇矣。采之升也，实有异焉。醺然而上，至于脐而稍上，徐止脐之上，则息方凝，名曰铅。铅，金也。金生水，故汞产于心。"云从龙，风从虎"之理兆矣。风平而雨降，自然铅汞相投，相吞相啖。金生水，水生木，木又生火。木爱金而金恋④木，乃交会之道也。夫金克木，反有爱恋之

---

① 惚，底本作"恍"，据《道藏》《道藏辑要》本改。
② 之，据董德宁本补。
③ 心，底本、《道藏辑要》本、董德宁本无，据《道藏》本补。
④ 恋，《道藏》本作"恶"，误。

意焉，盖金木之本性耳。吾以本然之性①，故能用五行本然之性②，亦不过譬喻耳。夫③○乃先天也。五行在何处？但不如是，则不能达其理。

采取之道既明，交会之理复露。再有叮嘱：采取不可太缓，太缓则老而不可用，而后天之气杂矣。学人以《交会图》参看，则思过半矣。

诗曰：醺醺和气酿春风，一点阳生恍惚中。
　　　　无自有生无胜有，色从空里色还④空。
　　　　升于脐上铅情见，产自心源汞性通。
　　　　定里见真真里定，坎离交会雨蒙蒙。

又诗曰：木为龙兮金为虎，坎户生男引离女。
　　　　要知造化有根源，不离真火生于子。

交会图论

"恍兮惚⑤兮中有象，杳兮冥兮中有物。"古先哲常持此，以警学者。盖恍惚杳冥，定之象也。惟定可以炼丹，不定而阳不生。阳生之后，不定而丹不结。故才以意采铅，而遽止其意。止有时，而升有刻。盖始生无过一气耳，升于脐则为铅，故止斯意而无用矣。铅自能引汞，汞自能寻铅。恍惚杳冥之中，交媾之理毕矣。

---

① 性，《道藏》本作"天"。
② "故能用五行本然之性"句，底本、《道藏辑要》本无，据《道藏》本补。
③ 夫，底本无，据《道藏辑要》补。
④ 还，底本作"从"，据《道藏》本改。
⑤ 惚，底本作"恍"，据《道藏》本改。

我得师之口诀，并泄之，宜秘宜秘[1]！默而视之，念勿出声。若有知道之士，宿有善缘，逢此玄机至宝之道，凡遇口诀，记而勿书，书而勿见，则某实戴其德。余从师一十年，凡有所得，尽底陈露，愿与同志之士，共宝之。

此乃《玉清金笥东极青华长生度世上品内炼金丹宝诀》，玄律至严，某不识避忌，就撰为此书。亦[2]前三旬，表奏天庭。继得报应，始敢吐露下笔。下笔之时，心惴惴然而汗落于纸，涕泣交零，但愿志士得之，幸勿相累，同成胜果，共证仙阶。

吁！知我者，为我心忧。不知我者，谓我何[3]求。幸心心相照，某不胜祷告之至，诸仙幸鉴！

采取交会口诀

忘里觅，觅里忘，忘中见，见中忘，阳生矣。
忘中采，采中忘，忘里升，升里见，见里变，铅成矣。
定中起，意中升，忘中用，铅引汞矣。
铅合汞于内，精会神于外，交会矣。
铅汞精神合而为一，却将一念，使之落黄庭，归鼎矣。

口诀中口诀

打合铅汞，须用一意。动采一阳，须用以静而生定。
莫怪平叔多兜揽，却缘学者尽痴迷。咦！说尽来。咄！满眼天花散乱飞，门前流水浪声微。青骢载取青娥去，顷刻青骢独自归。

青娥何在我[4]

巫峡云生十二峰，故宫箫管寂寥中。星桥路隔青山外，若要相逢永不

---

[1] 秘，据《道藏》本补。
[2] 亦，底本无，据《道藏》本补。
[3] 何，底本无，据《道藏》本补。
[4] 标题，《道藏》作"青娥在我"，《道藏辑要》作"青娥何在"。

逢。是性又是命。

或问："孰为交媾？"

曰："《采取图》心下一窍，乃交会之地。不可以有形求，不可以无形取。但铅升之际，阳气上为①∪。夫自气穴降，为一阳宫〇，我采以意〇。汞降之际，会气降为∩。盖汞铅生，铅升于脐上∪，为精光所烁，故曰铅。铅犹表也，汞犹影也。表动影随，故汞降亦如之。阳铅之升，不可谓之纯阳。中含精光为铅，盖亦属阴。阴汞之降，不可谓之纯阴。心生汞，心为神舍。汞遇神光而后可用，盖亦属阳。阳中有阴，阴中有阳，二气交感，凝结不散，遂成玄珠〇，如黍米。"

或问："铅乃一阳，一阳乃先天一气耳。汞，何物为之？"

曰："铅与汞，皆先天之物。铅乃先天气，汞乃先天灵。此气乃命之母，此灵乃性之子。可以曰铅汞，可以曰性命。诸得道之宗师，谁肯直泄至此？"

又问曰："心下一窍，何窍也？"

曰："混沌神房者，此也，乃精光、目光之气，幻而为之。精光华腾为∪，目光垂为∽。精虽元精，然无日用之精，则元精不见。又如不信，譬如有水则潮兴白气，未闻白气兴于地也。水乃精也，白气乃华也。神虽元神，然日用之神而不役，然后元神见。譬之皓月当天，云收而光始下烛。清净即无云也，垂②光即照临也。精虽属阴，而精华属阳。目光属阳，而照于内，则亦属阴。光华相遇，而成一窍，以气感气，使二物会于其中。⊙物之成也，有精气焉，有元气焉。工夫周足，遂为真人。盖生生之意，寓于此矣。所以能灵而神者，此也。"

或曰："然则交会之后，安得此珠落于黄庭、归于鼎内？"

曰："二物聚时情性合，五行全矣。虎归于山，龙归于渊，目光还而精气复。此⊙落于黄庭，归于鼎内，会有关捩子么？恍恍惚惚，万孔生春，⊙秘、秘、秘。此数言，非正经元有，乃学者有所得之谓也。"

或问："阳生于上，遽止其意，安保不复降？"

---

① 为，据董德宁本补。
② 垂，《道藏》本作"乘"，《道藏辑要》本作"垂"。

曰："大哉问！黄庭之下，有一丹室之门户也。意生则上，故阳升。意止则一，故阳则不可得而降矣。炉鼎则在乎一之内，正属土。故〇备五行之正气，成天地之全形也。"

或问："炉鼎之法？"

曰："黄庭之在人身如此，至一阳上升如此，珠落于其中之候⊖如此，即炉鼎也。♉黄庭同①属土也。♉至于中之中，盖属土中之土也。故落于其中，而成鼎器。五行各厚其基。何谓厚其基？夫母求子，子恋母，丹之法也，皆取其本然之性。既归于鼎，而②各趋之，如子之恋母。故静坐之中，神光下垂，则归于鼎。精华上升，亦如之。至于行住坐卧，如龙养珠，如鸡抱卵，而气各归之。一身之脉络皆为之，务在乎勿忘而勿助长耳。学道之士，然乎？其不然乎？在某之丹法，若是而已矣。"

诗曰：何劳姹女与婴儿，透彻分明说与伊。
身里乾坤颠倒处，壶中日月运行时。
要知一者为阳用，须识一中作气机。
天使紫阳来说尽，后来何必更寻师。

直泄天机图

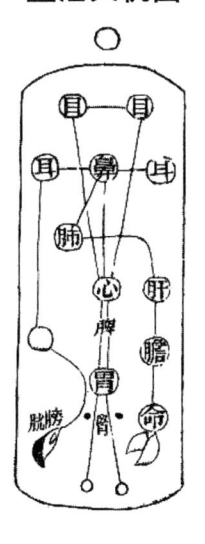

---

① 同，底本与《道藏辑要》本同，《道藏》本作"固"。
② 《道藏》本，"而"后有一"气"字，《道藏辑要》本同《道书全集》本，无"气"字。

到这田地，知这道理。且莫欢喜，咄！未知如何想。

　　　　宝剑沉埋古岳边，虹光夜夜上冲天。

　　　　虎龙战罢三田静，何处求他汞与铅？

嘎嘎嘎，嘻嘻嘻，且休认鹿为马，一个玄珠在泥底。

诗曰[1]：牛女桥边路不通，河车运去杳无踪。

　　　　凭谁问得真消息，吹彻重关藉巽风。

直泄天机图论

金丹之图既成，虑天机之尤秘，且论五行之颠倒，述水火之流行，明药材之进退，体日月之循环，余前所著三篇之文尽矣。今虑夫学者未明，故为此书。此书者，直泄天机，动[2]见毫发，化顽石而成金，点瓦砾而成玉，不啻过也！

夫两目为役神之舍，顾瞻视瞩，神常不得离之。两耳为送神之地，盖百里之音闻于耳，而神随之而去。两鼻为劳神之位，随感而辨薰莸。辨之者谁？神也。使耳、目、口、鼻，皆如眉，则神岂不安而全之？夫如是，则不为后天也，亦不劳修炼也。

大抵忘于目，则神归于鼎，而视[3]于内，盖绵绵若存之时，目垂而下顾也。忘于耳，则神归于鼎，而闻于内，盖绵绵若存之时，耳内听于下也。忘于鼻，则神归于鼎，而吸于内，盖真息既定之时，气归元海之理。合而言之，俱忘而俱归于鼎，而合于内矣。还更有口诀么？

口诀

（鸡能抱卵心常听）

或问："金丹之道，耳、目、口、鼻，固亦得闻之矣，心固不言可知也。肝、胆、脾、胃、肺、肾，无用之物也。还亦无用之中，而有功者也？"

---

[1] 诗曰，据《道藏辑要》补。
[2] 动，《道藏》本作"洞"。
[3] 视，底本作"归"，《道藏》本作"烛"，从《道藏辑要》本。

予答之曰：此固已到而后知其理，但余誓以无隐，夫何隐之有？吾初从师，亦叩矣。师赠我以诗曰：

　　　　　五湖风景阔漫漫，鹭立沙滩宇宙宽。
　　　　　画出枉劳君指点，异时游到尽堪看。

余初未达此理，后到此田地，始信师言之不我欺也。

今①以师不言之者，并言之：

夫五行之用，不可缺一。故绵绵若存之顷，脾气与胃气相接，而归于心缕。肝气与胆气相接，从大小肠接于肾缕。肺气伏心气，而通于鼻。是气也，肾脾②定之余，元气周流，自东而西，自南而北之气也。西南，乃气之会也。气合而归于此，却自夹脊，直透上、中丹田，而降于肾腑。两肾中间，有治命桥一带。故寒山子曰："上有栖神窟，横安治命桥"者，此也。气降至于此，阳气盛而上冲③，与此气相接于一，则固围于鼎器之外。日用之，则日增经营之力。故鄞鄂之成，肇于此也。忽然有一物，超然而出，不内不外，金丹之事，不言可知矣。

"一半玄之又玄。一半者，何也？"

曰：金丹之士，到此则一半矣。○超然而出者，乃玄关一窍也。其大无外，其小无内。○有形之中也，○无形之中也。先就有形之中，寻无形之中，乃因命而见性也。就无形之中，寻有形之中，乃因性而见命也。先性故难，先命则有下手处。譬之万里虽远，有路可通。先性则如水中捉月，然及其成功，一也。先性者，或又④有胜焉。彼以性制命，我以命制性故也，未容轻议。用力不到者，知其然也。未见，不必存之以有，恐至著相。

或又曰："子画图中多有窍，何也？"

曰："斯窍也，非《采取交会图》之窍也。盖一阴一阳之谓道，往来不可穷。用之，则充塞于一身之中，是⑤此物之作用。不用，则归藏于心田之

---

① 今，底本、《道藏辑要》本作"余"，从《道藏》本。
② 肾脾，底本、《道藏辑要》本同，《道藏》本作"皆静"。
③ 阳气盛而上冲，《道藏》本作"阳气与精气盛而上冲"。
④ 又，据《道藏》本补。
⑤ 是，据董德宁本补。

一①，了无形像。然则何物耳？㊙意之主耳。左属阳，右属阴。㊙秘秘秘秘，到这里，方是返太极处。曰返太易者，自太极；返太极者，自太和；致太和者，自阴阳始。故曰：阴阳和而风雨时，嘉禾生者，譬之若此。大衍五十，天数一，地数二。天三地四，天五地六，天七地八，天九地十。阳奇阴偶。天数二十五，地数三十，合而为五十有五。大衍之数五十，去五以象五行者，后之鼎内外㊙是也。又就其中克一，象太极之不动，其用四十有九。又就其中克一，以为鄞鄂，其用四十有八。学人行炉鼎用火之法，以四卦为主，以六十卦为用，存乾坤坎离也。又以大衍图求其象，则循环之理明矣，周天之法泄矣。如或未明，更请看《炉鼎图论》云。"

蟾光论

一点蟾光照太虚，金蟆水里吸还嘘。

高低犹是纯阴体，何事生阳用有余？

太虚廖廓，皓月灿然。雪浪翻腾，金蟆吐耀。人见月之所以明，而曰金精盛，则月明焉。孰知金之所以生者，自月而产也。人见金之产于月，而不知月之明，本出于日也。

---

① 一，底本、《道藏辑要》同，《道藏》本作"侧"。

月者，喻元性也。水者①，喻坎宫也。金蟆者，喻一点真阳之窍也。元性喻月，性之用也。

性之初见，如星大，圆陀陀，光烁烁，未足以见性。但气质之性稍息，而元性略见，如云开则月见，顷合则亦然耳。至于不时时存之，则可没，与见、未见时无以异也。故金丹之士，才见此物，分明便是元气产矣。遂以②而用之，譬之见贼便捉，毋使再逸。然以之收于鼎器之中，而一点元气之真，终不可得出矣。

以丹田为日，以心中元性为月，日光自返照月。盖交会之后，宝体乃生金也。月受日气，故初三生一阳者。丹既居鼎，觉一点灵光，自心常照而无昼夜。自一阳生，至于月之八日，而二阳产矣。二阳者，丹之金气少旺，而元性又少现。自二阳生，至于月之望，而三阳纯矣。三阳纯者，是所谓元性尽现，即前谓无形之中也。一阳纯③生时，但觉吾身有一物，或明或隐。二阳生时，则遍体生明矣。三阳生者，则光不在内、不在外，但觉此身如在虚空，亦无身，亦无虚空，亦无日，亦无月，常能如此，则禅定也。但丹士若生于有，而不能采真空，而以无为用也。

既至于此，而金丹且半。何也？且元神见矣，而未归于丹鼎，混精气而为一，所以为半矣。更说他后一半底道理。月既望矣，十六而一阴生。一阴者，性归于命之始也。自一阴生，至于月之二十三，而二阴产矣。二阴者，乃性归于命之二也。自二阴生，至于月之三十日，而三阴全矣，三阴，乃性尽归于命也。性之全体见，绵绵若存之时，则性反乎命内矣。方其始也，以命而取性；性全矣，又以性安命，此是性命天机括处。所谓性命双修者，此之谓也。

天机至密，吾尽泄矣！到此际，则金丹之全也。始于火候，凡一日用度，则一日养之。百日之功，而婴儿产矣。故吾以月为之喻，取其交会相照之理也。月明实本于金，金之性实出于月。百炼愈坚，万劫不坏。盖金，日也④。月，性也。火，日气。金入火而复于元性之真，可以炼成至宝，号为金

---

① 者，据《道藏》本补。
② 以，《道藏辑要》本作"从"。
③ 纯，《道藏》《道书全集》俱作"纯"，疑作"才"。
④ 也，诸本作"色"，据董德宁本改。

液还丹。故修丹者，始则取金，为金生水，交合之理显，而藉土以成之。故城廓基址，无非托真金为①药，而固济隄防之。炼成纯金，故曰金丹。

炉鼎图论

鼎炉形象恁分明，八卦纵横用则亲。

炼就五行全藉土，又令真土变真金。

鼎之为器，非金非铁。炉之为具，非玉非石。黄庭为鼎，气穴为炉。黄庭正在气穴之上，缕络相连，是为炉鼎。阴阳为炭，以烹以炼。

夫黄庭之在人身上，交会之顷，乃元气立②之际。此时正开，而丹落于其中，遂固之。所谓"水银实满葫芦里，闭塞其口置深水"者也。水银③，铅汞也。葫芦，黄庭也。深水者，水犹气也。闭塞黄庭，隐藏丹母，而置于气会之地，达者审之，得其趣也。虎啸风生，龙吟云起。蟋蟀吟秋，蜉蝣显阴。万气归鼎，而封固愈密，烹炼愈坚，此炉鼎之所以有也。

万卷丹经要旨，图画立象，本使人得象忘言。后之学者，皆泥象寻真，各求诡论。岂知夫至道不繁，枢纽阴阳而已矣。如以天一生水云云之数而言者④，此亦不过明水火之流行耳。如以四时八节而言者，此亦不过喻天地阴阳消长耳。秘其母而言其子，故知之者鲜矣。

① 为，底本无，据《道藏辑要》补。
② 立，《道藏辑要》作"方生"。
③ 银，据《道藏》补。
④ 者，据董德宁本补。

用成今所以著为此书者，皆弃枝叶，而言本根。本根有，而枝叶自芳。盖古人不欲言，而余言之。道中君子，宜体此意，毋以小道观焉。依此而行，神仙可立跻也。

或问："炉鼎之体明矣，炉鼎之用，亦愿闻焉。"

天地间百卉、草木，万类不①殊。冬至之后，阳动于下，则枯木重荣，百草萌芽，蛰虫奋发，万类熙怡，造化岂有心而生万物？万物亦何心而望造化？盖一气之动，万类感而然耳。天何心哉？物何心哉？至于百卉，花开结实之际，正药物循环之时。落叶凋芳之际，正药物归根复命之时，可喻古人譬药物产降而成丹，莫有出于此者。但不可泥于无心，使其自浮自沉，亦不可泥于有心，而驱驰逐火。但绵绵若存，知其无，守其有；知其白，守其黑。静中行火候，定里结还丹，赠之以中。

神室图论

费尽工夫结得成，返光内照景分明。
主人未至谁藏得，闻道灵光驾赤城。

神室者，元神所居之室，鄞鄂是也。人知立鄞鄂之造化，显然彰露矣。抑不知有室而无主人，何取其为室哉？然主人虽无，而主人之胎，亦在乎一室之中矣。如怀孕然，十月之间，母呼亦呼，母吸亦吸，但气未足耳。气足而形完，一点灵光入于其中，则倏然而生，啼哭锵然，纯乎其人矣。此乃鄞

---

① 不，《道书全集》本作"散"，据《道藏》本改。

鄂成，而神归于室之时也。神归其室，则所谓"得其一，万事毕①"矣。

盖交媾之后，神光垂，而烛乎玄珠矣；精华升，而产于玄珠矣。真铅，则元气矣。精、气、神，亦先有胚胎在其中矣。火足气充，则元精、元气、元神尽合而为一，故婴儿产矣。婴儿岂自产焉？火烁尽群阴，而胎始脱，到此方是产婴儿。

吾尝谓古人画炼丹之图象⊙，○固鄞鄂也，・此一点便以安乎其中矣。后之学者，皆谓鄞鄂有而一点安②，遂不知安一点于中之道，暂结终散，猛火空烧，而离坎逸矣。夫此一点产于外，而顺于后天者，一生二，二生三，三生万物，皆从此。常人为之，志士反焉。逆之而产于内，则长生久视之道存矣。

岂非归根复命乎？命复归根之由，深根固蒂也。深根固蒂之道，自澄心、遣欲始③。澄心之理，屏视去听，如孔子曰："非礼勿视，非礼勿言，非礼勿听，非礼勿动。"此便是真实道理。但儒教欲行于世、用于时，故以礼为之防。

所谓妄心者，喜、怒、哀、乐各等耳。忠、恕、慈、顺、恤、恭、敬、谨，则为真心。修丹之士，则以真心并为妄心，混然返其初，而原其始，却就无妄心中，生一真心④，奋天地有为，而终则至于无为也。若释氏之所谓真心，则又异焉。放下六情，了无一念，性地廓然，真元自见。一见之顷，往来自在。盖静之极，至于极之极，故见太极。则须用一言半句之间，如死一场再生相似，然后可以造化至机，而为不生不死之根本，岂易窥其门户耶？

《玉清金笥青华秘文金宝内炼丹诀》卷中终

---

① 毕，底本作"备"，从《道藏》《道藏辑要》改。
② "便以安乎其中矣。后之学者，皆谓鄞鄂有而一点安"，底本无，据《道藏》本补。
③ 始，据《道藏辑要》本补。
④ 心，《道藏》本作"念"。

《玉清金笥青华秘文金宝内炼丹诀》卷下

紫阳真人张平叔　撰

火候图论

前弦须短后弦长，水里藏灯焰自光，

日夜巽风吹不灭，将心挑动更荧煌。

　　《易》之为书，三百八十四爻。火之为数，三百八十四铢。故舍乾坤以为鼎器、坎离为药物之外①，初一用屯、蒙，初二用需、讼，初三用师、比，初四用小畜、履，初五用泰、否，初六用同人、大有，初七用谦、豫，初八用随、蛊，而金计半斤。初九用临、观，初十用噬嗑、贲，十一用剥、复，十二用无妄、大畜，十三用颐、大过，十四用咸、恒，十五用遁、大壮，十六用晋、明夷，十七用家人、睽，十八用蹇、解，十九用损、益，二十用夬、姤，二十一用萃、升，二十二用困、井，二十三用革、鼎，而水半斤。二十四用震、艮，二十五用渐、归妹，二十六用丰、旅，二十七用巽、兑，二十八用涣、节，二十九用中孚、小过，三十用既济、未济。顷刻而周，周而复始。自日月运行，一寒一暑。天地氤氲，万物化醇。倒造化，翻乾坤，窃宇宙，盗阴阳，达天地之至道，始可与言此也。

　　或问："乾、坤、坎、离之体？"

　　曰："周天火候之时，坎离交矣。坎离交，则乾坤交②会矣。夫天道下降，

---

① 外，底本作"火"，据《道藏》本改。
② 交，《道藏》本无。

地气上升，乃乾坤之用也。坎者，乾交坤也。离者，坤交乾也。其他卦象，不过设体耳。亦不可泥象寻爻，而火候之法始见。"

又曰："似子言之，不过范围天地，运行日月而已。而《炉鼎图》又列八卦于鼎中，《火候图》又升午①位于泥丸，布平桥于卯酉，何也？"

曰②："天机固不容泄，言既至此，隐之何为？且河出图，洛出书，天尚自泄，况于人乎？"

客曰："止。余闻泄天机而殃及九祖。"

曰③："独不闻度一人，而福及九祖乎？吾以吾之丹法，尽底无隐，而传于有缘之士。苟有信士，一人为仙，某岂无功乎？"

客曰："子之用心，非某能知及之。"

曰："是炉也，是鼎也，乃进火、进水之理耳。水、火，无过一气耳。气之升也，吾以心接之，即火也。气之降也，偓以静待之，即水也。此绵绵若存之时，子午进用之功也。斯时也，方是偃月炉具之时。夫性见则气生，气生则金生，金生则气多，气多则金愈旺。此二者交相为用也。金旺于中，烛破浮云，露出一钩真性，如月之明，乃偃月炉也。存养之久，则金气盛④而全尽，烛见一轮明月，乃全性也。既见全性，又返金性，则吾身皆真性命为之主。此用火之时也，盖二者未融为一，而用火炼之，炼作纯金也。包含性命，通体皆阳，浮沉自在，爱日恋月，好游顶门，时至道成，奋厉而脱，霹雳一声，身非我有。吁嘻！人人可以如此而成功，人而自弃之，若是可哀也哉！余见总篇，方其九转既周，沐浴已竟，火力终焉。一星不灭，故动〇〇巽⑤风以吹之。巽风者，鼎下之片缕耳。阖则为乾，辟则为巽；阖则为嘘，辟则为吸。何以能开辟？亦无非一意使之然。"

或曰："巽，西方之位。以子所言，巽乃中宫。毋乃反乎？"

曰："西方者，巽之用也。中宫者，巽之体也。吾自心生一意，而降于巽位，其象始辟，则吾言实兼体用而训也。继之以乾。乾，金。而火乃金精，故遇而炎火张设，须坎以抑之。抑之而不能止，则有反攻于下之患。故

---

① 午，《道书全集》《道藏辑要》本均作"五"，据《道藏》本改。
② 曰，据《道藏》本补。
③ 曰：校者补。
④ 盛，底本作"腾"，从《道藏》本。
⑤ 巽，底本、《道藏》本作"一"，据《道藏辑要》本改。

止以艮，而又嘘以巽。巽上一画属阳，止火非阳不行。故遇震而稍焰，遇离而复炎。又止以坤。坤，水也。火从水起，如遇其兑。故不止而自止，坤非正卦，故徐归于兑。① 兑，又西方之卦也。故自尾闾，徐徐升上，而至泥丸。顶为天门，为正午之地。午属火，遂加煌。又接之以心。心，火也。接者，神也，乃神火也。又加煌，至卯酉，若直下则刑德临门，危其大②哉！故一立而各为二道。今日之卯酉，昔日之坤、艮也。火，气也。气降而复升之理，故归于肾府，化为真水而用之。盖文火性柔而难化，遇卯木必克土，遂以火克木，则土不受克矣。武火性强而易化，降自酉。酉属金，金生水，遂为水③，归于鼎。"

曰："何谓文，何谓武？"

曰："文火自三关上至于天矣，武火是午宫与心火也。大凡火候，只此一场，大有危险。丹士宜一战而胜，则天下定矣。平日周天火候，切不可以为则也④。然此亦不可执著，彼亦不可执著。且喜，且喜！"

诗曰：庆云开尽现鸿蒙，仿佛空中见祖宗。

风定七星还在水，依稀残韵上飘空。

阴尽图论

张子一日坐于幽室，形忘气化。倏然两耳风生，始如秋蝉鸣隔岸之翠

---

① "故不止而自止，坤非正卦，故徐归于兑"句，《道书全集》《道藏辑要》本无，据《道藏》本增补。
② 大，《道藏》本作"殆"。
③ 遂为水，据《道藏》本补。
④ 也，据董德宁本补。

柳，终焉若闻九天之箫韶韵。恍然有一人立于旁，耳、目、口、鼻与张子无异。指张子而骂曰：

"吾自太易以来，为子所役，略不瞬宁，何罪于汝？"

张子不觉失笑而无声，默谓之曰："来，吾与尔言。汝言固是，但尔为我苦耶？我为尔苦耶？姑坐以叙。"

曰："我先以来，本无事。与子同居之后，寤寐亦相持。移像累劫，而不自如。置我沙漠、风霜之地，既令我归东，又令我归西，种种相魔。自顷以来，始蒙慧以室庐，养以调息，美则美矣，但晚也。"

张曰："非吾之过也，乃六欲之贼使之然也。子微而隐，彼显而彰。吾知有彼，而不知有此。譬之瞽者坐舟，但知舟之日去千里，而不知撑者实劳也。使不欲舟行，则撑者暇矣。"

似张者欣然曰："几失君！吾有百炼之坚刀，可同剿[①]此贼，而去其根，后同入规中时，然后行独步金阙。"

张子曰："唯唯。"

见黄光四迸，五色焕然。观者听其言曰："去贼之道，不宜急，急则反受其敌。"

始然力不胜，其祸乃可必。纵放任余心，守之常将息。

或作或歇形，视之常无尔。一战定三清，万魔俱屏迹。

诗曰：当日风尘枉自横，波平海晏兆升平。
　　　　堪怜不达穷通者，犹弄干戈观我城。

又诗：无明焰子又无烟，煅出真金耀彻天。
　　　　霹雳一声圆活子，腾空三觐玉皇前。

---

① 剿，底本作"战"，据《道藏》本改。

阳纯图论

又无文,看甚?窈窕仙童捧诏来,妙哉!

总论金丹之要

夫人之①身,大而则可以取象天地,包容万汇,变化莫测,灵通玄妙。百姓日用而不知,故金丹之道鲜矣。

夫金丹之道,贵乎药物。药物在乎精、气、神。神,始用神光;精,始用精华;气,即用元气。精非气不盈,神非气不充。精因气融,气凭精用。气因神见,神凭气用。

且以吾身之天地言之,自太极既分,两仪判矣。两仪生四象,四象生八卦。八卦立,而天、地、人之道备矣。天以动为体,地以静为体。天地之气,往来不息,而日月行乎其中。盖父母媾形育我之后,始生脉络也。自形完之后,始生缕络,反若元性之虚无,谷道筋条,殆似草茅之郁茂,此乃先天之气,为先天之道。此金宝之至言也。

宜守之以中,则庶乎道路通畅。盖人受天地之中气以生,所谓命也。得天地之中气以生,遂可为人。我以身为天地,亦宜执其中,而为造化之枢纽。中者,有三中:心中意,脐中鼎,肾中炉。三中之至切者,心中意。脐中鼎次之,肾中炉又次之。此三者,自金丹之始至终,不可须臾离也。

---

① 之,底本无,据董德宁本补。

大凡金丹之道，学者寻五行，其末矣。当知夫交会之际，恍惚杳冥，痒生毛窍。金之本情也。逸豫和畅，肢体柔顺，木之本性也。铅本火体而金情，汞本水体而木性。无他，水火者，铅汞之体也。金木者，铅汞之用也。铅汞凝结，光华会合者，意也。意属土。五行既全于鼎器之中，物以类聚。五行又环列于鼎器之外，内外相感，而丹始成。形状黍米相似，非青、非黄、非黑、非白，不可得而名状也。到此际，又绵绵若存，清净无为，自然现出百般妙用景象。肾水合精水，自玄膺流下，谓之华池、神水。虚无之中，白雪生而黄芽长。只绵绵若存之顷，亦悉归于鼎器之内。是大药不离精、气、神，要认始用药材。又精、气、神之所产也，非便用精气神也。今有一等旁门，自作自是，而精、气、神受役之不暇，奚能产药也？

精、气、神三者，孰为重？

曰：神为重。金丹之道，始然以神而用精、气也。故曰：神为重。神者，性之别名也。至静之余，元气方产之际，神亦欲出，急用①定以待之。不然，是散而无体之体也。苟夸出入，必为大道，则谁不可为？夫神不疾而速，不行而至。师言曰：神之妙用，无方而有限。若得其道，可以出入，切不可纵为良深。盖收于内则可，岂宜纵于外也？夫神出而依林木以成形，阴未尽也。将出之际，多异景。目光烨然，从目出也。鼻气或吸，从鼻出也。耳闻清音，从耳出也。独不可从口出入者，何也？夫口，五脏之气所会也。神弃精气而窃出，避气盛之地也。神、气、精常相恋，神一出，二者无依焉。故神之出也，有害无益。日居月诸，照临下土。丹士逆之为用，顺而为火。

夫火循环◎，九转中九转。九转初生，旺于第一转。伺阴②气尽，又绕第二转，余亦如之。至于九转周足，遂迫于鼎。故用前进火工夫，谓之真阳而战群阴。请明言之：

人一身皆属阴，惟有一点阳耳。我以一点之阳，自远之近，转之又转。战退群阴，则阳道日长，阴道日消。故《易》曰："龙战于野，其血玄黄。"至于阴尽阳纯，而丹始能升于泥丸。决然奋厉，真人于斯而始见矣。金丹之道，如此而已。更有言不尽底。

---

① 用，底本、《道藏》本作"庸"，据董德宁本改。
② 阴，《道书全集》《道藏辑要》本无，据《道藏》本增补。

丹之初成也，交会之际，未免藉阴阳二气以成之，后则渐以阳火炼成纯阳之体。故自强不息，乾道也。丹成矣，故凝神以成躯而成仙。丹之初成也，藉五行以成其用，后则渐以真金养成纯金之体，故通体之光金色也。金变曰色，故光；金象曰性，故刚，故曰金丹，又曰金仙。

幻体虽假合之物，修丹之士，须藉以养丹基。譬之地也，城池固，则外邪不能入。故绵绵若存之顷，脾、胃合为一脉，而围丹穴之左。肺、肝合为一脉，而围丹穴之右。真气彻至，则环于脉络之中。故近于①丹而气可得之，以化至宝。

举其一，可知二。然亦无为自然始，举是以明矣。夫无为，无有为也。夫人之一气在身，由念而动。譬之握拳，念欲开而五指伸，了无挂碍。学人达此，于采先天一气之时，行一真念，采一真气。按图观象，落在黄庭，其理一也。穷冬凋剥，必得阴阳交泰之后，乃生万象。学人达此，当知交会之后，不期药物之产而自产矣。

金之在水，其耀夺目。金之在土，土能藏之。盖产于幽处，而隐其明处也。丹之居鼎，犹人君之在位，百官称职，其国自安，而民自安。火候药物，各得其宜，则万化成。何谓各得其宜？②

第一转，产药于东，而降于西。以心为斗柄，斡旋其机。故行二十度而魄满，又斡之二十度而魂满，则火之魂，而水之魄立，而神用大矣。他转如之，举其要以明③学者。

诗④曰：斗极建四时，八节无不顺。

　　　　斗极实兀然，魁杓自移动。

　　　　只要两眼皎，上下交相用。

　　　　须向静中行，莫就忙里送。

要无形图与他看，一气周流归故宅，金丹何事却成功？

　　　　至道本不繁，庸人自生事。

　　　　我本遇师传，三嘱令深秘。

---

① 于，诸本无，据董德宁本补。
② "而民自安""则万化成""何谓各得其宜"，此三句据《道藏》本增补。
③ 明，《道藏辑要》本作"付"。
④ 诗，《道书全集》本作"言"。

何故画图并立论，毫厘说尽鬼神惊。

咄！地狱不因①得②道者，教存经籍度三师。

次第秘诀

坐静打顽空，抑息，守已待癸生时。

闻命气冲和，待气动，方可如下行。

存归〇〇，然后就上二窍，直冲五星。候见明，则放静，又观心。放下了一段，候再见明，一阳真气产矣。

采取交媾，绵绵若存。

小光透，用机出入◎，开道一回，然后方行子午。

大光透，用机出入◎，破顶一回。

此是后上前下，此后并系尾闾五星。于三十日见，用机出入。

上弦十五日，足见机。大凡三遭望，七十日左右见机。下弦日数足，只下明鼎，内晦用机，再朝天径。

以太和返太极。

以太极返无极。

     否䷋ 泰䷊

动静之机，气盛则抑之以静，气弱则助之以意。

火候秘诀

丹居鼎内，上水下火。心动属火，静属水，乃水鼎也。〇静属水，动属火，乃火鼎也。

阳在鼎下，曰水鼎③。升于鼎上，则火鼎也。阳火是外炉，外炉起④火，

---

① 因，疑作"囚"。
② 得，《道藏》本作"传"。
③ 鼎，《道藏》本作"火"，恐误，从《道书全集》《道藏辑要》本。
④ 起，底本作"于"，《道藏》作"与"，《道藏辑要》作"之"，据董德宁本改。

存于气穴。黄庭，正在气穴之上。气穴，乃内炉也。内炉有火，近鼎常烹，此绵绵若存也。火长进于下，则不可坐。至于子午二时，午进火，子进水。阳生，不以心扰，接之以①意，斡归于右，转降于左，存入○○○，反是则进火。

或曰："敢问九转之功？"

曰："三月火候，乃九转。"

第一转：

初自胁边左右，存为火道。自阳宫起，自右边，到肩横过正中凝住，却自左边送下。遂绵绵若存，宜静不宜动，宜徐不宜急。曰：扇火急，则②伤丹。此每日子时之功也。

第二转：

自胁边，进一寸二分，用前法。此丑时之用功也。

第三转：

自胁边，进五分，用法如前法。此寅时之用功也。

卯时火 沐浴：

卯时火起，取丹计四寸，有缕二条，正为火道。脉透鼎中，故火起不用目，不用心，以意斡之右转。取横与鼎齐，正缕地也。遂大静，火遂为水，而归于鼎。丹遂沐浴，绵绵若存。天机天机，宜秘宜秘！

第四转：

进一寸，用法如前。此辰时之用功③也。

第五转：

进五分，用法如前。此巳时之用功也。

第六转 抽添：

进五分，火自下与午时心火顶火俱旺，故阳生，小抑之，抽也。再生，则火微矣。直上于左而横过，恰值心。遂逢心火，而共降于右。若下火不抽，上逢心火。④

---

① 以，诸本无，据董德宁本补。
② 则，底本、《道藏辑要》本无，《道藏》本作"曰"，据董德宁本补。
③ 功，据《道藏》本补。
④ "而共降于右。若下火不抽，上逢心火"句，《道藏》本作"火其炎矣，此抽添也"。

第七转：

进五分，用如前法。此未时之用功也。

第八转　沐浴①：

行左降右，取丹方一寸。未时之火道，皆至阴之道也。火力过而衰，值申道，亦阴道。无他，心上道，阳道也。心下道，阴道也。二时火，皆从阴道②过，至酉而始金旺，故静以待之，火为金液而归于鼎，丹遂沐浴。卯沐浴，乃益汞；酉沐浴，乃益铅。

第九转：

取金丹五分而已，顷刻用而，即定以待。

第十转：

用巽风起火，行运火之法，见火候之图。

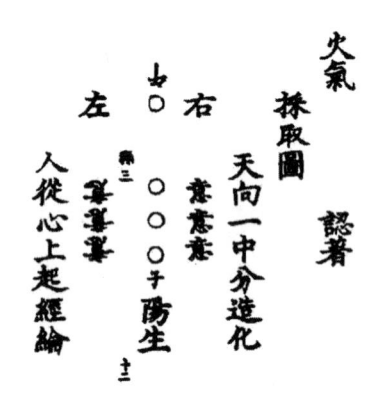

后跋

托秋毫之末，大宇宙之总者，神也。运一元之母，成万物之形者，气也。本灵源之液，润八荒之津者，精也。三元混而回生转杀，一极立而返本还元者，天君之妙也。天君者，心之谓矣。《玉清金笥宝箓金宝内炼丹诀》之书，此青华君之神文、《悟真篇》之扃钥、张紫阳剖玄露妙之心传。诵之者，得之于心；忘其心，得之于神；忘其神，得之于太虚。诚三光之领、五

---

① 沐浴，据《道藏》本补。
② 道，据《道藏》本增补。

气之纲。能死能生，能无能有。含赤子之德，宰万化之宜。先天先地之妙，于是存焉。是妙也，志不迁于物覩，形不老于人间。超生死无干之地，了鬼神莫知之机。斯文之要哉！故跋。

正德甲戌岁季夏望日东和希古渔人刘元一跋

附录

《浮黎鼻祖金药秘诀》序

慨自天地未判，日月未明，阴阳未立，五行未分，混沌恍惚，杳冥絪缊，内有灵光，隐藏真精。一生壬癸，二生丙丁，丙丁火发，照耀玄冥。产出庚黄，铸作金庭，金庭异室，戊己真形。故古先大圣，知大块中有物，矿土中藏铅，铅中产银，银变成金，金中产砂，砂中生汞，汞吐三华，名曰黄芽。乃天地造化之根源，阴阳日月之精华，皆本于此。圣人知此消息，先用水以盗其气，次用火以炼其形，水火交炼，以育其神，始得形神俱妙，与道合真，人得服饵，改形而仙。

夫白金隐于黑铅之中，阴胜阳微，必假圣灰池，腾尽阴癸，而见壬水真形，即煅以阴阳池鼎，投红入黑，方变为金，内黄外赤，五彩鲜明。铸造神室，形滞于形，滋以金水，同类相亲，金水吸受，真汞乃生。故铅一变而为壬水，二变而为丙火，三变而为龙汞，四变而为真金，五变而为戊己土。太极两仪，四象五行，莫不由之。采其灵根，制为神室。神室者，藏神之宅也，乃神气出入飞伏之所。其中窍妙，有阖有辟。盖呼之则神应而来，吸之则神随而往①。日复一日，渐凝渐结。内有胞胎，为神之依；外主鄞鄂，为神之护。其来也，不疾而速；其往也，强而后伏。孰使之然哉？盖因水火之功也。故古歌云："火者药之父母，药者火之子孙。"水火之功，大矣哉！故拟乾坤之橐籥而铸神室，象日月之升沉而运药物，效寒暑之推迁而行水火，夺

---

① 往，《道言内外》作"住"。

天地之神气而炼金丹。金丹之名，岂虚语哉？盖金乃水中之金也，铅中之金也。铅中之金，有形之金；水中之金，无形之金。以无形之金，合有形之金，神随形住，气逐神灵。

"同类易施功，非类难为巧。欲作服食仙，宜以同类者。"非特①金有二金，而火亦有二火焉。有有②形之火，有无形之火。有形之火，乃日时所加之火；无形之火，乃木中之火。无形之金，非无形之火不能升而入；有形之金，非有形之火不能采而出。此又有无互相制伏之妙。古圣仙师，秘而未发，而仆独暴露者也。药自虚无，岂出自空无者哉？盖无本于有，有生于无，有无互用，器用者空。借此空器之灵，藏我虚器③之神。凡火销金，金伐木荣，真土兆形，真水澄清，清真合处，百日通灵，三胎九转，十月丹成，凡磁瓦砾，尽皆成金，刀圭入口，白日飞升。药物真正，火候调停，霞光满室，云路④填庭，此药生之景象也；升而复降，降而复升，入之有路，出之无门，此药伏之关键也；遇水解化，遇火坚凝，化之若水，凝之若冰，此药成之效验也；马齿琅玕，凤翅龙鳞，钟乳黄舆，化明窗尘，此药成之形状也。神室内外，除却胞胎，惟有金水往来。金水者，乃得金气之玄水，又号神水，并非凡水井水⑤，又非方诸星月之水。炼丹之诀，但能引神水入华池，万事毕矣。

广成子于崆峒炼丹，度黄帝上升，授以金丹秘诀《金药十二篇》，药物火候，鼎⑥器坛炉，俱已吐露。但金水交姤之玄、玄关囊籥之秘、灰池炼气之真，秘而不言。天律甚严，不传竹帛，天不爱道，地不爱宝，吾亦岂敢自私？仆体太上之心，欲使人人成道，个个归真，以此泄未发之秘，条陈无余，使世之留心性命，专心道德者，有缘遇师，得此书印证，方肯诚心下手为之。虽未面传，亦我之徒也。呜呼，凡夫满眼，决烈谁与？

仆以有缘，荷天垂庥，已得火得药，但功行未备，未能上升。尝恨道未

---

① 特，底本作"时"，据《道言内外》改。
② 有有，底本作"有二"，据《道言内外》改。
③ 器，底本作"气"，据《道言内外》改。
④ 路，《道言内外》作"露"。
⑤ 井水，《道言内内》作"井泉"。
⑥ 鼎，底本作"具"，据《道言内外》改。

得①，遇人为难；道已得，成道尤难。有缘得睹，是必信而行之，方知师恩难报，而造化神功大矣，可忽之哉！

紫阳张伯端序

按：《浮黎鼻祖金药秘诀》旧题广成子著、仙翁葛玄注，而紫阳真人张伯端一序，极言天元神丹之理，造诣尤精。清仇知几谓紫阳真人"《悟真》诸诗，内外兼举者，凡十四章。初谓道原一贯，故说可相通。及读此一序，方知仙师洞彻丹理，确有秘授渊源。厥后紫清白真人，亦序此秘篇，因作《地元真诀》，以广度后人。盖信宗派相传，言不虚设也。"据此可悟内外丹理之一贯矣。此据《道书十七种》录入，校以《道言内外》本。

八脉经

（摘自李时珍《奇经八脉考》）

张紫阳《八脉经》云：八脉者，冲脉在风府穴下，督脉在脐后，任脉在脐前，带脉在腰，阴跻脉在尾闾前、阴囊下，阳跻脉在尾闾后二节，阴维脉在顶前一吋三分，阳维脉在顶后一吋三分。凡人有此八脉，俱属阴神，闭而不开，惟神仙以阳气冲开，故能得道。八脉者，先天大道之根，一气之祖，采之惟在阴跻为先。此脉才动，诸脉皆通。次督、任、冲三脉，总为经脉造化之源。而阴跻一脉，散在丹经，其名颇多，曰天根，曰死户，曰复命关，曰酆都鬼户，曰死生根，有神主之，名曰桃康。上通泥丸，下透涌泉，倘能知此，使真气聚散，皆从此关窍，则天门常开，地户永闭，尻脉周流于一身，贯通上下，和气自然上朝，阳长阴消，水中火发，雪里花开，所谓"天根月窟闲来往，三十六宫都是春"。得之者，身体轻健，容衰返壮，昏昏默默，如醉如痴，此其验也。要知西南之乡，乃坤地，尾闾之前，膀胱之后，小肠之下，灵龟之上，此乃天地逐日所生气根，产铅之地也，医家不知有此。

濒湖曰：丹书论及阳精河车，皆往往以任、冲、督脉、命门、三焦为说，未有专指阴跻者。而紫阳《八脉经》所载经脉，稍与医家之说不同。然内景隧道，惟返观者能照察之，其言必不谬也。

---

① 得，底本作"德"，据《道言内外》改。

第四编　还源篇

石泰

点校说明

1.《还源篇》，题名石泰著，收入《道藏·太玄部》（第24册），亦收入《道藏》第四册《修真十书·杂著指玄篇》。

2. 本篇以《道藏辑要》奎集为工作底本，参校《道藏》第24册《还源篇》、第4册《修真十书·杂著指玄篇》本，以及《道书全集·诸真玄奥集成卷二》本。

3. 石泰（1022—1158），字得之，号翠玄子，常州（今属江苏）人。因曾为张紫阳排难解厄，遂得受金丹真传，为南宗第二代。常以医药济人，不取报酬，病愈者听其植杏一株，日久居处成为杏林，因此被人称为"石杏林"。

《还源篇》序

泰素慕真宗，遍游胜境。参传正法，愿以济世为心；专一存三，尤以养生为重。盖谓学仙甚易而人自难，脱尘不难而人未易，深可哀哉！古云："迷云锁慧月，业风吹定海。"昔年于驿中遇先师紫阳张真人，以简易之语，不过半句；其证验之效，只在片时。知仙之可学，私自生欢喜。及其金液交结，圣胎圆成。泰故作《还源篇》八十一章，五言四句，以授晚学，早悟真诠，莫待老来铅虚汞少。急须猛省，寻师访道，修炼金丹，同证仙阶，变化飞升，实所愿望焉。

杏林石泰得之序

还源篇

紫虚真人石得之　著[①]

五言绝句

（八十一章，以按纯阳之数[②]）

一

铅汞成真体，阴阳结太元。但知行二八，便可炼金丹。

二

汞是青龙髓，铅为白虎脂。掇来归鼎内，采取要知时。

三

姹女骑铅虎，金翁跨汞龙。甲庚明正令，炼取一炉红。

四

蛇魄擒龙髓，龟魂制虎精。华池神水内，一朵玉芝[③]生。

五

白雪飞琼苑，黄芽发玉园。但能知偃月，何处炼红铅？

[①] 《修真十书》题"杏林石泰得之撰"。
[②] 按《修真十书》补入。
[③] 芝，底本作"脂"，据《修真十书》本改。

六

药材开混沌，火候炼鸿[①]濛。十月胎仙化，方知九转功。

七

龙正藏珠处，鸡方抱卵时。谁知铅汞合，正可饮刀圭。

八

沐浴资坤水，吹嘘赖巽风。婴儿无一事[②]，独处太微宫。

九

紫府寻离女，朱陵配坎男。黄婆媒合处，太极自函三。

十

乾马驰金户，坤牛入木宫。阿谁将姹女，嫁去与金翁？

十一

姹女方二八，金翁正九三。洞房生瑞气，欢合产初男。

十二

昨夜西川岸，蟾光照碧涛。采来归玉室，鼎内自煎熬。

十三

离坎非交媾，乾坤自化生。人能明此理，一点落黄庭。

十四

丹谷生神水，黄庭有太仓。更无饥渴想，一直入仙乡。

[①] 鸿，《修真十书》本作"洪"。
[②] 事，《道藏》24册本作"字"。

十五

意马归神室，心猿守洞房。精神魂魄意，化作紫金霜。

十六

一孔玄①关窍，三关要路头。忽然轻运动，神水自然流。

十七

制魄非心制，拘魂岂意拘。惟留神与气，片饷结玄珠。

十八

口诀无多子②，修丹在片时。温温行火候，十月产婴儿。

十九

夫妇初欢合，年深意转浓。洞房交会处，无日不春风。

二十

骤雨纸蝴蝶，金炉玉牡丹。三更红日赫，六月素霜寒。

二十一

海底飞金火，山巅运土泉。片时交媾就，玉鼎起青烟。

二十二

凿破玄元窍，冲开混沌关。但知烹水火，一任虎龙蟠。

二十三

娑竭水中火，昆仑山上波。谁能知运用，大意要黄婆。

---

① 玄，底本作"元"，《道藏》本作"三"，从《修真十书》本。
② 子，《道藏》本作"字"，从底本和《修真十书》本。

二十四

药取①先天气,火寻太易精。能知药取火,定里见丹成。

二十五

元气如何服,真精不用移。真精与元气,此是大丹基。

二十六

儒家明性理,释氏打顽空。不识神仙术,金丹顷刻功。

二十七

偃月炉中汞,朱砂鼎里铅。龟蛇真一气,所产在先天。

二十八

朔望寻弦晦,抽添象缺圆。不知真造化,何物是真铅。

二十九

气是形中命,心为性内神。能知神气穴,即是得仙人。

三十

木髓烹金鼎,泉流注玉炉。谁将三百日,慢慢著工夫。

三十一

玉鼎烹铅液,金炉养汞精。九还为九转,温养象周星。

三十二

玉液滋神室,金胎结气枢。只寻身内药,不用检丹书。

---

① 取,底本作"用",从《道藏》本和《修真十书》本。

三十三

火枣原无核，交梨岂有查？终朝行[①]火候，神水灌金花。

三十四

炼气徒施力，存神枉用工。岂知丹诀妙，镇日玩真空。

三十五

欲炼先天气，先干活水银。圣胎如结见，破顶见雷鸣。

三十六

气产非干肾，神居不在心。气神难捉摸，化作一团金。

三十七

一窍名玄牝，中藏气与神。有谁知此窍，更莫外寻真。

三十八

脾胃非神室，膀胱乃肾余。劝君休执泥，此不是丹枢。

三十九

内景诗千首，中黄酒一樽[②]。逍遥无物累，身外有乾坤。

四十

乌兔相煎煮，龟蛇自绕缠。化成丹一粒，温养作胎仙。

四十一

万物皆生死，元神死复生。以神归气内，丹道自然成。

[①] 行，《道藏》本作"无"。
[②] 樽，底本、《道藏》本俱作"尊"，据《修真十书》本改。

四十二

神气归根处,身心复命时。这般真孔窍,料得少人知。

四十三

身里有玄牝,心中无垢尘。不知谁解识,一窍内涵真。

四十四

离坎真龙虎,乾坤正马牛。人人皆具足,因甚不知修。

四十五

魂魄为心主,精神以意包。如如行火候,默默运初爻。

四十六

心下肾上处,肝西肺左中。非肠非胃腑,一气自流通。

四十七

妙用非关意,真机不用时。谁能知此窍,且莫任无为。

四十八

有物非无物,无为合有为。化权归手内,乌兔结金脂。

四十九

虎啸西山上,龙吟北海东。捉来须野战,寄在艮坤宫。

五十

复姤司明晦,屯蒙直晓昏。丹炉凝白雪,无处觅猿心。

五十一

黑汞生黄叶,红铅绽紫花。更须行火候,鼎里结丹砂。

五十二

木液须防兔，金精更忌鸡。抽添须沐浴，正是月圆[①]时。

五十三

万籁风初起，千山月乍圆。急须行正令，便可运周天。

五十四

药材分老嫩，火候用抽添。一粒丹光起，寒蟾射玉帘。

五十五

蚌腹珠曾剖，鸡窠卵易寻。无中生有物，神气自相侵。

五十六

神气非子母，身心岂夫妇。但要合天机，谁识结丹处。

五十七

丹头初结处，药物已凝时。龙虎交相战，东君总不知。

五十八

旁门并小法，异术及闲言。金液还丹诀，浑无第二门。

五十九

贵贱并高下，夫妻与弟兄。修仙如有分，皆可看丹经。

六十

屋破修容易，药枯生不难。但知归复法，金宝积如山。

[①] 圆，《修真十书》本作"团"。

六十一

魂魄成三性，精神会五行。就中分四象，攒簇结胎精。

六十二

定志求铅汞，灰心觅土金。方知真一窍，谁测此幽深？

六十三

造化无根蒂，阴阳有本源。这些真妙处，父子不相传。

六十四

留汞居金鼎，将铅入玉池。主宾无左右，只要识婴儿。

六十五

黄婆双乳美，丁老片心慈。温养无他术，无中养就儿。

六十六

绛阙翔青凤，丹田养玉蟾。壶中天不夜，白雪落纤纤。

六十七

琴瑟和①谐后，箕裘了当时。不须行火候，又恐损婴儿。

六十八

长男才入兑，少女便归乾。巽宫并土位，关锁自周天。

六十九

弦后弦前处，月圆月缺时。抽添象刑德，沐浴按盈亏。

---

① 和，底本作"合"，从《道藏》本、《修真十书》本。

七十

老汞三斤白,真铅一点红。夺他天地髓,交媾片时中。

七十一

火候通玄处,古今谁肯传?未曾知采药,且莫问周天。

七十二

云散海棠月,春深杨柳风。阿谁知此意,举目问虚空。

七十三

人间无物累,天上有仙阶。已解乘云了,相将白鹤来。

七十四

心田无草秽,性地绝尘飞。夜静月明处,一声春鸟啼。

七十五

白金烹六卦,黑锡过三关。半夜三更里,金乌入广寒。

七十六

丹熟无龙虎,火终①休汞铅。脱胎已神化,更作玉清仙。

七十七

塞断黄泉路,冲开紫府门。如何海蟾子,化鹤出泥丸。8

七十八

江海归何处,山岩属甚人?金丹成熟后,总是屋中珍。

---

① 终,底本作"中",从《道藏》本、《修真十书》本。

七十九

吕承钟口诀,葛授郑心传。总没闲言语,都来只汞铅。

八十

汞铅归一鼎,日月要同炉。进火须防忌,教君结玉酥。

八十一

采药再交结,进火与沐浴。及至脱胎时,九九阳数足。

后序①

夫炼金丹之士,须知冬至不在子时,沐浴亦非卯酉。汞铅二物,皆非唾涕精津气血液也。七返者返本,九还者还源。金精木液,遇土则交。龙虎马牛,总皆无相。先师《悟真篇》所谓"金丹之要,在于神水华池"者,即铅汞也。人能知铅之出处,则知汞之所产。既知铅与汞,则知神水华池。既知神水华池,则可以炼金丹。金丹之功,成于片时,不可执九载三年之日程,不可泥年月日时而运用。钟离所谓:"四大一身皆属阴"也。如是则不可就身中而求,特可寻身中一点阳精可也。然此阳精,在乎一窍,常人不可得而猜度也。只此一窍,则是玄牝之门,正所谓神水华池也。知此,则可以采取,然后交结,其次烹炼,至于沐浴,以及分胎,更须温养丹成。可不辨川源、知斤两、识时日者耶?泰自从得师诀以来,知此身不可死,知此丹必可成。今既大事入手,以此昭诸未来学仙者云。

杏林石泰得之序

① 此序按《道藏辑要》录入,亦见《修真十书·杂著指玄篇卷之七》。

第五编　还丹复命篇

薛道光

点校说明

1.《还丹复命篇》，题名薛道光著，收入《道藏·太玄部》。

2. 本篇以《道藏》第24册《还丹复命篇》为工作底本，参校《道藏辑要》奎集、以及《道书全集·诸真玄奥集成卷三》本。

3. 薛道光（1078-1191），名式，字道光，一名道源，字太源。或谓阆州人（四川阆中），或说陕西府鸡足山人。曾为僧人，法名紫贤，又号毗陵禅师。于宋徽宗崇宁五年（1106年），在郿县青镇（陕西省眉县）"适遇凤翔府扶风县杏林驿道人石泰字得之，年八十五矣。绿发朱颜，神宇非凡"，"即发信心，稽首皈依，请因受业，卒学大丹。得之悉以口诀真要授之"。从此道光弃僧从道，混俗和光，以了性命大事。光宗绍熙二年（1191年）道成，留有颂云："铁马奔入海，泥蛇飞上天。蓬莱三岛路，原不在西边。"享年114岁，世称紫贤真人。著有《还丹复命篇》《悟真篇注》。

序

嗟夫！人之有身，其昧也久矣。以名利盗其心，以是非贼其志，日渐一日，寝成鄙吝，不知好道，而自与远。然至道不远，常在目前。故《仙经》云：大道泛兮，其可左右。虽有道者，欲与之开发，孰为之信？仆陋以狂言，不足以取信于人。以金鼎还返之道，陈于世者，尤非所宜。在有道者，当自知之。初年学道，所亲无非理性之士。若禅宗之上乘，一悟则直超佛地。如其习漏未尽，则尚循于生死。至于坐脱立亡，投胎夺舍，未免一朝而长往。常思仲尼穷理尽性，以至于命。释氏不生不灭，老氏升腾飞举。由是圣人之意，不可一途而取之。宣和庚子①岁，得至人口诀曰：

大道之祖，不出一气而成变化②，喻之为日月，名之为龙虎，因之为阴阳，托之为天地。一清一浊，金木间隔于戊己之门；一情一性，阴阳会聚于生杀之户。采二仪未判之气，夺龙虎始媾之精，入于黄房，产成至宝。别有法象枢机，还返妙用，长生秘诀，毕于此矣。

由是方知大道不繁，须逢至人，授之口诀，始能造于真际耳。数十年来所穷者，皆圣人之绪余也。始明物有不迁之理，一阴一阳之谓道，偏阴偏阳之谓疾。龙虎之机，金木之理，此之真诀，仆闻不疑。依法行之，果跻圣域。尝闻奥旨，混于六经书史之间。故《易》曰："男女媾精，万物化生。"岂不显其道机，详其书史。以仁义礼乐有为而推之，故于无为之道，而相返也。昔邹鲁之士，缙绅先生，多能明之，近世不复有矣。依师口诀，辄成五言一十六首，以表二八一斤之数。七言绝句三十首，以应三十日之大功。续添西江月九首，以应九转之法。明③辨药物采取，五行相杀④，主客先后，刑德圆缺⑤，抽添运用，火候斤两，无不备悉。好道之士，请熟究斯文，或以宿缘契合，自然遭遇。文虽鄙陋，一一皆言其实矣。

靖康丙午⑥秋薛道光序

---

① 宣和庚子，公元 1120 年。
② 化，底本无，据《道藏辑要》本补。
③ 明，底本无，据《道藏辑要》本补。
④ 杀，《道藏辑要》本作"生"，从《道藏》本。
⑤ 圆缺，《道藏》本作"图诀"，误，从《道藏辑要》本
⑥ 靖康丙午，公元 1126 年。

还丹复命篇

紫贤真人薛道光　撰

五言律诗一十六首①

其一

有物含灵体，无名本自然。赤龙藏宇宙，白虎隐丹田。
北斗南辰下，眉毛眼睫边。灰心行水火，定息觅真铅。

其二

精气元②无本，神灵共一家。但能擒五贼，自可结三花。
甲乙无令失，庚辛不要差。一阳归正令，七返转河车。

其三

此事诚难测，贤愚总不分。雀应非凤类，马不入羊群。
牸产都三百，乾坤共一斤。巡行十二路，赤脚猛将军。

其四

一二三四五，南辰对北辰。虎龙含碧玉，金木孕珠珍。
云散家家月，花开处处春。几多云外客，尽是世间人。

其五

受得真仙诀，阴中炼至阳。地雷潜动处，星斗共商量。
八卦看成母，三才始见昌。不愁生死系，但觉地天长。

---

① 底本作"五言绝句"，从《道藏辑要》本。
② 元，《道藏》本作"之"，从《道藏辑要》本。

其六

古仙同一术，妙绝大幽深。用意寻庚甲，专心事丙壬。
擒归乌与兔，捉取水和金。辨得东西物，修成不二心。

其七

窈窕并姿态，娇羞弄软柔。无情弦里取，魂魄土中收。
笄冠联铅汞，灵光射斗牛。少阳阴与类，无使老春秋。

其八

散诞无拘系，倏然道转高。妙中藏黑白，闲里恶尘劳。
坐卧三峰稳，丹田二气牢。定知逃世网，名字列仙曹。

其九

采取须教密，诚心辨丑妍。事难寻意脉，容易失寒泉。
师指青龙汞，配归白虎铅。两般都会合，水火炼经年。

其十

守一坛中要，机藏十二时。数中无走失，火候莫教迟。
达士方为侣，真仙正合宜。几年云水上，怀抱有谁知？

十一

人有最灵物，依稀在北辰。不知将谓气，识后自然真。
心净如冰雪，身轻似碧云。若无千[①]万岁，作甚世间人。

十二

廛市通人处，明明与往还。悟来惟一物，昧处隔千山。
神水丹田下，华池水火间。一元能造化，返老作童颜。

---

① 千，《道藏》本作"十"，从《道藏辑要》本。

十三

巧拙仍藏伏，神精用意包。坎离咸①互用，金木喜相交。
白雪能同鼎，黄芽共一苞②。乾坤推九六，复姤运初爻。

十四

一物分为二，能知二者名。鼎炉藏日月，漏滴已三更。
夫妇同交媾，婴儿始结成。脱胎并洗泽，携养镇长生。

十五

饮了灵丹药，纯阳自在人。洞明常寂照，蓬岛镇长春。
去就浑无系，纵横已绝尘。但知周甲子，不在守庚辛。

十六

访道复寻真，优游四海滨。外多含③忍辱，内省任遭迍。
为厌人间事，忻逢紫府宾。一言亲点化，玉洞碧桃春。

七言绝句三十首④

其一

万物皆从一气生，天清地浊禀生成。
真龙真虎才交媾，一鼎红铅炼甲庚。

其二

阴阳配合法君臣，动静相兼气血精。
壬癸位中男击浪，丙丁岩畔女频呻。

---

① 咸，《道藏》本作"或"，从《道藏辑要》本。
② 苞，《道藏》本作"包"，从《道藏辑要》本。
③ 含，《道藏》本作"舍"，从《道藏辑要》本。
④ 底本作"七言绝句"，从《道藏辑要》本。

其三

龙虎一交相眷恋,坎离才媾便成胎。
溶溶一掬乾坤髓,著意求他啜取来。

其四

方以类聚物群分,两畔同秤共一斤。
戊己宫中藏水火,小心调理武和文。

其五

离宫有象藏真水,坎户无形隐赤龙。
时节正时须急采,莫教芽蘖隘黄宫。

其六

三十辐兮同一毂,金木才逢二气交。
六十卦分朝与暮,一阳萌动① 发初爻。

其七

阴里十三言有象,阳中六七觅无踪。
抽添运用须防谨,认取根源祖与宗。

其八

恍惚之中寻有物,杳冥之内觅② 真精。
真精便是长生药,须假黄婆养育成。

其九

六百篇中仔细推,潜藏飞跃探幽微。
亲疏回互相谙悉,盗取七星南斗机。

---

① 动,《道藏》本作"处",从《道藏辑要》本。
② 觅,《道藏》本作"吸",从《道藏辑要》本。

其十

阴鼎阳炉至道根，五行和合土为尊。
时人若要长生药，只向华池觅魄魂。

十一

圣人传药不传火，从来火候少人知。
莫将大道为儿戏，须共神仙仔细推。

十二

火候抽添思绝尘，一爻看过一爻生。
阴文阳武依加减，一颗还丹火里成。

十三

咽津纳气固形全，须藉乾坤真汞铅。
至道不繁人自昧，五金八石是虚传。

十四

二气本因儿产母，夺来鼎内及其时。
夫欢妇合黄金室，一载胎生一个儿。

十五

识得阴阳要妙因，炼成金液离凡尘。
淘澄不是寻常事，姹女婴儿两要真。

十六

驱回北斗转天罡，手握南辰入洞房。
否泰爻中天地合，兔鸡沐浴要潜藏。

十七

水晶宫里翠娥娇,一段风光破寂寥。
夺得兔乌精与髓,急须收拾鼎中烧。

十八

屏除人我守丹房,转觉光阴气味长。
荣辱不随尘外客,但于金鼎炼铅霜。

十九

虎髓龙精气象全,依法修来火候煎。
直待阴消成至室,便知平地隐神仙。

二十

些小天机论气精,吕公曾道别无真。
神仙不肯分明说,说与分明笑杀人。

二十一

九还七返定三才,阖[①]辟抽添尽藉媒。
四象包含归戊己,精勤十月产婴孩。

二十二

迩来活计不胜清,一亩沙田手自耕。
晴雨共资春气力,不愁苗稼不滋生。

二十三

归根复命复元真,气入四肢精养神。
神气若还俱不散,混同尘世一闲人。

---

① 阖,《道藏》《道藏辑要》俱作"开",校者改。

二十四

一物浮沉①浑有无，堪迎秋露滴真珠。
烟花柳陌头头是，秽浊馨香任所需。

二十五

我今收得长生法，年年海上觅知音。
不知谁是知音者，试把狂言著意寻。

二十六

几年勤苦觅仙俦，不做神仙未肯休。
缘合自然成大道，岂教凡辈觅踪由。

二十七

父母生来真一气，无形无影卒难寻。
要知黑白通玄妙，魂魄相投产紫金。

二十八

上善之基妙最深，华池神水定浮沉。
神功运火抽添处，炼己持心莫放心。

二十九

东西南北要精通，交感阴阳雌与雄。
火候直须牢稳审，吹嘘全藉巽宫风。

三十

天地相交由否泰，屯蒙气候互相通。
一夫一妇资天地，三女三男合始终。

---

① 沉，《道藏》本作"浮"，从《道藏辑要》本。

又诗一首

拂掠塵中碍眼明，休将大道付人情。
堪矜自古神仙辈，特故如愚不作声。

西江月词九首

其一

一是金丹总数，河图象出真机。谁知罔象尽玄微，大道从兹孕起。
斗柄璇玑正位，阴中却抱阳辉。昆仑子母着绯衣，此是① 乾坤真理。

其二

偃月炉中金鼎，三台两曜形神。尊卑简易汞中真，握固休推心肾。
白虎长存坎户，青龙却与南邻。阴魂阳魄似窗尘，大意不离玄牝。

其三

太上三清真境，三皇五帝规模。瞿昙老氏仲尼徒，经史深藏妙素。
间有真人出世，来明赤子玄珠。蟾光终日耀昏衢，满目黄芽显露。

其四

内有五行相制，包含一粒红铅。相生相杀自天然，此药殊无贵贱。
会向我家园里，栽培一亩天田。中男小女共相连，种得黄芽满院。

其五

凿破玄元三五，拨开造化圭璋。希夷妙旨在中央，咫尺无名罔象。
片饷工夫便得，教君地久天长。蓬莱仙岛是吾乡，怎不留心信向。

---

① 此是，底本作"是此"，从《道藏辑要》本。

其六

竹破须还竹补，人衰须假铅全。思量只是眼睛前，自是时人不见。
日月相交离坎，龙蛇产在先天。长生妙药在家园，一饷工夫便现。

其七

此道至灵至圣，无令泄漏轻为。全凭德行两相宜，言语须防避忌①。
要藉五行生旺，须明阳盛阴衰。三人同志谨防危，进火工夫仔细。

其八

炼就光明莹玉，回来却入黄泉。升腾须假至三年，携养殷勤眷恋。
九九才终变化，神功岂假言宣。分明顷刻做神仙，永驾鸾车凤辇。

其九

一气初回遇朔，鼎中神水温温。刚柔相会气均匀，妙在无过浑沌。
八卦循回旋②绕，推排九窍追奔。东西沉静合朝昏，莫与常人议论。

诗一首

一月一还为一转，一年九转九还同。
惟凭二卦推刑德，五六回归戊己中。

丹髓歌

其一

炼丹不用寻冬至，身中自有一阳生。
龙飞赤水波涛涌，虎啸丹山风露清。

---

① 避忌，《道藏辑要》作"辨智"从《道藏》本。
② 旋，《道藏》本作"循"，从《道藏辑要》本。

其二

初时有如云出洞，次则有如月在潭。
又似金蚕如玉笋，好将火候炼三三。

其三

娇如西子离金阁，美似杨妃下玉楼。
日日与君花下醉，更嫌何处不风流。

其四

井底泥蛇舞柘枝，窗间明月照梅梨。
夜来混沌颠落地，万象森罗总不知。

其五

昔日遇师亲口诀，只要凝神入气穴。
以精化气气化神，炼作黄芽并白雪。

其六

一年沐浴更防危，十月调和须谨[①]节。
服了丹砂朝玉殿[②]，乘云跨鹤登天阙。

其七

乌无形，兔无影，乌兔只是日月精，乌兔交时天地永。

其八

牛无角，马无蹄，马牛只是乾坤髓，乾坤运用坎和离。

[①] 谨，《道藏》本作"同"，从《道藏辑要》本。
[②] 殿，《道藏》本作"帝"，从《道藏辑要》本。

其九

龟无象，蛇无迹，龟蛇只是阴阳形，二气交会混为一。

其十

龙无翼，虎无牙，龙虎本来同一体，东邻即便是西家。

十一

铅非汞，汞非铅，铅汞元在身中求，要使身心寂不动。

十二

无白雪，无黄芽，白雪乃是神室水，黄芽便是气枢花。

十三

夫真夫，妇真妇，坎男离女交感时，虚空无尘天地露。

十四

真交梨，真火枣，交梨吃后四肢雅，火枣吞时万劫饱。

十五

夏至后，冬至前。阴阳不在此中取，自有神气分两弦。

十六

水真水，火真火，依前应候运周天，调和炼尽长生宝。

十七

日之魂，月之魄，身中自有真乾坤，锻炼丹田通透赤。

十八

天之尊，地之卑，便把天魂擒六贼，又将地魄制三尸。

十九

药非物，火非候，分明只是一点阳，炼作万劫无穷寿。

二十

金非兑，木非震，从来真土应五行，金木自然解交并。

二十一

黑中黑，白中白，但能守黑白自现，黑白本来无二色。

二十二

金真金，银真银，金银炼作紫金丹，自然无一斧凿痕。

二十三

偃月炉，朱砂鼎，须知抱一守冲和，不必透关投玉井。

二十四

中央釜，守一坛，金鼎常令汤用暖，玉炉不要火教寒。

二十五

玄真玄，牝真牝，玄牝都来共一窍，不在鼻口并心肾。

二十六

真神水，真华池，元气虚无难捉摸，元气恢漠本无为。

二十七

炼朱砂，炼水银，真使朱砂溃①水银，水银炼作明窗尘。

---

① 溃，《道藏》本作"遗"，从《道藏辑要》本。

二十八

真黄舆①,真紫粉,分明内鼎内炉中,变化瓦石成九转。

二十九

真关锁,真河车,铁锁金关牢固守,河车运动结丹砂。

三十

真金精,真玉液,满鼎气归根②玉液,玉液盈壶神入室。

三十一

真金翁,真姹女,金翁姹女结姻亲,洞房深处真云雨。

三十二

真丁公,真黄婆,丁公运火炼金花,黄婆瓶里养金鹅。

三十三

真婴儿,真赤子,九转炼成十月胎,纯阳无阴命不死。

三十四

真阴阳,真阴阳,阴阳都只两个字,譬喻丹书几万章。

---

① 舆,《道藏》本作"华",从《道藏辑要》本。
② 根,《道藏》本作"银",从《道藏辑要》本。

第六编　翠虚篇

陈楠

点校说明

1.《翠虚篇》，题名陈楠著，收入《道藏·太玄部》。

2.本篇以《道藏》第 24 册所收《翠虚篇》为底本，参考《道藏辑要》奎集《泥丸集》，以及《道书全集·诸真玄奥集成卷四》本。

3.陈楠（？—1213），字南木，号翠虚，惠州博罗（广东博罗县）人。从毗陵禅师薛道光得太乙刀圭金丹法诀，后又得景霄大雷琅书于黎姥山神人，遂入道。又得称"辛忠义"道人所传"五雷法"，能够"役使鬼神，呼召雷雨，耳闻九天，目视万里"。尝以雷法符箓驱鬼降魔，济人利物。又尝以符水捻土为丸为人治病，无不灵验，时人称为"陈泥丸"。宋徽宗政和年间擢为提举道录院事，后归隐罗浮山。为南宗第四代传人，被徒裔尊为"南五祖"之一。传人有鞠九思、沙道彰（沙蛰虚）、白玉蟾、黄天谷等人。

《翠虚篇》序

尝观张紫阳赠白鹿洞主之诗，有曰："闻君知药已多年，何不修心炼汞铅？莫教灯被风吹灭，六道轮回难怨天。"余读至此，掩卷拊膺，喟然叹曰："紫阳之语，是为已知药者发也。况懵然乎？"故于昼三夜三，常以风灯为警。由是读金圈栗棘之书者十年，习金铅木汞之事者又十年，殆如嚼蜡。虽欲寻出生死一路，若蝇钻窗然，不觉忽及出矣。及敬览《翠虚》之篇，复聆方外高士之至论，始知采时唤为药也，炼时唤为火也，结时谓之丹，养时谓之胎，其实一也。所产之处曰川源、山海，所藏之器曰坛炉、鼎灶，所禀之性，故有汞铅、水火之名，所成之象，故有丹砂、玄珠之号。以今观之，惟一物也。良由古人剖析真元，分别气类，所以有采取、交会、煅炼、沐浴之说。如《易》卦象，无出乎乾，周天星禽，无出乎斗，以抽添运用之细微，遂有斤两之论。但观天之月晕黑白，察地之潮候消长，则可默会日中取时之意。于毫发之际无差殊，何患乎金翁不骑龙，姹女不御虎也？结丹头于片饷之间，产婴儿于十月之内，神凝气聚，身外有身。此诚学仙之捷径，度世之妙道。其精微简要之语，尽在乎《翠虚》一篇。

真息子王思诚谨焚香稽首再拜序

翠虚篇

泥丸陈真人　撰

紫庭经

　　绛宫天子统乾乾，乾龙飞上九华天。天中妙有无极宫，宫中万卷指玄篇。篇篇皆露金丹旨，千句万句会一言。教人只在寻汞铅，二物采入鼎中煎。夜来火发昆仑山，山头火冷月光寒。曲江之上金乌飞，姮娥已与斗牛欢。采之炼之未片饷，一气渺渺通三关。三关来往气无穷，一道白脉朝泥丸。泥丸之上紫金鼎，鼎中一块紫金团。化为玉浆流入口，香甜清爽透[1]舌端。吞之服之[2]入五内，脏腑畅甚身康安。赤蛇苍龙交合时，风恬浪静虎龙蟠。神水湛湛华池静，白雪纷纷飞四山。七宝楼台十二时，楼前黄花深可

---

[1]　透，《道藏辑要》本作"遍"。
[2]　吞之服之，《道藏》本作"吞吞服服"，从《道藏辑要》本。

观。即此可谓铅汞精，化作精髓盈关源。但去身中寻周天，前弦之①后后弦前。药物平平气象足，天地日月交会间。虚空自然百杂碎，嚼破混沌软如绵。番来复去成一钱，遍体玉润而金坚。赤血换兮白血流，金光满室森森然。一池秋水浸明月，一朵金花如红莲。此时身中神气全，不须求道复参禅。我今知君如此贤，知君有分为神仙。分明指示无多②语，默默运用而抽添。年中取③月不用年，月中取日月徒然。日中取时时易日，时中有刻而玄玄。玄之又玄不可言，元来朔望明晦弦。金翁姹女夺造化，神鬼哭泣惊相喧。云收雨散万籁静，一粒玄珠种玉田。十月火候圣胎圆④，九还七返⑤相回旋。初时夹脊关脉开，其次膀胱如火然。内中两肾如汤煎，时乎挑动冲心源。心肾水火自交感，金木间隔谁⑥使然。黄庭一气居中宫，宰制万象心掌权。水源清清如玉镜，孰使河车如行船。一霎火焰飞烧天，乌魂兔魄成微尘。如斯默默觅真诠⑦，一路径直入灵真。分明精里以气存，渐渐气积以生神。此神乃是天地精，纯阳不死为真人。若知如此宜修仙，修仙惟有金丹门。金丹亦无第二诀，身中一亩为家园。唾涕津精气血液，七件阴物何取⑧焉。坎中非肾乃灵根，潭底日红北马奔。七返九还在片饷⑨，一切万物皆生成。惟此乾坤真运用，不必兀兀徒无言。无心无念神已昏，安得凝聚成胎仙。胎仙只是交结成，交结惟在顷刻间。君还知有太阳回，正在冬至几日前。又言金精既降时，复以何物复金精。金精只在坤宫药，坤在西南为川源。蟾光终日照西川，只此便是药之根。以时易日刻易时，一滴甘露名灵泉。吞入心中冲肺腧，落在膀胱而成丹。丹头不在膀胱结，元在膀胱却在肝。肝为木液遇金精，逢土交结成大还。莫言此时有为功，又恐斯为着相言。始于着相至⑩无相，炼精化气气归根。气之根本凝成神，方曰无为而通

---

① 之，《道藏》本作"以"，从《道藏辑要》本。
② 多，《道藏》本作"两"，从《道藏辑要》本。
③ 取，《道藏》本作"采"，从《道藏辑要》本。
④ 圆，《道藏》本作"仙"，从《道藏辑要》本。
⑤ 九还七返，《道藏》本作"九转九朔"，从《道藏辑要》本。
⑥ 谁，《道藏》本作"随"，从《道藏辑要》本。
⑦ 诠，《道藏》本作"筌"，从《道藏辑要》本。
⑧ 取，《道藏》本作"正"，从《道藏辑要》本。
⑨ 饷，《道藏》本作"时"，从《道藏辑要》本。
⑩ 至，《道藏》本作"始"，从《道藏辑要》本。

灵。譬如夫妇交媾时，一点精血结成婴。彼之以情而感情，尚且婴儿十月成。何况宇宙在乎手，身中虎啸龙吟声。虽然不见龙之吟，波浪高涌千万寻。虽然不见虎之啸，夜深风声吼万林。自乎丹道凝结后，以至火候烹炼深。及于十月霜飞时，神魂奔走安敢争。一年都计十二月，卯酉沐浴谁敢行。所以十月入神室，金鼎满满龙精盈。缚云捉月之机关，得诀修炼夫何难。果然缚得云在山，又解捉住月之魂。点头此语知古人，何虑不把身飞升。身之壳兮心之肉，心中自有无价珍。可以生我复死我，既能饥人亦饱人。寻其龛路取其原，逍遥快乐无饥寒。似此景象与证验，总在一日工夫间。工夫如此譬似闲，药不远兮采不难。谁知火焰①万丈红，烧杀三尸玉炉寒。丹田亦能生紫芝，黄庭又以生红糁②。红糁一餐永不饥③，紫芝一服常童颜。满身浑是④白乳花，金筋玉骨老不昏。功成行满鹤来至，一举便要登云端。

大道歌

真阴真阳是真道，只在眼前何远讨。凡流岁岁烧还丹，或见青黄自云好。志士应愿承法则，莫损心神须见道。但知求得真黄芽，人得食之寿无老。黄芽不与世铅同，徒以劳身不见功。虚度光阴空白首，何处悠悠访赤松？神水华池世所希，流传不与俗人知。还将世上凡铅汞，相似令人迷不知。青龙逐虎虎随龙，赤禽交会声嗢嗢。调气运火逐禽宫，丹砂入腹身冲冲。五行深妙义难知，龙虎隐藏在坎离。还丹之术过数百，最妙须得真华池。丹砂其位元非赤，四季排来在南宅。流珠本性无定居，若识其原如秋石。日魂月华二气真，含胎育子自堪神。变转欲终君自见，分明化作明窗尘。铅汞一门不可依，金丹秘诀圣无知。莫将世人凡铅汞，论年运火共相持。天生二物应虚无，为妻为子复为夫。三五之门为日月，能分卯酉别终

---

① 焰，《道藏》本作"候"，从《道藏辑要》本。
② 糁，sǎn，古同"糁"，用米粒和羹。杜甫《风疾舟中伏枕书怀》："吾安藜不糁，汝贵玉为琛。"陆游《赛神曲》："鲤鱼糁美出神厨。"
③ 饥，《道藏辑要》本作"知"，从《道藏》本。
④ 是，《道藏辑要》本作"似"，从《道藏》本。

初。全养天然禀至神，冲和之气结成身。富贵只缘怀五彩，心知铅汞共成亲。乾坤不互相为避，采取元和在天地。十月养成子母分，贤者何曾更运气。玄黄溟溟不可辩，铅汞之门义难显。世人不晓定其源，细视五行定听见。婴儿漠漠不可悟，徒以劳神虚自苦。但知会得圣人言，即是分明天上路。三四同居共一室，一二夫妻为偶匹。要假良媒方得亲，遂使交游情意密。浮沉恍惚往难辩，悟取迷途年月远。欲知灵药何日成，阳数终须归九转。阴阳冥寞不可知，青龙白虎自相持。年终变转自相唉，白虎制龙龙渐稀。乾天为父坤为母，南方朱雀北玄武。年终岁久俱成土，时人何处寻龙虎？三人义合同为宗，常移日月照其中。已遇三花金玉液，九转须终十月功。青龙本质在东宫，配合乾坤震位中。白虎自兹相见后，流珠那肯不相从。龙虎修来五转强，炉中渐觉菊花香。如今修炼正当节，莫使悠悠岁月长。欲识丹砂是木精，移来西位与金并。凡人何处寻踪迹，恍惚中间互窅冥。悟者犹如返故武，迷途不易寻路苦。三人运合同一源，本姓何曾离宗祖。一人本有一人无，金公为妇木为夫。玄冥深远不可度，志士何曾肯强图。立天汪汪配地黄，男精和合并同房。白液炉户随分化，时人服者莹心凉。金木伤相谁定原，五行相返自相连。世上黄龙阴火白，谁能识得黄芽铅。世上铅汞不相依，志士元知在坎离。贤者共藏人不见，淮南修秘在华池。九转丹成岁欲终，开炉欲见药花红。水火变来俱作土，时人何处觅金翁。铅汞相传世所希，丹砂为质雪为衣。朦胧只在君家舍，日日君看君不知。还丹入口身自轻，能消久病去妖精。贪爱自兹无所染，能改愚人世与情。谁悟灵丹出世尘，三花会合与龙亲。君看前后炼丹者，误杀千人与万人。

罗浮翠虚吟

嘉定壬申八月秋，翠虚道人在罗浮。眼前万事去如水，天地何异一浮沤①。吾将脱②形归玉阙，遂以金丹火候诀。说与琼山白玉蟾，使之深识造化

---

① 天地何异一浮沤，《道藏》本作"天地何处一沙鸥"，从《道藏辑要》本。
② 脱，《道藏》本作"蜕"，从《道藏辑要》本。

骨。道光禅师薛紫贤，付我《归根复命篇》。指示铅汞两个字，所谓真的玄中玄。辛苦都来只十月，渐渐采取渐凝结。而今通身①是白血，已觉四肢无寒热。后来依旧去参人，勘破多少野狐精。个个不知②真一处，都是旁门不是真。恐君虚度此青春，从头一一为君陈。若非金液还丹诀，不必空自劳精神。有如迷者学采战，心心只向房中恋。谓之阴丹御女方，手按尾闾③吸气咽。夺人精气④补吾身，执着三峰信邪见。产门唤作生身处，九浅一深行几遍。轩后彭祖老容成，黄谷寿光赵飞燕。他家别有通霄路，酒肆淫房⑤戏历炼。莫言花里遇神仙，却⑥把金篦换瓦片。树根已朽叶徒青，气海波翻死如箭。其他有若诸旁门，尚自可结安乐缘。有如服气为中黄，有如守顶为混元。有如运气为先天，有如咽液为灵泉。或者脾边认一穴，执定谓⑦之呼吸根；或者口鼻为玄牝，纳清吐浊为返还；或者默朝高上帝，心目上视守泥丸；与彼存思气升降，以此谓之夹脊关；与彼闭息吞津唾，谓之玉液金液丹；与彼存神守脐下，与彼作念想眉间；又如运心思脊骨，又如合口柱舌端；竦⑧肩缩颈偃脊背，唤作直入玉京山；口为华池舌为龙，唤作神水流潺潺。此皆⑨旁门安乐法，拟作天仙岂不难。八十放九咽其一，聚气归脐谓胎息；手持念珠数呼吸，水壶土圭测⑩时刻；或依《灵宝毕⑪法》行，直勒尾闾咽津液；或参《西山会真记》，终日无言面对壁；时人虽是学坐禅，何曾月照寒潭碧？时人虽是学抱元，何曾如玉之在石？或言大道本无为，枯木灰心孤默默；或言已自显现成，试问幻身何处得？更有劳形采日月，谓之天魂与地魄；更有终宵服七曜，谓之造化真血脉；更有肘后飞金精，气自腾腾水滴滴；更有太乙含真气，心自冥冥肾寂寂；有般循环运流珠，有般静定

---

① 身，《道藏》本作"神"，从《道藏辑要》本。
② 知，《道藏》本作"是"，从《道藏辑要》本。
③ 尾闾，《道藏》本作"眉间"，从《道藏辑要》本。
④ 气，《道藏辑要》本作"神"，从《道藏》。
⑤ 房，《道藏》本作"坊"，从《道藏辑要》本。
⑥ 却，《道藏》本作"即"，从《道藏辑要》本。
⑦ 谓，《道藏》本作"为"，从《道藏辑要》本。
⑧ 竦，同"耸"。
⑨ 皆，《道藏》本作"个"，从《道藏辑要》本。
⑩ 测，《道藏》本作"则"，从《道藏辑要》本。
⑪ 毕，《道藏》本作"秘"，从《道藏辑要》本。

想朱橘。如斯皆是养命方，即非无质生灵质。道要无中养就儿，个中别有真端的。都缘简易妙天机，散在丹书不肯泄。可怜愚夫自执迷，迷迷相指尽无为①。个般诡怪颠狂辈，坐中摇动颤多时。屈伸偃仰千万状，啼哭叫唤如儿嬉。盖缘方寸无主人，精②虚气散神狂飞。一队妄人相唱哄③，以此诳俗诱愚痴。不知与道合其真，与鬼合邪徒妄为。一才心动气随动，跳跃颤掉运神机。或曰此是阳气来，或曰龙虎争战时。或曰河车千万匝④，或曰水火相奔驰。看看摇摆五脏气，一旦脑泻精神羸。当初圣⑤祖留丹诀，无中生有作丹基。何曾有此鬼怪状，尽是下士徒阐提。我闻前代诸圣师，无为之中无不为。尽于无相生实相，不假作想⑥并行持。别⑦有些儿奇又奇，心肾元来非坎离。肝心脾肺肾肠胆，只是空屋旧藩篱；涕唾津精气血液，只可接助为阶梯；精神魂魄心意气，观之似⑧是而实非。何须内观及鉴形，或听灵响视泓池。吞霞饮露服元气，功效不验心神疲。演说清虚弄炉火，索人投状赍金宝。敢将蛙井⑨觑沧溟，元始天尊即是我。虚收衔号伪神通，指划鬼神说因果。今朝明朝又奏名，内丹外丹无不可。欺贤罔圣昧三光，自视祸福皆懡㦬。招邀徒弟走市廛，醉酒饱肉⑩成群夥。大道元⑪来绝名相，真仙本自无花草。教他戒誓立辛勤，争如汝自辛勤好？一人迷昧犹自可，迷以传迷迷至老。此辈一盲引众盲，共入迷途受⑫忧恼。忽朝福尽业⑬报来，获罪于天无所祷。三元九府录其愆，追魂系魄受冥考。举世人人喜学仙，几人日日去参玄？各自妄诞自相高⑭，不务真实为真诠。古人好语须切记，工夫纯熟语

---

① 为，《道藏》本作"无"，从《道藏辑要》本。
② 精，《道藏》本作"气"，从《道藏辑要》本。
③ 一队妄人相唱哄，《道藏》本作"一队妄想争唱哄"，从《道藏辑要》本。
④ 匝，《道藏》本作"迎"，从《道藏辑要》本。
⑤ 圣，《道藏》本作"神"，从《道藏辑要》本。
⑥ 作想，《道藏》本作"想化"，从《道藏辑要》本。
⑦ 别，《道藏》本作"则"，从《道藏辑要》本。
⑧ 似，《道藏》本作"自"，从《道藏辑要》本。
⑨ 井，《道藏》本作"草"，从《道藏辑要》本。
⑩ 肉，《道藏》本作"德"，误，从《道藏辑要》本。
⑪ 元，《道藏》本作"从"，从《道藏辑要》本。
⑫ 受，《道藏》本作"真"，从《道藏辑要》本。
⑬ 业，《道藏》本作"罪"，从《道藏辑要》本。
⑭ 高，《道藏辑要》本作"向"，从《道藏》本。

通仙。言语不通非眷属，工夫不到不方圆。我昔工夫行一年，六脉已息气归根。有一婴儿在丹田，与我形貌亦如然。翻思尘世学道者，三年九载空迁延。依前云水游四海，冷眼看有谁堪传。炷香问道仍下风，勘辨邪正知愚贤。归来作此翠虚吟，犹如杲日丽青天。扫除末学小伎术，分别火候采药物。只取一味水中金，收拾虚无造化窟。促将百脉尽归源，脉住气停丹始结。初时枯木依寒岩，二兽相逢如电掣。中央正位产玄珠，浪静风平云雨歇。片①时之间见丹头，软似绵团硬似铁。此是②南方赤凤血，采之须要知时节。一般才得万般全，复命归根真孔穴。内中自有真壶天，风物光明月皎洁。龙吟虎啸铅汞交，灼见黄芽并③白雪。每常天地交合时，夺取阴阳造化机。卯酉甲庚须沐浴，弦望晦朔要防危。随日随时则斤两，抽添运用在怡怡。十二时中只一时，九还七返这些儿。温养切须当固济④，巽风常向坎中吹。行坐寝食总如如⑤，惟恐火冷丹力迟。一年周天除卯酉，九转工夫月⑥用九。至于十月玉霜飞，圣胎圆就风雷吼。一载胎生一个儿，子生孙兮孙又枝。千百亿化最妙处，岂可容易教人知？忘形死心绝尔汝，存亡动静分宾主。朝昏药物有浮沉，水火爻符宜检举。真气薰蒸无寒暑，纯阳流溢无生死。有一子母分胎路，妙在尾箕斗牛女。若欲延年救老残，断除淫欲行旁门；果将⑦留⑧形永住世，除非运火炼神丹。神丹之功三百日，七解七蜕成大还。聚则成形散则⑨气，天上人间总一般。宁可求师安乐法，不可邪淫采精血。古云天地悉皆归，须学无为清净诀。缚住青山万顷云，捞取碧潭一轮月。玄关一窍无人知，此是刀圭甚奇绝。夜来撞见吕秀才，有一丹诀犹奇哉。却把太虚为炉鼎，活捉乌兔为药材。山河大地发猛火，于中万象生云雷。昔时混沌今品物，一时交结成圣胎。也无金木相间隔，也无龙虎分南

---

① 片，《道藏》本作"半"，从《道藏辑要》本。
② 是，《道藏》本作"时"，从《道藏辑要》本。
③ 并，《道藏》本作"芽"，从《道藏辑要》本。
④ 温养切须当固济，《道藏》本作"温养功须常固济"，从《道藏辑要》本。
⑤ 如，《道藏》本作"之"，从《道藏辑要》本。
⑥ 月，《道藏辑要》本作"日"，从《道藏》本。
⑦ 将，《道藏辑要》本作"欲"，从《道藏》本。
⑧ 留，《道藏》本作"流"，从《道藏辑要》本。
⑨ 则，《道藏》本作"成"，从《道藏辑要》本。

北。不问子母及雌雄，不问夫妻及黑白。何人名曰大还丹，太上老君吞不得。老君留与清闲客，服了飞仙登太极。更将一盏鸿濛酒，饵此刀圭壮颜色。任从沧海变桑田，我道壶中未一年。悬知汝心如铁坚，所以口口密相传。妙处都无半句子，神仙法度真自然。速须下手结胎仙，朗吟归去蓬莱天。

丹基归一论

古人有言：得其一，万事毕。噫！诚哉是言也。此吾所以刻丹经之繁芜，标紫书之枢要，盖为是也。一也者，金丹之基也。实千经万论之原，千变万化之祖也。以要言之，天魂地魄，即日精、月华也；红铅、黑汞，即金精、木液也；乌兔，即龟蛇也；马牛，即龙虎也；朱砂水银，乃黄芽、白雪之骨也；丹砂秋石，乃白金、黑锡之由也。别之为男女夫妇，体之为金木水火，类之为青幽徐扬，象之为乾坤坎离。或曰河车者，或云黄舆者，或有言交梨、火枣者，或有言金砂、玉汞者；又如丁翁、黄婆之名，婴儿、姹女之号，拆为黑白，分为青黄；有如许之纷纷，其实阴阳二字也，是皆一物也。谓如守一坛、戊己户、玄关一窍、玄牝之门、神水、华池、铅炉、土釜、朱砂鼎、偃月炉、中黄宫、丹元府、神室、气府、关元、丹田、呼吸之根、凝结之所，此又皆一处也。复如冬夏二至、春秋两分、卯酉甲庚、弦望晦朔、子午巳亥、寅子坤申、二十四炁、七十二候、一年交合、一月周回，离坎之时，兔鸡之月，乾巽之穴，二八之门，朝屯暮蒙，昼姤夜复，人不知以为果须依时按节，推气测候，分拆数法，准则铢爻，故曰"视土圭夜瞻刻漏"，谬之甚矣！又岂知周年造化乃周身之精气，日夜时刻乃精气之变态也。其中有衰有旺，有升降，有浮沉，有清有浊，是以圣人以外象证之，殊不知天地气数在乎一时之工夫也。所以中间有阴阳寒暑之证，有生杀盈亏之状；小则按百刻，大则如一年，只在一时而然也。然一时即一处也，一处即一物也。人知此之所以为一，则采取有法，运用有度，斤两有则，水火有等，与夫抽添进退之妙，沐浴交结之奥，不无防危虑险也。若毫厘之失，则日月失道，金汞异炉。非知造化之深者，莫克知阴阳之义，如是其秘也。一阴一阳之谓道，道即金丹也，金丹即是也。古仙上灵，诏人炼七返九还金液大丹者，故乃入道之捷径耳。故有"片饷工夫，自然交媾。回风混合，百日工灵"之语。行之九月谓之九转，炼之一年谓之圣胎。此其所以隐而不露者，以上天秘惜，不欲轻泄此道耳。岂得无祸福于传授贤否之间乎？

既以唾、涕、精、津、气、血、液为阴物也，又以泥丸、丹田、心、肾、脾、肺、尾闾、夹脊、口鼻，非真一处也，何从而知金木之所以间隔，水火之所以既未济者？能以一之一字订诸群经，参诸往哲，勿以神气为自然归复，勿以禅定为自然交合。审能如是，或恐暗合孙吴，而终非促百脉以归源，穷九关而彻底，三火所聚，八水同归者也。至于神入气为胎，火炼药成丹，岂容易明？有曰神卫气者，有曰神凝则气聚者，有曰神气自然归复者，皓首茫然，反起虚无之叹。夫岂知丹基之真一为妙哉？若将游浮灵，揖华侉，于空濛窅霭之上者。得一可以毕万，故作《丹经归一论》，以付学者白玉蟾。颖川陈泥丸太乙刀圭之说，传诸后古云。

水调歌头
（赠九霞子鞠九思）

夺取天机妙，夜半看辰枓。一些珠露，阿谁运到稻花头。便向此时采取，宛如碧莲含①蕊，滴破玉池秋。万籁风初起，明月一沙鸥。

紫河车，乘赤凤，入琼楼，谓之玉汞，与铅与土正相投。五气三花聚顶，吹着自然真火，炼得似红榴。十月胎仙出，雷电送金虬。

鹊桥仙
（赠蛰虚子沙道昭）

红莲含蕊，露珠凝碧。飞落华池滴滴，运转金鼎。唤丁公，炼得似一枝朱橘。

三花喷火，五云拥月，上有金胎神室。洞房云雨正春风，十个月胎仙了毕。

---

① 含，《道藏》本作"合"，从《道藏辑要》本。

真珠簾

（赠海南子白玉蟾）

金丹大药人人有，要须是心传口授。一片白龙肝，一盏醍醐酒。只向离无寻坎有，移却南辰回北斗。好笑，见金翁姹女，两个厮斗，些儿铅汞调匀。

观汉月海潮，抽添火候。一箭透三关，方表神仙手。兔子方来乌处住，龟儿便把蛇吞了。知否，那两个钟吕，是吾师友。

金丹诗诀

一

半斤真汞半斤铅，隐在灵源太极先。
须趁子时当采取，炼成金液入丹田。

二

神符白雪结玄珠，此是金丹第一炉。
十二时辰须认子，莫教金鼎汞花枯。

三

水火相交虎遇龙，金翁姹女两争雄。
青去白来然后黑，到红方且入黄宫。

四

玉炉三转见黄芽，火里栽[①]莲解发花。
人在绛宫贪夜月，一杯美酒饵丹砂。

---

① 栽，《道藏》本作"红"，从《道藏辑要》本。

五

四转红炉转四神，添符进火养胎精。
龙虎绕炉争造化，巽风吹起水中灯。

六

五转方成白马芽，却教六贼运河车。
五行俱备雷声震，正好登楼看汞花。

七

炼成金液玉神丹，擒制龟蛇顷刻间。
已是中成消息处，玉炉养火莫教寒。

八

天上七星地七宝，人有七窍权归脑。
七返灵砂阴气消，铅炉只使温温火。

九

八转神锦玉清砂，卯酉抽添火不差。
渴饮华池饥嚼气，黄婆终日看金花。

十

九转紫金成至宝，天门地户自关锁。
三百八十有四铢，散为三万六千颗。

十一

青童把镜照泥丸，五脏祥云彻上关。
子午寅申和巳亥，胎圆数足出昆仑。

十二

移将北斗向南辰，穿过黄庭入紫庭。
攒簇一年真造化，太阳正照月三更。

十三

上应星辰下应铅，太阳三十六爻①躔。
不因法象无由采，谁悟②生于天地先。

十四

黄丹胡粉密陀僧，此是嘉州造化能。
若不见阳真一法，世间还有几人曾。

十五

红铅之髓名真汞，黑汞之精是正铅。
莫向肾中求造化，却须心里觅先天。

十六

灵汞元非是水银，丹砂不赤太迷人。
此般真物谁能识，识者骖鸾脱世尘。

十七

三种真形一种稀，结成灵异少人知。
莫言龙虎同源出，便是神仙立兆基。

十八

镇星合得配中央，偃水能交色变黄。
不比凡金银与铁，成时全是赖阴阳。

---

① 爻，《道藏》本作"交"，从《道藏辑要》本。
② 悟，《道藏》本作"语"，从《道藏辑要》本。

十九

莫近丘坟秽污田，亦嫌战地产人眠。
钟来灵气方为福①，便是求仙小洞天。

二十

山林静处最宜良，或在尘中或在乡。
土德②厚时丹得厚，妄为立见受③迍殃。

二十一

室宜向木对朝阳，兑有明窗对夕光。
照顾有名人莫晓，暮阴不得闭金墙。

二十二

八门运化应时开，进退随金定往来。
莫息明炉并北④户，安然二鼎位三台。

二十三

六百篇中起伏明，三光须顺日虚盈。
推移八卦明斤两，刻漏相参莫住程。

二十四

阴火息时阳火消，理分卦⑤立顺羲爻。
更随黑白天边月，六候方终晦朔交。

---

① 钟来灵气方为福，《道藏》本作"坤来灵气形为福"，从《道藏辑要》本。
② 德，《道藏辑要》本作"得"，从《道藏》本。
③ 受，《道藏》本作"有"，从《道藏辑要》本。
④ 北，《道藏》本作"百"，从《道藏辑要》本。
⑤ 卦，《道藏》本作"卧"，从《道藏辑要》本。

二十五

四时推运逐星杓，昼夜停分百刻昭。
郑重元君重定式，细详时候已明标。

二十六

天上分明十二辰①，人间分作炼丹程。
若言刻漏无凭信，不会玄机药未成。

二十七

心地虚闲绝万缘，且宜清静返身观。
要知铁脊梁之汉，何虑修丹下手难。

二十八

言者不知知不言，高谈阔论万千般。
虽然眼下无人辩，恐汝终身被自瞒。

二十九

人如得道自婴儿，不辩闲言是与非。
君若不能心具眼，他时追悔问他谁。

三十

执着之人得不真，朝行暮辍又非诚。
诚心修炼见功验，方是人中识得人。

三十一

父精母血结胎成，尚自他形似我形。
身内认吾真父母，方才捉得五行精。

---

① 辰，《道藏》本作"时"，从《道藏辑要》本。

三十二

子时气对尾闾关，夹脊河车透顶门。
一颗水晶入炉内，赤龙含汞上泥丸。

三十三

气入丹田养白鸦，斯时方曰结黄芽。
华池神水含明月，取得刀圭火①似麻。

三十四

须知药得火成丹，又要丹逢火则仙。
片饷工夫修便现，老成须是过三年。

三十五

大道分明在眼前，时人不会误归泉。
黄芽本是乾坤气，神水根基与汞连。

三十六

认得根源不用忙，三三合九有纯阳。
潜通变化神光现，从此朝天近玉皇。

三十七

合其天地合其元，子母相逢不敢言。
先汞后铅为大道，莫教失伴鹤归天。

三十八

此宝从来二八传，吉年吉月入炉安。
千②朝火候知时节，必定芽成汞自完。

---

① 火，《道藏》本作"大"，从《道藏辑要》本。
② 千，《道藏》本作"十"，从《道藏辑要》本。

三十九

志默忘言理最端，更无一物可相关。
回眸谩着些儿力，一得分明万事闲。

四十

红铅黑汞大丹基，红黑相投世罕知。
两物若还成戊己，仙家故曰一刀圭。

四十一

日乌月兔两轮圆，根在先天核取难。
月夜望中能采取，天魂地魄结灵丹。

四十二

莫谓金丹事等闲，切须勤苦力钻研。
殷勤好问师资学，不在他边在目前。

四十三

未炼还丹先养铅，龟蛇一气产先天。
虚心实腹方和合，结就灵砂一粒圆。

四十四

同行同坐又同眠，终日相随在目前。
认得这些须急采，见之便是水乡铅。

四十五

不是灯光日月星，药灵自有异常明。
垂帘久视光明处，一颗堂堂现本真。

四十六

终日如愚岂有无，谩将闲里着工夫。
初时玉液飞空雪，渐见流金满故庐。

四十七

灵汞通真变化多，只宜存守不宜过。
神符默运三关彻，铅趁黄河入大罗。

四十八

甲龙庚虎镇相随，铅汞同炉始可为。
曾取地天交泰事，自然交媾坎和离。

四十九

周天火候至幽微[①]，运动抽添尽有时。
气候何须分八节，只防片饷失毫厘。

五十

五行四象坎并离，诗诀分明说与伊。
只有工夫下手处，几人会得几人知。

五十一

若未逢师且看诗，诗中藏诀好修持。
虽然不到蓬莱路，也得人间死较迟。

五十二

昼运灵旗夜火芝，抽添运用且防危。

---

① 微，《道藏》本作"显"，从《道藏辑要》本。

若无同志相规觉[①]，时恐[②]炉中火候非。

五十三

震卦行归西兑乡，三阳姹女弄明珰。
巽风吹动珊瑚树，入艮归坤又一场。

五十四

握拳闭目守流珠，这个元来是入途。
不见《悟真篇》内说，真金起屋几时枯。

五十五

谁知前短后长机，十二时中只一时。
晦朔望弦明进退，炼成九转结婴儿。

五十六

昆仑山上火星飞，金木相逢坎电时。
药到月圆须满秤，急教进火莫蹉迟。

五十七

大药须凭神气精，采来一处结交成。
丹头只是先天气，炼作黄芽发玉英。

五十八

分明只在片言间，老去殊途有易难。
先自刀圭言下悟，渐收九转大还丹。

[①] 规觉，《道藏》本作"亲赏"，从《道藏辑要》本。
[②] 恐，《道藏》本作"照"，从《道藏辑要》本。

五十九

两处擒来共一炉，一泓真水结真酥。
刀圭滋味吞归腹，浇灌黄芽产玉符。

六十

捉将百脉倒归源，自会天然汞见铅。
大地山河皆至宝，谁知身里觅先天。

六十一

宫中眼底火星飞，雷电掀翻白雪垂。
身里漏声闻滴滴，三尸精血可充饥。

六十二

五行四象外边寻，只在当人一寸心。
运用阴阳成妙道，直教瓦砾尽成金。

六十三

偃月炉中煅坎离，片时自有一刀圭。
寄言师祖张平叔，万圣千贤总在西。

六十四

醉倒酣眠梦熟时，满船载宝过曹溪。
一才识破丹基处，放去收来总[1]在伊。

六十五

西南路上月华明，大药还从此处生。
记得古人诗一句，曲江之上鹊桥横。

---

[1] 总，《道藏》本作"绝"，从《道藏辑要》本。

六十六

一月三旬一日同，修丹法象夺天功。
交加二八为丹母，望远徒劳觅虎龙。

六十七

尾闾白气贯丹田，一颗真珠软似绵。
满地冷光生玉笋，两池秋水漾红莲。

六十八

鼎炉火候密推排，炼得纯阳气上来。
地户闭时骨髓①实，天门积渐自然开。

六十九

水为灵符②冲和液，火是丹枢混沌精。
会在宫中凝结处，自然结蕊复生英。

七十

男儿怀孕是胎仙，只为蟾光夜夜圆。
夺得天机真造化，身中自有玉清天。

七十一

鼎中朱橘亘天红，此是时时养火功。
元气归炉神不散，春山春水自春风。

七十二

金鼎先乾活水银，水银乾了大丹成。

---

① 髓，《道藏辑要》本作"体"，从《道藏》本。
② 符，《道藏辑要》本作"府"，从《道藏》本。

分明有个长生药[①],点铁成金不误人。

七十三

涕唾精津气血液,真伪混淆须辩惑。
从无生有是药材,不可滞他虚幻物。

七十四

经云[②]变化在须臾,迷者何求日月疏。
但守火爻三百刻,产成一颗夜明珠。

七十五

天源一派接昆仑,最隐无过九曲湾。
百万玉龙嘶不[③]断,一江春月趁渔船。

七十六

精神冥合气归时,骨肉融和都不知。
关节自开通畅也,形容光泽似婴儿。

七十七

分两须当应两弦,此般法象合天渊。
回头问取黄婆看,何必区区待口传。

七十八

铅汞之宗龙虎根,玄牝之户戊己门。
只向玉壶春色里,摘枝花去问羲轩。

---

① 药,《道藏》本作"草",从《道藏辑要》本。
② 云,《道藏》本作"文",从《道藏辑要》本。
③ 不,《道藏》本作"未",从《道藏辑要》本。

七十九

近则三朝远九旬，须知变化有时辰。
不知造化长生药，点①汞成金也动人。

八十

鼎鼎原②无药里寻，寻来出去一般金。
铸成大小都③随意，便是冰壶妙理深。

八十一

入鼎须凭重一斤，秤来却是十六星。
一星水里真金妙，合作流珠二八停。

八十二

坎府坳塘石脚泉，斗星④相对射高天。
潺湲阳脉通青白，沐浴须⑤教金体坚。

八十三

尽道真人总默然，如何也不示言诠。
若非⑥骄傲事无语，只是胸中欠汞铅。

八十四

天地初分日月高，状如鸡子复如桃。
阴阳真气知时节，直待三年脱战袍。

---

① 点，《道藏》本作"湫"，从《道藏辑要》本。
② 原，《道藏》本作"元"，从《道藏辑要》本。
③ 都，《道藏》本作"多"，从《道藏辑要》本。
④ 斗星，《道藏》本作"星斗"，从《道藏辑要》本。
⑤ 须，《道藏》本作"要"，从《道藏辑要》本。
⑥ 非，《道藏》本作"不"，从《道藏辑要》本。

八十五

龙虎丹砂义最幽，五神金内汞铅流。
千朝变紫飞云去，直至大罗天上头。

八十六

用铅须得汞相合，二姓为亲女唱歌。
炼此①紫河车地动，白云相伴鹤来过。

八十七

红黑相将妇嫁夫，一年一度入丹枢。
洞房深处真云雨，产个婴儿一似渠。

八十八

坎男离女住乾天，买药烧丹不用钱。
偃月炉中烹造化，一些妙药要真铅。

八十九

怪事教人笑几回，男儿今也会怀胎。
自家精血自交结，身里夫妻是妙哉。

九十

三姓包含二物交，赤龙飞上碧云霄。
夜来甘露空中过，片月横空对鹊桥。

九十一

复姤修持水火宗，兔鸡沐浴内丹红。
周天六六寒炉后，十月胎圆显圣功。

---

① 此，《道藏》本作"到"，从《道藏辑要》本。

九十二

水火同精间木金,火木知他甚处寻。
脱黄着紫因何事,只为河车数转深。

九十三

玉符金液炼天仙,月照昆仑一沼莲。
试指北方玄武事,龟蛇因甚两相缠。

九十四

雨洗新篁双凤飞,玉芝花下一灵龟。
抱琴弹尽无生①曲,却访②姮娥宴小池。

九十五

透体金光骨髓香,金筋玉骨尽纯阳。
炼教赤血③流为白,阴气消磨身自康。

九十六

一旦工夫尽至诚,凝神聚气固真精。
颜容如玉无饥渴,方显金丹片饷成。

九十七

翠娥独立水晶宫,体态娇娆有意浓。
半夜黄婆来叩户,作媒嫁去与金翁。

九十八

太乙玄珠金液丹,还元返本驻童颜。

---

① 无生,《道藏》本作"舞仙",从《道藏辑要》本。
② 访,《道藏》本作"放",从《道藏辑要》本。
③ 血,《道藏》本作"白",从《道藏辑要》本。

要须亲听明师语，方可教君见一斑。

九十九

夜来一朵碧芙蕖，内有红丸滴滴珠。
滴下华池是神水，丹田结聚作丹枢。

一百

离坎名为水火精，本是乾坤二卦成。
但取坎精点离穴，纯乾便可摄飞琼。

第七编　紫清指玄集

白玉蟾

点校说明

1. 白玉蟾（1194-1289？），原名葛长庚，字如晦，福建闽清人，家于琼州（今海南琼山）。七岁能文，十岁应童子科，熟谙九经，能诗赋，善书画。以父亡母嫁，至雷州，继白氏，改名白玉蟾，字鹤奴。后弃家游海上，笃志玄学，号海琼子。在惠州得遇陈楠泥丸真人，以师事之，归罗浮，随之学道九年，授以金丹太乙火符之秘并神霄雷法之诀。陈楠仙化后，游历天下，足履各地，或号琼山道人、武夷散人、神霄散吏等。白玉蟾精于丹道，兼通大洞法箓、斋醮科仪，尤以雷法著称，既奉南宗仙脉，又寓雷法于内丹之中，使其修持具有"内炼成丹，外用成法"的鲜明特点。先后收彭耜、留元长、赵汝渠、叶古熙、陈守默、周希清等为徒，打破张紫阳至陈泥丸以来一脉单传的法统。归武夷止止庵传道授法，立"靖"为建宗传法之所，标志着南宗至此正式形成道教社团，有了自己的宫观。宋宁宗嘉定中，征召赴阙，对御称旨，命馆太乙宫，一日不知所踪，传以仙去。诏封紫清真人，世称紫清先生。白玉蟾富有才情，身通三教，学贯九流，著述甚多，传世有《玉隆集》《上清集》《武夷集》等，门人编有《海琼传道集》《海琼白真人语录》《海琼玉蟾先生文集》等，均收入《道藏》。

2. 《紫清指玄集》，以清董德宁辑，民国丁福保《道藏精华录》（第七集）本整理，参校以诸本。

紫清指玄集

紫清真人海琼白玉蟾　撰述

四峰山人元真子董德宁　辑

玄关显秘论

一言半句便通玄，何用丹书千万篇。人若不为形所累，眼前便是大罗天。若要炼形炼神，须识归根复命。所以道：归根自有归根窍，复命还寻复命关。且如这个关窍，若人知得真实处，则归根复命何难也。故曰：虚无生自然，自然生大道；大道生一气，一气分阴阳。阴阳为天地，天地生万物，则是造化之根也。此乃真一之气，万象之先。太虚太无、太空太玄，杳杳冥冥，非尺寸之可量，浩浩荡荡，非涯岸之可测。其大无外，其小无内，大包天地，小入毫芒。上无复色，下无复渊，一物圆成，千古显露，不可得而名者。圣人以心契之，不获已而名之曰道。以是知心即是道也，故无心则与道合，有心则与道违。惟此"无"之一字，包诸有而无余，生万物而不竭。天地虽大，能役有形，不能役无形；阴阳虽妙，能役有气，不能役无气；五行至精，能役有数，不能役无数；百念纷起，能役有识，不能役无识。今修此理者，不若先炼形。炼形之妙，在乎凝神，神凝则气聚，气聚则丹成，丹成则形固，形固则神全。故谭真人云："忘形以养气，忘气以养神，忘神以养虚。"只此"忘"之一字，则是无物也。"本来无一物，何处有尘埃。"其斯之谓乎？如能味此理，就于"忘"之一字上做工夫，可以入大道之渊微，夺自然之妙用，立丹基于顷刻，运造化于一身也。然此道视之寂寥而无所睹，听之杳冥而无所闻。惟以心视之则有象，以心听之则有声。若学道之士，冥心凝神，致虚守静，则虚室生白，信乎自然也。惟太上度人，教人修炼，以乾坤为鼎器，以乌兔为药物，以日魂之升沉，应气血之升降；以月魄之盈亏，应精神之衰旺；以四季之节候，应一日之时刻；以周天之星数，应一炉之造化。是故采精神以为药，取静定以为火，以静定之火，而炼精神之药，则成金液大还丹。盖真阴、真阳之交会，一水一火之配合，要在先辨浮沉，次明主客，审抽添之运用，察反覆之安危。如高象先云："采有时，取有日。"

刘海蟾云：“开阖乾坤造化权，煅炼一炉真日月。”能悟之者，效日月之运用，与天地以同功。夫岂知天养无象，地养无体。故天长地久，日光月明，真一长存，虚空不朽也。吾今则而象之，无事于心，无心于事，内观其心，心无其心，外观其形，形无其形，远观其物，物无其物，知心无心，知形无形，知物无物，超出万幻，确然一灵。古经云：“生我于虚，置我于无。”是宜归性根之太始，反未生之已前，藏心于心而不见，藏神于神而不出。故能三际圆通，万缘澄寂，六根清净，方寸虚明，不滞于空，不滞于无，空诸所空，无诸所无，至于空无所空，无无所无，净裸裸，赤洒洒，则灵然而独存者也。道非欲虚，虚自归之，人能虚心，道自归之。道本无名，近不可取，远不可舍，非方非圆，非内非外，惟圣人知之。三毒无根，六欲无种，顿悟此理，归于虚无。老君曰：“天地之间，其犹橐籥乎！虚而不屈，动而愈出。”若能于静定之中，抱冲和之气，守真一之精，则是封炉固济以行火候也。火本南方离卦，离①属心，心者神也，神则火也，气则药也。以火炼药而成丹者，即是以神御气而成道也。人能手抟日月，心握鸿濛，自然见橐籥之开阖，河车之升降。水济命宫，火溉丹台，金木交并，水土融和，姹女乘龙，金翁跨虎。逆透三关，上升内院，化为玉汞，下入重楼，中有一穴，名曰丹台。铅汞相投，水火相合，才若意到，即如印圈契约也。自然而然，不约而合，有动之动，出于不动，有为之为，出于无为。当是时也，白雪漫天，黄芽满地，龙吟虎啸，夫唱妇随，玉鼎汤煎，金炉火炽，雷轰电掣，撼动乾坤，百脉耸然，三关透彻，玄珠成象，太乙归真，泥丸风生，绛宫月明，丹田烟暖，谷海波澄，炼成还丹，易如反掌，七返九还，方成大药，日炼时烹，以至九转，天关地轴，在吾手中。《经》云：“人能常清静，天地悉皆归。”则是三花聚顶，五气朝元，可以入众妙门，玄之又玄也。更能昼运灵旗，夜孕火芝，温养圣胎，产成赤子。至于脱胎神化，回阳换骨，则是玉符保神，金液炼形，形神俱妙，与道合真者也。张平叔云：“都来片饷工夫，永保无穷逸②乐。”诚哉是言！盖道之基，德之本，龙虎之宗，铅汞之祖，三火所聚，八水所归，万神朝会之门，金丹妙用之源，乃归根复命之关

---

① 离，此字据《问道集》、刘本、辑要本补。
② 逸，底本作"佚"，据诸本改。

窍也。既能知此，则欲不必遣而心自静，心不必澄而神自清。一念不生，万幻俱寝，身驭扶摇，神游恍漠。方知道风清月白，皆显扬铅汞之机；水绿山青，尽发露龙虎之旨。

海南白玉蟾，幼从事先师陈泥丸学丹法。每到日中冬至之时，则开乾闭巽，留坤塞艮，据天罡，持斗杓，谒轩辕，过扶桑，入广寒，面鹑尾，举黄钟，泛海槎，登昆仑，佩唐符，撼天雷，游巫山，呼黄童，召朱儿，取青龙肝、白虎髓、赤凤血、黑龟精，入土釜，启荧惑，命阆伯，化成丹砂，开华池，吸神水，饮刀圭，从无入有，无质生质，抽铅添汞，结成圣胎。十月既满，气足形圆，身外有身，谓之胎仙。其诀曰："用志不分，乃可凝神。灰心冥冥，金丹内成。"此余之所得也如此。施肩吾之诗曰："气是添年药，心为使气神。若知行气主，便是得仙人。"惟此诗简明，通玄造妙，故佩而诵之，自然到秋蟾丽天，虚空消殒之地，非枯木寒泉之士，不能知此。余既得之，不敢自默。《太上玄科》曰："遇人不传失天道，传非其人失天宝。"天涯海角，寻遍无人，不容轻传，恐受天谴。深虑夫大道无传，丹法湮泯，故作《玄关显秘论》。盖将晓斯世而诏后学，以寿金丹一线之脉也。复恐世人犹昧此理，乃复为之言曰：

以眼视眼，以耳听耳，以鼻调鼻，以口缄口，潜藏飞跃，本乎一心。先当习定凝神，惩忿窒欲。惩忿窒欲，则水火既济；水火既济，则金木交并；金木交并，则真土归位；真土归位，则金丹自然大如黍米。日复一粒，神归气复，充塞天地。孟子曰："我善养吾浩然之气"者，此也。肝气全则仁，肺气全则义，心气全则礼，肾气全则智，脾气全则信。若受气不足，则不仁、不义、不礼、不智、不信，岂人也哉！人能凝虚养浩，心广体胖，气母既成，结丹甚易。可不厚其所养，以保我之元欤？学者思之。敬书以授留紫元云。

修仙辨惑论

海南白玉蟾，自幼事陈泥丸，忽已九年。偶一日，在乎岩阿松阴之下，风清月明，夜静烟寒。因思生死事大，无常迅速，遂稽首再拜而问曰："玉蟾事师未久，自揣福薄缘浅，敢问今生有分可仙乎？"

陈泥丸云："人人皆可，况于汝乎？"

玉蟾曰："不避尊严之责，辄伸僭易之问，修仙有几门？炼丹有几法？愚见如玉石之未分，愿与一言点化。"

陈泥丸云："尔来，吾语汝。修仙有三等，炼丹有三成。夫天仙之道，能变化飞升也，上士可以学之。以身为铅，以心为汞，以定为水，以慧为火，在片饷之间，可以凝结，十月成胎。此乃上品炼丹之法，本无卦爻，亦无斤两，其法简易，故以心传之，甚易成也。夫水仙之道，能出入隐显者也，中士可以学之。以气为铅，以神为汞，以午为火，以子为水，在百日之间，可以混合，三年成象。此乃中品炼丹之法，虽有卦爻，却无斤两，其法要妙，故以口传之，必可成也。夫地仙之道，能留形住世也，庶士可以学之。以精为铅，以血为汞，以肾为水，以心为火，在一年之间，可以融结，九年成功。此乃下品炼丹之法，既有卦爻，又有斤两，其法繁难，故以文字传之，恐难成也。上品丹法，以精神魂魄意为药材，以行住坐卧为火候，以清静自然为运用；中品丹法，心肝脾肺肾为药材，以年月日时为火候，以抱元守一为运用；下品丹法，以精血髓气液为药材，以闭咽搐摩为火候，以存思升降为运用。大抵妙处，不在乎按图索骏也。若泥象执文之士，空自傲慢，至老无成矣。"

玉蟾曰："读丹经许多年，如在荆棘中行。今日尘净鉴明，云开月皎，总万法而归一，包万幻以归真，但未知正在于何处下手用功也？"

陈泥丸云："善哉问也。夫炼丹之要，以身为坛炉鼎灶，以心为神室，以端坐习定为采取，以操持照顾为行火，以作止为进退，以断续不专为隄防，以运用为抽添，以真气薰蒸为沐浴，以息念为养火，以制伏身心为野战，以凝神聚气为守城，以忘机绝虑为生杀，以念头动[①]处为玄牝，以打成一块为交结，以归根复命为丹成，以移神为换鼎，以身外有身为脱胎，以返本还源为真空，以打破虚空为了当。故能聚则成形，散则成气，去来无碍，逍遥自然矣。"

玉蟾曰："勤而不遇，必遇至人；遇而不勤，终为下鬼。若此修丹之法，有何证验？"

[①] 动，《道藏》之《修真十书·杂著指玄篇》卷四作"起"。

陈泥丸云："初修丹时，神清气爽，身心和畅，宿疾普消，更无梦昧，百日不食，饮酒不醉。到此地位，赤血换为白血，阴气炼成阳气，身如火热，行步如飞，口中可以干汞，吹气可以炙肉，对境无心，如如不动，役使鬼神，呼召雷雨，耳闻九天，目视万里，遍体纯阳，金筋玉骨，阳神现形，出入自然，此乃长生不死之道毕矣。但恐世人执着药物、火候之说，以为有形有为，而不能顿悟也。夫岂知混沌未分以前，焉有年月日时？父母未生以前，乌有精血气液？道本无形，喻之为龙虎；道本无名，比之为铅汞。若是学天仙之人，须是形神俱妙，与道合真可也，岂可被阴阳束缚在五行之中？要当跳出天地之外，方可名为得道之士矣。或者疑曰：'此法与禅学稍同？'殊不知终日谈演问答，乃是干慧；长年枯兀昏沉，乃是幻空。然天仙之学，如水晶盘中之珠，转漉漉地，活泼泼地，自然圆陀陀、光烁烁。所谓天仙者，此乃金仙也。夫此不可言传之妙也，人谁知之，人谁行之？若晓得《金刚》《圆觉》二经，则金丹之义自明，何必分老释之异同哉！[①]天下无二道，圣人无两心，何况人人具足，个个圆成，正所谓'处处绿杨堪系马，家家门阃透长安'，但取其捷径云尔。"

玉蟾曰："天下学仙者纷纷，然良由学而不遇，遇而不行，行而不勤，乃至老来甘心赴死于九泉之下，岂不悲哉！今将师传口诀，锓木以传于世。惟此泄露天机甚矣，得无谴乎？"

泥丸云："吾将点化天下神仙，苟获罪者，天其不天乎！经云：我命在我不在天。何谴之有？"

玉蟾曰："师祖张平叔，三传非人，三遭祸患，何也？"

泥丸云："彼一时自无眼力，又况运心不普乎！噫，师在天涯，弟子在海角，何况尘劳中，识人甚难。今但刊此散行天下，使修仙之士，可以寻文揣义，妙理昭然，是乃天授矣，何必乎笔舌以传之哉！但能凝然静定，念中无念，工夫纯粹，打成一片，终日默默，如鸡抱卵，则神归气复，自然见玄关一窍，其大无外，其小无内，则是采取先天一气，以为金丹之母。勤而行之，指日可以与钟、吕并驾矣。此乃已试之效验，学仙者无所指南，谨集问答之要，名之曰《修仙辨惑论》云。"

---

① "若晓得……异同哉"，此段底本无，据诸本补入。

性命日月论

性命之在人，如日月之在天也。日与月合则常明，性与命合则长生。命者因形而有，性则寓乎有形之后。五脏之神为命，七情之所系也，莫不有害吾之公道。禀受于天为性，公道之所系焉。故性与天同道，命与人同欲。命合于性，则交感而成丹，丹化为神则不死。日者，擅乾德之光以著乎外。月体坤而用乾，承乎阳尔。晦朔相合，日就月魄，月承日魂，阴阳交育而神明生。故老子谓："出生入死，生之徒十有三，死之徒十有三。"言每月月三日出而明生，生至于十五日也；每月月十六日入而明死，死至于二十八日也。日月于卦为坎离。坎卦外阴而内阳，乾之用九归乎中；离卦外阳而内阴，坤之用六归乎中。乾坤之二用，既归于坎离，故坎离二卦，得以代行乾坤之道。一月之内，变见六卦，垂象于天。三日一阳生于下而震卦出，八日二阳生于下而兑卦出，十五日三阳全而乾始见①，此盖乾索于坤而阳道进也；十六日一阴生于下而巽卦出，二十三日二阴生于下而艮卦出，三十日三阴全而坤始见②，此盖坤索于乾而阴道进也。天地以坎离运行阴阳之道，周而复易。故魏伯阳谓"日月为易"，陆德明亦取此义训诂"周易"之字。余窃谓：在天为明，明者日月之横合；在世为易，易者日月之纵合；在人为丹，丹者日月之重合。人之日月系乎心肾，心肾气交，水火升降，运转无穷，始见吾身与天地等，同司造化，而不入于造化矣。

谷神不死论

谷者，天谷也；神者，一身之元神也。天之谷，含造化，容虚空；地之谷，容万物，载山川。人与天地同所禀也，亦有谷焉。其谷藏真一，宅元神，是以头有九宫，上应九天，中间一宫，谓之泥丸，亦曰黄庭，又名昆仑，又名天谷，其名颇多，乃元神所住之宫。其空如谷，而神居之，故谓之谷神。神存则生，神去则死。日则接于物，夜则接于梦，神不能安其居也。

---

① 见，底本作"出"，据诸本改。
② 见，底本作"出"，据诸本改。

黄粱未熟，南柯未寤，一生之荣辱富贵，百岁之悲忧悦乐，备尝于一梦之间，使其去而不还，游而不返，则生死路隔，幽明之途绝矣。由是观之，人不能自生而神生之，人不能自死而神死之。若神居其谷而不死，人安得而死乎？然谷神所以不死者，由玄牝也。玄者，阳也，天也；牝者，阴也，地也。然则玄牝二气，各有深旨，非遇至人授以口诀，不可得而知也。《黄帝内经》云："天谷元神，守之自真。"言人身中，上有天谷泥丸，藏神之府也；中有应谷绛宫，藏气之府也；下有灵谷关元，藏精之府也。天谷，玄宫也，乃元神之室，灵性之所存，是神之要也。圣人则天地之要，知变化之源，神守于玄宫，气腾于牝府，神气交感，自然成真，与道为一，而入于不死不生，故曰："谷神不死，是谓玄牝"也。圣人运用于玄牝之内，造化于恍惚之中。当其玄牝之气，入乎其根，闭极则失于急，任之则失于荡。欲其绵绵续续，勿令间断耳。若存者，顺其自然而存之，神久自宁，息久自定，性入自然，无为妙用，未尝至于勤劳迫切，故曰："用之不勤"。即此而观，则玄牝为上下二源，气母升降之正道明矣。世人不穷其根，不究其源，便以鼻为玄，以口为牝。若以鼻口为玄牝，则玄牝之门又将何以名之？此皆不能造其妙，非大圣人安能究是理哉！

阴阳升降论

天以乾道轻清而在上，地以坤道重浊而在下，元气则运行乎中而不息。在上者，以阳为用，故冬至后一阳之气自地而升，积一百八十日而至天，阳极而阴生；在下者，以阴为用，故夏至后一阴之气自天而降[①]，积一百八十日而至地，阴极而阳生。一升一降，往来无穷。人受冲和之气，以生于天地之间，与天地初无二体。天地之气，一年一周；人身之气，一日一周。自子至巳，阳升之时，故以子时为日中之冬至，在《易》为复；自午至亥，阴降之时，故以午时为日中之夏至，在《易》为姤。阴极阳生，阳极阴生，昼夜往来，亦犹天地之升降。人能效天地橐籥之用，冲虚湛寂，一气周流于百骸，开则气出，阖则气入。气出则如地气之上升，气入则如天气之下降，自可与

---

① "故夏至后一阴之气自天而降"一句，底本无，据同治本补。

天地齐其长久。若也奔骤乎纷华之域，驰骋乎是非之场，则真气耗散，而不为吾之有矣，不若虚静守中以养也。中者，天地玄牝之气会聚之处也。人能一意守之而不散，则真精自朝，元气自聚，谷神自栖，三尸自去，九虫自灭，此乃长生久视之道也。以是知真息元气，乃人身性命之根；深根固蒂，乃长生久视之道。人之有生，禀大道一元之气，在母胞胎，与母同呼吸。及乎降诞之后，剪去脐蒂，一点元阳栖于丹田之中。其息出入，通于天门，与天相接，上入泥丸，长于元神，下入丹田，通于元气。庄子云："众人之气为喉，圣人之息为踵。"踵也者，深根固蒂之道。人能屏去诸念，真息自定，身入无形，与道为一，在世长年。由是观之，道之在身，岂不尊乎？岂不贵乎？

金液还丹赋

身木欲槁，心灰已寒。愿飞升于玉阙，必修炼于金丹。乾马坤牛，卫丁公于神室；离乌坎兔，媒姹女于真坛。绛阙散郎，清朝闲士。使扶桑青龙奋翅出火，而华岳白虎飞牙入水。天炉地鼎，三关造化之枢机；日魄月魂，一掬阴阳之精髓。铅里藏土，汞中产金。龟乃子爻，蛇乃午象，兔为卯畜，鸡为酉禽。四象五行，不离乎戊；三元八卦，当资厥壬。朝既屯，暮既蒙，六爻有象；夜必复，昼必姤，万物无心。由是三性会合，攒簇元宫；二气升降，盘旋黄道。惟水银一味，才变黑玉；故七返朱砂，乃成红宝。朱橘琼榴，交梨火枣。普天白雪，翩翻紫府之清飙；满院黄花，隐映丹田之瑞草。吾知夫抽添何物，采取何地。生杀有户，缺圆有时。以浮沉为清浊之本，以间隔明动静之机。养正以抱一，持盈而守雌。举世无人能达此者，终日枯坐不知所之。恩生害，害生恩，房躔见昴；主中宾，宾中主，斗度回箕。尝谓大道无言，内丹非术。玄珠垂象，而阴里抱阳德；婴儿结胎，而雄中含雌质。君臣之间，先后悔吝；夫妇之外，存亡凶吉。丁位之心，癸位之张，甲宫之女，庚宫之毕。刑德生旺，虽有否泰；沐浴潜藏，初无固必。药材斤两，东西南北以归中；火候城池，二八九三而为一。如是则鹊桥河车，百刻上运；华池神水，四时逆流。荣卫寒温而鹑火鬼井，精神衰旺而玄枵斗牛。子母函盖，身化心化；兄弟埙篪，福修慧修。六画动爻，见晦朔弦望之变；

二至改度，有蝗虫水旱之忧。真人宇宙妙纵横，万里溪山归掌握。左军右军，自古仁义；大隐小隐，从今宫角。风悄悄，月娟娟，片云孤鹤，而长啸一声，编书遗后学。

学道自勉文

司马子微初学仙时，以瓦砾百片，置于案前，每读一卷《度人经》，则移瓦一片于案下，每日百刻，课经百卷。如此勤苦，久而行之，位至上清定箓太霄丹元真人。又如葛孝先初炼丹时，常以念珠持于手中，每日坐丹炉边，常念玉帝全号一万遍。如是勤苦，久而行之，位至玉虚紫灵普化玄静真人。我辈何人，生于中华，诞于良家，六根既圆，性识聪慧，宜生勤苦之念，早臻太上之阶。乌跃于扶桑，兔飞于广寒，燕归于乌翳，雁度于衡山。曦和驱日月，日月催百年。人生如梦幻，视死如夜眠。几度空搔首，溺志在诗酒。浑不念道业，心猿无所守。吾今划自兹，回首前程路，青春不再来，光阴莫虚度。他日块视人寰，眼卑宇宙，骑白云，步紫极，始自今日。勉之勉之！

东楼小参文

至道在心，心即是道。六根内外，一般风光。内物转移，终有老死。元和默运，可得长生。是故形以心为君，心者神之舍。心宁则神灵，心荒则神狂。虚其心而正气凝，淡其心则阳气集。血气不挠，自然流通；志意无为，万缘自息。心悲则阴气凝，心喜则阳气散；念起则神奔，念住则神逸。夫人之一身，其心之神发于目而能视，视久则心神离，不在乎贪而丧心也；肾之精发于耳而能听，听久则肾精枯，不在乎淫而败肾也；肝之魂发于鼻而能嗅，嗅久则肝魂散，不在乎嗔而损肝也；肺之魄发于口而能言，言久则肺魄耗，不在乎躁而耗肺也。至道之要，至静以凝其神，精思以彻其感，斋戒以应其真，慈惠以成其功，卑柔以存其诚。心无杂念，可不外走，心常归一，意自如如，一心恬然，四大清适。心不在耳，孰为之声？心不在目，孰为之色？心不在鼻，孰为之香？心不在口，孰为之言？气聚则饱，神和则暖。所以道：心者气之主，气者形之根，形是气之宅，神者形之具。神即性也，气即命也。心静则气正，气正则气全，气全则神和，神和则神凝，神凝则万宝结矣。施肩吾曰："气住则神住，神住则形全。"必也忘其情而全其性也。性全则形自全，气亦全，道必全也；道全而神则旺，气则灵，形可超，性可彻也。反复流通，与道为一。上自天谷，下及阴端。二景相逢，打成一块。如是久久，浑无间断。变化在我，与道合真。或者谓心动则神疲，心静则神昏，一动一静则不得，无动无静亦不得，则必竟如何？娇如西子离金阁，美似杨妃下玉楼。日日与君花下醉，更嫌何处不风流？

冬至小参文

身中一宝，隐在丹田。轻如密雾，淡似飞烟。上至泥丸，下及涌泉。乍聚乍散，或方或圆。大如日轮，五色霞鲜。表里莹彻，左右回旋。其硬如铁，其软如绵。其急如电，其紧如弦。重逾一斤，飞遍三千。遇阴入地，逢阳升天。金翁采汞，姹女擒铅。依时运用，就内烹煎。冬至之后，夏至之前。金鼎汤沸，玉炉火燃。龙吟东岳，虎啸西川。黄婆无为，丁公默然。身中夫妇，云雨交欢。天一生水，在乎清源。离己坎戊，以土为先。土中有火，妙在心传。如龙养珠，波涵玉渊。如鸡抱卵，暖气绵绵。磁石吸铁，自然通连。花蒂含实，核中气全。禾花结穗，露蕊团圆。阴阳造化，万物无偏。人与万物，初无媸妍。守得其道，天地齐年。不守之守，如一物存。回风混合，碧草芊芊。其中变化，万圣千贤。始由乎坎，终至乎乾。卯酉沐浴，进退抽添。有文有武，可陶可甄。圣胎既就，一镞三关。却使河车，运水登山。三尸六贼，胆碎心寒。银盂盛雪，一色同观。鸥入芦花，月照昆仑。玉壶涵冰，即成大还。乌飞兔走，造物清闲。金液炼形，玄关精根。玉符保神，绛宫丹元。昼运灵旗，骐骥加鞭。夜孕火芝，一朵金莲。一声雷电，人在顶门。青霄万里，蟾光一轮。移炉换鼎，以子生孙。得道尸解，陆地神仙。功圆行满，身登紫云。以神合道，道合玄元。凝虚炼静，高超四禅。跳出混沌，法身无边。只此真机，何千万篇。一言简易，十月精虔。但观奎娄，莫守幽燕。夜月饭蛇，秋露饮蝉。昼夜二六，十二周天。但将此语，凝神精研。

丹房法语与胡胎仙

吕先生鹤颈龟腮，适有钟离之会；石居士鹿鼻鼠耳，偶逢平叔之来。叹夤缘时节之难，岂名利是非之比。金丹大药，古人以万劫一传；玉笥灵篇，学者之十迷九昧。月里乌，日里兔，颠倒坎离；水中虎，火中龙，运用复姤。采先天一气，作铅中之髓；夺星象万化，为汞里之精。惟弦前弦后之时，乃望缺望圆之际。知之者，癸生须急采；昧之者，望远不堪尝。精半斤，气半斤，总在西南之位；火一两，药一两，实居东北之乡。收金精木液，归于黄庭；炼白雪黄芽，结成紫粉。《悟真篇》所谓"华池神水"，《知命论》又言"地魄天魂"。采之炼之，结矣成矣。如夫妇最初一点，十月成胎；似君臣共会万机，百官列职。遇日中冬至则野战，遇时中夏至则守城。都来片晌工夫，要在一日证验。九三二八，算来只在姹女金翁；七六十三，穷得无过黄婆丁老。更不用看丹经万卷，也只消得口诀一言。

子之来意甚勤，知汝积年求慕。非夙生有此丰骨，岂一旦用是身心！自采药以至结胎，从行火而及脱体。包括抽添之妙，形容沐浴之机。无金木间隔之忧，有水土同乡之庆。但须温养，都没艰辛。十二时中只一时，三百日内在半日。丹田有物，行住坐卧以无忧；紫府书名，生死轮回而不累。了然快乐，自此清闲。这工夫，向闹里也堪行；论玄妙，只顷中都交结。聚而不散，炼之尤坚。朱砂鼎、偃月炉，何难寻之有？守一坛、中央釜，惟自己而求。宜识阴阳，要知玄牝。龙精满鼎，遣金童下十二重楼；凤髓盈壶，令玉女报三千世界。此时丹熟，更须慈母惜婴儿；不日云飞，方见真人朝上帝。

题张紫阳、薛紫贤二真人像

昔李亚以金汞刀圭火符之诀，传之钟离权，权以是传吕岩叟，岩叟以是传之刘海蟾，刘传之张伯端，张于难中感杏林石泰之德，因以传之。泰，邠州人也。事成游毗陵，授之于蜀僧道光。光之门有行者道楠，号为陈泥丸，即先师也。偶缘道过太平宫，睹壁间张平叔、并道光之像，感前贤之已蜕，嗟尘世之不仙，思鸾鹤之未来，对江山而无味。张乃紫阳真人，太微第四星是也。道光姓薛，号为紫贤。石公乃翠玄先生，先师则翠虚真人也。海南白玉蟾，因访知宫蔡长卿，于是乎书。

谢陈仙师寄书词

夫金丹者，采二八两之药，结三百日之胎。心上工夫，不在吞津咽气；先天造化，要须聚气凝神。若要行持，须凭口诀。至简至易，非色非空。无中养就婴儿，阴内炼成阳气。使金公生擒活虎，令姹女独驾赤龙。乾夫坤妇，而媒假黄婆；离女坎男，而结成赤子。一炉火焰炼虚空，化作微尘；万顷冰壶照世界，大如黍米。神归四大，即龟蛇交合之时；气入四肢，是乌兔郁罗之处。玉葫芦，迸出黄金之液；金菡萏，开成白玉之花。正当风冷月明时，谁会山青水绿意？圣师口口，历代心心，即一言贯穿万卷仙经，但片饷工夫，无穷逸乐。先明三五一，行九阳真火以炼之；后至万百千，到婴儿宝物则成矣。银山铁壁，一锥直下。打开金锁玉关，举步自然无碍。见万里是无尘之境，作千年永不死之人。海变桑田，我在逍遥游之境；衣磨劫石，同归无何有之乡。

玉蟾宿志未回，初诚宿悋。自嗟蒲柳之质，几近桑榆之年。老颊犹红，知有神仙之分；嫩须再黑，始归道德之源。叹古人六十四岁将谓休，得先圣八十一章来受用。拊膺落涕，缄口扪心。从来作用功劳，捕风捉影；此日虚无诀法，点铁成金。恭惟圣师泥丸翁翠虚真人，拓世英雄，补天手段，心传云雨深深旨，手握雷霆赫赫权。顾玉蟾三代感师恩，十年侍真驭。说刀圭于癸酉秋月之夕，尽吐露于乙亥春雨之天。终身怀大宝于杳冥，永劫守玄珠之清净。先觉诏后觉，已铭感于心传；彼时同此时，愈不忘于道念。忽承鹤使，掷示鸾笺。戒回会于武夷，有身还被沮；将捐躯于龙虎，无翅可飞行。雨卧风餐，奔归侍下。且此山瞻斗仰，甚切愚衷。擢犀角，磨象牙，当效行持之力；攀龙鳞，附凤翼，愿参冲举之云。先贡菲词，少申素志，匪伊听谴，感激何言。

大宋丙子闰七月二十四日鹤奴白玉蟾焚香稽首再拜

鹤林问道篇上

海南白玉蟾过三山，次紫虚真宫之居，鹤林彭耜过之，问以道法之要。

曰：愚尝究金丹大药之旨，所谓日月、龙虎、铅汞、坎离、火候、周天、卦象之类，与夫偃月炉、朱砂鼎等语，名既不一，事亦多端，未审一物而分众名耶？其或众名而各一物耶？在内求之则无形，在外求之则有象，或妙在作为，或妙在静定，古者尝言有所作为，即非道也，又曰溺于静，是枯坐也。憒然不知其所以入之蹊径、到之堂奥，愿闻其说。

答曰：先圣仰观天文，俯察地理，近取诸身，远取诸物，创为丹诀，以长生不死之意，以淑人心，其实一理也。其始入也，在乎阴阳五行，其终到也，归乎混沌无极，如丹法所言，尽有所据，第互立一说，各执一见，所以众楚不可一齐，要在吾所遇、所传、所得如何耳。在天则为日月星辰，在地则为禽兽草木，在人则为夫妇男女。以《易》道言之，则乾坤、坎离也；以五运言之，则金木、水火也；以药物言之，则铅银、砂汞也；以丹道言之，则龙虎、乌兔也。用之则有坛炉鼎灶之名，行之则有升降交合之象，体之则有浮沉清浊之变，则之则有阴阳寒暑之候。圣人故曰："采以药物，炼以火候，结而成丹，超凡入圣。"所以取之于内，而不泥于内象；取之于外，而不求其外物，是所谓"无物无象"者也。谓之先天一气，混元至精，则是大而不可知之之谓神之意也。其体或聚或散，如轻烟薄雾然也；其象或有或无，如梦幻泡影然也。天地与我同根，万物与我同体，往古来今，本无成坏，第以生死流转，情识起灭，如浮云之点太清，如黑风之翳明月。圣人悯世浇漓，诏人修炼，使从无入有谓之成，以有归无为之了。其运用之要，有动之动，出于不动，有为之为，出于无为，不过炼精成气，炼气成神，炼神合道而已。若有作用，实无作用，似乎静定，即非静定，如龙养珠，如鸡抱卵。可以无心会，不可以用心作；可以用心守，不可以劳心为。此乃修丹之要，入道之玄。

又问曰：古者入道，以调心为要，以精思为妙，精思则是存念也，调心则是把捉也。存念既久，则其念或差；把捉稍紧，则心转难调。或者调存念不宜久，把捉不宜紧，愚窃谓曰：存念不久，则其念必不真；把捉不紧，则此心何可调？

答曰：存者，有也；亡者，无也。存者，存我之神；想者，想我之身。闭目见自己之目，收心见自己之心，有物则可以存，谓之真想；无物而强存之，谓之妄想。此乃精思存念之妙。操者，存也；舍者，亡也。操者，操真一之气；存者，存太玄之精。凝一神则万神俱凝，聚一气则万气俱聚。顺我之物，可以无心藏之；逆我之物，可以无心顺之。至如真妄本空，逆顺俱寂，则三际圆通，一灵晃耀，此乃把捉调心之要也。盖缘一念起动，则万念起；一窍开，则九窍开。此无他，乃是以神驭气之意。我自无始以来，无名烦恼，业识茫茫，不可消释于顷刻，而寝息于目前也。故古人有"心息相依，息调心静"之语，此非调心乎？又如"用志不分，乃凝于神"等语，此非精思乎？先圣有曰："制心一处，无事不办。"所以谭真人云："忘形以养气，忘气以养神，忘神以养虚。"只此"忘形"二字，则是制心之旨。虽然，与其忘形而心游万物，曾未忘之不如，何耶？吾所以忘者，非惟忘形，亦乃忘心，心境俱忘，湛然常寂。

又问曰：今而有人，迷而不学，学而不遇，遇而不行，行而不成，抑时节未至，而因缘未熟耶？抑赋分良薄，而骨不可仙耶？

答曰：古人目击道存，未语先会。盖在我已纯金璞玉，惟求巧匠之定价。若泛泛无统，茫无所据，朝参师黄，暮参师李，今年学道，明年学法，今日勤，明日懈，若如是以求寻真，是所谓自假不除，更求他真也。但以"信"之一字，为入道之阶；以"勤"之一字，为行道之本；以"无"之一字应物，以"有"之一字凝神。久久行之，天其使圣师为子发踪指示矣。学道之士思之。

又问曰：古之系易者，惟穷理尽性，以至于命，固尝究之矣。夫性与命，其一理耶？二理耶？

答曰：先圣不云乎"天命之谓性，率性之谓道，修道之谓教"，实一理也。

又问曰：所谓金液还丹者，先则安炉立鼎，次则知汞识铅，然后以年月日时采之，以水火符候炼之，故匹配以斤两，法象以夫妇，结丹头，饮刀圭，怀圣胎，产婴儿，则可以身外有身，此修仙者之学也。愚亦尝入其间奥，而终有龙虎之疑、乌兔之惑，不知先生能出标月之指乎？

答曰：坛炉鼎灶，本自虚无；铅银砂汞，本自恍惚；水火符候，本自杳冥；年月日时，本自妄幻。然而视之若无，而实有也。在乎斤两调匀，造化交合，使水火既济，金土相融，苟或不尔，则黄婆纵丁公以朝奔，姹女抱婴儿而夜哭，故先辈尽削去导引吐纳、搬运吞咽、呼吸存想、动作等事，恐人执著于涕唾精津气血之小，而不知专气致柔，能如婴儿之旨也。呜呼！妙哉！结之以片饷，养之以十月，是所谓"无中养就婴儿"者也。大要则曰："有用用中无用，无功功里施功。"又曰："恍惚里相逢，杳冥中有变。"然虽如是，要须亲吃云门饼，莫只垂涎说饆饠。

又问曰：老氏所谓金丹，与大道相去几何？道无形，安得有所谓龙虎？道无名，安得有所谓铅汞？如金丹者，术耶？道耶？

答曰：魏伯阳《参同契》云："金来归性初，乃得称还丹。"夫金丹者，金则性之义，丹者心之义，其体谓之大道，其用谓之大丹，丹即道也，道即丹也。又能专气致柔，含光默默，养正持盈，守雌抱一，一心不动，万缘俱寂。丹经万卷，不如守一。守得其一，万法归一。是故天得一以清，地得一以宁，人得一以灵，谷得一以盈，日月得一以明，万象得一以生，圣人得一而天下平。道生一，一生二，二生三，三生万物。道者一之体，一者道之用，人抱道以生，与天地同其根，与万物同其体。夫道，一而已矣。得其一，则后天而死；失其一，与物俱腐。子守之以一以为基，采之以一以为药，炼之以一以为火，结之以一以为丹，养之以一以为圣胎，运之以一以为抽添，持之以一以为固济，澄之以一以为沐浴。由一而一，一至于极，谓之脱胎；极其无极，一无所一，与道合真，与天长存，谓之真一。圣人忘形以养气，忘气以养神，忘神以养虚。道非欲虚，虚自归之；人能虚心，道自归之。子欲得衣，一与之裳；子欲得食，一与之粮；子欲得饮，一与之浆；子欲得居，一与之堂；子欲得寒，一与之霜；子欲得热，一与之汤。虚其心，忘其形，守其一，抱其灵，故能固其精，宝其气，全其神，三田精满，五脏气盈，然后谓之丹成，一一于一，可以长生。[1] 先圣有云："后其身而身先，忘其身而

---

[1] 胡孚琛《守一与心术》："修道就是依守一法门修心术。一是心的核心，谓之'环中'，因之《庄子》断言'得其环中，以应无穷'，自然可以所求必得，心想事成了！其中奥妙，非片言所能尽，然极为重要的是要想自己'得福'，别忘了也企求他人'得福'。""心术就是先从'守一'的功夫入手，以'爱国、孝亲、尊师、重友'八字为'立身之本'，以'诚信、宽容、忏悔、感恩'八字为'心法口诀'，则必能开发出心灵潜能，形成一个巨大的炁场，一切机遇和贵人就会应缘而至，使你心想事成，好梦成真。"（《丹道法诀十二讲（8卷本）》，第1237-1238页，社会科学文献出版社，2018年）

身存。"此诚有以也。

又问曰：愚凤昔黉幸，天假其逢，极荷大慈，剖示玄旨，如所问道，则示之以心，如所问金丹大药，则又示之以心，愚深知一切惟心矣，恍然若有所得，虽欲喻之而无物可喻，虽欲言之而无语可言，但天机深远，道要玄微，虽知药物如此分明，而于火候则犹有疑焉。

答曰：二十四气，七十二候，二十八宿，六十四卦，十二分野，此乃天地推移，阴阳度运如是也。夫一年有十二月，一月有三十日，一日有十二时，总计百刻，其间六阳六阴，无非一气升降，在乎人身，则何以异于天地哉！此炼丹之法，所以攒簇五行，会合八卦，法天象地，准日测月，分排卦数，布位星辰，以时易日，内修外应，上水下火，一文一武，故有进退之符，抽添之候，固济之门，沐浴之时，卦象之变，造化之妙，谓之火候，一如月魄之盈亏，潮候之消长，此却简易，不容轻传，以其夺天地之造化，盗日月之魂魄故也。夜三更，吾将盟天以告子矣。先圣有云：虽知药物，而不知神室，则不可结胎；虽知神室，而不知火候，则不可成丹。非子其孰能与于此？

鹤林彭耜稽首再拜而言曰：耜虽不敏，愿授教焉。

大道歌

乌飞金，兔走玉，三界一粒粟。山河大地几年尘，阴阳颠倒入玄谷。人生石火电光中，数枚客鹊枝头宿。桑田沧海春复秋，乾坤不放坎离休。九天高处风月冷，神仙肚里无闲愁。世间学仙者，胸襟变清雅。丹经未读望飞升，指影谈空相诳吓。有时驰骋三寸舌，或在街头佯作哑。正中恐有邪，真里须辨假。若是清虚冷淡人，身外无物赤洒洒。都来聚气与凝神，要炼金丹赚几人。引贼入家开宝藏，不知身外更藏身。身外有身身里觅，冲虚和气一壶春。生擒六贼手，活嚼三尸口。三尸六贼本来无，尽从心里忙中有。玉帝非惟惜诏书，且要神气相保守。此神此气结真精，唤作纯阳用九九。此时方曰圣胎圆，万丈崖头翻筋斗。铅汞若粪土，龙虎如刍狗。白金黑锡几千般，水银朱砂相鼓诱。白雪黄芽自无形，华池神水无泉溜。不解回头一痴子，冲风冒雨四方走。四方走，要寻师，寻得邪师指坏时，迷迷相指可怜伊。大道不离方寸地，工夫细密有行持。非存思，非举意，非是身中运精气。一关要锁百关牢，转身一路真容易。无心之心无有形，无中养就婴儿灵。学仙学到婴儿处，月在寒潭静处明。枯木生花却外馨，海翁时与白鸥盟。片饷工夫容易做，大丹只是片时成。执着奇言并怪语，万千譬喻今如许。生也由他死由他，只要自家做得主。空中云，也可缚。水中月，也可捉。身心两个字，是火也是药。龟蛇乌兔总闲言，夫妇男女都飏却。君不见虚无生自然，自然生一气。一气结成物，气足分天地。天地本无心，二气自然是。万物有荣枯，大数有终始。会得先天本自然，便是性命真根蒂。《道德》五千言，《阴符》三百字。形神与性命，身心与神气。交媾成大宝，即是金丹理。世人多执着，权将有作归无作。猛烈丈夫能领略，试把此言闲处嚼。若他往古圣贤人，立教化人俱不错。况能蓦直径路行，一修直上三清阁。三清阁下一团髓，昼夜瑶光光烁烁。云谷道人仙中人，骨气秀茂真磊落。年来多被红尘缚，六十四年都是错。刮开尘垢眼豁开，长啸一声归去来。神仙伎俩无多子，只是人间一味呆，忽然也解到蓬莱。武夷散人与君说，见君真个神仙骨。我今也不炼形神，或要放颠或放劣。寒时自有丹田火，饥时只吃琼湖雪。前年仙师寄书归，道我有名在金阙。闲名落世收不回，而今心行尤其乖。那堪玉帝见怜我，诏我归时未肯哉。

必竟恁地歌

我生不信有神仙，亦不知有大罗天。那堪见人说蓬莱，掩面却笑渠风颠。七返还丹多不实，往往将谓人虚传。世传神仙能飞升，又道不死延万年。肉既无翅必坠地，人无百岁安可延。满眼且见生死俱，死生生死相循旋。翠虚真人与我言，他所见识大不然。恐人缘浅赋分薄，自无寿命归黄泉。人身只有三般物，精神与气常保全。其精不是交感精，乃是玉皇口中涎。其气即非呼吸气，乃知却是太素烟。其神即非思虑神，可与元始相比肩。我闻其言我亦怖，且怖且疑且擎拳。但知即日动止间，一物相处常团圆。此物根蒂乃精气，精气恐是身中填。岂知此精此神气，根于父母未生前。三者未尝相反离，结为一块太无边。人之生死空自尔，此物湛寂何伤焉。吾将矍然以自思，老者必不虚其言。是我将有可受业，渠必以此示言诠。开禧元年中秋夜，焚香跪地口相传。偶尔行持三两日，天地日月软如绵。忽然嚼得虚空破，始知钟吕皆参玄。吾之少年早留心，必不至此犹尘缘。且念八百与三千，云鹤相将来翩翩。

快活歌

其一

快活快活真快活，被我一时都掉脱。撒手浩歌归去来，生姜胡椒果是辣。如今快活大快活，有时放颠或放劣。自家身里有夫妻，说向时人须笑杀。向时快活小快活，无影树子和根拔。男儿端的会怀胎，子母同形活泼泼。快活快活真快活，虚空粉碎秋毫末。轮回生死几千生，这回大死方今活。旧时窠臼泼生涯，于今净尽都①掉脱。元来爹爹只是爷，懵懵懂懂自瓜葛。近来仿佛辨东西，七七依前四十八。如龙养珠心不忘，如鸡抱卵气不绝。又似寒蝉吸晓风，又如老蚌含明月。一个闲人天地间，大笑一声天地阔。衣则四时惟一衲，饭则千家可一钵。三家村里弄风狂，十字街头打鹘突。一夫一妻将六儿，或行或坐常兀兀。收来放去任纵横，即是十方三世佛。有酒一杯复一杯，有歌一阕复一阕。日中了了饭三餐，饭后齁齁睡一歇。放下万缘都掉脱，脱得自如方快活。用尽惺惺学得痴，此时化景登宸诀。时人不会翻筋斗，如饥吃盐加得渴。偶然放浪到庐山，身在白蘋红蓼间。一登天籁亭前望，黄鹤未归春雨寒。心酸世上几多人，不炼金液大还丹。忘形养气乃金液，对景无心是大还。忘形化气气化神，斯乃大道透三关。绛宫炎炎偃月炉，灵台寂寂大玄坛。朱砂乃是赤凤血，水银乃是黑龟肝。金铅采归入土釜，木汞飞走居泥丸。华池正在气海内，神室正在黄庭间。散则眼耳鼻舌忙，聚则经络荣卫间。五脏六腑各有神，万神朝元归一灵。一灵是为混元精，先天后天乾元亨。圣人采此为药材，聚之则有散则零。昼夜河车不暂停，默契大道同运行。人人本有一滴金，金精木液各半斤。二十八宿归一炉，一水一火须调匀。一候刚兮一候柔，一爻武兮一爻

---

① 都，底本作"部"，据诸本改。

文。心天节候定寒暑，性地分野争楚秦。一日八万四千里，自有斗柄周天轮。人将脱壳阴阳外，不可不炼水银银。但将黄婆来紫庭，金翁姹女即婚姻。青龙白虎归金鼎，黄芽半夜一枝春。九曲江头飞白雪，昆仑山上腾紫云。丁公默默守玉炉，交媾温养成胎婴。神水沃灭三尸火，慧剑扫除六贼兵。无中生有一刀圭，粪丸中有蜣螂形。诚哉一得即永得，片饷中间可结成。忽然四大成虚白，不觉一灵升太清。纵使工夫汞见铅，不知火候也徒然。大都全藉周天火，十月圣胎方始圆。虽结丹头终耗失，要须火候始凝坚。动静存亡宜沐浴，吉凶进退贵抽添。火力绵绵九转后，药物始可成胎仙。一时八刻一周天，十二时辰准一年。每自一阳交媾后，工夫炼到六纯乾。精神来往如潮候，气血盈虚似月魂。一毂从来三十辐，妙处都由前后弦。专气致柔为至仁，礼义智信融为仁。真土归位为至真，水火金木俱浑全。精水神火与意土，炼使魂魄归其根。先天一气今尚存，散在万物与人身。花自春风鸟自啼，岂知造物天为春。百姓日用而不知，气入四肢徒凋残。松竹虚心受气足，凌霜傲雪长年青。况人元神本不死，此气即是黄芽铅。老者可少病可健，散者可聚促可延。心入虚无行火候，内景内①象壶中天。须知一尘一蓬莱，与夫一叶一偓佺。神即火兮气即药，心为炉兮身为田。自耕自种自烹炼，一日一粒如黍然。灵芝一生甘露降，龟蛇千古常相缠。一朝雷电撼山川，一之则日万则烟。日中自有金乌飞，夜夜三更入广寒。子子孙孙千百亿，炉鼎鸡犬皆登天。大道三十有二传，传到天台张悟真。四传复至②白玉蟾，眼空四海嗟无人。偶遇太平兴国宫，白发道士其姓陈。平生立志学铅汞，万水千山徒苦辛。一朝邂逅庐山下，摆手笑出人间尘。翠阁对床风雨夜，授以丹法使还元。人生何似一杯酒，人生何似一盏灯。蓬莱方丈在何处，青云白鹤欲归去。快活快活真快活，为君说此末后句。末后一句亲吩咐，普为天下学仙者，晓然指出蓬莱路。

其二

破衲虽破破复补，身中自有长生宝。柱杖奚用岩头藤，草鞋不用田中

---

① 内，彭本、辑要本作"外"。
② 至，底本作"传"，据诸本改。

藁。或狂走，或兀坐，或端立，或仰卧。时人但道我风颠，我本不颠谁识我。热时只饮华池水，寒时独向丹田火。饥时爱吃黑龟肝，渴时贪吸青龙脑。绛宫新发牡丹花，灵台初生薏苡草。却笑颜回不为夭，又道彭铿未为老。一盏中黄酒更甜，千篇内景诗尤好。没弦琴儿不用弹，无腔曲子无人和。朝朝暮暮打憨痴，且无一点闲烦恼。尸解飞升总是闲，死生生死无不可。随缘且吃人间饭，不用缫蚕不种稻。寒霜冻雪未为寒，朝饥暮馁禁得饿。天上想有仙官名，人间不爱真人号。跨虎金翁是铅兄，乘龙姹女为汞嫂。泥丸宫里有黄婆，解把婴儿自怀抱。神关气关与精关，三关一簇都穿过。六贼心如火正焚，三尸胆似天来大。不动干戈只霎时，破除金刚自搜逻。一齐缚向火炉边，碎为微尘谁斩挫。而今且喜一粒红，已觉丁公婚老媪。当初不信翠虚翁，岂到如今脱关锁。叶苗正嫩采归来，猛火炼之成紫磨。思量从前早是早，翠虚翁已难寻讨。我今不见张平叔，便把《悟真篇》骂倒。从前何知古圣心，慈悲反起儿孙祸。世人若要炼金丹，只去身中求药草。十月工夫慢慢行，只愁火候无人道。但知进退与抽添，七返九还都性躁。溪山鱼鸟恁逍遥，风月林泉共笑傲。蓬头垢衣天下行，三千功满归蓬岛。或居朝市或居山，或时呵呵自绝倒。云满千山何处寻，我在市廛谁识我。

金液还丹诗

乌兔乾坤鼎，龟蛇复姤坛。世间无事客，心内大还丹。
白虎水中吼，青龙火里蟠。汞铅泥蕊艳，金木雪花寒。
离坎非心肾，东西不肺肝。三旬穷七返，九转出泥丸。

炼丹不成作

八两日月精，半斤云雾屑。轻似一鸿毛，重如千秤铁。
白如天上雪，红如腥腥血。收入玉葫芦，秘之不敢泄。
夜半忽风雷，烟气满寥泬。这般情与味，哑子咬破舌。
捧腹付一笑，无使心烦热。要整钓鱼竿，再斫秋筠节。

赠潘高士

（二首）

其一

冬至炼朱砂，夏至炼水银。常使居土釜，莫令铅汞分。
子母既相感，火候常温温。如是既久久，功成升紫云。

其二

龙虎战百六，乌兔交七九。坎离直寅申，艮巽司卯酉。
一粒同朱橘，千载永不朽。八月十五夜，三杯冬至酒。

赠赵县尉

半斤雷火烧红杏，一滴露珠凝碧荷。
锦帐中间藏玉狗，宝瓶里面养金鹅。
铅花朵朵开青蕊，汞叶枝枝发绛柯。
莫问婴儿并姹女，等闲寻取旧黄婆。

赠赵翠云

金公姹女到黄家，活捉苍龟与赤蛇。
偃月炉中烹玉蕊，朱砂鼎里结金花。
奔归气海名朱骥，飞入泥丸是白鸦。
昨夜火龙争战后，雪中微见月钩斜。

赠雷怡真

地魄天魂日月精，夺来鼎内及时烹。
只行龟斗蛇争法，早是龙吟虎啸声。

神水华池初匹配，黄芽白雪便分明。
这些自饮刀圭处，渐渐抽添渐渐成。

三华院还丹诗

绛宫无事绝尘埃，坎虎离龙战几回。
白雪飞空铅蕊绽，黄云覆鼎汞花开。
龟蛇抱一成丹药，乌兔凝真结圣胎。
夜半瀛洲寒月落，冷风吹鹤上蓬莱。

还丹诗

太乙坛前偃月炉，不消柴炭及吹嘘。
金翁跨虎归瑶阙，姹女骑龙到雪壶。
采得三斤寒水玉，炼成一颗夜明珠。
从兹只用抽添法，产个婴儿一似渠。

述翠虚真人安乐法

收敛神光少默然，顶门一路聚云烟。
且升阳火烹金鼎，却降灵泉灌玉田。
交结只于牛渚外，分明正在鹊桥边。
工夫九九数六六，此是人间安乐仙。

呈万庵十章

一、归山

生死轮回第几番，尘尘劫劫不曾闲。
一潭湛绿是非海，千尺粉青人我山。

性地灵苗思水国，心天明月掩云关。
衣中珠子无寻处，今且随缘炼大还。

二、采药

五蕴山头多白云，白云深处药苗芬。
威音王佛随时种，元始天尊下手耘。
石女骑龙攀雨术，木人驾虎摘霜芸。
不论贫富家家有，采得归来各一斤。

三、炉鼎

须信先天事事无，阴阳陶铸此形模。
真空平等硃砂鼎，虚彻灵通偃月炉。
九窍可风坛墰暖，二时失火药材枯。
只此一点无名焰，炼出人间大丈夫。

四、火候

无位真人炼大丹，倚天长剑逼人寒。
玉炉火煅天尊胆，金鼎汤煎佛祖肝。
百刻寒温忙里准，六爻文武静中看。
有人要问真炉鼎，岂离而今赤肉团。

五、沐浴

药炉丹鼎火炎炎，六贼三尸怕令严。
无去无来无进退，不增不减不抽添。
爱河浪静浮朱雀，觉海波深浸白蟾。
一自浴丹归密室，太阳门下夜明帘。

六、温养

金翁姹女结亲姻，洞口桃花日日春。
拾得一轮天上月，炼成万劫屋中珍。

黄婆即是母之母，赤子乃其身外身。
龙汉元年消息断，威音前面更何人。

七、脱胎

青天白日一声雷，撒手悬崖了圣胎。
有眼如盲光烁烁，无绳似缚笑哈哈。
黄金殿下千株柳，碧玉堂前万树梅。
辜负鸳帏人寂寞，秦楼宴罢盍归来。

八、金丹

佛与众生共一家，一毫头上现河沙。
九还七返鱼游网，四谛三空兔入罝。
混沌何年曾结子，虚空昨夜复生花。
阿谁鼎内寻丹药，枯木岩前月影斜。

九、冲举

自从踏著涅槃门，一枕清风几万年。
弱水蓬莱虽有路，释迦弥勒正参禅。
谁将枯木岩前地，放出落花啼鸟天。
两个泥牛斗入海，至今消息尚茫然。

十、参同

道人家在海之南，来访庐山老万庵。
露柱灯笼同请举，僧堂佛殿总和南。
山河大地自群动，蠢动含灵共一龛。
韲瓮里鱼淹未死，此香炷向活瞿昙。

赠何道人

汞虎铅龙炼气神，黄芽昨夜一枝春。
刀圭底事如何会，伏火朱砂匮水银。

赠云谷孔全道

凝神爽气炼金丹，七返从来有七还。
昨夜一声雷霹雳，不知人已在泥丸。

赠赵寺丞

汞铅当在身中取，龙虎不于意外求。
会得这些真造化，何愁不晓炼丹头。

赠陈先生
（二首）

其一

木人手里挥泥剑，石女头边带铁花。
龙汉元年冬上巳，相逢一盏赵州茶。

其二

翻身趯倒玉葫芦，神水华池一夜枯。
蓦地夜行见月影，水晶盘里走明珠。

华阳吟
（三十首）

其一

家在琼瑶万里游，此身来往似孤舟。
夜来梦趁西风去，目断家山空泪流。

其二

海南一片水云天，望眼生花已十年。
忽一二时回首处，西风夕照咽悲蝉。

其三

一从别却海南船，身逐云飞江浙天。
走遍洞天寻隐者，不知费几草鞋钱。

其四

白云和我到天台，眼入青山障豁开。
到彼山中还又起，空令到处夜猿哀。

其五

挂杖寻真入武夷，幔亭峰下雪花飞。
行从九曲滩头看，万壑千岩翠作围。

其六

武夷结草二年余，花笑莺啼春一壶。
流水下山人出洞，岩前空有炼丹炉。

其七

得诀归来试炼看，龙争虎斗片时间。
九华天上人知得，一夜风雷撼万山。

其八

白马江头啸一声，红光紫雾水中生。
急抽匣内青蛇剑，才得黄河彻底清。

其九

渴饮金波数百钟,醉时仗剑指虚空。
脚根戏蹑交乾斗,长啸一声天地红。

其十

移将北斗过南辰,两手双擎日月轮。
飞趁昆仑山上出,须臾化作一天云。

十一

戏泛金船到海涯,暗随海水渡流沙。
一从登着蓬莱岸,去看琼台阆苑花。

十二

人身自有一蓬莱,十二层楼白玉阶。
姹女婴儿常宴会,堂前夜夜牡丹开。

十三

怪事教人笑几回,男儿今也会怀胎。
自家精血自交媾,身里夫妻是妙哉。

十四

一吟一醉一刀圭,真气真精满四肢。
若到酒酣眠熟后,满船载宝过曹溪。

十五

元神夜夜宿丹田,云满黄庭月满天。
两个鸳鸯浮绿水,水心一朵紫金莲。

十六

饥餐一两黑龟肝,寒向丹田猛火山。
但见心头无点事,不知人世有饥寒。

十七

青牛人去几多年,此道分明在目前。
欲识目前真的处,一堂风冷月婵娟。

十八

片饷工夫炼汞铅,一炉猛火夜烧天。
忽然神水落金井,打合灵砂月样圆。

十九

一泓神水满华池,夜夜池边白雪飞。
雪里有人擒玉兔,赶教明月上寒枝。

二十

不动丝毫过玉关,关头自有玉京山。
能于山内通来往,风搅九天霜雪寒。

二十一

谁识周天造化功,于今尽在片时中。
只将铅汞入真土,炼出金花满鼎红。

二十二

昨夜三更雷撼山,九天门户不曾关。
曹溪路上分明见,有个金乌入广寒。

二十三

曹溪一路透泥丸，只在丹田上下间。
解使金翁媒姹女，朝云暮雨满巫山。

二十四

只将戊己作丹炉，炼得红丸化玉酥。
谩守火爻三百日，产成一颗夜明珠。

二十五

绛阙仙都一散郎，偶来人世且佯狂。
身中自有长生宝，夜夜飞神谒上苍。

二十六

家在神霄九炁天，天中楼殿贮群仙。
偶然来到人间世，料想神霄未一年。

二十七

玉皇殿下一仙童，曾掌符书守蕊宫。
因甚俗缘犹未断，于今幻质入尘笼。

二十八

气盖山河心胆粗，不能学剑不搜书。
夜来掇得乾坤动，火候温温守玉炉。

二十九

梦幻之身不久长，桑榆能几耐风霜。
如何跳出利名窟，赠汝长生不死方。

三十

拈弄溪山诗伎巧，吐吞风月气神通。

且将诗酒瞒人眼，出入红尘过几冬。

水调歌头

（五首）

其一

金液还丹诀，无中养就儿。别无他术，只要神水入华池。采取天真铅汞，片饷自然交媾，一点紫金脂。十月周天火，玉鼎产琼芝。

你休痴，今说破，莫生疑。乾坤运用，大都不过坎和离。石里缘何怀玉，因甚珠藏蚌腹，借此显天机。何况妙中妙，未易与君知。

其二

不用寻神水，也莫问华池。黄芽白雪，算来总是假名之。只这坤牛乾马，便是离龙坎虎，不必更猜疑。药物无斤两，火候不用时。

偃月炉，朱砂鼎，总皆非。真铅真汞，遇之不炼要何为？自己金公姹女，渐渐打成一块，胎息象婴儿。不信张平叔，你更问他谁。

其三

要做神仙去，工夫譬似闲。一阳初动，玉炉起火炼还丹。捉住天魂地魄，不与龙腾虎跃，满鼎汞花乾。一任河车运，径路入泥丸。

飞金精，采玉液，过三关。金木间隔，如何上得玉京山。寻得曹溪路脉，便把华池神水，结就紫金圆。免得饥寒了，天上即人间。

其四

土釜温温火，橐籥动春雷。三田升降，一条径路属灵台。自有真龙真虎，和合天然铅汞，赤子结真胎。水里捉明月，心地觉花开。

一转功，三十日，九旬来。抽添气候，炼成白血换枯骸。四象五行聚会，只在一方凝结，方寸绝纤埃。人在泥丸上，归路入蓬莱。

其五

堪笑尘中客，都总是迷流。冤家缠缚，算来不是你风流。不解去寻活路，只是担枷负锁，不肯放教休。三万六千日，受尽百年忧。

得人身，休蹉过，急宜修。乌飞兔走，刹那又是死临头。只这眼前快乐，难免无常两字，何似出尘囚。炼就金丹去，万劫自逍遥。

沁园春

（二首）

一

要做神仙，炼丹工夫，譬之等闲。但姹女乘龙，金公御虎，玉炉火炽，土釜灰寒。铅里藏银，砂中取汞，神水华池上下间。三田内，有一条径路，直透泥丸。

一声雷震昆山。真橐籥、飞冲夹脊关。见白雪漫天，黄芽满地，龟蛇缭绕，乌兔掀翻。自古乾坤，这些离坎，九转烹煎结大还。灵丹就，未升腾玉阙，且在人寰。

二

（赠胡葆光）

要做神仙，炼丹工夫，亦有何难。向雷声震处，一阳来复，玉炉火炽，金鼎烟寒。姹女乘龙，金公跨虎，片饷之间结大还。丹田里，有白鸦一个，飞入泥丸。

河车运入昆山。全不动纤毫过玉关。把龟蛇乌兔，生擒活捉，霎时云雨，一点成丹。白雪漫天，黄芽满地，服此刀圭永驻颜。神丹结，脱胎并换骨，身在云端。

山坡羊

（四首）

其一

默坐寒灰清静，会向时中一定。金城贼返，报马流星奔。用将须分左右军，出师交征定主宾。排的是天文地理，九宫八卦天魂阵。捉住金精也，送黄庭土釜封。神通，战罢方能见圣人。英雄，不时干戈定太平。

其二

不刻时阴阳交并，古盆一声号令。九宫八卦，排列下拿龙阵。领金乌左右军，夺乾坤始媾精。三回九转，交战在西南境。得胜回朝也，河车不曾暂停。辛勤，曲枕昼夜行。专精，铁打方梁磨绣针。

其三

独坐无为宫殿，息息绵绵不断。我把生身父母，要使他重相见。青头郎天外玄，白衣妇海底眠。婴儿姹女，阻隔在天涯远。全仗著黄婆也，黄婆在两下缠。团圆，打破都关共一天。托延，赏罢蟾辉斗柄偏。

其四

圆觉金丹太极，这造化谁人知味。傍门小径，正理全然昧。学三峰九鼎奇，习休粮与闭饥。吃斋入定，到底成何济。耽阁了浮生也，道无缘福不齐。思知，不识阴阳莫乱为。修持，莫信愚徒妄指迷。

满庭芳

（二首）

其一

鼎用乾坤，药须乌兔，恁时方炼金丹。水中虎吼，火里赤龙蟠。况是兑铅震汞，自元谷、上至泥丸。些儿事，坎离复姤，返老作童颜。

五行，全四象，不调停火候，间断如闲。六天罡所指，玉出昆山。不动纤毫云雨，顷刻处①、直透三关。黄庭内，一阳来复，丹就片时间。

其二

两种汞铅，黄婆感合，如如真虎真龙。周年造化，蹙在片时中。炉里温温种子，玄珠象、气透三宫。金木处，炼成赤水，白血自流通。

无中，胎已兆，见龟蛇乌兔，恍惚相逢。但坎离既济，复姤交融。了得真空命脉，天地里、万物春风。阴阳外，天然夫妇，一点便成功。

酹江月
（冬至赠胡胎仙）

因看斗柄，运周天、顿悟神仙妙诀。一点真阳生坎位，点却离宫之缺。造物无声，水中起火，妙在虚危穴。今年冬至，梅花依旧凝雪。

先圣此日闭关，不通来往，皆为群生设。物物含生育意，正在子初亥末。自古乾坤，这些离坎，日日无休歇。如今识破，金乌飞入蟾窟。

《紫清指玄集》终

附录

道阃元枢歌②

鹤林真人彭耜　著

君不见一粒金丹何赫赤③，大如弹丸色如橘。人人分上本圆成，夜夜灵光满神室。神室即是此灵台，中有长生不死胎。元君谓之偃月炉，炉中药物象

---

① 处，同治本作"间"。
② 《道阃元枢歌》，误入《海蟾问道集》。《藏外道书》第6册《群仙歌》题名"鹤林真人彭耜著"。
③ 赤，《藏外道书》本作"兮"。

三台。来时一父对一母，到后三男及三女。朝屯暮蒙有君臣，昼姤夜复分宾主。青衣姹女骑青龙，却将白虎与金翁。三花烂漫神霄府，双鹤徘徊太乙宫。都来金木水火土，几多生老病死苦。但教仁义礼智信，自然宫商角徵羽。自子至巳震兑乾，自午至亥巽艮坤。坎离本是交会宫，卯酉乃其出入门。房虚昴星直四季，二分二至有启闭。若观混沌未分前，思量造化真儿戏。谁知金液大还丹，只在常人日用间。为君说破修丹旨，闹非城市静非山。丹头本自生前结，真静妙明光皎洁。在外即非砂与硫，在内即非精与血。火药元来一处居，看时似有觅时无。教君终日默如愚，炼成一颗如意珠。大冶真金色不变，争奈尘埃寻不见。生来死去几万遍，所以如今用修炼。分明一味水中金，但向华池著意寻。八两金兮八两木①，一物浮兮一物沉。攒簇五行在庚甲，四象五行要和合。夜半金乌入广寒，白如酥兮黄如蜡。金精木液本虚无，嫩时须采老时枯。炽则坤火略埋藏，次则巽风为吹嘘。定里一静而一动，静中一照而一用。风吹杨柳是真铅，雨洗桃花是真汞。三关轧轧紫河车，九鼎灿灿黄金砂。紫府乌龟餐白雪，丹田朱凤啄黄芽。地下海潮天上月，以此消长应圆缺。此则抽添进退机，便是虚空造化骨。水源清浊要须知，相生相克有幽微。夺得天机大造功，年中之月日中时。及至打熬成一块，试问时人会不会。不增不减何抽添，无去无来何进退。盈亏衰旺自有时，刑德临门有偶奇。若到丹成虽沐浴，守城野战要防危。温养婴儿须藉母，七返九还须识主。一爻刚兮一爻柔，一候文兮一候武。片饷工夫炼得成，一年火候始胎婴。九溯九回为九转，雷声震动鬼神惊。炼丹工夫只十月，渐采渐炼渐凝结。三年九载方老成，子子孙孙千百亿。昔日因看《龙虎经》，于中龙虎转难明。歌诗契论都寻遍，到底金丹学未成。嘉定丁丑春三月，有一道人蓬其发。授我袖中一卷书，读之字字金丹诀。道人去后杳难逢，北海苍梧有底踪。貌其形状以问人，人言此是玉蟾翁。堪嗟世上学仙者，泥象执文皆认假。岂知一物常相随，圆陀陀兮赤洒洒。得诀归来试炼看，龙争虎战片时间。九华天上人知得，一夜风雷撼万山。侬家本住螺江上，明月清风无尽藏。等闲作此大道歌，要与时人为榜样。未说修丹便得仙，且图形固得延年。那堪或有冲升分，渺渺白鹤登青天。

---

① 木，《海蟾问道集》作"水"。

第八编　金丹大成集

萧廷芝　著

点校说明

1.《金丹大成》，题名"紫虚了真子萧廷芝元瑞述"，收入《道藏·洞真部方法类》之《修真十书》卷九至十三。也收入《道藏辑要》昴集。民国丁福保《道藏精华录》第八集，收《金丹大成集》，题名"紫虚真人了真萧廷之元瑞撰、四峰山人元真子董德宁辑录"。

2. 本篇以《道藏》第 4 册《修真十书》本为底本。参校《道藏辑要》《道藏精华录》本。图刻，截取自《道藏辑要》。

3. 萧廷芝，字元瑞，号了真子，福州人。彭耜门弟子，是南宗重要传人。《道藏》洞神部玉诀类邓锜注《道德真经三解》(《道藏》12 册）有萧廷芝《大道正统》云："若夫大道之正传，迄今海琼先生方三十五代尔。……海琼之后，大道一脉归之鹤林先生，为往圣继绝学，为后世立法门……廷芝忝列鹤林先生门下一人之数。"所著《金丹大成集》较全面的反映了南宗内丹的理论体系和修炼方法，文字浅显，图文并茂，要言不繁，对南宗丹法的传播起有很大的作用，才情不亚于白玉蟾。

金丹大成集

紫虚了真子萧廷芝元瑞　述

卷一

无极图说

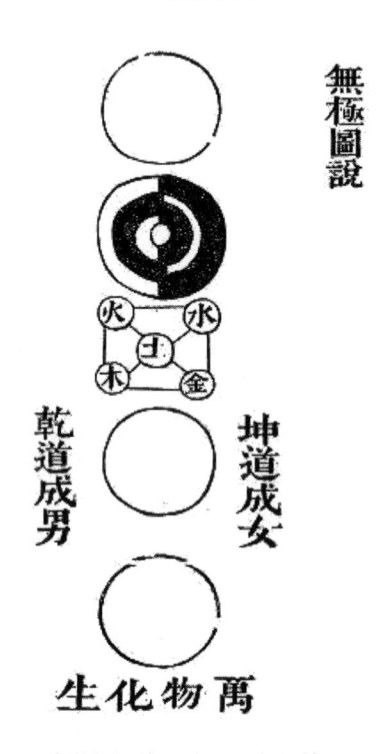

○者，道也。形而上者谓之道，斯乃道之体也。无极而太极，◉含三为一，中具五十五数，中○者乃其本体也。太极一判，两仪生焉。☾之动根乎阴也，☽之静根乎阳也。✴此阳变阴，合而生水、火、土、金、木也。水生数一，成数六；火生数二，成数七；木生数三，成数八；金生数四，成数九；土生数五，成数十，此五行生成之数也。天一、地二、天三、地四、天五、地六、天七、地八、天九、地十。天地之数五十有五，此阳奇阴偶之数也。一阴一阳之谓道，生生不穷之谓易。一者，奇数也；二者，偶数也。阳奇阴偶，即二以生三也。纯乾☰，性也。两乾而成坤☷，命也，犹精与气也。乾再索坤而成坎☵，坎中之阳乃元气也，所谓"乾道成男"是也。坤再索乾而成离☲，离中之阴乃真精也，所谓"坤道成女"是也。○乾男坤女，以气化者言也。离者，日之象也；坎者，月之象也。日月合而成昜（易）。易者，日用常行易简之道也，千变万化而未尝灭焉。然则形中之精，寂然不动，盖刚健中正纯粹精者存乃性之所寄也，为命之根矣；心中之神感而遂通，盖喜怒哀乐爱恶欲者存乃命之所寄也，为性之枢矣。惩忿则心火下降，窒欲则肾水上升，君子黄中通理，正位居体，美在其中，畅于四肢，故修此而吉也。于是闲邪存诚，终日如愚，天理纯全，归根曰静，静曰复命，动极而静，静极复动也。万物化生○，以形化者言也。形而下者谓之器，斯乃道之用也。南轩曰：真识根源，谓之知道。知此道者，则可以超出乎造化之外，卓然而独存矣。

天心图

家居北斗星杓下
劍掛南宮月角頭

鉤橫偃月
三點臺星
斗杓斡運
虎嘯龍吟

玄牝图

點化離宮腹裏陰
取將坎位心中實

虛無之陰
天地之根
玄之又玄
眾妙之門

既济鼎之图

鼎內先乾活水銀
爐中慢養眞金液

離坎相交
水火旣濟
鉛汞入鼎
迺生根蒂

河车图

直駕元神歸紫府
潛搬眞氣入黃庭

北方正氣
日月爲輪
搬水運火
晝夜無停

周天火候图

泄天符火候图

子（复卦），十一月

谓之一还，微微小火宜温养，初九潜龙不可煅。

丑（临卦），十二月

谓之二还，须逢九二见龙时，此时阴阳方顾恋。

寅（泰卦），正月

谓之三还，一返，寅月屯爻方直事，始堪进火炼红铅。

卯（壮卦），二月

木液旺在卯，丹头宜沐浴。

辰（夬卦），三月

谓之四还，二返，返中仔细辨工夫，文后更宜加一武。

巳（乾卦），四月

谓之五还，三返，此月又当行武火，牵将白虎产明珠。

午（姤卦），五月

谓之六还，四返，沐浴后，退符抽添犹虑险。

未（遁卦），六月

谓之七还，五返，武火临终用一文，桃花已落惟留蒂。

申（否卦），七月

谓之八还，六返，两头文，中间武。

酉（观卦），八月

金精旺在酉，沐浴后养火。

戌（剥卦），九月

谓之九还，七返，蒙受生成，火府于戌。

亥（坤卦），十月

脱胎吞入腹，我命不由天，功夫入坤宫，还丹道已穷。

六十卦火候图

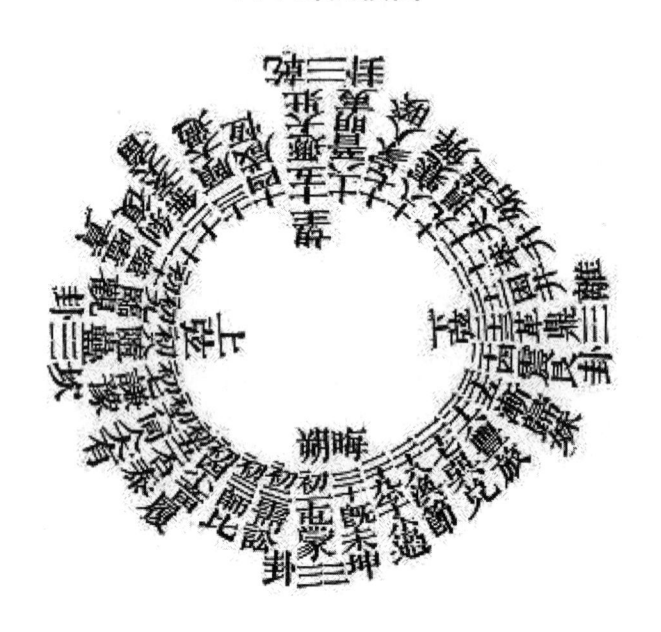

或曰：卦有六十四，止用六十，何耶？

夫乾坤为门户，为鼎器；坎离为匡廓，为枢辖。象天地日月，包藏万物，不用而用之以道也。上六十卦计三百六十爻，并乾坤坎离四卦共三百八十四爻，计万有一千五百二十策，以周万物之数，朝暮各用一卦，计十二爻，一爻当一时；言其小，则象一月三百六十时；言其大，则象一年三百六十日；言其运，则象周天之度数。得象忘言，其意明矣。

大衍数图

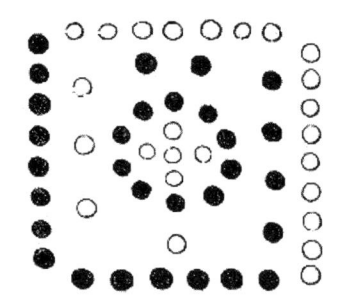

东三南二同成五，北一西方四共之。

戊己还从本生数，三家相见结婴儿。

夫天地未有无用之数，故一三五七九阳，奇数也，天数二十有五；二四六八十阴，偶数也，地数三十。天地之数，总而五十有五。大衍之数五十者，去五为五行之本。其用四十有九者，又去一，以象太极之不动。于此可以知，其有体有用矣。《钟离传道集》曰"进火有数"。

金丹橐籥图

橐籥歌

乾坤橐籥鼓有数，离坎刀圭采有时。铅龙升兮汞虎降，龟蛇上下两相持。天上日头地下转，海底婵娟天上飞。乾坤日月本不运，皆因斗柄转其机。人心若与天心合，颠倒阴阳止片时。虎龙战罢三田静，拾取玄珠种在泥。黄婆媒合入中宫，婴儿姹女相追随。年中用月日用时，刻里功夫妙更奇。暗约斗牛共欢会，天机深远少人知。进火烹煎天地髓，开炉沐浴霞进辉。九还七返在片饷，真炁薰蒸达四肢。温养婴儿惟藉母，守城野战要防危。一时八刻一周天，十二时辰准一年。始于复卦终于剥，朝屯暮蒙有后前。春夏秋冬依次第，炼至坤宫始凝坚。不须究易行卦气，身中自有一坤乾。天地日月若交会，打破虚空只一拳。宇宙造化在吾手，向上天机不妄传。惟人至尊而至贵，可炼金液大还丹。还丹口诀无多子，炼就移身谒①洞天。

金液还丹赋

（金液还返，结成大丹）

求道至近，学仙岂难？采玉壶之大药，炼金液之还丹。探赤水之玄珠，龟蛇吐咽；运西方之至宝，龙虎盘旋。粤自紫府开而海峤云生，黄河翻而泥丸浪滚。虽乾坤同体，兑谓鼎器，然铅汞二物，互为根本。丹源何在？存三要以守一元。金液结成，自九还而周七返。是丹也，恍惚无物，杳冥有精。循八卦兮合四象，聚三花兮攒五行。味出庚辛，须定志以采取；卦属艮巽，要知时而旺生。始而炼金液以交媾，终则调玉浆而养成。壶中日月之循环，须明宗祖；身里夫妻之交合，要识根茎。由是升降之际，当辨君臣；来往之间，仍分主客。凝绝耳韵，调匀鼻息。审药老嫩，明进退之寸尺；抱一孜专，守雌雄之黑白。望焉飞汞以擒魂，晦则引铅而制魄。推排符火，卷舒性内之阴阳；呼吸风云，烹炼身中之炁液。大抵人炼乎气，须和合于四象。气纯乎阳，自消磨于众阴。东捉青龙，西捉白虎；北寻玄武，南寻赤禽。惟中宫和会以共处，以土釜封藏而必深。有动有静，有气无质；知吉知凶，知

---

① 谒，《道藏辑要》本作"入"。

机自心。能酝就自然之酒，慢调成无韵之琴。安排既未之鼎炉，熬成白雪；鼓动乾坤之橐籥，煅作真金。盖始者金木间隔，孰使交并？金水混融，未归淘①汰。自金井一提，水虎潜伏；迨金锁一发，火龙相会。是宜满黄金之鼎，而调味固济；饵紫金之膏，而凝神闭兑。周流真气以充盈，出入元神之广大。火升水降，抽添善了于屯蒙；辐凑轮成，运用默符于否泰。又当知药物调和，悟者甚易；火候消息，行之恐②难。一十月工夫，存渺渺绵绵之息；三万年气数，在来来往往之间。所以养丹田之宝，其宝长在；夺丹鼎之珠，此珠复还。既得此超升之诀，常开其生死之关。驾动河车，离尘世尾闾之海；移归天谷，上昆仑蓬岛之山。噫！万般仙诀，契论歌诗。一窍玄关，精神气穴。升金门，朝金阙，膺帝诏之召；严金相，证金仙，脱圣胎之结。此其饵金液之丹，成金刚之体，而性命双圆，妙难轻泄。

金液还丹诗

搬液上昆山，工夫信不难。
往来敲玉洞，还返炼金丹。
西采存三药，中归守一坛。
片时间下手，七返后成团。
鼓动乾坤橐，循环日月滩。
玄关真一窍，直路彻天端。

金液还丹论

道以心为用也，或者疑之，至人辨焉。夫道者，心之体；心者，道之用。道融于心，心会于道，道外无馀心，心外无馀道也。能知运用者，以道观心，心即道也；以心贯道，道即心也。是心也，非人心之心，乃天心之心也。天之居于北极，为造化之枢机者，此心也。故斗杓一运，四时应节，五

---

① 淘，底本作"陶"，校者改。
② 恐，底本作"孔"，校者改。

行顺序，寒暑中度，阴阳得宜矣。在人亦然。首有五宫，上应九隅，其中一宫曰天心，一曰紫府、天渊、天轮、天关、天京、山都关、昆仑顶，其名颇众，总而言之曰"玄关一窍"。运用于此者，可不辨药材所产之川源，火候细微之要旨，以至温养而成丹，皆不离乎此心之为用也。尝谓药愈采而愈多，火渐炼而渐结。其采药之初也，动乾坤之橐籥，取离坎之刀圭，凝神聚炁，调匀鼻息，呼吸应手。迨夫神气之入乎其根也，闭极则失于急，纵放则失于荡，惟使其绵绵续续，勿令间断矣。然后神久自凝，息久自定。其运火之功也，一刚一柔，一文一武，进寸而退尺，前短而后长，分宾主，立君臣，使其阴符阳火，进退之得其宜也。火数太燥，则汞上飞矣；水铢太滥，则铅下消矣。惟使其斤两调匀，法度准确，无进火退符之昧其用也。由是依约卦爻，以十二月促于一时之内，阴阳升降，以为运火之则也。一阳之生，始乎复也，时为子焉，微养其潜龙；临，丑也，温养其见龙；泰，寅也，火生于寅，屯之直事，故进符用武火焉；壮，卯也，阳中含阴，故沐浴焉；夬，辰也，文火以炼之；乾，终于①巳也，火加武焉；自子至巳，纯阳用事，乃内阴求外阳也。一阴之生，始乎姤也。时为午焉，火旺于午，故退符用文火焉。遁，未也，时为六月，故火武焉，则不为盛夏之浓霜矣；否，申也，微火以调之；观，酉也，阴中含阳，故沐浴后养火也；剥，戌也，火库于戌，蒙受生成，火用武矣；坤，终于亥，脱胎入腹，以成变化也。自午至亥，纯阴用事，乃外阳附内阴也。然火生于寅，旺于午，库于戌，故抽添之妙，在于屯蒙也。噫！始复终坤，皆以卦象则之也。进退以象春夏秋冬之相代，抽添以象日月圆缺之相仍。火之未燃也，藉巽风以吹之；火之既燃也，资坤水以沃之。火功一正②，气液混融，铅汞交结，姹女敛袂，婴儿仰从，守于中宫，合为一也。七返九还之秘，毕于此矣。向使运火失宜，异证百出，金虎与木龙飞腾，坎男与离女奔逸，虽黄帝临炉，太乙执火，八公煅炼，欲结成丹，不可得也。可不谨审而调燮之？故丹经曰：既得真铅，又难真火。岂轻议哉？虽然，金丹之道皆法象也。以铅汞为体，当知铅精汞髓皆譬喻也；以离坎为名，当知坎男离女皆虚名也；以龙虎为形，又当知火龙水

---

① 于，底本无，据《道藏精华录》本补。
② 正，底本作"止"。

虎非有形也；谓如黄芽白雪、神水华池，皆非可见可用之物乎？要之配合而调和，抽添而运用。故此丹药，非金石、草木之料；此火候，非年月日时之数，当从本根实地而为之。炼形化炁，炼炁化神，不过夺天地一点真阳，始乎有为，而终则无为也。或者泥象以安炉，著相而造鼎，执著火候，认为顽空，则谬矣！吁！否极则泰，动极则静，静曰复命，真精自朝，真息自定，谷神自栖，三尸自灭，心中无心，念中无念，身入无形，与道为一矣。

卷二

金丹问答

问曰：如何谓之金液还丹？

答曰：金液者，金水也。金为水母，母隐子胎，因有还丹之号也。前贤有曰：丹者，丹田也。液者，肺液也。以肺液还于丹田，故曰金液还丹。

问曰：何谓铅汞？

答曰：非凡黑锡、水银也。真一子曰：铅是天地之父母，阴阳之根基。盖圣人采天地父母之根而为大丹之基，采阴阳纯粹之精而为大丹之质，且非常物造作也。汞性好飞，遇铅乃结，以其子母相恋也。

问曰：何谓火？

答曰：火者，太阳真气，乃坎中之阳也。紫清真人曰：坎中起火是也。

问曰：何谓候？

答曰：五日为一候，是甲子一终也。日有十二时，五日六十时，终一甲子也。紫阳曰：一刻之功夫，自有一年之节候，以起火之际，顷刻一周天。

又问：火候如何用？

答曰：年中用月，月中用日，日中用时，时中用刻也。

问曰：何谓真一？

答曰：人能将自己天真安于天谷之内，乃守真一之道也。金洞主云：真一者，在于北极太渊之中也。

问曰：何谓动静？

答曰：阳主动，阴主静。翠虚曰：动中求静，静中有为，动静有作，口口传之。

问曰：何谓九还？

答曰：金生四，成数九。还者，自上而还下。九乃老阳之数。阴真君曰：从子至申为九还，亦顺下也。

问曰：何谓七返？

答曰：火生二，成数七。返者，自下而返上。七乃少阳之数，阴真君曰：从寅至申为七返，亦逆上也。

问曰：何谓炉？

答曰：上品丹法以神为炉，以性为药，以定为水，以慧为火。中品丹法以神为炉，以气为药，以日为火，以月为水。下品丹法以身为炉，以气为药，以心为火，以肾为水，又有偃月炉、玉炉。

问曰：何谓鼎？

答曰：鲍真人云：金鼎近泥丸，黄帝铸九鼎是也。

问曰：何谓药物？

答曰：即此药物顺即成人，逆则成丹，五行颠倒，大地七宝，五行顺行，法界火坑，百姓日用而不知也！紫清曰："采药物于不动之中"是也。

问曰：神水、华池何也？

答曰：李筌云："还丹之要，在于神水华池。"紫阳曰："以铅入汞，名曰神水；以汞投铅，名曰华池。"海蟾曰："从来神水出高源。"紫清曰："华池正在气海内。"

问曰：何谓三关？

答曰：头为天关，足为地关，手为人关。

问曰：何谓内三要？

答曰：第一要，大渊池也。第二要，绛宫也。第三要，地户也。

问曰：何谓外三要？

答曰：口之与鼻共三窍，是神气往来之门户，下功之际，调鼻息，缄舌气，闭兑也。

问曰：何谓兑？

答曰：真一子云："兑，口也。"

问曰：婴儿、姹女，正在何处？

答曰：婴儿在肾，姹女在心。

问曰：肾属水为阴，婴儿属阳，心属火为阳，姹女属阴，何缘居此？

答曰：肾属坎☵，阴中有阳，乃真阳也。心属离☲，阳中有阴，乃真阴也。

问曰：泥丸宫，正在何处？

答曰：头有九宫，中曰泥丸。

问曰：何谓金公？

答曰：金边著公，乃铅[①]也。紫阳曰："要能制伏觅金公。"

问曰：何谓黄婆？

答曰：黄乃土之色，位属坤，因取名焉。紫清曰："金公无言姹女死，黄婆不老犹怀胎。"

问曰：呼吸何如？

答曰：呼出心与肺，吸入肾与肝。呼则接天根，吸则接地根；呼则龙吟云起，吸则虎啸风生。呼吸风云，凝成金液。

问曰：何谓琼浆玉液？

答曰：皆神水也。

问曰：何谓神气？

答曰：神是火，火属心。气是药，药属身。神气，子母也。虚靖天师云：气者生之元也，神者生之制，持满驭神，专气抱一，神依气住，神气相合，乃可长生。三茅真君曰："气是添年药，心为使气神。若知行气主，便是得仙人。"

问曰：何谓十二重[②]楼？

答曰：人之喉咙管，有十二节是也。

问曰：何谓帘帷？

答曰：眼是也。下功之际含眼[③]光。云房曰：闭户垂帘默默窥也。

问曰：何谓子午？

答曰：子午乃天地之中也，在天为日月，在人为心肾，在时为子午，在

---

① 铅，古字作"鈆"，故曰"金边著公，乃铅也"。
② 重，据《道藏辑要》本补。
③ 眼，据《道藏辑要》本补。

卦为坎离，在方为南北。

问曰：何谓五位相得而各有合？

答曰：天地五十五数，故乾得一九合而成十，坤得四六合而成十，巽兑得二八合而成十，震艮得三七合而成十，离得五，坎得十。坎离无偶，所以自合也。以数言之，则得天地之中数；以爻言之，则得天地之中爻；以位言之，则得天地之中位。坎离为用，不以大乎？

问曰：何谓五岳？

答曰：《五岳真形图》曰：在人之头。紫清以有"巾藏五岳冠"之句。

问曰：何谓玄牝？

答曰：在上曰玄，在下曰牝。玄关一窍，左曰玄，右曰牝。

问曰：何谓玄牝之门？

答曰：鼻通天气曰玄门，口通地气曰牝户。口鼻，乃玄牝门户也。

问曰：何谓三男三女？

答曰：乾道索坤，长男曰震，中男曰坎，少男曰艮。坤道索乾，长女曰巽，中女曰离，少女曰兑。

问曰：何谓火龙水虎？

答曰：虎，西方金也。金生水反藏形于水。龙，东方木也，木生火反受克于火。太白真君曰："五行不顺行，虎向水中生；五行颠倒术，龙从火里出"是也。

问曰：何谓分至？

答曰：子时象冬至，阴极而阳生，午时象夏至，阳极而阴生。卯时象春分，阳中含阴，酉时象秋分，阴中含阳，人身亦有分至。紫阳曰："以身心分上下两弦，以神气别冬夏二至。"

问曰：何谓沐浴？

答曰：真气薰蒸，神水灌溉，为沐浴，太上曰：灌以甘泉，涤其垢污。出自华池，后归坤户。杏林曰："沐浴资神水"是也。

问曰：何谓抽添？

答曰：既抽铅于肘后，须添汞于中黄。《传道集》曰："可抽之时，不可不添"是也。

问曰：何谓搬运？

答曰：搬金精于肘后，运玉液于泥丸，下手工夫口诀存焉。

问曰：何谓三田？

答曰：脑为上田，心为中田，气海为下田。若得斗柄之机斡运，则上下循环，如天河之流转也。

问：背后三关？

答曰：脑后曰玉枕关，夹脊曰辘轳关，水火之际曰尾闾关。

问曰：何谓神室？

答曰：元神所居之室也。朗然子曰："未明神室千般扰，达了心田万事闲。"

问：三花聚顶？

答曰：神气精混而为一也。玄关一窍，乃神气精之穴也。

问：五气朝元？

答曰：五藏真气，上朝于天元也。

问：和合四象？

答曰：眼不视而魂在肝，耳不闻而精在肾，舌不动而神在心，鼻不嗅而魄在肺，精神魂魄聚于意土也。

问曰：马牙、真主人、神符、白雪，何也[①]？

答曰：皆铅汞之总名也。

问：河车？

答曰：北方正气，名曰河车，左曰日轮，右曰月轮，搬负正气，运藏元阳，应节顺行，下手无非此车之力。

问曰：老嫩何也？

答曰：采药之时，审其老嫩。彭鹤林曰："嫩时须采老时枯。"紫阳曰："铅见癸生须急采，金逢望远不堪尝"是也。

问：浮沉？

答曰：铅浮而银沉也。

问：清浊？

答曰：阳清而阴浊也。清者浮之于上，浊者沉之于下。修丹者，留清去

---

① 何也，据《道藏辑要》本补。

浊，盖清属阳而浊属阴也。

问：五行相克？

答曰：《金碧经》云：金木相伐，水火相克，土旺金乡，三物俱丧。四海辐辏，以致太平，并由中宫土德之功也。

问曰：往来何也？

答曰：子往午来，阴符阳火，自子进符至辰巳，自午退符至戌亥，始复终坤，皆以卦象则之。一消一长，一往一来，以成其变化。《易》曰："阖户谓之坤，辟户谓之乾，一阖一辟谓之变，往来不穷谓之通"也。

问：雌雄？

答曰：雌阴、雄阳也。一阴一阳谓之道，孤阴寡阳，不能自生。《参同契》曰："雌雄相错，以类相求。"注曰：雄，金砂也；雌，火汞也。相须含吐，类聚生成，以为神药也。

问：防危？

答曰：防火候之差失，忌梦寐之昏迷。翠虚曰："精生有时，时至神知。百刻之中，切忌昏迷。"

问：交合？

答曰：磁石吸铁，隔碍潜通。

问：有无？

答曰：《金碧经》曰：有无互相制，上有青龙居，两无宗一有，灵化妙难窥。

问：刑德？

答曰：阳为德，德出则万物生；阴为刑，刑出则万物死。故二月阳中含阴，而榆荚落，象金砂随阴气动静，落在胎中，故曰归根也。八月阴中含阳，而荞麦生，象金水随阳气滋液于鼎内。故卯酉乃刑德相负，阴阳两停，故息符火也。

问：黑白？

答曰：《参同契》曰："知白守黑，神明自来。"白者，金也。黑者，水也。以金水之根，而为药基矣。

问：寒暑？

答曰：真一子曰：不应刻漏，风雨不调，水旱相伐。或阳火过刻，或阴符失节。凝冬变为大暑，盛夏反作浓霜，火候过差，灵汞飞走，运火之士，可不谨之！

问：晦朔？

答曰：《参同契》曰："晦朔之间，合符中行。"乃金水符合之际也。

问：固济？

答曰：太白真人曰："固济胎不泄，变化在须臾"。言其水火既济，闭固神室，而不可使之泄漏。

问：圣胎？

答曰：无质生质，结成圣胎。辛勤保护十月，如幼女之初怀孕，似小龙之乍养珠，盖神气始凝结，极易疏失也。

问：四正？

答曰：子午卯酉，为四正。玄关一窍，四正宫也。

问：黄庭正在何处？

答曰：在膀胱之上，脾之下，肾之前，肝之左，肺之右也。

问：金乌玉兔？

答曰：日中乌，比心中之液也；月中兔，比肾中之气也。

问：炼形？

答曰：炼形化气，炼气化神，炼神合道也。金洞主曰：以精炼形，非凡砂石。

问：紫阳谓"心肾非坎离"，何也？

答曰：心肾特坎离之体耳，有体有用。

问：所用者何也？

答曰：天心乃心之用也，属离。形乃肾之用也，属坎。交媾之际，运用于此矣。

问：功夫？

答曰：知时而交媾，进火而防危，阳生而野战，刑德而沐浴，以至温养成丹也。

问：野战？

答曰：《龙虎经》曰："文以怀柔，武以讨叛。"紫阳曰："守城野战知凶吉，增得灵砂满鼎红。"

问：温养？

答曰：杏林曰："温养象周星。"毗陵曰："金鼎常留汤用暖，玉炉不要火教寒"是也。

问：烹炼？

答曰：烹金鼎，炼玉炉，口诀存焉。

问：赏罚？

答曰：春气发生谓之赏，乃巳前阳火之候也；秋气杀物谓之罚，乃午后阴符之候也。

问：守城？

答曰：抱元守一，而凝神聚气也。

问：隄防？

答曰：驱除杂念，而专心不二也。

问：神庐者，何也？

答曰：鼻也，乃神气出入之门。《黄庭经》曰："神庐之中当修治，呼吸庐间入丹田。"

问：太一含真？

答曰：守真一于天谷，气入玄元，即达本来天真。太上曰：真道养神。若能守我在死气之关，令七祖枯骨皆有生气。生我者道，活我者神，将神守道，以道养神是也。

问：三尸？

答曰：《中黄经》曰：一者上虫，居脑中；二者中虫，居明堂；三者下虫，居腹胃。名曰彭琚、彭质、彭矫也。恶人进道，喜人退志。上田乃元神所居之宫，惟人不能开此关，被尸虫居之，生死轮回，无有了期。若能握元神，栖于本宫，则尸虫自灭，真息自定，所谓一窍开而百窍齐开，大关通而百骸尽通，则天真降灵，不神之神，所以神也。

问：胎息？

答曰：能守真一，则息不往来，如在母胞胎之中，谓之大定也。

问：玉池？

答曰：口也。《黄庭经》曰："玉池清水灌灵根"是也。

问：橐籥？

答曰：橐乃无底囊，籥乃三孔笛，又是铁匠手中所弄鼓风之物也。老子曰："天地之间，其犹橐籥乎？"《升降论》曰：人能效天地橐籥之用，开则气出，阖则气入，出则如地气之上升，入则如天气之下降，一升一降，自可与天地齐其长久矣。

问：五芽？

答曰：乃五脏之真气。《中黄经》曰：子能守之三虫[①]弃，得见五芽九真气。

问：屯蒙？

答曰：《道枢》曰：坎者，水也，一变为水泽之节，再变为水雷之屯，其爻居寅。离者，火也，一变为火山之旅，再变为火风之鼎，三变为山水之蒙，其爻居戌。抽添水火，在于寅戌，十二卦气，在于屯蒙运用。

问：采日精月华？

答曰：非外之日月也。采心中真液，肾中真气也。

问：内外八卦？

答曰：头为乾，足为坤，膀胱为艮，胆为巽，肾为坎，心为离，肝为震，肺为兑也。

问：修炼待时，然后下手？

答曰：有时中之功夫，有刻中之功夫。毗陵曰："炼丹不用寻冬至，身中自有一阳生。"马自然曰："不择时中分子午，无爻卦内别乾坤。"此皆刻中之功夫也。

问：金丹形象如何？

答曰：形若弹丸，色同朱橘。抱朴子曰：大如弹丸黄如橘，中有嘉味甘如蜜。沙门得之以禅定，黄衣得之即超逸，审之行之天地毕。《元枢歌》曰："君不见一粒金丹何赫赤，大如弹丸黄如橘。人人分上本圆成，夜夜灵光常满室。"盖人人具足，个个圆成，当知非有形之物也。吕公曰："还丹本无[②]质"是[③]也。

[①] 虫，《道藏辑要》本作"尸"。
[②] 无，底本无，据《道藏精华录》本增补。
[③] 是，据《道藏辑要》本补。

问：玄关一窍，正在何处？

答曰：在人之首，功夫容易，下手的难寻。若不遇真①师，摩顶授记，皆妄为矣。

问：真空？

答曰：返本还元为真空。杏林曰："不知丹诀妙，终日玩真空。"

问：作用？

答曰：螟蛉咒子，传精送神。

问：出神？

答曰：能守真一，真炁自凝，阳神自聚。盖以一心运诸气，气住则神住，真精积力久，功成行满，然后调神出壳也。

问：超脱？

答曰：超者，出也，是出神也。脱者，脱换凡躯也，皆天门出。前圣有脱壳之验，六祖七层宝塔出，钟吕三级红楼出，海蟾公鹤冲天门出。诗曰："功成须是出神京，内院繁华勿累身。会取五仙超脱法，炼成仙质离凡尘。"

问：尸解？

答曰：尸解有五，金木水火土也。又有积功累行，而白日飞升者。徽宗皇帝《尊道篇》末曰：亘古迨今飞升者，千有余人，拔宅者八十余家。（出《真诰》）

问：金丹之道，不亦难乎？

答曰：是不难也。紫阳曰："悟者惟简惟易，迷者愈繁愈难。"杏林曰："简易之语，不过半句；证验之效，只在片时。"翠虚曰："药之不远采不难。"毗陵曰："至道不繁人自昧。"紫清曰："只一言，贯穿万卷仙经，但片饷工夫，无穷逸乐。"师曰："下手功夫容易，坚心守道为难"也。

---

① 真，《道藏辑要》本作"明"。

卷三

七言绝句

（八十一首）

一

老子明开众妙门，一开一阖应乾坤。
果于罔象无形处，有个长生不死根。

二

得道那堪正少年，玉炉养火不曾闲。
昆仑山上黄华路，时引元神去复还。

三

大道元来一也无，若能守一我神居。
此心莹若潭心月，不滞丝毫真自如。

四

妙宝无过汞与铅，依时采取自烹煎。
从来至道无多事，自是时人识不全。

五

妙运三田须上下，自知一体合西东。
几回笑指昆山上，夹脊分明有路通。

六

拨动天轮旋日月，须臾海峤起云雷。
风涛汹涌波澄后，散作甘泉润九垓。

七

一诀分明说与贤,动中求静妙中玄。
我家活计从来别,夜夜栽培火里莲。

八

此道玄中妙更玄,古今父子不相传。
莫将火候为儿戏,须共真师仔细研。

九

大药三般精气神,天然子母互相亲。
回风混合归真体,煅炼功夫日日新。

十

水火从来一处居,看时似有觅时无。
细心调燮文兼武,片饷教君结玉酥。

十一

微微小火养潜龙,见在田时也一同。
交得三阳逢泰卦,始堪进火法神功。

十二

弦前弦后辨屯蒙,进退抽添运火功。
虑险防危须沐浴,还丹脱体入坤宫。

十三

木液金精居卯酉,只宜沐浴大丹头。
三三灌溉资神水,不用工夫运火牛。

十四

以时易日法神功，仔细穷推总一同。
九朔九回为九转，金丹还返入坤宫。

十五

一时辰内还丹结，夺得乾坤大造功。
金液余残收拾取，莫教随雨更随风。

十六

木金间隔要相交，白雪黄芽共一苞。
定意如如行火候，便从复卦运初爻。

十七

云收雨散丹凝后，琴瑟谐和了当时。
切忌不须行火候，不知止足必倾危。

十八

铅炉汞鼎少人知，木液金精旺有时。
野战更须行火候，抽添运用莫令迟。

十九

二八门中达者稀，弦前弦后正当时。
细心调燮文兼武，端的无中养就儿。

二十

金乌夜夜宿西川，离坎交时妙更玄。
温养婴儿惟藉母，外炉增减象周天。

二十一

身中阳复为冬至，便好临炉炼大丹。
托仗黄婆与媒合，夫妻共室镇同欢。

二十二

恰恰相当妙绝奇，中秋天上月圆时。
阳生急采毋令缓，进火功夫要虑危。

二十三

炼丹仔细辨功夫，昼夜殷勤守药炉。
若遇一阳才起复，嫩时须采老时枯。

二十四

生铅生汞为丹祖，聘作夫妻共一心。
从此抽添方进火，玉炉炼作一团金。

二十五

阴阳还返结成丹，九转无亏火力全。
若到坤宫受气足，只须沐浴任天然。

二十六

依时进火要孜专，勿遣猿猴[1]取次攀。
花露初开须忌触，锁居土釜莫抽关。

二十七

上下三宫三寸田，自耕自种自烹煎。
依时采取须教[2]密，进退抽添象缺圆。

---

① 猴，《道藏》本作"猿"，据《道藏辑要》本改。
② 教，《道藏辑要》本作"加"。

二十八

阆苑蟠桃自熟时，摘来服饵莫教迟。
几回下手潜偷处，无限神仙总不知。

二十九

熟铅熟汞最堪烹，谁道金丹结不成。
若也学人常得饵，伫看白日羽翰生。

三十

学人若要觅黄芽，两处根源共一家。
七返九还须识主，功夫毫发不容差。

三十一

阴居于上阳居下，阳气先升阴后随。
配合虎龙交媾处，此时如过小桥时。

三十二

调和铅汞不终朝，密固根源养圣胞。
先使日魂擒月魄，阴文阳武运初爻。

三十三

初九潜龙回一阳，分明变化在中央。
巽风呼吸吹乾火，炼得炉中胜似霜。

三十四

玉炉炼就长生药，金鼎烧成不死丹。
颠倒坎离由戊己，分明我命不由天。

三十五

夜来酒醒已三更,自觉情浓意转深。
玉洞试将灵剑击,便教虎啸与龙吟。

三十六

河车搬运上昆山,不动纤毫到玉关。
妙在八门牢闭锁,阴阳一气自循环。

三十七

酒是良朋伴是花,岭头时驾紫河车。
可怜金虎一声啸,吹散青天五彩霞。

三十八

西川岸上抬头望,无限蟾光蘸碧波。
便好下功修二八,更须仔细托黄婆。

三十九

玉炉金鼎药争光,紫雾红霞映洞房。
便向此时勤采取,元神归室不飞扬。

四十

朱砂鼎里绽黄花,偃月炉中发玉葩。
进退短长勤采摘,一时收拾入黄家。

四十一

无功功里要勤功,功外无功合圣功。
炼得丹田成至宝,任他乌兔走西东。

四十二

沂流一直上蓬莱，散作甘泉润九垓。
从此丹田沾润泽，黄芽遍地一齐开。

四十三

玄珠搬运上昆山，两扇朱门日月闲。
捉取四蛇并二鼠，虎龙交媾一时间。

四十四

元君端拱座①玄都，三叠胎仙舞八隅。
变化一阳天地震，太平因此妙工夫。

四十五

两枝剑挂南宫角，自在元神谒玉皇。
从此天宫相见后，玉阶来往是寻常。

四十六

霭霭烟笼十二楼，绛宫清静万神游。
有人问我家何处？占得风光最上头。

四十七

几回抖擞上昆仑，运动璇玑造化分。
昼夜周而还复始，婴儿从此命长存。

四十八

玉炉霭霭腾云气，金谷蒙蒙长紫芝。
神水时时勤灌溉，留连毋使火龙飞。

---

① 座，《道藏辑要》本作"坐"。

四十九

西山白虎放颠狂，东海青龙不可当。
坤母若来相制伏，一齐捉入洞中藏。

五十

外道邪魔忽逞威，七星宝剑向前挥。
果于鬼窟交锋处，夺得明珠一颗归。

五十一

自然宗祖一灵台，内有长生不死胎。
妙运阴阳还返后，周回卦气八门开。

五十二

身中一窍名玄牝，的在三关要路头。
若也知时能运用，木金交并自沉浮。

五十三

擘开玄牝露双关，煅炼功夫不等闲。
学者要知端的处，直须北斗面南看。

五十四

大道根茎识者稀，常人日用孰能知？
为君指出神仙窟，一窍弯弯似月眉。

五十五

几回抖擞上昆仑，足蹑玄关众妙门。
仗剑擘开天地锁，金乌玉兔自相吞。

五十六

昨宵姹女启灵扉，窥见神仙会紫微。
北斗南辰前后布，两轮日月往来飞。

五十七

仔细思量是妙哉，朝朝满劝九霞杯。
能教地魄搬精转，自有天魂祝寿来。

五十八

炼己修心义最深，修心须要识天心。
神仙妙诀无多子，炼就阳神消众阴。

五十九

昆仑一直至泥丸，镇日追攀自往还。
若要长生兼出世，到头不离自身间。

六十

小小壶中别一天，铁牛耕地种金莲。
这般景象家家有，因甚时人不学仙？

六十一

碧潭深处捉明珠，翻手抛来上太虚。
托仗黄婆收拾得，化为金液结凝酥。

六十二

修丹须要觅根源，产在先天与后天。
若得谷神长不死，此身何患不为仙。

六十三

执文泥象皆非实,得象忘言始合真。
大抵修丹皆法象,由来万化在人身。

六十四

仙经万卷重重说,道在常人日用间。
若也自能颠倒运,不劳万水与千山。

六十五

求仙恼乱几多人,为爱修真未识真。
若得红铅并黑汞,炼成至宝出嚣尘。

六十六

虽然小小一壶中,上下乾坤法象同。
若也知时能运用,金乌玉兔自西东。

六十七

得悟无为是有为,潜修妙理乐希夷。
几回日月滩头立,直把丝纶钓黑龟。

六十八

玉京元始座[①]瑶台,紫气凝空殿阙开。
西阁洞门三四叩,九天仙子一齐来。

六十九

恍惚之中有至精,龙吟虎啸最堪听。
玄珠飞赵昆仑过[②],昼夜河车不暂停。

---

① 座,《道藏辑要》本作"坐"。
② 过,《道藏辑要》本作"去"。

七十

独步仑①山望杳冥，龙吟虎啸甚分明。
玉池常滴阴阳髓，金鼎时烹日月精。

七十一

自家精气自家身，何必区区问别人。
下手速修犹太②晚，劝君回首莫因循。

七十二

心酸世上几多人，不解修真自损真。
精漏气凋神丧去，透灵别壳入迷津。

七十三

先天先地最玄机，福浅焉能得遇之。
采得真铅须急炼，劝君切莫更迟疑。

七十四

学人不识水中金，谩向诸般取次寻。
只是黑铅为至宝，本居兑位寄于壬。

七十五

学人不识水乡铅，颠倒阴阳位属乾。
仿佛本居于坎位，分明寄产兑宫边。

七十六

初炼还丹须入室，妇人怀孕更无殊。
圣胎凝结圆成后，出入行藏岂有拘？

---

① 仑，《道藏辑要》本作"昆"。
② 太，《道藏》本作"大"，据《道藏精华录》本改。

七十七

露心剖腹不相诬,急急躬亲大药炉。
六十甲中寻甲子,三千日内著功夫。

七十八

一等傍门性好淫,强阳复去采他阴。
口含天癸称为药,似恁淤沮枉用心。

七十九

指闭尾闾称是道,何曾虎啸更龙吟。
元阳摇动无墙壁,错认黄泥唤作金。

八十

金丹大药最通玄,向上天机不妄传。
为报近来修道者,炼精不住亦徒然。

八十一

自得仙师真口诀,敢将鄙句泄玄微。
学人于此详穷究,诗内篇篇露尽机。

卷四

乐道歌

舍妄归真隐市廛,炼铅烹汞结还丹。时人不慕长生道,声色萦心一梦间。了真子,惟乐道,奇哉妙在回心早。浮名浮利总虚华,世间惟有修真好。说修真,人最多,穷通表里无一个。因到丹山遇至人,一言与我都诀破。得诀归来试炼看,龙争虎战片时间。云收雨散万籁寂,彻夜风雨撼万山。辟地诛茅筑神室,闭关绝俗及腥膻。兀坐茅庐惟守一,玉炉养火不曾…又闲。从今踏破生死户，翻身跳出鬼门关。昆仑顶上堪来往，时引元神去又还。惟乐道，炼金丹，五气调元玉洞宽。拍手笑吹无孔笛，玩弄玄珠九曲湾。铅龙汞虎交媾时，一霎火焰飞烧天。调燮火工宜仔细，刚柔文武莫纵意。朝暮屯蒙有君臣，知足常足归本位。前行须短退须长，春夏秋冬依次第。二十八宿归一炉，水火要分前后队。复临二卦宜温养，壮观沐浴须回避。还返工夫入坤宫，炼得坚凝成一块。这般手段出作家，试问时人会不会？了真子，惟乐道，奇哉妙在回心早。垢面蓬头任所宜，寂寞无人相聒恼。渴饮金浆与玉液，饥餐交梨并火枣。两轮日月任西东，仰窥造化工夫巧。西边兑金位属西，东边震木位属卯。灵台皎洁无人修，玄坛寂静无人扫。炼精化气气化神，大都神气精为宝。金木自然会交并，水怕滥兮火怕燥。如龙养珠常自顾，如鸡养卵常自抱。金液还丹在眼前，迷者多而悟者少。有人日夜炼来餐，味胜醍醐真个好。问我日下用工夫，不离顶门真一窍。出自虚无缥缈间，先天先地为大道。学人得悟大还丹，于此歌中细寻讨。我若分毫误学人，万劫风刀当受考。

茅庐得意歌

茅庐七尺高，横过九尺阔。清闲一主人，怕客来恼聒。饥则淡饭三五匙，困则和衣睡一歇。为爱此清闲，万事都摆脱。夜夜曲江头，掬水弄明月。两脚翻来拗乾斗，定息凝神入气穴。琼浆酝就从天降，流遍舌端甘似蜜。九杯饮罢又九杯，清复浓兮时自啜。这境界，甚奇绝，醉抱杨妃共欢悦。自家身里有夫妻，子母同形活泼泼。犹如寒蝉吸晓风，又如老蚌含秋月。醉里高歌喝一声，虚空粉碎秋毫末。真得意，少人知，恍恍惚惚恰如痴。仰观造化工夫妙，日还东出月还西。捉得日魂并月魄，一浮一沉珠自飞。默运乾坤一否泰，屯蒙抽添进退机。金木自然解交并，相生相克有幽微。临炉施条莫纵意，神水沐浴要防危。大都一年十二月，木液金精忌兔鸡。十月脱胎吞入腹，九转工夫在一时。莫将火候为儿戏，须共神仙仔细推。返中若也差毫发，汞走铅飞不交结。学人于此善推详，七七从来四十八。天地之间不逃数，此是玄玄真口诀。银河若也会斗牛，密密固炉勿轻泄。下手不教神鬼见，烹炼玉炉成白雪。水银元是黑龟肝，朱砂乃是赤凤血。有文有武有刚柔，进退往来细分别。温养婴儿并野战，刻里工夫须口说。真得意，少人知，茅庐野僻人迹稀。垢面蓬头惟乐道，如鱼饮水自家知。云间独酌逡巡酒，松下闲吟无韵诗。五岳秋高飞白凤，九泉春暖养乌龟。自己阳神皆踊跃，从他阴鬼暗愁悲。元精每运无穷数，玉液常餐不暂离。我家活计工夫别，未与常人话此规。少人知，真得意，自得天机常似醉，醉弹一曲无弦琴，琴里声声教仔细。勉贤能休贪鄙火，急寻师，觅玄指，今生若不悟修真，未必来生得恁地。回头恁取紫金丹，炼来便是神仙位。

剑歌

两枝慧剑埋真土，出匣哮吼惊风雨。修丹若无此器械，学者千人万人误。惟有小心得剑诀，用之精英动千古。知时飞入太霄间，分明寻得阴阳路。捉住玉兔不敢行，炉内丹砂方定所。审其老嫩辨浮沉，进退来往分宾主。一霎火焰飞烧天，煅炼玄精妙难睹。唬唬虽则声悲苦，终是依依恋慈母。若要制伏火龙儿，却去北方寻水虎。龙见虎，互盘旋，恍恍惚惚结成团。河车搬入昆仑顶，锁居土釜勿抽关。息息绵绵无间断，抱元守一要精专。琼浆酝就从天降，馥郁甘甜遍舌端。炼之饵之入五内，只此号曰大还丹。宿疾普消神气爽，四肢和畅身康安。从来真火生于木，不会调匀莫强钻。玉炉火候须消息，火怕寒兮水怕干。若得先师真剑诀，下手修炼夫何难？悬崖铁壁挂残雪，玉匣藏处老龙蟠。华池神水磨莹净，知时提挈自挥弹。若遇有雠须急报，外道邪魔丧胆寒。破鸿濛，凿混沌，自使来来无缺损。专心定志不须忙，左右用之在款款。此歌寄语逢剑人，着意推穷可为准。

赠谌高士辞往武夷歌

剥啄叩关辞我去，启扉少款片时间。道在自身休外觅，徒劳万水与千山。君且听，我试说，语无多，真妙诀。夜深龙吟虎啸时，急驾河车无暂歇。须臾搬入泥丸顶，进火玉炉烹似雪。华池神水湛澄澄，浇灌黄芽应时节。琼浆玉液频吞咽，四体薰蒸颜色别。傍门小法几千般，惟有此道最直截。在外即非砂与硫，在内亦非精与血。圆陀陀地镇相随，赤洒洒兮光皎洁。知时下手采将来，固济神炉勿轻泄。九还七返片时功，橐籥吹嘘藉巽①风。要识玄关端的处，儿女笑指最高峰。最高峰，秀且奇，彼岸濛濛生紫芝。只此便是长生草，无限修行人不知。纵笔书数句，可谓泄天机，君兜芒鞋去，毕竟几时归。传语众仙休拟议，待我工夫彻到头，换骨定是来武夷。

赠邹峄山歌

（为剔奴剑图书②）

荷君与我剔图书，捉摸虚空样也无。机在心兮巧在手，也是无中生出有。了真子，雌雄剑，飞太空，掣雷电。半夜哮吼时，指破阴魔脸。夺得明珠还，不与常人见。一阵交锋定太平，元君端坐三清殿。娇姹女，嫁金公，洞房深处云雨浓。白面郎君骑白虎，青衣女子跨青龙。牛斗河边相见后，一时关锁在中宫。运动天然真火候，掀天煅炼一炉红。金公无言姹女死，九还七返片时功。若非欧冶传剑诀，安得青霄有路通。生涯只此雌雄剑，吹毛利水快如风。君若问，此剑诀，天机未敢分明泄。青龙项下剜明珠，白虎头边歃鲜血。有时飞入昆仑顶，交加千里冲妙穴。雌雄飞逐不曾闲，来往己手自提挈。出匣光射透天罡，照耀锋芒何凛冽。学人要觅真剑方，为言不是寻常铁。

西江月

（十二首）

一

两手擘开混沌，坦然直露丹宗。日魂月魄自西东，牢捉莫轻放纵。外道邪魔缩项，相将结宝中宫。九还七返片时功，皆赖黄婆相送。

---

① 巽，《道藏》本作"晓"，据《道藏辑要》本改。
② 据《道藏辑要》补入。

二

默运乾坤否泰，抽添妙在屯蒙。起于复卦剥于终，温养两般作用。
沐浴要防危险，吹嘘全藉巽[①]风。工夫还返入坤宫，火足不宜轻弄。

三

要识真铅真汞，都来只一根源。烹煎火候妙中玄，不是知音难辨。
采取莫差时日，仍分弦后弦前。玉炉一霎火烧天，无位真人出现。

四

莫问九三二八，无过阴偶阳奇。大都离坎结夫妻，要识屯蒙既未。
若遇一阳起复，便堪进火无迟。只因差失在毫厘，野战更宜仔细。

五

鼎器法天象地，坎离运用无差。夫妻相会入黄家，共说无生妙话。
雨意云情了当，领头驾动河车。搬归顶上结三花，牢闭玉关金锁。

六

拨动顶门关捩，自然虎啸龙吟。九还七返义幽深，出入不离玄牝。
运用玉炉火候，鼎中炼就真金。强兵战胜便收心，妙在无伤无损。

七

一二复临养火，兔鸡沐浴潜藏。分明变化在中央，结就玄珠片饷。
还返归根脱体，守城抱一隄防。黄庭来往是寻常，恍惚之中纵放。

八

夹脊双关透顶，此为大道玄门。金丹只此是宗根，大要知时搬运。
温养守城野战，华池玉液频吞。玉炉常使火温温，采药审他老嫩。

---

① 巽，《道藏》本作"离"，据《道藏辑要》本改。

九

调燮火工非小，差殊只在毫厘。鼎炉汞走黑铅飞，从此恐君丧志。
须共真师细论，无令妄动轻为。幽微玄妙最深机，言语仍须避忌。

十

九曲江头逆浪，霎时冲过天心。昆仑顶上水澄澄，酝就琼浆自饮。
便向此时采取，河车搬运无停。阴阳一炁自浮沉，锁闭玉关牢稳。

十一

药产西南坤地，金丹只此根宗。学人著意细推穷，妙绝无过真种。
了一万般皆毕，休分南北西东。执文泥象岂能通，恰似哑人谈梦。

十二

金液还丹大道，古人万劫一传。倾心剖腹露诸篇，接引直超道岸。
莫怪天机泄尽，此玄玄外无玄。留传万代与名贤，有目分明觑见。

南乡子（十二首）

（西南乃产药之所，因此故为名。）

一

真汞与真铅，产在先天与后天。大要知时勤采取，玄玄。得穴何愁不作仙。

进火要精专，审究前弦与后弦。屯卦抽添蒙卦止，难传。毫发差殊不结丹。

二

两手擘鸿濛，慧剑飞来第一峰。外道修罗惊缩项，神通。造化元来在掌中。

煅炼玉炉红，橐籥吹嘘藉巽风。十月脱胎吞入腹，坤宫。立见三清太上翁。

（老子曰：自己三清，何劳上望？）

三

温养象周天，须要微微火力全。爱护婴儿惟藉母，三年。运用抽添象缺圆。

牛斗会河边，拾取玄珠种玉田。定意如如行火候，精专。剖腹分明说与贤。

四

生甲更生庚，此是丹头切要明。药嫩采来归土釜，煎烹。文武刚柔次第行。

片饷结丹成，沐浴防危更守城。到此不须行火候，持盈。火若加临必定倾。

五

木兔与金鸡，刑德临门有偶奇。炉内丹砂宜沐浴，防危。神水溶溶满玉池。

年月日并时，刻里功夫一例推。著意研穷丹造次，毫厘。十月殷勤自保持。

六

鼎器法乾坤，上是天元下地元。若也更能颠倒运，交番。阖辟循环在八门。

搬运上昆仑，龟与蛇儿自吐吞。百尺竿头牢把线，掀援。从此元神命永存。

七

关锁自周天，升降循环三寸田。不在嘘呵并数息，天然。九转无亏火力全。

胎息谩流传，要在阴阳不可偏。呼吸吹嘘皆赖巽，绵绵。妙在前弦与后弦。

八

复卦起潜龙，戊己微调未可攻。九二见龙临卦主，神通。从此炉中次第红。

泰卦恰相逢，猛火烧乾藉巽风。炼就黄芽并白雪，奇功。还返归坤道始穷。

九

识得水中金，煅炼烹煎理更深。进退抽添须九转，浮沉！温养潜龙复与临。

妙运自天心，托仗黄婆配丙壬。酝就醍醐山顶降，频斟！慢拨无弦一曲琴。

十

长子到西方，少女归乾变六阳。便好下功修二八，隄防。至九方知道自昌。

牛斗共商量①，巧夺天工妙莫量。离坎夫妻交媾后，难忘。始觉壶中日月长。

十一

白雪与黄芽，两味精华共一家。采摘辨时衰与旺，堪夸。火候毫厘不可差。

顶上结三花，驾动羊车与鹿车。乌兔往来南北面，交加。从此天河稳泛槎。

---

① 商量，《道藏辑要》本作"参商"。

十二

尽净露天机，只恐时人自执迷。颔下藏珠当猛取，休迟。道在身中更问谁？

尘网急①抛离，百岁年华七十稀。莫待老来铅汞少，堪悲。业报前途难自欺！

读《参同契》作

气含太极，道立玄门。日抟月而易行其中，月持日而易藏其用。水腾浮作离中汞，火降沉为坎里铅。坎纳戊兮，月魄乌飞；离纳己兮，日魂兔走。戊己为炉而烹煎日月，坎离为药而点化魂魄。日合五行，月随六律；门通子午，数运寅申。复临泰壮夬乾兮，六阳左旋；姤遁否观剥坤兮，六阴右转。百八十阳兮，日宫春色；百八十阴兮，月殿秋光。月不自明，由日以受其明；日之有耀，因月以发其光②。互为室宅，交显精神。长教玉树气回根，不使金花精脱蒂。姹女捉乌吞玉兔，婴儿驱兔吸金乌。自震庚兑丁而乾纳甲壬，由巽辛艮丙而坤藏乙癸。上弦数八兮，砂中取汞；下弦数八兮，水内淘金。青龙是木，木产火中；白虎是金，金生水内。七八十五兮，坎离交；九六十五兮，乾坤合。自子至巳，先进阳火；自午至亥，后退阴符。七八者，少阳、少阴之数存；九六者，老阳、老阴之数寓。二八十六两兮，中全卦气；五六三十日兮，妙运天轮。屯蒙常起于朝昏，既未无怼于晦朔。恍惚水中金不定，飞扬火里木难收。金木间隔既殊途，水火调和归一性。七返返本③，九还还元。结就玄珠，炼成至宝。不神之神所以神，减息定息至无息。二十四气，体天之消息；七十二候，随时而卷舒。惟能得象忘言，不在执文泥象。悟之者，简而且易；迷之者，繁而愈难。即《周易》象而参考之，自然契合；独魏伯阳之著详矣，宜究精微。

---

① 急，《道藏辑要》本作"忽"。
② 光，《道藏》本作"元"，从《道藏辑要》本。
③ 本，《道藏》本作"上"，从《道藏辑要》本。

卷五

解注崔公《入药镜》

先天气，后天气，

先天气，乃天元一气也，在天枢之上注之；后天气，乃地元一气也，在地枢之下注之。人若得斗柄之机斡运，则升降往来，周而复始，与天同运矣。元和子曰：人身大抵同天地也。

得之者，常似醉。

人能得斗柄之机，斡运阴阳之气，则恍恍惚惚，杳杳冥冥，自然身心和畅，如痴如醉，肌肤爽透，美在其中。

日有合，月有合，

夫月因日以受其明，晦朔合璧之后，魄中生魂，以阳变阴。月晦象年终，月朔象岁首。自朔日受日辰之符，因水生银，至月晦阳气消尽，即金水两物，情性自相包裹。《参同契》云："月晦日相包，隐藏其垣廓。"

穷戊己，定庚甲。

金液还丹，非土则不能造化，当穷究其真土。古歌曰：五行处处有，何处为真土？紫阳诗曰："离坎若还无戊己，虽含四象不成丹。"庚，西方金也；甲，东方木也。二物间隔，不能交并，须仗黄婆媒合，金始生水，木始生火，水火既旺，则金木交并矣。刘真人象先歌曰："庚要生，甲要生，生甲生庚道始明。"① 西华圣母曰：生甲生庚，堪为大丹之祖。真土者，坤位是也。

上鹊桥，下鹊桥，

此崔公复指上下二源。鹊桥，乃天河也。人能运用，若天河之流转，上下无穷也。

天应星，地应潮。

在天应星，如斗柄之运斡；在地应潮，如日月之盈亏。《元枢歌》曰："地下海潮天上月"是也。

---

① 此句，实出自吕祖《敲爻歌》，"明"作"萌"。"刘真人象先"，应作"高真人象先"。

起巽风，运坤火，

息者，风也。火不能自炎，须假风以吹之。钟离丹诀云："炼①药凭巽风。"杏林诗曰："吹嘘藉巽风。"运者，动也。坤乃西南之地，水火聚会之源也。

入黄房，成至宝。

既经起火符之后，则运入黄房之中，结成至宝矣。黄房，亦曰黄华、玄关一窍，乃真土，故曰黄房也。

水怕干，火怕寒，

修炼金丹，全藉火工调燮。添水之时，以救其火之燥也；运火之时，又恐其火之寒也。故水亦怕滥，亦怕干；火亦怕燥，亦怕寒。故有斤两法度，须要调匀，使其不致于太过，亦不致于不及也。

差毫发，不成丹。

运火之际，细意调燮，毫发之差，则天地悬隔矣。紫阳诗曰："毫发差殊不作丹。"

铅龙升，汞虎降，

铅，火也、龙也，沉而在下。汞，水也、虎也，浮而在上。太白真人歌曰："五行不顺行，虎向水中生。五行颠倒术，龙从火里出。"以法制之，则自然升降矣。

驱二物，勿纵放。

当其龙虎升降之时，须要把捉，不可纵放也。紫阳诗曰："既驱二物归黄道，怎得灵砂不解生。"

产在坤，种在乾，

药产西南。西南，乃坤地也。产于坤地，则移种于乾宫也。上下二源，其理明矣。

但至诚，法自然。

真一子云："至诚修炼此药，乃白日飞升之道也。"阴真君曰："不得地，莫妄为。须隐密，审护持。"善保守，莫失天地机。

盗天地，夺造化，

---

① 炼，《道藏》本作"陈"，校者改。

修炼莫不盗天地之机，夺造化之妙。运用则符乾坤否泰，抽添则象日月亏盈。定刻漏，分二弦，隔子午，接阴阳，通晦朔，合龙虎。依天地之大数，叶阴阳之化机。阴符阳火，依约卦爻，周而复始，循环互用，不失其时。一鼎之中，造化分明，象天地运动，发生万物也。倪或火候失时，抽添过度，寒暑不应，进退差殊，即令天地之间凭何而生万物哉？阴阳之气凭何而生龙虎也？

攒五行，会八卦。

五方以中为主，五行以土为主，位居于中而有土德之尊。故水得土则潜其形，火得土则隐其明，金得土而增其色，木得土而益其润。土无正形，挨排四象，五行既聚，则八卦自然相会矣。

水真水，火真火，

离中有阴，则心中之液乃真水也；坎中有阳，则肾中之炁乃真火也。此一身之真水火。

水火交，永不老。

夫地之炁上腾而为雾，天之炁下降而为露，阴阳相交而成膏雨，滋荣万物者也。一身之阴阳相交而成真液，滋荣五藏六府，复归于下田，结而为丹。故万物无阴阳气不生，五藏六府无津液则病矣。

水能流，火能焰，

水在上，故能流下；火居下，故能炎上。《参同契》云："水流不炎上，火烈不润下。"是此意也。

在身中，自可验。

真水、真火，在人一身之中，于修炼之际自可验也。

是性命，非神气，

左为性，性属离；右为命，命属坎。坤之中阴入乾而成离，乾之中阳入坤而成坎。当知离坎，是性命神气之穴也。

水乡铅，只一味。

水乃坎也，铅乃金也，亦曰水中金。云房丹诀曰：铅铅水乡，灵源庚辛，室位属乾，常居坎户，隐在兑边。刘海蟾诗曰："炼丹须是水乡铅。"只此一味，乃还丹之根蒂也。

归根窍，复命根，

既得上下二源，乃归根复命之根窍也。

贯尾闾，通泥丸。

上通泥丸宫，下贯尾闾门，言其一气上下循环而无穷也。

真橐籥，真鼎炉，

《升降论》曰：人能效天地橐籥之用，开则气出，阖则气入。气出如地气之上升，气入如天气之下降，一气周流，自可与天地齐其长久矣。上曰金鼎，下曰玉炉，然皆人身之真造化也。

无中有，有中无。

《金碧经》曰："有无互相制，上有青龙居。两无宗一有，灵化妙难窥。"《参同契》曰："上闭即称有，下闭①即称无。无者以奉上，上有神德居。"此两孔经法，喻有无相须。②

托黄婆，媒姹女，

姹女在离宫也，坎男不能与之交会，须托黄婆而媒合之，黄婆乃坤土也。

轻轻地，默默举。

进火之际，当轻轻然运，默默然举也。杏林诗曰："如如行火候，默默运初爻"是也。

一日内，十二辰，

年中用月，以一月三百六十时准一年；月中取日，则一日十二辰准一月。日中用时，时中用刻，到此微妙莫非口诀。

意所到，皆可为。

一日十二辰内，遇一阳动，皆可下手也。紫阳曰："一刻之工夫，自有一年之节候。"此乃顷刻之周天也。马自然诗曰："不刻时中分子午，无爻卦内别乾坤。"

饮刀圭，窥天巧，

飞剑自土釜③，采而饮之，故曰"饮刀圭"也。上下二源，皆真土也。窥者，观也。《阴符经》曰："观天之道，执天之行，尽矣。"

---

① 闭，《道藏》本作"空"，据《参同契》改。
② "此两孔经法，喻有无相须"，《道藏精华录》本作"此两孔穴法，金气亦相须"。
③ 釜，《道藏》本作"金"，据《道藏精华录》本改。

辨朔望，知昏晓。

可辨明一身之朔望也。昏晓，乃朝屯暮蒙二卦也。

识浮沉，明主客，

铅沉而银浮。铅沉而在下，银浮而在上。既识浮沉，须明主客。紫阳诗云："饶他为主我为宾。"无他，此乃先升后降之理也。

要聚会，莫间隔。

水火常要聚会，莫使之间隔也。

采药时，调火功，

采药之时，全藉调燮火功。一刚一柔，一文一武，二八临[①]门，六一固济，循卦爻[②]，沿刻漏，分二弦，隔子午，始复而终于坤也。《参同契》曰：铅得真铅，又难真火。可不细意调燮，而使之无太过、不及之患也。

受气吉，防成凶。

紫阳诗曰："受气之初容易得，抽添火候要防危。"受气之初，使金木交并，水火同乡，若可喜也。及其脱体归坤，沐浴以防其凶，守城以虑其险也。

火候足，莫伤丹，

九转火足，当息符火。不知止足，必致灵汞飞走矣。

天地灵，造化悭。

此乃言其悭吝，不可纵意也。

初结胎，看本命，

初结圣胎，则看受气之初。初，本命也。

终脱胎，看四正。

终脱胎，则看四正宫，乃玄关也。

密密行，句句应。

能依此密密而行，则句句应验矣。吕公诗云："因看崔公《入药镜》，令人心地转分明。"

---

① 临，《道藏》本作"封"，据后文《解注吕公〈沁园春〉》注文"二八临门"改。
② 爻，《道藏》本作"文"，据《道藏精华录》本改。

解注吕公《沁园春》

七返还丹，

火生数①二，成数七。返者，自下而返上；还者，自上而还下。或曰：木三金四，合成七数，故曰七返，其说亦妙。盖金木乃水火之父母，五行之宗祖，还丹之根基也。苟以涕唾津精气血液为七返，谬之甚矣！云房诗曰："七般灵②物尽为阴，若将此物为丹种，怎得飞升上③玉京。"《紫庭④经》曰："七件阴物何取焉。"还丹之名不一，或曰大丹、内丹、玉壶丹、绛雪丹、赤赫金丹、龙虎大药、九转神丹、宇宙之主、神丹、白雪、龟精凤血、兔髓乌肝、先天地精，皆不过真铅、真汞交结而成，固非凡铅汞、金石草木有质之药。汞是九转真汞，铅是七返真铅。惟兹二味，是天地之真气，日月之至精。于外配则明象乾坤，于内配则符合造化。有生有杀，为虎为龙，蕴情义而遣作夫妻，继⑤祖宗而故称母子。二味既晓，两性须知。因媒而男女和谐，赖母而子孙成长。圣人至秘，玄之又玄，修丹之士，当反求诸己而已矣！

在人先须，炼己待时。

道不远人，百姓日用而不知也。炼己，乃炼形之道，莫不擘裂鸿濛，凿开混沌，采真一之精，抱先天之炁，而为丹基也。不可以非类而造化，故《参同契》云："燕雀不生凤，狐兔不乳马。同类易施功，非种难为巧。"金华洞主答太室山人曰：积其阳魂，消其阴魄，以其阳兵战退阴贼。八卦相荡，五行相克，归根复命，还丹烜赫。以精炼形，非凡砂石。或者以炼己为炼土，其说亦妙。盖药产西南坤地也。大要知时，苟失其时，天地之间，凭何节候而生万物？阴阳之炁，凭何而生龙虎哉？弦后弦前，乃时中之造化；坎离交处，乃刻里之功夫。到此微妙，莫非口诀。

正一阳初动，中宵漏永。

宇宙在乎手，万化在乎身。毗陵师曰："炼丹不用寻冬至，身中自有一

---

① 数，《道藏》本缺，据《道藏辑要》《道藏精华录》本补。
② 灵，《道藏》本作"之"，据《道藏辑要》《道藏精华录》本改。
③ 上，《道藏辑要》《道藏精华录》本作"贯"。
④ 庭，《道藏》本作"阳"，据《道藏精华录》本改。
⑤ 继，《道藏》本作"维"，据《道藏精华录》本改。

阳生。"时中有时之功夫，刻中有刻之功夫。

温温铅鼎，光透帘帏。

铅鼎，即造铅鼎也。温温，谓火力不可使之亏欠，必也温养而成丹。毗陵师曰："金鼎常留汤用①暖，玉炉不要火教寒"是也。帘帏，曰眼也。云房有"闲户垂帘默默窥"之句。下功夫处，神光晃耀，透彻帘帏也。

造化争驰，龙虎交会，

夫造化之争驰也，龙吟云起，虎啸风生。必也使水虎擒火龙，互相交会。《入药镜》曰："铅龙升，汞虎降，驰二物，勿纵放。"苟运火失时，则龙虎不交，铅汞飞走矣。紫阳诗曰："西山白虎正②猖狂，东海青龙不可当。两手捉来令死斗，化成一块紫金霜。"两手捉来，不过要其交会，方能凝结成宝也。

进火工夫牛斗危。

夫火者，太阳之真精，有名而无形。故《参同契》曰：既得真铅，又难真火，岂轻议哉？火起于水中者何？盖坎属水，坎中有真阳，乃真火也。龙虎会合，金木交并，则真火炎其中矣。进火之工也，有刚柔文武，斤两法度，二八临③门，六一固济，循卦爻，沿刻漏，了屯蒙，明否泰，分二弦，辨晦朔，始复终坤，起晨止晦，则阴阳舒卷，金汞调和。如或火候失时，霖旱不节，隆冬大暑，盛夏严霜，金宫既砂汞不调，玉鼎乃蝗虫竞起，金虎④木龙腾沸，坎男离女奔逸，此皆运火过差，灵汞飞走。所谓：纤芥不正，悔吝为贼，毫发差殊，不作丹是也。可不慎之？牛斗危者，当牛斗值时下功也。

曲江上，见月华莹净，有个乌飞。

人之小肠，九盘十二曲，谓之曲江也。月乃药之用，言其莹净无瑕，乃至宝也。有个乌飞，乃阴中含阳也。刘海蟾诗曰："几度乌飞宿桂柯。"又曰："乌飞兔不惊。"古诗曰："有个乌飞入兔宫。"皆此意也。

当时自饮刀圭，

---

① 用，《道藏》本作"火"，据《道藏辑要》《道藏精华录》本改。
② 正，《道藏》本作"性"，据《道藏辑要》《道藏精华录》本改。
③ 临，《道藏》本作"封"，据《道藏精华录》本改。
④ 虎，《道藏》本作"母"，从《道藏辑要》本。

当行功交会之时，下手自土釜采而饮之，故《入药镜》曰"饮刀圭"。识土釜者，可与语刀圭之妙。

又谁信，无中养就儿。

还丹之道，乃无中生有，渐采渐炼，结成圣胎，无质生质，养就婴儿。故紫清先生诗曰："世事教人笑几回，男儿曾也会怀胎。自家精血自交媾，身里夫妻是妙哉。"

辨水源清浊，

《清静经》云："天清地浊，男清女浊。清者浊之源。"无他，阳清而阴浊也。轻清者浮而在上，真水银是也；重浊者沉而在下，真铅是也。二物两用，可不辨明清浊升降之道乎？

木金间隔。

木居东方甲乙，在象为青龙，在卦为震，乾之长男也，火之母也，金之妻也，青衣女子也，碧眼胡儿也，东海青龙也，木液也。金居西方庚辛，在象为白虎，在卦为兑，坤之少女也，水之母也，木之夫也，素练郎君也，白头老子也，西山白虎也，金精也。隔居卯酉，无由聚会，须托黄婆媒合而为一也。紫阳曰："木金间隔会无因，须仗媒人勾引。"然后木生火，金生水，水火同乡，则金木交并矣！

不因师指，此事难知。

金丹大药，古人以万劫一传。玉笥灵篇，学者之十迷八九。圣师口口，历代心心。若非心传口授，纵使三杰之才，十哲之智，百端揣度，亦终不能下手结就圣胎矣！所谓："饶君聪慧过颜闵，不遇明师莫强猜。只为金丹无口诀，教君何处结灵胎。"刘海蟾诗曰："此道迥昭彰，如何乱揣量。"金丹之道，若不遇真师，实难知之矣！

道要玄微，天机深远，

大道无形，生育天地；大道无情，运行日月；大道无名，长养万物。吾不知其名，强名曰道。杳杳冥冥，其中有精；恍恍惚惚，其中有物。视之不见，听之不闻，抟之不得，无中生有，天机深远，玄妙难测。《阴符经》曰："天有五贼，见之者昌。""知之修炼，谓之圣人。"苟非洞晓阴阳，深达造化，安能凿开混沌，采天地父母之根而为丹基？擘裂鸿蒙，取阴阳纯粹之精，而为大丹之质。攒簇五行，和合四象。三花聚顶，令一气不昏；五气朝元，使阳魂不乱。放纵于杳冥之中，往来于恍惚之内。搬运出入，移神阳舍，功成行满，位证天仙也。况金液还丹，惟有一门，岂可与傍门小法并日而语耶！

下手速修犹太迟。

千经万论，皆不言下手功夫，惟传之口诀。夫下手之初也，动乾坤之橐籥，采坎离之刀圭，摄一身之神归于天谷穴中，吞而养之，则神炁归根，名曰回风混合。密固根源，此乃守真一之道也。《龙虎经》曰："神室上下釜，变化在手中。"所以正一真人，论青蛇之剑；西蜀老翁，得金锤之妙。吕公喻之为火杖，青城空角谓之剑不是道。此皆穷尽踪迹，擘划元①根。若无下手，徒论金丹，万无一成矣！古歌云："圣人识得造化意，手抟日月安炉里。"《阴符经》云："宇宙在乎手，万化生乎身。"夫学而不遇，必遇至人；遇而不勤，终为下鬼。老子曰："上士闻道，勤而行之。"仙道惟人可以修。古云："神仙只是凡人做。"当知轮回事速②，业报难逃；富贵荣华，殆非久计。下手速修，犹恐太迟也。

蓬莱路，仗三千行满，独步云归。

蓬莱三岛，乃海上仙山也。在人一身，亦有蓬莱三岛：顶曰上岛，心曰中岛，肾曰下岛。紫清先生诗曰："人身自有一蓬莱"是也。三千功行，乃九年抱一之数也。九年功满，或分形散影、或出有入无；或轻举远游，隐显莫测；或换骨升仙，遨游蓬岛；或太乙见召，移居中洲③，各随其功行之浅深也。《窑头坯》歌曰："九年功满都经过，留形住世不知春。忽尔④天门顶中破，真人出现大神通，从此天仙可相贺。"《参同契》曰："道成德就，潜伏俟时。太乙乃召，移居中洲⑤。功满上升，膺籙受图。"彭真人注曰：太乙真君，乃内炼之主司也。世人初得道，镂名金简，于此洲膺图受箓，乃获上升也。

---

① 元，《道藏辑要》《道藏精华录》本作"无（無）"。
② 速，《道藏》本作"道"，《道藏辑要》《道藏精华录》本改。
③ 洲，《道藏》本作"丹"，从《道藏辑要》本。
④ 尔，《道藏》本作"日"，从《道藏辑要》本。
⑤ 洲，《道藏》本作"丹"，据《参同契》改。

第九编　金液还丹印证图

龙眉子　著

点校说明

1.《金液还丹印证图》，收入《道藏》洞真部灵图类，题名"龙眉子撰"。亦收入《道藏辑要》胃集，题名"白玉蟾真人授、龙眉子述，涵蟾子注"。《金丹正理大全》诸真玄奥集成卷五，题名"龙眉子图述，涵蟾子发微"。本篇以上海书店出版社影印本《道藏》第3册《金液还丹印证图》为底本整理，参校《道藏辑要》《金丹正理大全》《道书全集》本。涵蟾子注解录自《道书全集》本。插图截取自《道藏辑要》。

2. 陆西星《龙眉子金丹印证诗测疏》云"龙眉子乃白紫清仙师之嫡传，紫清得之陈泥丸，陈泥丸得之石杏林，为紫阳真人之正传。其诗原始要终，工夫次第，简明直截，使人豁目洞心。《悟真》之后，鲜有如其作者。"陆云龙眉子系白紫清（白玉蟾）之嫡传，当不确。龙眉子，南宋嘉定年间人系翁葆光之再传弟子。其师承为张紫阳→广益子刘永年→无名子翁葆光→若一子→龙眉子。

龙眉子叙

窃以削死注生，名既简于玉札。寻师访道，心方契于丹书。善恶在人，升沉由己。伏观总仙之传，始知自古以来，冲举者十万人，拔宅者八千处。

岂皆禀受之异？盖因力学而然。若轩辕生而神灵，固由天授；如旌阳修而道备，岂非人为？须待恶业消，而后善缘就。或因守关而遇，或欲渡海而逢，或经魔而心愈坚，或历试而志不退。得既难①苦，修必精专。采炼于鸿都会府之中，栖遁于太华嵩山之下。或红尘闲散，寿②若李脱之八百，安期之三千。或白日飞腾，奇③若子晋之骖鸾，琴高之控鲤。或厌世而尸解，或住世而留形，或师徒之皆升，或祖孙之咸达，或得之难而成之易，或得之易而成之难。方册具传，厚诬不可。余从童稚，笃志清虚，门户遍求，是非莫辨，留心三纪，倒指百师，所学皆非遇而方悟，是知难逢之事，岂可容④易而成。欲为跨鹤之游，必假腰钱之助。下士闻而大笑，上圣所以不言。谬以毫厘，失之千里。乃若天机之轻泄，祖则罪延。而至道之不传，己则谴⑤大，将言复辍，欲罢不能。谓其隐秘于玄微，孰若铺陈其梗概？因述师旨⑥，绘作图章，著外法象九章，所以尽造丹之微妙；著内法象九章，所以条养丹之详细。夫炼金丹者，必有所自，故有原本焉。有本然后生，故有乾坤焉。用乾坤烹炼，故有鼎器焉。鼎器有药物，故有铅汞焉。铅汞明分两，故有和合焉。和合成黄芽，故有真土焉。丹成贵能取，故有采取焉。作用有规模，故有制度焉。制造有同志，故有辅佐焉。此在外法象造丹之九章也。采得然后服，故有服丹焉。服毕务温养，故有九鼎焉。温养全藉火，故有进火焉。火候有进退，故有退火焉。进退有爻⑦象，故有抽添焉。抽添⑧有休息，故有沐浴焉。沐浴罢丹成，故有金液焉。丹虽已成，虑性未明⑨，故有抱元焉。守一抱元，命固性彻，形飞天阙，位证真人，故有朝元焉，此在内法象养丹之九章也。服丹才罢，养火一年。攒簇阴阳，缩敛节候，夺二千七十三万六千之正气，归九一三七二四六八之宝身，寿则无穷。数尽有坏，故莫若均齐物我，混一色空，悟无上之自然⑩，

---

① 难，底本、《道藏辑要》本作"艰"，从《金丹正理》本、《道书全集》本。
② 寿，《道藏》本缺，据《道藏辑要》本补。
③ 奇，《道藏》本缺，据《道藏辑要》本补。
④ 容，《道藏辑要》本作"轻"。
⑤ 谴，《道藏》本作"过"，从《道藏辑要》本。
⑥ 旨，《道藏辑要》本作"指"，从《道藏》本。
⑦ 爻，《道藏》本作"药"，从《道藏辑要》本。
⑧ 抽添，《道藏》本作"进退"，据《道藏辑要》本改。
⑨ 明，《道藏》本作"能"，从《道藏辑要》本。
⑩ "悟无上之自然"，《道藏辑要》本作"悟无上之菩提"。

圆真源之正觉，动为游戏，静入太虚①，造无拘碍之乘②，永返元来之本。通前警悟及后还元，共二十章。接四五侣，外有炼丹行，所以贯串首尾，错综篇章。指迷箴，所以明辨正邪，分别真伪③，列之于后，览者详焉。非敢为达者之规模，姑留为后学之印证耳。

时宋嘉定戊寅④仲冬元日龙眉子叙

金液还丹印证图

龙眉子　图述

涵蟾子　发微

此图系先师玉蟾亲受，得祖师龙眉子亲笔图述，非人勿示。宝之惜之！端平甲午⑤武宁王景玄启道书。

警悟

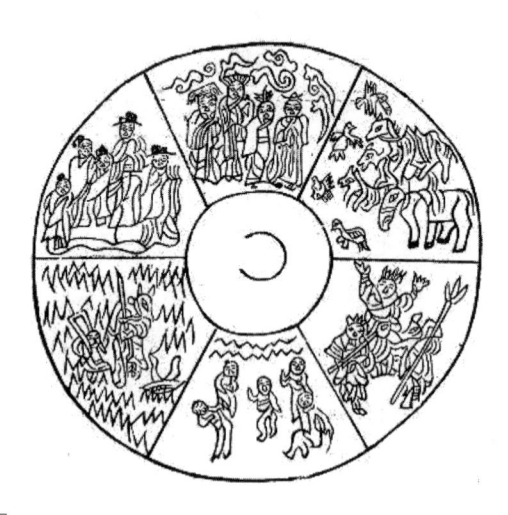

① "太虚"，《道藏辑要》本作"涅槃"。
② 乘，《道藏辑要》本作"象"。
③ 伪，《道藏》本作"儒"，从《道藏辑要》本。
④ 嘉定戊寅，公元1218年。
⑤ 端平甲午，公元1234年。

委骸回视积如山，别泪翻为四海澜。
世界到头犹会坏，人生撚指有何欢？
成男作女应千变，戴角披毛历万端。
不向此生生里悟，此生尽处作么看。

警悟者，警觉世人，使知金丹之道，可以超凡入圣，可以起死回生，可以返老还婴，可以提挈天地，陶铸阴阳者也。人之有此身，乃天地间万物中之一物耳。故人为万物之灵，得配天地而为三才，不能如天地之长且久者，以其有身则有患。名利役其心，酒色迷其性，恩爱牵缠，情欲萦绊。耽恋于荣华富贵之域，迷蒙于醉生梦死之场，元精丧矣，元气竭矣，至死而不悟之。仁人愍世人不信长生之道可学而致，可修而成，人人有份，个个圆成，至简至易，一得永得，自然身轻。虽愚昧小人，得诀修之，立跻圣地。却乃执著不思，孰肯省悟？甘分沉沦，故作是诗，列于首卷。以提省世盲于火坑之中，使其回视古今英雄豪杰之流，文人才子之辈，纵得官高极品，禄享千钟，金玉齐斗，妻妾满堂，一旦无常，同归腐朽，钱财莫赎，妻子难留，尸骸弃积荒丘，恩爱翻成泪海。天地劫运到来，犹有坏日。人生团聚欢乐，能有几何？况忧愁哀乐之不齐，寿夭穷通之不一，流光迅速，如撚指耀灵，疾骤若驰车，而又生儿长女，生老病死，千端万变，递递无穷。或堕六道轮回，三途恶趣，投胎异壳，戴角披毛，可不悲哉！急宜回思此身之难得，此道之可修，此生之可度，坚志苦心，寻师访道，结真友，采丹材，烹日月之英华，炼乾坤之精髓，点化凡躯，以成仙体。趁此有生而度，不在他生后世也。

原本

○

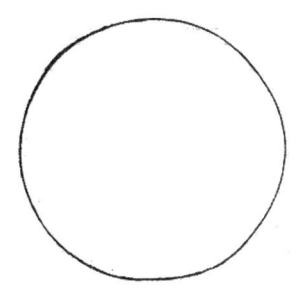

溟涬无光太极先，风轮激动产真铅。
都因静极还生动，便自无涯作有边。

一气本从虚里兆，两仪须信定中旋。
　　生生化化无穷尽，幻出壶中一洞天。

　原本者，原我之本，返我之元也。即父母未生以前，一点元阳真气是也。人之始有其身，皆因阴阳精气之施化，父母情性之感合。故男精先至，女血后行，血包于精则成女；女血先至，男精后施，精包于血则成男。儿在母胞中，随母呼吸，及期生下，剪去脐带，一点元阳精气聚于其间。亦如天地未分，鸿濛未判之时也。混混沌沌，囵囵囫囫，全无发泄，岂非溟涬无光太极先乎？及至日生夜长，年壮气盛，先天真一之气，不能久留于后天躯壳之中，应时发现，亦犹太极初分，两仪剖析，岂非风轮激动产真铅乎？阴阳动静，循环无端，静极而动，动极而静，必无久静久动之理。全无发泄之时，此其静也；应时发现之候，此其动也。因动而采先天真铅，以为丹基，有气而无质者也。程子所谓："易有太极，是生两仪。"太极者，道也。两仪者，阴阳也。阴阳一道也，太极无极也。万物之生，负阴而抱阳，莫不有太极，莫不有两仪。絪缊交感，变化不穷也。又云："形一受其生，神一发其智。"散之在理，则有万殊；统之在道，则无二致，其斯之谓也。此气从自虚无中来，乃太极初分，先天太乙之精，真一之气也，非人可见可闻后天之精血也。真一之气，乃铅之名也。铅者，金也。金生坎水之中，故曰真铅也。太乙之精，乃砂之号也。砂者，汞也。汞生离火之内，故曰真汞也。龟蛇会聚於鹊桥，虚里兆也。乌兔循环于黄道，定中旋也。前圣后圣，口口相传者此也。采此先天太极初分之气，龙虎初弦始姤之精，吞归金胎神室之中，温之养之，调之伏之，生生化化，变现无穷，自然幻出一壶天也。

乾坤

混元未判是先天，清浊分来二象全。

坤女乾男偏一气，木龙金虎间千年。

都将孤寡为修道，岂信刚柔可造玄。

日用不明[①]颠倒理，若能达此是真仙。

圣人修炼金丹，无非法象天地阖辟之机，取则阴阳升降之理。天地未判，混混沌沌，形如鸡子。天地既分，乾坤奠位，两仪立然，清浊分然。当其未分之前，合为一太极也。及其既分之后，各具一太极也。是故太极初分，是曰先天，圣人能辨此太极初分之际，二象清浊之源，采此混元未判先天之气，以为丹母也。故乾者，天也，阳也，刚也，父也，清也，木夫也，震男也，龙也，火也，离女也，外阳而内阴，汞是也。坤者，地也，阴也，柔也，母也，浊也，金妻也，兑女也，虎也，水也，坎男也，外阴而内阳，铅是也。其形各体，其气各居，阴阳抗衡，不相涉入，觌面不相亲，龙虎隔山海。以其孤阴不产，寡阳不生，故曰："坤女乾男偏一气，木龙金虎间千年也。"既以乾坤偏气，龙虎间隔，如之何得其一处会合，以办此大事哉？噫！惟有黄婆能打合，牵龙执虎作夫妻是也。黄婆者，真土也。龙虎者，真一之气，太乙之精也。世人不知此二物自先天虚无中来，盲猜瞎想，迷迷相引，以为御女房中接气之术，三峰采战九浅一深之法。或采闺丹之石榴子，或采女经为红丸子，或令男女交合而采其淫精，或伺候精行而运气补脑。或吞精服秽，或纳清吐浊，妄想心肾为水火。或以口鼻为玄牝，以至八段锦、六字气、净守中黄、默朝上帝、咽津纳唾、摇筋摆骨、服气吞霞、瞻星礼斗、采日月之精芒、吸晨昏之清气、熊伸鸟引、龟息鹤胎、守视顶门、运气归脐，或参禅学、默提公案，或持不语、枯坐无为，或祭赛淫祠，或佩受六甲，非归邪僻之中，则入独修之内，皆非正道，总是傍门。以此孤阴寡阳，邪僻伪行为道，岂知金丹有刚柔配合，玄中之玄，妙中之妙，可以造道玄微哉？钟离老仙云："涕唾津精气血液，七般灵物总皆阴。"世人执一己而修，无过此七物而已。紫阳翁云："纵饶吐纳经千载，怎得金乌搦兔归。"是此意也。仙翁叮咛指出颠倒之理，在乎日用常行之间，为其至近匪遥，至易匪难，世人日用而不知。以其大近，故轻弃之耳。要明颠倒之机，则当效法天

[①] 明，《道藏》本作"知"，从《道藏辑要》等本。

地，旋转乾坤，交合日月，降伏龙虎，听测潮候消息盈亏。采取汞铅，审察老嫩，颠倒坎离，交姤水火。循环刻漏，进退节符，精专运用，警戒抽添，不可顷刻参差，纤毫怠忽。若能达此真机，是即神仙，指日可待。

鼎器

炼丹全藉鼎和炉，炉鼎乾坤要正模。
圆绕五三围径一，唇周四八腹脐敷。
鼎铅欲审须中定，阳火将奔在下铺。
不遇至人亲指授，教君何处决玄枢。

炼丹全藉鼎炉，以行其造化。丹无鼎炉，如人民之无城郭，居处而无宇舍，将何栖止哉？紫阳翁云："先把乾坤为鼎器，次将乌兔药来烹"是也。鼎器以乾坤为模范，而有体有用、有内有外，不可一途而取也。曰乾坤鼎器、曰坎离匡郭、曰希夷府、曰赤色门、曰甑山、曰蓬壶、曰玄沟、曰河车、曰金鼎、曰玉炉、曰朱砂鼎、曰太乙炉、曰悬胎鼎、曰偃月炉、曰威光鼎、曰造化炉、曰金胎、曰神室、曰阳鼎、曰阴炉、曰上下釜、曰上下弦、曰玄关一窍、曰玄牝之门、曰泥丸宫、曰华池路、曰生杀舍、曰众妙门、曰中黄宫、曰丹元府、曰交感宫、曰神气穴、曰混元金鼎、曰造化泉窟、曰曲江、曰华岳、曰戊己门、曰甲乙户、曰昆仑、曰气海、曰神庐、曰母舍、曰汞鼎、曰铅炉、曰乾宫、曰坤室、曰灵户、曰丹房、曰大渊、曰规中、曰关元、曰丹田、曰绛宫、曰黄庭、曰归根窍、曰复命关，无非譬喻鼎器神室体用耳。虽然种种异名之不同，一言以蔽之，曰'乾坤鼎器'而已。乾鼎者，即上釜也，其形象天。坤器者，即下釜也，其形象地。两釜相合，饵丹归于中宫，象天地人三才也。鼎器模范，要令合格用正，不大不小、不短不长、不阔不狭，皆要相当，方为美器。不然有偏陷之患，贼害丹体。其身长一尺二寸，以周岁律，周围一尺五寸，中虚五寸，分三层，上中下等，以应三才，岂非"圆绕五三围径一"乎？炉面周折三尺二寸，明心横有一尺，立唇环匝二寸，唇厚二寸，岂非"唇周四八腹脐敷"乎？四八乃三尺二也。模范既正，铅汞居中，优游防闲，审查老嫩，中须定见，使无过不及，皆合于中。则太阳真火在下铺舒，太阴真水在上噙受，匪遇圣师逐节指示，世人焉得自知，凭何抉破玄枢，以养圣胎也哉？

铅汞

铅出白金汞产砂，丹家便把此来夸。
若将金石为真药，犹播禾稗望长麻。
坎内黄男名汞祖，离中玄女是铅家。
分明辨取真和伪，产出真铅似马牙。

世上狂妄邪师，因见丹经紫书以真铅、真汞为大丹药，遂猜为土石中出，铅矿中所提白银为真铅，朱砂中所抽水银为真汞。便将此诀宝秘以为大丹之基，夸奖诱惑，盲聱世人，自高自是，以非赍金信质，誓不轻传。世之愚夫，见其高谈阔论，觊觎世利，将谓点铜干汞，以济身家，殊不知铅银、砂汞、金石、草木，乃后天地生渣滓有形之物，气类不同，焉能成丹？纵有成者，止可济贫救困，助道之资而已，岂能合我之体而居，以点化凡躯，回阳换骨，而形神俱妙者哉？若将金石、砂汞为真铅、真汞者，犹种禾麦而望长麻，不亦愚乎？岂知真铅产在坎宫，真汞生居离位。坎乃北方正气，属水，水为金子，水返产金，母隐子胎，故"虎向水中生"也。虎舍在西曰兑，兑金生水，水中产金，是为真铅，阴中之阳，外雌而内雄，中含戊土，故曰黄男。虽然铅是兑宫金水所产，而坎中阳爻，原属于乾，劫运未交之先，乾因颠蹶驰骤，误陷于坤，乾之中爻，损而成离，离本汞居，故曰"坎内黄男名汞祖"也。离乃南方正气，属火，火为木子，火还孕木，子藏母胎，故"龙从火里出"也。龙家在东曰震，震木生火，火中产砂，是为真汞，阳中之阴，内雌而外雄，中含己土，故曰玄女。虽然汞是震宫木火所生，而离中阴爻，原属于坤，混沌擗落之后，坤因含受孳育，得配于乾坤之中爻，实而为坎。坎本铅舍，故曰"离中玄女是铅家"也。若能识真辨伪，知得真铅、真汞根源出处，采而饵归黄金室内，调水运火，行一时得药之功，炼十月脱胎之事，工夫自到，真丹自结，生成一味白马牙也。此乃金丹之真景象，非譬喻也。昧之者，云泥异路；知之者，针芥相投。希微哉，铅汞产出之真马牙也。噫！

和合

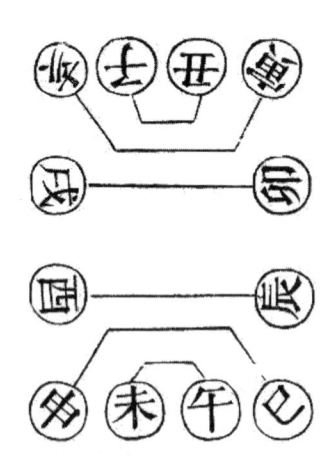

二八源清正一斤，休言等分是平均。
不知和合阴阳处，更要参详子午辰。
申上建元当用巳，亥支出处必寻寅。
遇相合处成三五，和作中黄产至真。

修炼金液还丹之道，不知铅汞和合，亦不成丹。"二八"乃龙虎所产药物之数，"清源"乃八月十五玩蟾辉，正是金精壮盛时。三日暮震，月现庚方是也。至人知时采取，候其经罢符至，水源至清之际，采此太极初分之气，龙虎始媾之精，以为大丹之基，即乌肝八两，兔髓半斤之谓也。何必言其等分，以此两物均平，不多不少而已。世间之学道者如牛毛，达道者如麟角。见龙不识龙，逢虎不识虎，当面蹉过。多以女子首经动时相交，采取淫妷之气以为道，犹如接竹点月，不亦远乎？彼岂知采取要识清源，和合要知时节，方可成丹。仙翁令其参详子午辰者，子午为天地之中，阴阳之首，要人仔细参究，以配合阴阳也。申上建元，当用巳亥，支出处必寻寅者。且如铅，属金也。金生在巳，巳金生水，水生在申，故金与水同宗，则申与巳相合也。汞，属木也。木生在亥，亥木生火，火生在寅，故木与火共祖，则寅与亥相合也。其他自然而然，触类而长之可也。"遇相合处成三五，和作中黄产至真"者。炼丹之士，既得师旨，发大勇猛心，行大坚确志，一念感通，上天垂佑，遇因缘则降龙伏虎，遇时节则采汞取铅，遇和合则穷究阴阳，遇制伏则调谐三五。即《悟真篇》所谓："三五一都三个字，古今明者实然稀。东三南二同成五，北一西方四共之。戊己自居生数五，三家相见结婴儿。婴儿是一含真气，十月胎圆入圣基"是也。三五一会，而产至真黄芽于中黄元海也。

真土

（即真铅黄芽）

先天一炁号真铅，莫信迷徒妄指传。

万化滋张缘朕兆，一灵飞走赖拘钤。

有形生质皆非正，无质生形始是玄。

寄语道流勤学取，用铅莫错认凡铅。

真土者，真铅、真汞也。铅汞者，太极初分先天之气也。先天气者，龙虎初弦之气也。此气生于天地之先，产于虚无之内，非可见可闻，后天地生。涕、唾、精、津、气、血、液，及凡砂、凡汞、铅、银、矾硫、雌雄、硇胆，五金八石，有中生有，渣滓之物也。邪师伪徒狂妄指传，以是为道，费耗资财，终无有成者，良可笑也。殊不知金丹之道，亦犹万物，皆因朕兆既萌之后，以生以长，譬以真铅、真汞，配居金鼎之中，牢固拘钤，不能飞走。无质生质，结成黄芽，始是玄妙。岂可认彼有形有质之物，而为真铅、真汞耶？仙翁令人辨此真土，乃是同类有情之物，龙虎二八初弦之气，方可结胎，方能发生，莫以凡铅、凡汞认作真铅、真汞也。仙翁言之尽而明之至矣，世人可不谛思之乎？

采取

夜半霞光北海明，金丹一粒庆圆成。

不因采取知玄妙，枉使飞腾入太清。

鹤翅每随霜色劲，蟾酥多逐月华生。

凭他气类潜通感，运剑追来掌上擎。

炼丹之士，既得真师指授鼎器之的，药物之真，火候之妙，方可下手采取，以炼还丹。夫采取之妙，待彼一阳初动之时，鼓动乾坤之橐籥，扇开离坎之枢机，运真水于天河，焚真火于髓海，循刻漏而森罗万象，驾河车而直透三关，泥丸风生，绛宫月白，旋采而旋收，渐凝而渐结，昆仑顶上黍米珠，悬大渊池中，黄金芽长，霞①光闪烁，明透北海，金丹一粒，已庆圆成也。不因真师抉破采取之的，焉能使之飞腾而入太清者哉？飞腾之妙，如鹤翅之翩迁，随霜色而劲；如蟾酥之流，润逐月华而生。药物既已同类，气候岂不相通？《参同契》云："阳燧以取火，非日不生光。方诸非星月，安能得水浆。二气玄且远，感化尚相通。何况近存身，切在于心胸。阴阳配日月，水火为效征。"又云："磁石吸铁，隔碍潜通。"即仙翁"凭他气类潜通感，运剑追来掌上擎"之谓也。

制度

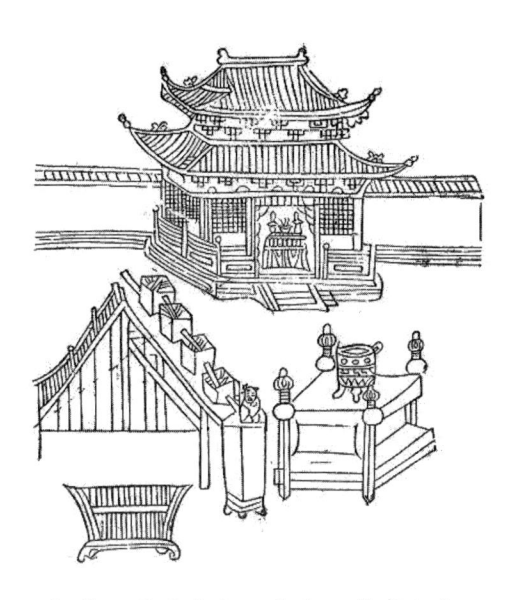

坛筑三层天地人，九宫八卦布令匀。

---

① 霞，《道藏辑要》本作"河"，据《金丹正理大全》本改。

镜悬上下祛精怪，剑列方隅镇鬼神。
禹步登时三界肃，罡星指处百魔宾。
叮咛刻漏无差误，片饷工夫万劫春。

至人修炼金液大还丹，先须投名山，择福地，峦回水绕，向阳背阴，不近伏尸丘冢，战阵沙场，离尘脱俗，高抗清爽去处。起盖丹室数椽，室内筑坛三层，以象三才。坛上有灶，灶上有炉，炉中有鼎，鼎中有神室。外列九宫八卦，天干地支。四方卓剑，悬以宝镜，镇压鬼神。主者禹步登坛，捧丹入室，步履魁罡，驱妖剪怪，邪魔自然宾伏，不敢贼害丹炉也。循环周星刻漏，以定晨昏。运用阳火阴符，以明进退。纤毫不得差误，片饷之间，结成一粒，大如黍米。饵之炼之，十月胎圆，自然神妙，点化凡躯，以成纯阳之仙，则万劫长春而不老矣。

辅佐

辅弼同声不可无，三人一志互相扶。
魁罡坐镇当先主，筹鼎铺模责次徒。
审定鼎弦龙虎跃，精调火候武文俱。
中间首尾须明取，全仗筹徒仔细呼。

世人见紫阳《悟真篇》，有"休妻谩遣阴阳隔"之句，则猜为房中采阴之术。见仙翁前诗，有"坛炉鼎灶"之语，则猜为金石炉火之事。以盲指盲，到老无成，诚可叹哉！仙翁作此《印证图》，可谓漏尽修炼金丹之骨髓矣。首列警悟以晓世盲，使知金丹之道，可修而成。既已省悟，则金丹必有所自，故有原本以明根源。既明根源，则有乾坤以分清浊。既知清浊，则有鼎器以象金胎神室。既识神室，则有铅汞以辨药物真伪。既知药物，则有和合时节以显斤两爻铢。既知和合匹配，则知金丹非真土则不能成育圣胎，特指先天一气为真土之的，以为丹本。真土既真，则有采取老嫩。既知采取，则有丹室、坛灶、剑镜、刻漏之类，以定制度。制度既完，则有三人同心之友，入室了事。此乃在外法象，一一次第，可谓详而且切矣。后学仙子，当知修炼金丹结胎于一时二候之速，温养有九转十月之功。一月有三十日，一日有十二时，昼夜一百刻，十月总记三千六百时，昼夜三万刻。时时行道，刻刻用功，岂不劳而且繁哉？必须三人一志，同心同意之良友，互相规觉，以匡不逮。当先主者掌握枢机，驱分造化。同志之友，轮流更直，以相警省，俾无纤毫昏昧差谬。专审刻漏，以定周星；进退符火，以明消息。文烹武炼，须循朝屯暮蒙。首尾中间，要识昼姤夜复。无名子所谓："天关在手，地轴由心。"回七十二候之要津，攒归鼎内。夺三千六百之正气，辐辏胎中。警戒抽添，精专运用，虑其危，防其险，不使顷刻参差，纤毫差忒者，岂非三人同志而修，更换而直者乎？古仙云："刻刻用事，用之不劳"者，其斯之谓欤！

服丹

夺得黄芽在掌中，急吞切莫咽匆匆。
满身阴汞烟飞汉，一得阳铅禽入笼。

眷恋岂殊儿见母，和谐无异牝逢雄。
精勤火候无令失，十月胎圆寿不穷。

胎完刀圭入口，则立跻圣位，天地不能拘，阴阳不能管，纵横自在，隐显莫测，寿命无穷，与天地同老者也。

九鼎

金丹秘术绝凡人，六百篇将九道名。
帝禹范来奸始怖，轩皇铸就道方成。
选时须合丹家法，用后无令厌物腥。
节候换时周复始，炼成龙虎自来迎。

金丹之术百数，妙在神水华池。凡夫岂能识哉？故曰"金丹秘术绝凡人"也。《火记》三百篇，篇篇相似，出入贯串。《易》有六十四卦，除乾坤坎离四卦为鼎器药物，余六十卦以行周天火候。修炼金丹，有三百日功，每日用二卦直符，即朝屯暮蒙，朝需暮讼，以至既济、未济，周而复始。三百日，计六百卦也。九道名即九鼎也。夏禹范成而奸始怖，轩辕铸就而道方成。昔黄帝采首山之金，铸鼎于洞庭湖之君山，丹成而白日驾火龙升天者，此也。九鼎，乃九转之义。阳数极于九而言，非真要炼九鼎而后可以成仙也。选造金鼎之时，要合丹家法度。《鼎器歌》曰："圆三五，寸一分。口四八，两寸唇。长尺二，厚薄匀。脐腹三，坐垂温"是矣。古仙有云："金鼎实难造"者，良有妙旨故也。岂可妄以己见，而有损益于其间哉？又岂令厌秽腥物，以迫鼎炉而触犯丹药者乎？节候换时周复始，炼成龙虎自来迎者。天上太阴行度，日夜行十三度有奇，一月一周天。太阳行度，日夜行一度，一年一周天。丹法攒年簇月，攒月簇日，攒日簇时，攒时簇刻，所谓一刻之工夫，自有一年之节候。《参同契》不云："始文使可修，终竟武乃陈。候视加谨慎，审察调寒温。周旋十二节，节尽更须亲"是也。周而复始，循环运用，昼夜不息，默运火符，龙虎两相逢迎，渐采渐炼，旋凝旋结，自然而然，结成一粒紫霞赫赤之还丹矣。

进火

子时起火癸时潜，此是晨朝进火篇。
呼应阴阳宜默默，息调出入务绵绵。
阳爻二百一十六，卦合复临泰夬乾。
刻漏不差时节应，炎炎火里长红莲。

仙翁此诗，备露火候起伏之秘，大为详切，自是愚人不知耳。"子时起火癸时潜，此是晨朝进火篇。呼应阴阳宜默默，息调出入务绵绵"者，子为一昼之首，火候起绪之时也。自子至巳，运行阳火之候，为朝为早，屯卦直符也。夫运火者，精调气候，斡运天罡，顺阴阳四时代谢之机，明天地五行生克之理，呼宜默默，息用绵绵。庄子云："众人之息以喉，真人之息以踵"是也。玉蟾老仙云："闭极则失于急，纵放则失于荡。"真一子所谓：定刻漏，分晷时，簇阴阳，走神鬼。戢三千六百之正气，回七十二候之要津，运六十四卦之阴符，鼓二十四气之阳火。天关在手，地轴由心。天地不能匿造化之机，阴阳不能藏亭毒之本。致使神变无方，化生纯粹者也。无名子曰："金宫既砂汞之不萌，一鼎乃虫螟之互起。大则山崩地圮，金虎与木龙飞腾；小则雨骤风漂，坎男共离女奔逸。"此皆叮喻修丹之士，炼己纯熟，勿使火候差失也，可不慎乎？夫复䷗者，一阳之卦也。以年喻之，则斗柄指子，十一月也。以律言之，则黄钟是也。以节比之，则冬至、小寒也。以候应之，则鹖鴠不鸣，后五日虎始交，又五日荔挺出，又五日蚯蚓结，又五日麋角解，又五日水泉动也。以时明之，则夜半子也。以月体之，则初一、初二、初三半也。以卦象之，则屯、蒙、需、讼、师也。以火用之，则进一阳候也。临䷒者，二阳之卦也。以年喻之，则斗柄指丑，十二月也。以律言之，则大吕是也。以节比之，则大寒、立春也。以候应之，则雁北乡，后五日鹊始巢，又五日雉雊，又五日鸡乳，又五日征鸟厉疾，又五日水泽坚也。以时明之，则鸡鸣丑也。以月体之，则初三半、初四、初五也。以卦象之，则比、小畜、履、泰、否也。以火用之，则进二阳候也。泰䷊者，三阳之卦也。以年喻之，则斗柄指寅，正月也。以律言之，则太簇是也。以节比之，则雨水、惊蛰也。以候应之，则东风解冻，后五日蛰虫始振，又五日鱼陟负冰，又五日獭祭鱼，又五日候雁北，又五日草木萌动也。以时明之，则平旦寅也。以月体之，则初六、初七、初八半也。以卦象之，则同人、大有、谦、豫、随也。以火用之，则进三阳候也。大壮䷡者，四阳之卦也。以年喻之，则斗柄指卯，二月也。以律言之，则夹钟是也。以节比之，则春分、清明也。以候应之，则桃始华，后五日鸧鹒鸣，又五日鹰化为鸠，又五日玄鸟至，又五日雷乃发声，又五日始电也。以时明之，则日出卯也。以月体之，则初八半、初九、初十也。以卦象之，则蛊、临、观、噬嗑、贲也。以火用之，则四阳沐浴候也。夬䷪者，五阳之卦也。以年喻之，则斗柄指辰，三月也。以律言之，则姑洗是也。以节比之，则谷雨、立夏也。以候应之，则桐始华，后五日田鼠化为鴽，又五日虹始现，又五日萍始生，又五日鸣鸠拂其羽，又五日戴胜降于桑也。以时明之，则食时辰也。以月体之，则

十一、十二、十三半也。以卦象之，则剥、复、无妄、大畜、颐也。以火用之，则进五阳候也。乾☰者，六阳纯乾之卦也。以年喻之，则斗柄指巳，四月也。以律言之，则中吕是也。以节比之，则小满、芒种也。以候应之，则蝼蝈鸣，后五日蚯蚓出，又五日王瓜生，又五日苦菜秀，又五日靡草死，又五日麦秋至也。以时明之，则禺中巳也。以月体之，则十三半、十四、十五也。以卦象之，则大过、咸、恒、遁、大壮也。以火用之，则进六阳候也。此乃晨朝进火之篇，"阳爻二百一十六"也，刻漏不差，时节有准，则炎炎火里黄芽毓秀，长出金莲也。

退符

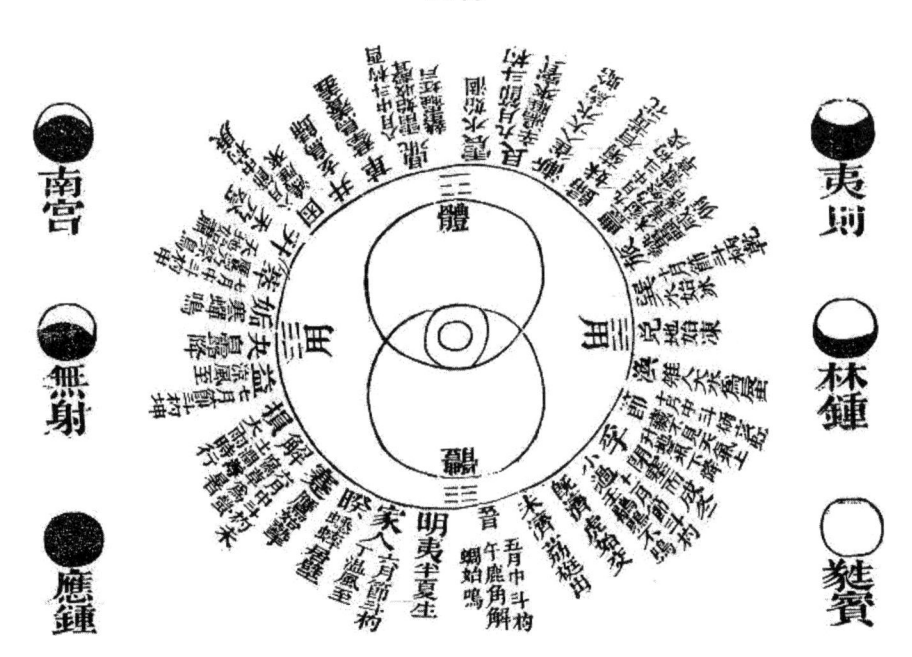

午时十八八个星[①]，此是阴符退火程。

驯至坚冰从姤始，敛藏品物至坤盈。

一般作用惟增减，二气分张见瘁荣。

减火息[②]符天地静，屯蒙二卦禀生成。

---

① 午时十八八个星，《道藏》本作"午时百四十四星"，从《道藏辑要》本。
② 息，《道藏》本作"退"，从《道藏辑要》本。

阳火备露于前，阴符复泄于此。愚之用心于此者，但愿人人有分，个个圆成，作佛成仙，以超生死。是以不惧天谴，冒禁而言也。"午时十八八个星"者，阴符退火程，数从姤始兆，驯至坤盈坚冰也。《参同契》云："姤始纪叙，履霜最先。井底寒泉，午为蕤宾。宾伏于阴，阴为主人"是也。一阴始萌，终至极阴，则万汇敛藏，归根复命之时也。阳火、阴符作用须则一般，惟有阴阳进退之不同，荣枯动静之不一，以应天地之升降，日月之循环耳。自午至亥，运行阴符之候，为暮为晚，蒙卦直事也。夫阴符起，姤䷫者，一阴之卦也。以年喻之，则斗柄指午，五月也。以律言之，则蕤宾是也。以节比之，则夏至、小暑也。以候应之，则螳螂生，后五日鵙始鸣，又五日反舌无声，又五日鹿角解，又五日蜩始鸣，又五日半夏生也。以时明之，则日中午也。以月体之，则十六、十七、十八半也。以卦象之，则晋、明夷、家人、暌、蹇也。以符用之，则退一阴候也。遁䷠者，二阴之卦也。以年喻之，则斗柄指未，六月也。以律言之，则林钟是也。以节比之，则大暑、立秋也。以候应之，则温风至，后五日蟋蟀居壁，又五日鹰始挚，又五日腐草为萤，又五日土润溽暑，又五日大雨施行也。以时明之，则日映未也。以月体之，则十八半、十九、二十也。以卦象之，则解、损、益、夬、姤也。以符用之，则退二阴候也。否䷋者，三阴之卦也。以年喻之，则斗柄指申，七月也。以律言之，则夷则是也。以节比之，则处暑、白露也。以候应之，则凉风至，后五日白露降，又五日寒蝉鸣，又五日鹰乃祭鸟，又五日天地始肃，又五日禾乃登也。以时明之，则晡时申也。以月体之，则二十一、二十二、二十三半也。以卦象之，则萃、升、困、井、革也。以符用之，则退三阴候也。观䷙者，四阴之卦也。以年喻之，则斗柄指酉，八月也。以律言之，则南吕是也。以节比之，则秋分、寒露也。以候应之，则鸿雁来，后五日玄鸟归，又五日群鸟养羞，又五日雷始收声，又五日蛰虫坯户，又五日水始涸也。以时明之，则日入酉也。以月体之，则二十三半、二十四、二十五也。以卦象之，则鼎、震、艮、渐、归妹也。以符用之，则四阴沐浴候也。剥䷖者，五阴之卦也。以年喻之，则斗柄指戌，九月也。以律言之，则无射是也。以节比之，则霜降、立冬也。以候应之，则鸿雁来宾，后五日雀入大水为蛤，又五日菊有黄花，又五日豺乃祭兽，又五日草木黄落，又五日蛰虫咸伏也。以时明之，则黄昏戌也。以月体之，则二十六、

二十七、二十八半也。以卦象之，则丰、旅、巽、兑、涣也。以符用之，则退五阴候也。坤☷者，六阴纯坤之卦也。以年喻之，则斗柄指亥，十月也。以律言之，则应钟是也。以节比之，则小雪、大雪也。以候应之，则水始冰，后五日地始冻，又五日雉入大水为蜃，又五日虹藏不见，又五日天气上升、地气下降，又五日闭塞而成冬也。以时明之，则人定亥也。以月体之，则二十八半、二十九、三十日也。以卦象之，则节、孚、小过、既济、未济也。以符用之，则退六阴，道穷则返，归乎坤元，归根复命之候也。此乃阴符退火之程，阴爻一百四十四也。阴符阳火，不爽毫发；朝屯暮蒙，循环运用，则圣胎自然禀受生成矣。

抽添

一回进火一回阳，龙虎盘旋射绛房①。

阴魄和铅随日减，阳魂与汞逐时昌。

灰心运用常②令谨，烦恼倾危免致殃。

添汞抽铅全藉火，除于此外别无方。

"一回进火一回阳"者，昼姤夜复之抽添，坎水离火之运用也。"龙虎盘旋射绛房"者，龙精虎髓交通于黄道，金铅木汞会聚于绛房，玉液琼浆凝结

---

① 房，《道藏》本作"光"，从《道藏辑要》本。
② 常，《道藏》本作"当"，从《道藏辑要》本。

于泥丸，白雪黄芽毓秀于元海也。"阴魄和铅随日减，阳魂与汞逐时昌"者，修炼金丹暖气不可间断，如鸡抱子，如龙养珠，朝采暮收，时烹刻炼，汞渐添，铅渐减，阴魄消尽，阳魂始坚，十月胎圆，则成一粒至阳之丹也。"灰心运用常令谨，烦恼倾危免致殃"者，修炼之士，心欲灰而志欲奋，境欲忘而功欲勤，精专运用，警戒抽添，勿使纤毫违谬，免致倾危殃咎也。"添汞抽铅全藉火，除于此外别无方"者，抽铅添汞之方，无过以水火为之，而非世间凡水凡火也。乃藉太阴真水、太阳真火、元始祖气，薰蒸之耳。除此日月两仪之气，昼夜循环，周而复始，养育圣胎之外，再无别项方法可以成丹也。须藉日月之气，而又非朝采日精，夜采月华也。世有以采阴接气之术为大道者，邪师伪学也。以金石、草木为药物者，狂徒妄人也。以朝添八两、暮换半斤为火候者，盲人鞭瞎马，无途可适也。不可自炫聪明，广记经书，资谈口辩，以诱惑世人可也。

沐浴

炼丹本是一年功，两月都缘要住工。
兔遇上元时便止，鸡逢七月半为终。
旱蝗水涝因差过，雨顺风调为适中。
刑德既加宜沐浴，倾危断不到临穷。

修炼金液还丹，本有一年之功，却遇兔鸡两月便要住工者，兔属卯，本是二月节气，却于正月上元便当知止，防危虑险也。鸡属酉，本是八月节气，却于七月中元要识持盈，洗心涤虑也。《度人经》谓："璇玑玉衡，一时停轮"者，此也。旱蝗水涝，皆因运用之失宜。雨顺风调，可谓抽添之合度。"刑德既加宜沐浴"者，二月斗建在卯，四阳二阴，大壮卦也。万物至春而发生，故为德也。以其阳中有阴，至是而榆荚落者，德中有刑故也。八月斗建在酉，二阳四阴，观卦也。万物至秋而肃杀，故为刑也。以其阴中有阳，至是而荠麦生者，刑中有德故也。圣人炼丹自冬至，一阳来复，起火运符；而遇二月八月，阴阳分位之时，沐浴心虑，罢功守成以防危，殆不至于终穷也。

金液

朝朝金鼎起飞烟，气足河车运上天。
甘露遍空滋万汇，灵泉一派泛长川。
犹如雀卵团团大，间似骊①珠颗颗圆。

---

① 骊，《道藏》本作"隋"，从《道藏辑要》本。

龙子脱胎吞①入口，此身已证陆行仙。

"朝朝金鼎起飞烟，气足河车运上天"者，修炼之士，采药物于不动之中，行火候于自然之内。朝朝不间，刻刻用功，夺天地阴阳生成之造化，法河车流通运转之机枢。颠倒坎离，则飞烟起于金鼎；循环乌兔，则金液搬上昆仑矣。"甘露遍空滋万汇，灵泉一派泛长川"者，天雨甘露则为瑞世之征，丹生甘露乃结灵胎之兆。丹本气凝，气因水化，产水川源即是灵泉妙窟也。犹如一派长川，滔滔灵液，不舍昼夜，流润丹田，运上泥丸，凝结圣胎，百日之后，形象已具。"犹如雀卵团团大，间似骊珠颗颗圆"也。辉煌闪烁，光耀昆仑，此乃真履实诣之景象。知之者，现在目睫；昧之者，犹隔天渊。"龙子脱胎吞入口，此身已证陆行仙"者，十月胎圆，霹雳一声，顶门迸裂，婴儿出现，即龙子脱胎时也。刀圭入口立跻圣位，恁时自知我命坚难坏，已证陆地神仙矣。

抱元

功足丹成子脱胎，且逃换面逐轮回。
色身虽已坚难坏，慧照当从定里开。
念念觉圆无一物，头头显露绝纤埃。
九年面壁成何事，只履芦根任去来。

---

① 吞，《道藏》本作"丹"，从《道藏辑要》本。

十月温养功成之后，金丹成就，吞入己腹，点化凡躯，以成真人也。即紫阳翁云："一粒金丹吞入腹，始知我命不由天"也。刀圭朝入口，暮可生羽翼。已知此身之坚固难坏，逃出轮回生死之外，提挈天地，掌握阴阳，而不为阴阳陶铸也。又须抱元九载，以空其心。心田扫尽，无留纤翳。性海澄清，莫容一物。常教朗月辉明，每向定中慧照。如达摩长芦入室，后向少林冷坐。真性圆融，去来无碍。既已入寂而又折苇渡江，只履西归者是也。

朝元

形神俱妙道为徒，性命双圆合太虚。
宝诏降时腾鹤驭，玉书拜后驾龙车。
仙官烜赫谁论贵，浊世煎熬且免居。
积德勤求终有遇，问君何事独踌躇。

九年面壁之后，灵台莹彻，觉海圆明，形神俱妙，与道合真。彼时性命混融，与太虚同体耳。功积三千，行累八百，游戏人间，潜伏俟时。天书诏拜，龙车凤辇，驾入云端，升为天官，世间谁能及此之贵，此乃大丈夫功成名遂之时也。人生在世，诚如梦幻泡影。混混浊世，不受煎熬，飞身金阙，返佩帝乡，必须积德积功，勤苦求师，指授大道，以逃生死。人能诚心感格，岂无所遇哉？道不远人，而人自远道耳，何在①踌躇之有。

---

① 在，《道藏辑要》本作"事"，从《金丹正理大全》本。

还元

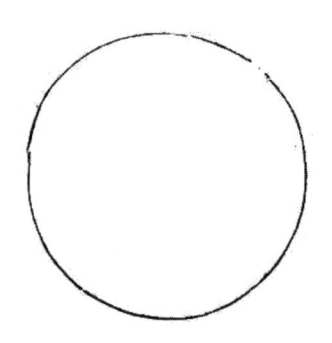

南非南兮东非东，一灵妙有素圆通。
贤愚本是①无分别，凡圣何曾②有异同。
认赤作朱成性习，呼娘为母自③机锋。
有为一切皆非实，悟取真源空不空。

还元之道，非东非西，非南非北，非上非下，非存想顽空，有作有为，皆非也。本自一灵真性，素蕴圆通，净裸裸，赤洒洒，圆陀陀，活泼泼，上而神州赤县，下而穷乡贱邑，贤智之流，愚鲁之辈，人人具足，个个圆成，初无分别，何有异同？年催日逼，性习于爱欲声色之归；日就月将，流浪于机锋巧辩之域。认朱作赤，呼娘为母，皆非实相。顿能识悟"真空不空"之妙，实出父母未生以前本来面目，入水不溺，入火不焚，入金石无碍，刀兵不能害，虎咒不能伤，阴阳不相拘，生死不相干。打破虚空，方为了当也，方为还元也，乃是佛祖最上一乘之妙也。

炼丹行

坎男与离女，此是黄芽主。天地之根苗，五行之宗祖。

乾坤剖孕，六子兆生。乾一索坤，而得长男曰震，再索而得中男曰坎，三索而得少男曰艮；坤一索乾，而得长女曰巽，再索而得中女曰离，三索而

---

① 是，《道藏》本作"自"，从《道藏辑要》本。
② 曾，《道藏》本作"常"，从《道藏辑要》本。
③ 自，《道藏》本作"熟"，从《道藏辑要》本。

得少女曰兑。乾生三男，坤生三女，更为父母，互作夫妻，而八八六十四卦，次第生矣。圣人修炼金丹，以乾坤为鼎器，坎离为药物，余六十卦以行火候也。夫坎者，水也。水中产金，金即铅也。离者，火也。火中孕砂，砂即汞也。铅汞一合，凝结灵胎，以长黄芽也。故以坎男、离女为黄芽之主宰，天地之根苗，五行之宗祖也。

等分共一斤，八月从头数。数至月圆朝，一阳当夜午。太极气氤氲，诱之凭圣母。

等分共一斤，即乌肝八两、兔髓半斤也。天上太阴，以八月十五夜子时，水清金旺，月甚圆明。人间少阴，亦如天上太阴行度，自初一至十五，乃月圆之时也。遇其太极初分之候，一阳才动之时，金水初生，经罢符至，诱其一气，以为丹基，全凭圣母，以相媒合，使为夫妻也。圣母即黄婆，黄婆即真土，真土即真铅真汞，真铅真汞即坎男离女之精气，天地五行之根苗、宗祖也。

坐镇魁罡雄，坛登三级土。腾倒虎并龙，法象周天数。

当先主者，坐镇魁罡，禹步登坛，捧丹入室，三级台前，安顿炉鼎，颠倒坎离，天地交泰，龙蟠金鼎，虎绕丹田，周密卫护。冬至一阳来复之候，鼓动乾坤之橐籥，斡旋日月之枢机，卦循复姤，漏应周星，以行采取温养之功也。

丹鼎忽融光，玄珠悬一黍。急急采将来，平吞不用咀。灵丹才入腹，雾散若风雨。四海波浪腾，乾坤精魄住。

冬至子时，阳气始通之候，运剑追取金丹，煅成一粒大如黍米。忽然丹鼎融光，玄珠已兆，急须采取，不用咀嚼俄延也。采取之要，在乎一时二候之顷，以结成丹。上阳老仙曰："一时有六候，比之求丹，止用二候之速，尚余四候，别有妙用"是也。灵丹入腹，点己阴汞①，如雾露之散，如风雨之疾，如波浪②涛之涌。乾坤之精魄，自然凝聚，而住于天宫也。

阳火与阴符，斡运无差误。沐浴谨防危，抽添宜审护。

冬至至芒种，阳火候也；夏至至大雪，阴符候也。循斗柄之推迁，历魁

---

① 汞，《道书全集》本、《金丹正理大成》本均作"永"，校者改。
② 浪字，恐是衍文。

罡之斡运，寒温有序，进退合程。遇刑德则沐浴防危，遇复姤则抽添谨慎，自无差误危殆也。

九鼎炼将周，河车无碍阻。金液降琼浆，婴儿脱胎去。十月足辛勤，形神生翅羽。道人不是求，惟向傍门取。傍门法误伊，要当详审取。作此《炼丹行》，与余之言语。

九鼎乃九转数足，河车流转不竭，水火升降无穷，金液降作琼浆，温养数终，自然脱去其胞，现出金液还丹一粒，吞入己腹，点化凡躯，以成真人仙子也。修炼之士，虽有十月入室之功，颇是辛勤，然而功成药熟，服之一黍，形神自然生羽翼。纯阳云："辛勤二三年，快乐百千劫"是也。世上道人，峨其冠而方其袍，自足自满，不肯低情下意，求师指授大道，惟只以盲引盲，趋入傍门采战秽行之术，岂知道法三千六百，大丹二十四品，皆是傍门。惟有金丹之道一途之外，再无别径以成仙作佛也。是以傍门误人，古今皆是，要当详审。历代祖师破迷诗歌，与仙翁之《指迷篯》，则知除此道外，余皆傍门耳。

指迷篯

长生可学，至道可传，得人勿秘，非人勿言。
混混浊世，名利缠绵，逝者如斯，孰肯学仙。
仅有学者，所得皆偏，餐霞服气，打坐参禅。
炼一身阴，将八石然，三式密运，六丁静延。
龙虎立至，鬼神见前，晓露大药，秋石小便。
草木返老，津液还元，咒诅禁法，采御阴偏[①]。
清肠辟谷，厌市离廛[②]，远采五芝，迩[③]思三田。
四果菜道，十大灵篇，金粟浮信，玉壶混元。
小品七二，大二四焉，凡此道术，万蹄千筌。
迷人执著，谓为精专，小觊不死，大望登天。

---

① 偏，《道藏》本作"编"，据《金丹正理大全》本改。
② 廛，《金丹正理大全》本作"鄽"。
③ 迩，《金丹正理大全》本作"近"。

未及白首，已录黄泉，不思己错，怨道无缘。
致使有志，趣向茫然，以此等术，拟欲长年。
譬趋胡粤，却步中原，求鱼缘木，寻兔竭川。
错误非道，深可哀怜，故述《印证》，以接来贤。
古仙不露，口诀皆宣，悲念苦海，寂寞梯船。
师匠难遇，种德为先，庶几感召，得遂真虔。
览此会悟，开发天全，功成道备，杳杳云轩。
上宾玉帝，枢握化权，念兹在兹，昕夕拳拳。

《指迷箴》自然明白，兹不重赘，学者味之。

后识

余师若一子尝曰：鲁①闻我师无名子翁先生云：吾师乃广益顺理子也。昔顺理子刘真人，与我祖偕悟真仙翁②，肄业辟雍，惟翁不第，凤植灵根，学道道遂③。后因念其同舍之有孙，时在绍兴戊午④，刘遇悟真，得其道。愿力不能成，遂刊彭真人《参同契义疏》，隐于市朝，方便接引。既谐同志，乾道戊子岁⑤，成道于虎丘山之下⑥。吾⑦叨窃仙恩，误蒙真荫。绍兴中，于浙江跨浦桥，亲⑧承真人之颜陶铸，赀力素无，未克成就，日夜遑遑，已逾三纪。尝因中秋有感云："手握天机六六秋，年年此夕不胜忧。神功妙道三人就，黍粒灵元二八修。信道灶炉须福地，要知钱鹤上扬州。谁能假我扶摇力⑨，一举同迁在十洲。"我之志，概可见矣，尔其勉诸！因遂授道，实淳熙庚戌

---

① 鲁，《道藏》本、《金丹正理大全》本均如是，疑作"曾"字。
② "吾师乃广益顺理子也。昔顺理子刘真人，与我祖偕悟真仙翁"，《道藏》本作"吾师乃广益顺理子刘真人，祖偕悟真仙翁"，据《金丹正理大全》本改。
③ 道遂，《金丹正理大全》本作"遂"。
④ 绍兴戊午，公元1138年。
⑤ 乾道戊子岁，《道藏》本作"乾道戊巳岁"，考无"戊巳"，从《金丹正理大全》本。乾道戊子，公元1168年。
⑥ 之下，《金丹正理大全》本作"中"。
⑦ 吾，《道藏》本缺，据《金丹正理大全》本补。
⑧ 亲，《道藏》本缺，据《金丹正理大全》本补。
⑨ 力，《道藏》本作"便"，据《金丹正理大全》本改。

岁①也。造丹合和，未肯②尽传，后有所指。庚申岁③，复遇寺簿卢公于姑苏，始诀其秘。盖卢亦刘所授也。余学道三十年矣，于嘉定乙亥岁④，再遇⑤仙师，始闻⑥全诀火候之秘于虎丘之上。今忽二年，顾方拘縻吏锁，汩没尘鞅，恐复⑦因循，沉坠仙业，深有所惧，遂撰此图，庶有契会焉！昔西山许君，诛蛇之日，曾留语曰：吾升天后，一千二百四十年间，五陵之内，当有八百人得仙。自东晋永嘉，迄我宋淳熙，已符其数。因念夫五陵之内，在今日钟灵毓⑧秀而笃志者，皆仙材也。是篇之作，不无意焉！

是岁⑨季冬三日用识源流于末

还丹印证图后叙

林静

予早闻丹旨于真师，而求合于经书者，多矣！苟不玄而隐，则激而泛，岂易观也哉！尝得《龙眉子印证图》一卷，模而⑩藏之。观其采炼药物，养蜕胎仙，工夫次第，犹阶而升，于丹旨之要，经书之合，一开卷顷，了然乎余心矣！惟授受之次，龙眉、若一、无名二三子，未详其人。而古仙⑪著述，多隐名为之，若《火记》《龙虎经》之类是也。今考诸序事本末，则知为紫阳宗脉。其后识曰：余师若一子，师无名子翁先生，翁之师顺理子刘真人。盖真人，即白龙洞道人，紫阳入室之徒也。顺理子，迨其别号云。紫阳在元丰五年⑫化去，越七禩，与顺理遇于王屋山，作诗以勉志，有"闻君知药已

---

① 淳熙庚戌岁，公元1190年。
② 肯，《道藏》本作"宜"，据《金丹正理大全》本改。
③ 庚申岁，公元1200年。
④ 嘉定乙亥岁，《道藏》本作"嘉定庚子"，考无"嘉定庚子"，从《金丹正理大全》本。乙亥，公元1215年。
⑤ 再遇，《道藏》本作"载际"，从《金丹正理大全》本。
⑥ 闻，《道藏》本作"开"，《金丹正理大全》本缺，字形近似而讹误。
⑦ 复，《道藏》作"后"，从《金丹正理大全》本。
⑧ 毓，《道藏》作"孕"，从《金丹正理大全》本。
⑨ 是岁，《道藏》本无，从《金丹正理大全》本补。
⑩ 而，《道藏》本无，从《金丹正理大全》本补。
⑪ 仙，《道藏》作"先"，从《金丹正理大全》本。
⑫ 元丰五年，公元1082年。

多年"之语。顺理顾虽闻道而力未果，至绍兴戊午①，复遇紫阳，毕志于乾道戊子②间，寔逾百龄，而后冲举。其题图首者，王君启道，即金蟾子，乃③玉蟾仙嗣也。既称龙眉子为祖师，龙眉之迹，固隐而弗彰，要其造道之极，不待言而知也。今为观其叙志，慕玄汲汲，然而成就之艰难，将追轨于顺理子矣！嗟乎！人不患夫学道之艰也，而恒患闻道之艰；不患乎闻道之艰也，而恒患成道之艰。故学如牛毛，达如麟角。每发古仙之叹，苟有志者事竟成，亦何患之有？他日温养功圆，飞行八表，访龙眉、若一④二三子于阆风云莱之乡。录其道行，下游人间，世又为补《列仙传》。

人间甲子己酉岁⑤，金精满鼎日，瑶台玄史元阳子吴兴林静熏洁拜书于太微玄盖洞天，时年三十有五也。

《金液还丹印证图》终

---

① 绍兴戊午，公元1138年。
② 乾道戊子，《道藏》本、《金丹正理大全》本均作"乾道戊巳岁"，考无"戊巳"，当系乾道戊子，公元1168年。
③ 乃，《道藏》本缺，据《金丹正理大全》本补。
④ 若一，《道藏》本缺，据《金丹正理大全》本补。
⑤ 己酉岁，有宋淳祐1249年、元至大1309年、明洪武1369年，或应是元至大1309年。

第十编　碧虚子亲传直指

方碧虚　撰

点校说明

1.《碧虚子亲传直指》，收入《道藏》洞真部方法类。南宋方碧虚撰。或以为碧虚子系北宋道士陈景元，误。此问题，任继愈先生主编的《道藏提要》[①]中有论述。卷首序称晚遇海琼先生（白玉蟾）授以道要，又遇安然居士传授，始得海琼妙旨，录之以成此篇。

2.《道藏》32册玄全子《诸真内丹集要》卷下收有《青霞真人内用秘文》，文与《碧虚子亲传直指》同，文中有署："宋咸淳甲子（1264年）十一月望前三日谨书于南岳朱陵洞天"云云。《道藏》第10册《养生秘录》收有《青霞翁丹经直指》。其青霞翁、青霞真人、碧虚子，或系一人乎？

3. 本篇以《道藏》第4册《碧虚子亲传直指》为底本点校。

碧虚子亲传直指

仆自幼学道，弱冠弃家，遍历江湖，求参道德。诵祖师张紫阳以来诸先生丹经、词曲、传记，熟研精思，寻文求义。又遍参道契高士，穷历大道之要。后游诸名山大川、洞府福地，祷求石壁碑记。晚遇海琼先生，授以大道

[①] 任继愈主编：《道藏提要》，中国社会科学出版社2005年版，第104页。

之要，又遇安然居士于朱陵洞天，作诸章以相贻，始得海琼之妙旨也。乃知少年之学，所求、所闻、所见，俱为屋下架屋，枝上接枝。殊不知屋便是屋，枝便是枝，此事只在眼前，何必远求。今授于子，子可因文解意，猛省用功，不必狐疑，道在其中矣。

夫至道不可以名言，至神不可以想得，可名非道，可想非神。夫神禀乎道，合乎性，根于阳，虚灵而无迹，变现而无方，超乎天地之外，天地不可得而囿；出乎古今之数，古今不可得而穷，可谓真而至真，玄之又玄。凡男子四大一身皆属阴，惟先天一气是阳。此气非呼吸吹嘘之气，亦无形影可见。古云："见之不可用，用之不可见。"此气未受形之先，在胎中，先受此气，后生两肾两目，由此生心、肝、脾、肺、九窍、四肢，次第而成，人象具足。此气正在空虚之间，名玄牝之门，先师《玄牝歌》自可详见。今世人宰猪羊，见两肾之间、腰膂去处，有一空膜，之中有气，呼吸彭亨，直至肉冷方息者是也。此气生则气血全盛，魂魄相为，内含五彩，暖气如汤。如人死，气血一散，而此窍馁矣。此气便是金丹大药。故师云：以心、肝、脾、肺、肾、肠、胆、精、津、涕、唾、气、血、液为非道，可以精神魂魄意似是而实非者也。人之一身，左足太阳，右足太阴，两足底为涌泉，发水火二气，自双①足入尾闾，上合于两肾，左为肾堂，右为精府，一水一火，一龟一蛇，互相橐籥。两肾之间，空虚一窍，名曰玄牝，二肾之气，贯通玄牝。气之由此发黄赤二道，上夹脊双关，贯二十四椎，中通心腹，入膏肓，会乎风府，上朝泥丸，由泥丸而下明堂，散灌五宫，下重楼，复流入于本宫。日夜循环，周流不息，皆是自然而然，即不是动手脚做来底。然而今人皆流入旁门者，不知虚无自然、默默运用之理，却妄行屈伸、呵嘘、摩擦、引导、存思、注想，遂生妄想妄作，反致成疾，如白莲道人，个个黄瘦；运气道人，人人蛊疾，此皆验也。

夫气在人身，人人一般，而无多少，有涵养底做得成，无涵养底做不成。其流行、往来、出入，自有定数，有如潮候弦朔，必应天上斗杓，子午自移；又如女子月经、人病疟疾，应时而至，确然无差。此气遇阳时为阳火，遇阴时为阴水。火即木液，水即金精。左肾为坎，坎中有戊；右肾为

---

① 双，底本作"两"，据《诸真内丹集要》改。

离，离中有己。戊己二土，合成曰圭，又名水中金。金者曰刀，故号刀圭也。火即木，水即金，为金木无间，水火同乡。其金木水火即是一土，而一土总其五行。师云：五脏无气，六腑无精，正谓此耳。此气时时运转自然，不假人为。凡言辘轳、三车、黄河、曹溪者，取象如此，非以人力能为。常以子时而至为阳火，午时而至为阴符，以卯时而至为木液，以酉时而至为金精。卯中有甲，酉中有庚，故须采取用甲庚；子中有戊，午中有己，故取真土用子午。其实一物，取采则用甲庚，行火则不拘子午。非自然洞晓乾坤升降、阴阳盛衰、药材老嫩、水火潜飞之理者，不足以语此。然而师传言之甚详，而后人自惑；言之甚简，而后人自疑。何也？皆缘泥于虚无则不知下手用功，是胎息不成而归于顽空；忽于自然则泥于妄想强作，是以心神枉费而反以致疾。夫虚无者，言其不可见闻；自然者，言其可以迎取。今以采取火候等法，逐节紧切相传，但谨守奉行自验。

诀曰：凡人未入定已前，且理会安排采取药材。每日每夜，且习打坐，一定自然骨节开、关脉通。自膀胱至夹脊，便如车轮动，先天一气自然由三关朝泥丸、下重楼、入绛宫。然其来有时，采亦有时。须得卯酉一旺时，默默端坐，不须用力摩动，须臾觉顶热，喉中有甘露时时滴下，便以目内视，以意内送，直纳之绛宫而止。凡一日之内[①]，以甲应上弦，自子至卯为上弦，得汞半斤；自午至酉为下弦，得铅半斤。采甲汞、庚铅各半斤，自然定数。所谓"铅见癸生须急采"者，甲庚二时木汞金铅方生，须是此时采取也，如此谓之采取。然于采取之时，不记年月，久久积之，方成炉鼎。

夫人一身，炉也。今人以脾为黄庭，顶中泥丸为鼎也。炉鼎既成，然后种药。夫药物一生，且采且炼。采而种之为药，炼而成之为火。采之则一日有一铢之得，炼之则一日有一斤之数。采药之时，须拣甲庚旺气；行火之法，则忌沐浴，有此不同。采之法亦如安鼎，不过因自然而来，而迎之以意，送之以目，故丹经云"黄婆青衣"。黄婆者，意也；青衣者，目也。以意逢迎，谓之黄婆媒合；以目内送之，谓之青衣[②]女传言。人身之气，意行则行，意止则止，不复不流，谓之种药。

---

① 内，底本无，据《诸真内丹集要》补。
② 衣，《青霞翁丹经直指》无此字，似衍字。

即入鼎中，然后有火候。古人云："圣人传药不传火。"非不传也，以火与药同归而殊途，同情而异功。故子为一阳，至巳为六阳，言自子至巳，火归六数而六成乾，当自子至巳，以意送之，谓之进火，又谓之曰添。午为一①阴，至亥为六阴，自午至亥，水归六数而六成坤，当自午至亥，不必迎之，谓之退火，又谓之曰抽。而言火不言水者，盖添进则为火，抽退则为水，此自然而然，不假人为，故不言之水也。丹经言《河图》、《洛书》之数者，言其火候自然与此卦生成之数合耳，非必求用力以合此数也②；一③言朝屯暮蒙、昼姤夜复者，一言与此卦默合，非以用力求合于卦也。如运之说，则言此气运行流灌五脏百脉，如亥子旺肾、寅卯旺肝、巳午旺心、申酉旺肺、辰戌丑未旺脾，自然而此气运行，由旺宫而出，初不必妄想此时此脏有此气出入流运。然采取造鼎之初，则无禁忌，时为即为，即了即休。

至如入药行火，则须择日入室，一毫俗事不可妄干，使耳目口鼻，四象相忘，昼夜如一，毫发无间，胸中廓然，虚室生白。一有所著，便是卦图不牢，药物走漏。既在室中，不可求睡，当始终不寐。盖不寐为阳合，寐为阴并，每要惺惺然常提著；捐去喜怒，盖怒则阳散，喜则阴乘。若有毫发之阴，而阳神间锱铢之阴，而皆鬼也。食须半饥半饱，勿茹荤肥，五味但和淡温热者为佳，必须率性依时。合气当以玄虚为城，恬淡为域，太和为室，寂然为日月。去其妄心，存其真心。见药即采，遇火即行。一年之内，止除卯酉两月不可行火候，以卯木旺则火炎，金旺则水盛故耳。除此两月，不须行火候，行则反伤。一年十二月，去其卯酉为沐浴，止存十个月。故曰胎成，则纯阳俱备，不须行火候，行则伤丹。当移入泥丸，谓之抚鼎。此时胎仙已成，如人已生，但须乳哺也。工夫至此，只须温养，不必再行火候、沐浴。如此三年九载，则天门自开，婴儿出入，往来无碍，位登天矣。故抚鼎者，即乳哺也。此首尾用工之说，皆是自然而然者，不假人力强为妄想，不过及时以意逢迎而已。须是积日累月，造鼎安炉，一年十月，结胎行火。而师云："一粒金丹赫日红"，何也？言一时半日之功夫，可夺一年半纪之造化也。当其药生火到之时，不过顷刻逢迎，故谓顷刻而成。然金丹即非终日终

① 一，据《青霞翁丹经直指》补。
② 也，据《青霞翁丹经直指》补。
③ 一，《青霞翁丹经直指》作"亦"。

夜劳神苦志、强为妄想可成者。夫药物、炉鼎、火候、沐浴、胎息、婴儿、运用、抽添、宾主、刑德、浮沉、升降、铅汞、水火、真土、刀圭、金精、木液，一应名号，都是改名换字，其物即一也。《钩锁连环经》，自可熟读，言之非难，行之为难，守之最难。大抵旁门小法，俱无报应，唯有金丹一件，便有应验。凡人采药，少年须行半年功夫，中年须行一年功夫，老年须行三年功夫。绝欲忘念，静坐默然，采取之后，时节至来，耳目聪明，手足清健，百病俱无。自然两肾气来，夹脊如车轮，泥丸如汤注，口常有甘露滴滴而来，神若不寐，百念俱绝。不过两月余，日月生神光，此心明了，不可便为至道，否则狂念妄生，遂成痴风。至于三月，行火之余，时时刻刻工夫不差，则七窍光明，所有金轮，内外洞明，远接鬼神。当此之时，婴儿遂生形像，不可便纵其运动，出入须要著紧，守护牢固，否则火漏丹败。十月火满，受气足备，自然如此瓜熟蒂悬而出。然后出入往来，可以离身丈尺，亦不可远去。一出便须收回，否则一去而迷，遂至投胎夺舍，不复回顾。直须三年九载，日子满足，骨骼老，如人数岁方知人事轻重浅深，方可纵其自然出入往来，至此时则飞升变化，真仙之位矣。然犹有魔障。当其入室坐忘之时，神异自出，凡天下万品奇怪之事，俱集于前，真如慧眼初见，犹如神明依附，到此勿喜勿惊，此皆魔障所至，不可便以为道，要在把捉摄机，静念凝一守持，所谓太玄之一，守其真形，切不可以妄为真，纵情为性。如此守一，其魔自消，方能道成。今人多到此时无定力定见，故为外邪所摄，则不能来，反有风狂痴颠非横之祸，遂使后人反以神仙之道虚无渺荡，惜哉！

若十月胎成，移鼎温养之后，又当求向上一著，此事在《悟真篇》下卷。求精进法，自然有希有之遇，此不待传授之诀。若飞升尸解，乃是丹成之后，又下功夫，立大功德，随修行深浅之果证，即非传授口诀。凡欲修此丹法，必须次第而行，倘或不依次第，妄作僭行，则身中无胎，婴儿不生，妄参禅学，如水之无源，木之无根，竟成顽空，到老无成，终归轮回之趣。

入室六十日之后，便见验也，须是依诀行之，切不可间断。子转斗移，气澄境静，摄机作用，绵绵不绝。或倦则上池回溉，一任消息往来，云雾遍兴，无迷无妄，灵光发现，勿喜勿惊，但两手卷珠帘而已。须要专戒万缘，喜怒、思忧、饥渴、寒燠、寝寐无入昏沉，心王常明。渴则少饮四君子汤、白术汤。才睡气便化血，不能上腾，不寐惺惺，则阳气上腾矣。凡世人两目系肝来养者，盖心司神也，所以神仙眼碧色夺目也。凡人修道者，不可熟睡，睡则阴气盛，化血入肝，不能上滋两目，自然通灵。

仆痛念世人谈道者，一二几欲付人，奈针芥不相投，未容分付。今偶与子会，意味稍合，若非前生有些种子，岂能知其一二。仆今尽其所授，逐节切紧，一一录付，子可熟玩静思，寻文求义，候其时来，用工下手，断断成就。仆与子四纪复有会期之所，未可轻泄了，宜勉之。仆口嘱之言，在心勿失，笔录之语，常可熟诵。每开卷时，如见诸师君在上，不可忽之。如身未行，且当澄心静念，守其机缘下手。切不可妄授非徒，倘可言者，粗发明其一二无妨，得人则不可秘。违此则戾祸大焉。

第十一编　长生指要篇

林自然

点校说明

1.《长生指要篇》，题名林自然著，收入《道藏》太玄部。

2. 林自然，号回阳子，三山人（福州）。在长汀（福建闽西）烟霞道院遇到西蜀陆公真人[①]，"付授药物火候，运用抽添"。门下弟子有周无所住。

3. 本篇以《道藏》第 24 册《长生指要篇》为底本整理。

长生指要篇

回阳子林自然　述

《长生指要篇》序

仆早岁婴戚，笔砚废顿，且于世味澹然。忽读《清静经》而发深省，由是刚肠辞家，蓬头赤脚，游历参访，几半天下。至如想肾存心、咽津纳气之术，靡不尝试。惟欿然于怀者，金丹一事，未究根宗。天开其运，西蜀陆公

---

① 西蜀陆公真人，《中华道教大辞典》林自然条，称系西蜀陆墅真人。137 页，中国社会科学出版社，1995 年。

真人，一见于长汀烟霞道院，欣相付授药物火候，运用抽添，如指诸掌。服膺师训，于兹有年矣。因见世人，旁门曲径，去道愈远，不忍尽秘，遂以微言弘道，著为七篇之书，目之曰《长生指要》。庶几有心之子，由是悟入焉耳。

时淳祐庚戌[①]中秋日三山回阳子林自然序

第一

窃闻先天大道，在混沌之中，不可以识识，不可以知知。以耳听之而眼闻，以眼视之而耳见。恍恍惚惚，杳杳冥冥，似物非物，似象非象，强名曰道。夫道之妙，既不可得而测，则在于仰观俯察而已。以人身参之，若合符节。予既得玄中之玄，妙中之妙，不敢尽秘，特于有无中，发出根蒂。牝者，即混沌未分之气也，犹瓜之有蒂，中藏真精，神气贯通，混合造化，岂非太乙含真之妙乎！两仪既判，始生四象，四象生矣，而五行备焉！然后分布八卦，惟中宫之位，实为八卦之母也。中宫，乃土之位也。故水得土则止，火得土则息，金得土则生，木得土则旺，有如子在母胞之中，日得天地冲和之气，正禀中宫，同母呼吸，以至胞圆既生之后，剪去脐蒂，所受天地之正气薰蒸，与虚皇之神气贯通，本与天地齐久，与虚皇共化。一为情欲感于内外，好乐发于后先，自此气隔真元，神随物诱，虽与天地之真气交接，奈何神化无基，反为天地所夺，致使形衰气谢，是以不免于死亡之患也。信此气者，乃元始浩劫之祖气，神仙性命之宗源，得之则生，失之则死矣。得之者，夺天地之造化；不得者，反为天地之所夺。其所夺者，一点元阳之真气也。修炼之士，何不归明于本，依时锻炼，以为大丹。且锻炼之法，不过母呼则呼，母吸则吸，一呼则天气下降，一吸则地气上升，呼吸有时，不比盲炼，动一神则万神俱动，开一窍则九窍皆开。学道之士，当寻其源，如在母胞之中，抱其元，守其一，太一含真气，天地长黄芽。盖黄芽生，乃铅之母也，不能行者，以致气绝命亡，皆不能回光返照，止察于外而不能自察也。

---

① 淳祐庚戌，公元1250年。

回阳子曰：天地之精英，皆聚于日月；人之精英，悉聚于眼目。夫人成形之时，先生两肾，内应精轮，次生两目，有如水泡，与天地实同。盖天地未分之时，日月未照之际，混混沌沌，幽幽冥冥。二仪方分，两曜著明，水火始出，万物乃生，故有变化之妙。人欲修炼，须当采元始气于横目之下，以索天地之蕴，而致其用，可也。若能致此妙用，谓之高奔日月，彻照昆仑。前辈度人，皆不过指此为轨范也。黄庭者，安炉立鼎之地也，圣功从此而生焉，神明从此而出焉。上清下浊，路通八水。上至泥丸，中理五气，混合百神；下至涌泉，周而复始，昼夜不息。所得天地之正气，与神气精三者，可交结于此。功满十月，即得胎圆出世，小而至于延年快乐，大而至于超凡入圣。遨游变化，逍遥于天地之间；功满德就，即还于玉虚之上。如斯之化，且玄且妙，修丹之士，可不栖心于道乎！

第二

回阳子曰：道之与性，则一贯之理也。天得之积气以覆于下，地得之托质以载于上，覆载之间，其相去有八万四千里。气质本不能相交也，天以乾索于坤，即还于地中，其阳负阴而上升；地以坤索于乾，即还于天中，其阴抱阳而下降，一升一降，运行无穷，不失于道，所以长久，岂有他哉！且天地之性，于人为贵者也。以心比于天而有朱雀之号，应于目者，其脉赤；肾比于地而有玄武之号，感于目者，其精黑；肝为阳位而有青龙之喻，发于目者，其精青；肺为阴位而有白虎之喻，见于目者，其精白。天地造化，悉聚于目，人能混之以明造化之源，以探坎离之候，符契动静之机，于日夜之间，凝神忘机，葆光袭明，安得不与天地合其德乎！由夫人也，自离形于父母之后，一染六尘，天五冲气，剥落净尽，眼耳鼻舌声色交混，思出其位，外通则内暗，窒于黄中，则体皆裂其大全，而丽于一曲，背本逐末，不复知返，而道心屏蔽隐没，不可见矣，安能与天地合其德哉？非徒不合，而又随之以变，至于元阳之损耗，真气之走失，皆由物蔽于目，精浮于性，日常用其光以外照也。

呜呼！学道之士，胡不发易之蕴，而返思之乎？且坤之正位，入乾之正，加二画之中，则为坎，坎水内明于中故也。内明水性，则通彻无碍；外明火性，则蔽隔多暗。盖上下皆阳画，则赤而已，惟黄居中焉则光，故离火本末皆赤，至末赤则为过矣，随而黑焉。在人者，奚可恃哉？归其外明者，即"蟾光照西川"之理也。不归其明者，即金木间隔之义也。惟达者，至逐境处，随觉随复，即袭其明，还其性，以全坤德。自全其德则性不乱，性不乱则神不移，神不移则精不荡，精不荡则气聚，气聚则精火相随，精火相随则万神朝元，三花聚顶，保合太和，立见超脱，可以成九鼎之丹光，直冲虚境，与玉清齐其化，而后居其太初洪濛之先。如不然，眉睫之际，分彼我矣！

第三

回阳子曰：天地本行足数十二时辰，只有九十六刻。大包天地，细入秋毫。凡夫不知，妄将四刻入于子午卯酉中，此皆非也。天地造化，不可增，不可减，增则是长，减则是短。天有十干，干乃阳数，本也；地有十二支，支乃偶数，末也。凡夫行支，圣人行干，余刻在其中矣。老子曰：降本流末而生万物。本则深根固蒂，末则开花结子。瓜熟蒂脱自然香，必剖瓜之人，方知瓜滋味也。要知学道之士，神气周备，不必俱泥于年月日时。所谓形神俱妙，与道合真，更向性究竟向上一著，始得性命打成一片，去来无碍。须要真定后，一点灵光透玉池。所谓玄牝，天地未判，如同鸡子，故无极包于太极，混沌未判，天地初分，先天为体，后天为用，轻清为天，重浊为地，中为人身，是为三才，固生万物矣。内玄牝天地之根，外玄牝出入之门。凿开洪濛窍，冲透上顶关，无限神仙从此出，万年千载列仙班。谢师指出本根源，跳出轮回生死外。在山居市任逍遥，隐显去来无罣碍。

回阳子曰：有中生无，无中生有，出无入有，出有入无。故《消灾经》云：有有无有，终始暗昧，不能自明。若明心见性者，无无有无，则异于是。所以紫阳真人云：定浮沉，分宾主。本是性为主，先是命立成。诗云："饶他为主我为宾。"正所谓性命浮沉也。譬如太阳出于东海，瑞气满天，霞光灿烂，离海门丈余，神光渐散。逮乎日将西坠，神光再收。返本还元，亦复如是。学道之士，当知此理。散神光，逐万物，凡夫所为，圣人随觉随复，亦如太阳返本归元。崔公《入药镜》即此为镜也。故曰：天地造化，悉聚于日月；人之造化，悉聚于本元。岂非变化无穷，与天地同其长久乎？

回阳子曰：圣胎十月，婴儿显相。学道之士，如人起屋，先须筑基成实，方可胜载。候天地一阳之生，年上取月，月上取日，日上取时，时上取刻。十月胎圆，功满德就，譬如凡夫千日之后，方离乳母，身得自在。父母交会，阴阳一同，我自己身，由父母阴阳交会，非外求也。来时云满千山，去后月舍万水。学道之士，我身自有圣父、圣母，自己身父母。我自悟七分，师度三分；我自悟三分，师度七分，总为十分也。须是自觉自悟，方可入道。随力方便接人，接果木法，全在土栽培。予见世人，转转迷惑，不悟圣人经典，一失人身，万劫难复，岂不痛哉？苦海无边岸，回头即是山。不是我今苦口多言，惟恐汝蹉过光阴，便好直下承当，顿悟超凡入圣。紫阳真人曰："国富民安当求战，战罢方能见太平。"国富则民安，民安则国富，譬如人之元神、元气、元精，神归神室，精归精府，气归本元，三者能归于本，则是民安国富也。更能通此妙用，便是"三家相见结婴儿"之理。"二物会时情性合，虎龙蟠处合中央。"土之谓也，戊为阳土，阳土能生万物；己为阴土，阴土能长万物。万物生长，人亦如是。圣人所以长饮刀圭，冬雪渐凝聚，即此便是。婴儿姹女笑呵呵，黄婆劝丁公，指引过曹溪，运上昆仑顶。浪澎澎，降黄庭，水火两相迎。

回阳子曰：人生在世，精神有限，身在则有余。富贵荣华，如空华过眼，何必苦劳心。奉劝修道之人，及早省悟，自古神仙皆从此入。

诗云：叶绿花红九万条，曾于节候见根苗。

莫道此果难成熟，实灌灵源水一瓢。

又诗云：踏遍这天涯，黄母在谁家。

豁然师指出，跣足到烟霞。

第四

回阳子曰：天有四时，日有十二时，凡一时之内，各有妙用。修炼之士，须当知神藏杀没过去未来，方可采取。其奥妙在于攒年簇月，月簇日，日簇时，时簇刻，惟恐毫厘之差失也。其法又不止尔。当上按星辰之躔度，下符海潮之往来，采天地未判之气，夺日月交会之精。故圣人曰："天地交时内亦交，但从甲乙户中敲。"盖一刻工夫自有一日之气候，一日工夫自有一年之气候。一年工夫，得之者，可夺天地三万六千年之数。昧者乌可以管窥蠡测哉？故诗云：复卦初爻动，天心无转移。

个中得意处，便好作丹基。

第五

回阳子曰：上古圣人，传授金丹大药，独于火候不传者，不泄天机故也。予今略露秘旨，以此篇为印证。夫火之功验，不过散之则成气，聚之则成火，化之则成水，变之则成金。凝此一气，真元不散，则火候在其中矣！故曰："火虽有候不须时，些子机关我自知。一气初回才遇朔，抽添进退莫教迟"者是也。

或问：药物如何采？火候如何煎？

答曰：药物生玄窍，火候发阳炉。抽添进退皆由我，一气初回造化枢。

第六

回阳子曰：夫神炉、丹穴、神室、玉炉、金房，此皆丹鼎之异名也。黄庭、黄道、黄房、黄婆、戊己、明堂，此皆中宫之异名也。真阳为乾，为天为父，为夫。阳魂、青龙、郎君、木汞、阳中阴、砂中汞、朱砂、父精、木液，此皆婴儿之异名也。真阴为坤，为地为母，为妇。阴魄、白虎、女子、金铅、阴中阳、铅中银、水银、母血、金精，此皆姹女之异名也。其名虽多，其理则一。其为铅也，远不可取，近不可舍，得阳汞相济，遇真土方成，即金丹大药也。紫阳真人云："先把乾坤为鼎器，后抟乌兔药来烹。既驱二物归黄道，争得灵丹不解生"者，乃道中之一也。凡夫无知，散一为万，惟圣人能会万归一，故曰"吾道一以贯之"。夫降而为一，一乃生水，吾身中之北斗也。斗自一生，一为命本，我之禀受，是为本命一三之义。天下之至精，故能神，神则至矣。而神之为德，未尝离一。庄子曰："不离于精，谓之神人。"一者，天地万物之根，有根则能生，有生则可荣。苟不深其根，固其蒂，将何以为抱一乎？予起处念一，卧寐念一，饮食念一，无不念一，无使间断。诚以太玄之一，是北方玄天，坎宫正一之气，大道之祖也。一者，元一大一、玄一真一，此一气统天地之元，冠阴阳之首，为两曜之根本，是万物之祖宗。其积混沌阴阳精气，从坎宫转归兑乡，号曰阴中之阳。若水中无阳，安能载物？修真之士，傥知此玄天一气，而下手兴工，指日证真成道矣。

今且即以北斗七星而备之。星者，日之所生也。北斗从坎生，禀日之精也。太阳之精，自从一生，坎之为卦，日月葆焉。虽曰离为日，坎为月，此卦之分，离函五数，坎函五数，兼坎离而成十也。天一地六而坎又居之，是兼日月之用也。人谓北斗以其在北，非也。生于坎，故曰北斗；运于中，故曰中斗。歌曰："九元位坎居中极，众曜持守掌化成。真人自在归魁上，垂象杓从月建行。"夫坎实为命本，离虚为性本。如《太上说南北二斗真经》，亦先北而后南。北为天一，南为地二，坎为玄，离为赤。赤，火也；玄，水也。水中生火，精中生气。说北不可以无南，南北会合，坎离交并，存精以入神，互用之妙也。若非精神，岂曰本命？命中之命，在父母未生胞胎之前，无本之命也。命中之命，命在玄元。玄元者，道之一气也。玄中有玄是我命，命中有命是我形。精气神全，则身不衰老，形命永存，合乎自然，与天地相为长久。人之生也，命以为本，命不禀于天，道不能生也。其曰自然固有，自然而然，犹上命而下受也。盖九天之气下降，方结胞胎，九天司马不下命章，人终不能生。受形保神，贵气固根，终不死坏，而得神仙，贵乎哉！

经云：我不视、不听、不知，神不出神①，与道同久，然后言我命在我，不囿于造化。《七元经》云：大帝告七真曰：下元生人，从氤氲真一之气，元精所生，禀为一形，皆备三元养育，九气覆护，故北斗七元，人人具足。初九潜龙，建子之位也，北斗元君在焉。知此元神，运毓涵养，形神合同，则真灵外应，玄功自成。歌曰："无星不拱天垣北，惟有真机在杳冥。"故辰极者，为天心，以正为方，对昆仑之顶，在紫宫北极崆峒。正天之中，四辅之内，华盖之下，为天之心。静而不动，为元气之主，符天地之枢纪也。

歌曰："真阳馆里气徘徊，升降三宫密往来。生死不关浮世事，相将五

---

① 神，《西升经》作"身"。

老上金台。"五老者，五藏之神也，人人自有，一十二节，三十六小骨，孔孔相对，脉脉相通，节节相连。修炼功至，则金筋玉骨，百骸不坏，清气上升而为天，清之又清，神之又神，阳之又阳。人禀天元一气而生，自三清分三气于三元，上丹田泥丸府，上应玉清青气；中丹田绛宫府，上应上清白气；下丹田交会府，上应太清黄气。前所谓"存精以入神"是也。太清真土，非厚地重浊之土化生万物者。天也，统三宫以为一，亘万世而无弊。三宫升降，上下往来，无穷不息，斯之谓欤！要知自己三清，何劳上望？自己老君，何假外觅？太上曰："精是吾神，气是吾道。藏精养气，保守坚正。"阴阳交合，以立真形而化生童子，尝审鼻息不至耳闻，口言不至肺震，则丹脉自成。气化为精，精化为神，神化乃心之童子也。我身中有三万六千神君，常侍左右，久久如此，则自己三清、自己老君见矣。大哉！北斗七星之妙用乎！七星真形名号，乃元始七真之七气，亦人身中七窍之真气。阴阳斗星，巡历十二支之上，子午卯酉之宫，有超凡入圣之道在其中矣。故第四文曲，乃阴阳交会之门，正卯酉生人所属，卯酉会合于此，况阴中有阳，阳中有阴，是曰"二八之门"。丹经云：龙游十六之门，虎隐九三之户，在乎天关，其道乃玄极。人能明阴阳互用，乌兔交加，道气由是增，神丹乃克就。《黄庭经》云："三关之中精气神，九微之内幽且幽。口为天关精神机，手为人关把盛衰，足为地关生命扉。"而斗中具有三关，天关在午，人关在卯酉，地关在子午。阴阳隔界之位，卯酉日月出入之门。嗟夫！玄者，万物之祖，理具有也。物之隐玄，未若人身之隐玄。人身之隐玄，即天机也，玄功也。故《阴符经》云："圣功生焉，神明出焉。"是知玄者，气之祖，道之真，天之色，法之妙，理之奥，水之本。能穷其理，须造其玄，充尽其性，乃至于命。试思混沌未分之初，年月日时安在哉？"神是性兮气是命，神不外驰气自定"。能事毕矣！

第七

回阳子曰：金丹大药，固在乎师之所传，亦在乎天之所祐。我道祖太上老君《道德经》曰："天道无亲，常与善人。"祖师魏伯阳《参同契》曰："天道无适莫兮，惟传与贤者。"祖师纯阳真人《沁园春》曰："蓬莱路，仗三千行满，独步云归。"祖师张真人诗曰："大药修之有易难，也知由我也由天。若非积行施阴德，动有群魔作障缘。"又《西江月》云："德行修逾八百，阴功积满三千。均齐物我与亲冤，始合神仙本愿。"盖金丹之成，本是天所以赏大善之人。若不务修阴德，而但欲窃取大道者，则天不祐之。纵饶下手，决定魔生障隔，或积年累载，忙不见功，乃反怨道咎师，而致败坏也。若有好道之士，常能存心，仁慈济物，救贫拔苦，好生度命，劝人为忠、为孝、为仁、为义，为一切善事，为种种阴德者，有如买放生命、方便戒杀等事，则仙真保举，上帝降祥。寻访便遇明师，传授便得正法。下手速修，天既祐之，诸神拥护，决定永无魔障，动静皆合真机。克日功圆，以至住世，长生超脱，升登云辇，形神俱妙，逍遥自在。又且福及后人，永承道荫，此虽是师恩，实天赐也。

西江月

二十余年访道，经游万水千山。明师未遇肯安闲，几度拈香一瓣。

幸遇至人说破，虚无妙用循环。工夫只在片时间，遍体神光灿烂。

近向死里又还生，回来认著主人翁。这番行船牢把柁，任你八风吹不动。

深夜一轮月，中宫太极图。万里碧霄明皎洁，青山直是片云无。

快活真快活，常人说甚难。世人问我行何事，默默无言是大还。

金丹合潮候图

凿开混沌，见钱塘南空，长江银壁。今古词人图此景，谁解推原端的。岁去年来，日庚月甲，因甚无差忒。如今说破，要知天地来历。

道散有一强名，五行颠倒，互列乾坤历。坎水逆流朝丙户，随月盈亏消息。气到中秋，金能生水，倍涌千重雪。神仙妙用，与潮没个差别。

赋此《酹江月》词，默合周天之数，故录潮候于右，以示同志。

潮候之图

初一日	十六日	午末	大	夜子正
初二日	十七日	未初	大	夜子末
初三日	十八日	未正	大	夜丑初
初四日	十九日	未末	大	夜丑末
初五日	二十日	申正	下岸夜寅初
初六日	二十一日	寅末	渐小晚申末
初七日	二十二日	卯初	渐小晚酉初
初八日	二十三日	卯末	小	晚酉正
初九日	二十四日	辰初	小	晚酉末
初十日	二十五日	辰末	交泽夜戌正
十一日	二十六日	巳初	起水夜戌末
十二日	二十七日	巳正	渐大夜亥初
十三日	二十八日	巳末	渐大夜亥正
十四日	二十九日	午初	渐大夜亥末
十五日	三十日	午正	极大夜子初

《长生指要篇》终

第十二编　金丹直指

周无所住

点校说明

1. 《金丹直指》，题名周无所住著，收入《道藏》太玄部。

2. 周无所住，南宋时永嘉（浙江省）人。自幼与世异好，慕道心切，访师益广。淳祐壬寅年（1242年），遇赤城林自然，以丹法相授，又拜谒其师李真人，尽得金火返还之要。遍走丛林，请益诸老，继闻宗阳碧虚方先生，得紫阳张真人之传。

3. 本篇以《道藏》第24册《金丹直指》为底本整理。

《金丹直指》序

余著金丹十六颂，直言性命之奥，故以直指言之。且明心见性，宗门事也；归根复命，玄门事也。宗玄异事，若不可比而同之。然玄谓之炼丹，宗谓之牧牛。抑以大朴既散，非炼之则无以返漓还淳；六窗既开，非牧之则无以澡黑露白。曰炼曰牧，殊途同归；曰玄曰宗，一而二、二而一者也。余自幼学时，与世异好。慕道既切，访师益广。淳祐壬寅年[①]，遇赤城林君自然，以丹法授余，又拉余拜其师李真人。片言之间，尽得金火返还之要。且谓：

---

① 淳祐壬寅年，公元1242年。

若悟性而后为之，尤当也。余乃遍走丛林，请益诸老。继闻宗阳碧虚方先生，得紫阳张真人之传。己酉①仲春，挟《直指》访之，足始跨门，心已相照。是岁季夏，有僧圆灿，自莆田过，余举狗子话相契。因览宝台和尚《千岁碑》，至服铅汞句，执其义曰：铅汞何物也？曰：情性也。何也可服欤？曰：以中道也。中者何？曰：空不空，动非动也。圆灿笑曰：予闻有二事，圆修者，其谓是欤？虽然成丹之难，非赖有钜力者不能也。次岁暮春，吴长者葺竹浦白云庵，为余二人地，行之半月，工夫显发。取紫阳张真人《金丹序》、泥丸陈真人《翠虚吟》印之，节节符验。予益自信《直指》所言不妄。或谓予曰：道之不明久矣。子自信可也，而以著书求信于人，恐只益其纷纷耳。余应之曰：信者近于知，不信者近于不知也。古人所谓：道不属知，不属不知。知是妄觉，不知是无记。明眼底人，试一展卷。

淳祐庚戌②六月中澣日永嘉周无所住序

金丹直指

永嘉周无所住　述

玄关一窍颂

一窍才通万窍通，丝毫不动露真空。
个中便是真宗祖，认著依前又不中。

真土颂

真土从来名强立，学人不晓谩傍求。
若知真土为中道，何必骑牛更觅牛。

---

① 己酉，公元1249年。
② 淳祐庚戌，公元1250年。

阳晶颂

全清绝点号阳晶，才有纤瑕便属阴。
多少神仙皆不说，谁人肯向此留心。

玄牝颂

万物芸芸，各归其根。识得根源，玄牝虚传。

龙虎颂

龙虎猖狂，心念炎烈。慧剑才挥，二兽俱灭。

铅汞颂

欲识铅汞，情性二物。二物和合，还丹了毕。

真炉鼎颂

头上顶天，脚下踏地。中有一物，煅成宝器。

真药物颂

天地之先，无根灵草。一意制度，产成至宝。

斤两颂

不圆不缺行中道，著意忘怀便落偏。
更言二八一斤数，开眼明明被孰瞒。

抽添颂

若问抽添法，纵擒怕觉迟。调停无损益，方始证无为。

识得真心无不遍，自己不明被物转。可怜无限守株人，退铅进汞错方便。

火候颂

真火本无候，时人休强猜。要知端的意，无去亦无来。

法度颂

清净药材，密意为丸。十二时中，无念火煎。

口诀颂

意到心诚，湛然若凝。昼夜无间，效验自应。

沐浴颂

沐浴无他术，休寻卯酉中。困眠饥吃饭，无日不春风。

工夫颂

百刻工夫一刻推，一刻还同十二时。
十二时中归一念，念中无念始真奇。

温养颂

恬淡无思虑，虚无任自然。胎圆神自化，我命不由天。

或问

或问：金丹直指，既明道要，但十六颂，皆言性宗语，于命学恐或不然？

答曰：金丹谕本性长存，是名金刚不坏，即《悟真篇》金丹妙色之身，证真金慈相。昔龙女顿悟心珠，乃此法也。学者罕明本性，向外驰求，说龙话虎，便为命学；无为之道，便为谈空。噫！何见之偏？是未知尽性以至于命也。性即命，命即性，空劫之先，性命混然，无名无字。才堕语言，便分为两。但静极不能不动，动则天命流行。动极复静，天命之性归根。依然空劫之体，无所亏欠。动静循环，曷有止息？是知出于命者谓之性，归于性者谓之命，性命同出而异名也。安得性外求命，命外求性者乎？若不明动静之机，便指性命为二事。一言之，又是错认。紫阳张真人云：性命之道未备，则运心不普。紫清白真人云：若晓《金刚》《圆觉》二经，则金丹之义自明，何必分别老释之异同也。

或问：老、释之教既同，而儒教同否？

答曰：教虽分三，道则一也。学者根器不等，闻见浅深，各宗其宗，互相是非，皆失其本，殊不知一身本具三教。儒指两教为异端，则自昧本真。岂知无始以来，含一统而无遗哉？故三教皆可入道，特患不得其门而入。有能透彻释、老，岂谓孔圣异哉？且以儒教言之，自尧传之舜，舜传之禹，禹传之汤，文、武、周公，汤、文、武、周公传之孔、孟，皆心传之妙。释教自世尊传之迦叶，迦叶传之阿难，亦以心印心。道教自东华帝君传之金阙帝君，金阙帝君传之西王母，西王母皆以口口相传。若明眼者，未举先知，已落第二义，更从事于颊舌，转没交涉矣。心传之学，不外乎"中"之一字。书曰"允执厥中"。合论曰：令众生住于中道。《道德经》云："不如守中。"可谓天下无二道。庄子曰："通于一，万事毕。"紫阳张真人云："得一万事毕"是也。

或问：三教而一矣。吾闻道教有形神俱妙，或身外有身，儒、释有否？

答曰：释教亦有之。且如达磨只履西归，布袋和尚身外有身，普化振锡飞空，智者空榻赴供，仰山见异僧腾空而去，岂非同一脉耶？儒教则不然。盖为人道之主，扶三纲，正五常，乃有为之教，实无为之道，道同而教不同也。

或问：儒与释、老，道同而教不同。释参禅，道修养，又安得释与道同？敢再请其说。

答曰：天下无二道，圣人无两心。子未明心地，故发此问。参禅则制心一处，始扫至于无扫。禅是佛心，心为万法之宗。修养为抱元守一，初修至于无修。道为养神，神为万物之主。神即心，心即道，道即禅也。盖无为大道者，离名相，无生死，常处虚空，无有纤碍。事来则应，事去则寂。如鉴照相，不留形迹，强名曰道。学者至此，疑为谈空寂，遂望风而退。殊不知，谈空者非空，非空即真空。真空故名曰一，一乃大道之祖，金丹之母，生灵之本。老子云："抱一为天下式。"然无为之法，不可便执为实。故《金刚经》云："一切贤圣，皆以无为法而有差殊。"非具眼者，孰可语也？

或问：释、老、儒道同之说已备，得其旨矣。但玄关一窍、玄牝之门，或以心肾为窍、口鼻为门，或曰非心非肾、非口非鼻，不知何者为是？

答曰：心肾、口鼻之说，先辈诱人入道，又恐不明斯义，妄认肉块孔窍，昧本来真空命脉，故曰非心肾口鼻，以扫执泥。其实玄关一窍、玄牝之门，皆谓人念头起灭处。老子云："玄牝之门，是谓天地根。"紫清白真人云："念头动处是玄牝。"倘能亲识得起灭处，即知虚无之谷，造化之母。非惟金丹、药物、火候等类皆从此出，至于诸子百家，一大藏经教，工巧伎艺，尽在其中矣。紫阳张真人云："此一窍，亦无边傍，更无内外。"紫清白真人云："玄关一窍，其大无外，其小无内。"杏林石真人云："一窍名玄牝，中藏气与神"是也。

或问：玄关、玄牝，已知端的。真土、阳晶，其义何也？

答曰：土者，乃"中"之异名也。得其中者，性命混一，湛然圆明，是谓阳晶。紫阳张真人云："中央正位产玄珠。"古云："产个明珠是真土。"

或问：真土、阳晶，已知其意。龙虎、铅汞，可得闻欤？

答曰：龙虎铅汞者，谓人心念念不停，如龙虎之猖狂，若铅汞之难制。海蟾刘真人云："能乘乾马奔龙去，解使坤牛驾虎归。"紫阳张真人云："铅见火即飞，汞见火即走。"苟得制伏之道，自然心中无心，念中无念，所谓"降龙伏虎，擒铅制汞"也。

或问：龙虎、铅汞，备知其义。炉鼎、药物，其义云何？

答曰：炉鼎以身譬之，药物以心中之宝喻之。身外无心，心外无宝。岂离此心而求药物，舍此身而觅鼎炉？所以道不远人，而人自远耳。桓真人云："心天本是六虚乾，身是坤兮两厮牵。"紫清白真人云："心中自有无限药材，身中自有无限火符。"紫阳张真人云："心属乾，身属坤，故曰乾坤鼎器。"然则然矣，此亦是诱学者反身克己、达本归元之说。苟能一念未萌，包含造化，岂非真炉鼎耶？外应诸缘，内心无愧，岂非真药材也。

或问：鼎炉、药物，已知其详。火候法度、斤两抽添，不知何义？

答曰：火候法度等说，皆为偏于动静，不得其中，故有此喻。若能动静相忘，不静中静，不动中动，所谓阴阳处中，真土会合，神仙之道毕矣。紫阳张真人云：火之燥，水之滥，不可不调和，故有斤两法度。先辈云："不增不减，不抽不添"是也。

又问：火候法度，已无可疑。工夫口诀，其义何也？

答曰：工夫之说，譬如琴瑟箜篌，虽有妙音，不得妙指，终莫能发，况金丹者乎？若得正传，片言之下，便可用功，随有应验。不用年中取月，月中取日，日中取时，时中取刻，亦不用子午卯酉支干、屯蒙卦气等说。但于行住坐卧，清净钤键，阳气自生。紫阳张真人云："修炼至此，泥丸风生，绛宫月明，丹田火炽。"泥丸陈真人云："初时夹脊关脉开，其次膀胱如火然。内中两肾如汤煎，时乎跳动冲心源。"又有"一簇百脉"之语，所谓工夫效验。然清净钤键之要，即杏林石真人云："岂知丹妙诀，终日玩真空。"泥丸陈真人云："当初圣祖留丹诀，无中生有作丹基。"《心印经》云："存无守有。"老子云："守静笃。"所谓口诀真趣，先圣后圣，同一舌头，共一鼻孔。然则然矣，犹涉异路，更须不堕语言。千圣不同途，太上老君未著经，群仙未形口诀以前，昆虫草木，果熟脱体，尚能示变化之妙，抑亦口授，况人为物灵者乎？学者当具是眼。

又问：工夫口诀，固已晓矣。未知沐浴温养何义？

答曰：沐浴乃清净之义，温养谓中之义。舍之益滥，操之益燥，出操舍之外者曰温养。心清净则尘不染，致诸中则道无为，无为而无不为矣。杏林石真人云："温养无他术，无中养就儿。"

或问：十六颂已得其要，所谓结胎脱体之说，不知果有否？

答曰：结胎脱体，譬超凡入圣之意。但能心不附物，神归气复，所谓换结圣胎也。抱养月深，神全气化，所谓脱体也。古云："顺之则凡，逆之则圣。"虚靖天师云："神若出，便收来，神返身中气自回。如此朝朝与暮暮，自然赤子产真胎。"本来子云："神在身则生，神去身则死。"紫清白真人云："身外有身为脱体。"《楞严经》云："形神出胎，亲为佛子。其心离身，去住自由"是也。紫阳张真人云："丹是色身妙宝，法身即是真心。从来无色亦无音，一体不须两认。"

或问：结胎、脱体之说，固已晓矣。不知几日可成？况诸书所说，或一日、或三日、或百日、或一年九载、或片饷、或不在三年九载，此心尚疑？

答曰：年月之说，先辈与后学，分量有利钝，工夫有浅深，故有久近之分，实不过发明攒簇之机。天之一寒一暑，人之一昼一夜，息之一出一入也。一刻之工夫，自有一年之节候。一年三万六千之刻，可夺三万六千之数，是谓握阴阳之枢机，盗天地之造化。只在当人一念中耳。心志坚确，工夫纯一，时节若至，其理自彰。灵源曹真人云："坚心一志向前修，成与不成无必取。"又岂专于限量耶？但能清静无为，湛然若存，何虑不形神俱妙，与道合真哉？与道合真，则金丹假名耳！玄关玄牝、真土阳晶、龙虎铅汞、炉鼎药物、斤两火候、抽添法度、工夫口诀、沐浴温养，众妙之说，不可有心求，不可无心得，不著有、不著无。孔子借世尊口说，共老子耳闻。闻非闻，说非说，一颗金丹色非色。当场拈出与君看，通身是口吞不得。

或问：金丹之说，深而不可求，求而不可得。如群仙歌诗契论，皆隐秘幽微，不可直指其义。今先生所指过直，无乃大浅乎？

予曰：不然。昔神仙欲人自求其道，故寓浅于深而人不知。今予欲人皆知其道，故寓深于浅而人易求。如孔子性与天道，虽高弟不可得闻，至于孟子语告子，则明白洞达。老子谓之微妙玄通，似难求也。然又曰：吾道甚易知，甚易行。亦未尝大深也。世尊谓幽固深远，无人能到，亦似乎深也。然直指人心，见性成佛，又何深哉？子所谓指过直无乃大浅，岂其然乎？

《金丹直指》终

第十三编　玉溪子丹经指要

李简易

点校说明

1.《玉溪子丹经指要》，署名李简易撰，收入《道藏》洞真部方法类。

2. 李简易，号玉溪子，南宋袁州（江西宜春）人。幼习儒业，于道佛经典、星算医卜，靡不究心。尤爱金丹大道，遂参访江湖，云游四方，遇异人授以金丹秘诀，遂著《玉溪子丹经指要》三卷，阐述《悟真篇》南宗一派丹法。

3. 本篇以《道藏》第 4 册《玉溪子丹经指要》为底本整理。

混元仙派之图

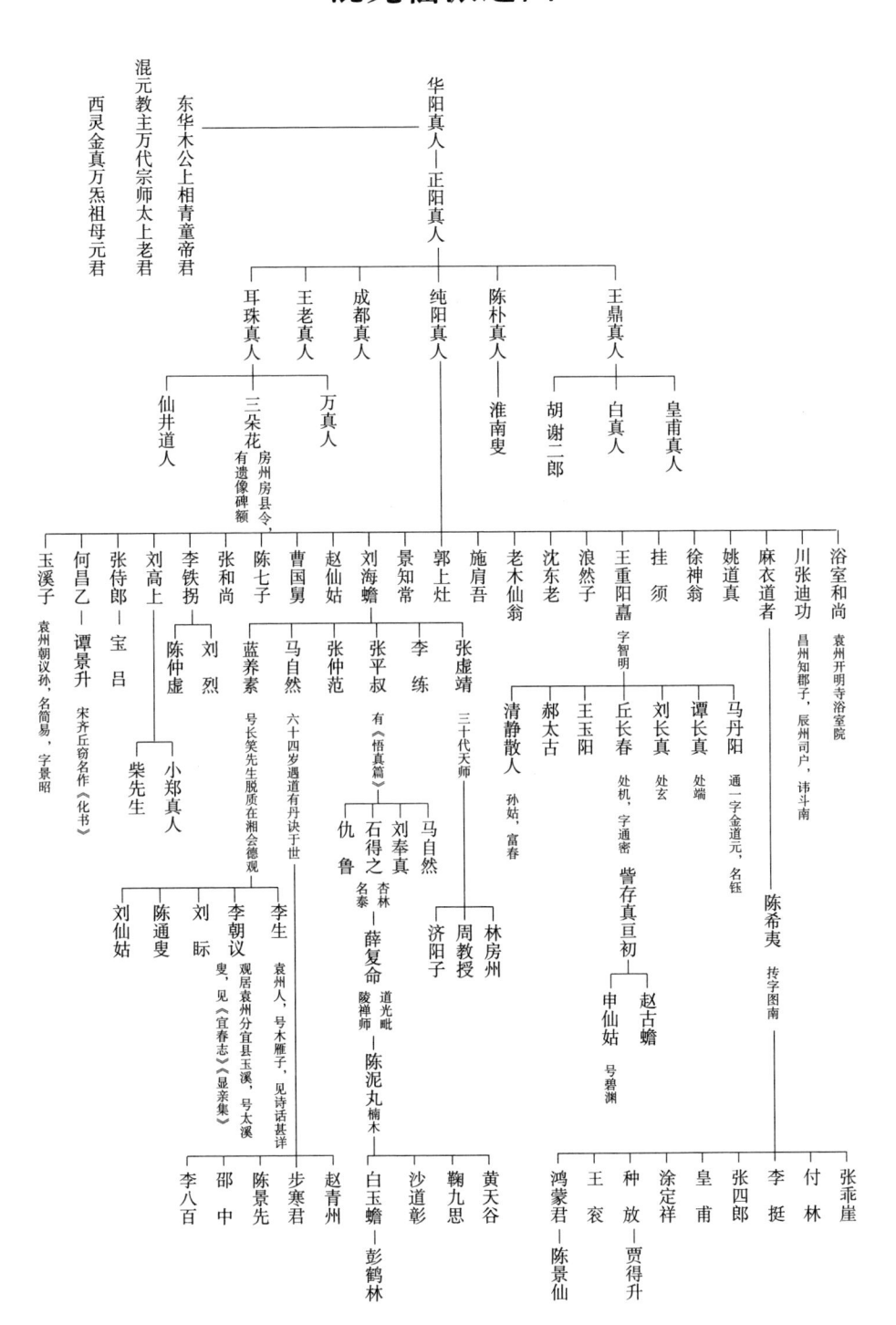

华阳真人 —— 正阳真人

东华木公上相青童帝君

混元教主万代宗师太上老君

西灵金真万炁祖母元君

正阳真人分支：
- 耳珠真人
  - 仙井道人
  - 三朵花（房州房县令，有遗像碑额）
- 王老真人
  - 万真人
- 成都真人
- 纯阳真人
- 陈朴真人 —— 淮南叟
- 王鼎真人
  - 胡谢二郎
  - 白真人
  - 皇甫真人

下层传承：

- 浴室和尚（袁州开明寺浴室院）
- 川张迪功（昌州知郡子，辰州司户，讳斗南）
- 麻衣道者 —— 陈希夷（抟字图南） —— 种放 —— 贾得升
  - 李挺
  - 张四郎
  - 皇甫
  - 涂定祥
  - 鸿蒙君 —— 陈景仙
  - 王衮
- 姚神翁
- 徐神翁
- 挂须
- 王重阳嚞（字智明）
  - 马丹阳（通一字金道元，名钰）
  - 谭长真（处端）
  - 刘长真（处玄）
  - 丘长春（处机，字通密，訾存真亘初）—— 赵古蟾 —— 申仙姑（号碧渊）
  - 王玉阳
  - 郝太古
  - 清静散人（孙姑，富春）
- 沈东老
- 浪然子
- 老木仙翁
- 施肩吾
- 郭上灶
- 景知常
- 刘海蟾 —— 张平叔（有《悟真篇》）—— 石得之（杏林，名泰）—— 薛复命（道光毗陵禅师）—— 陈泥丸（楠木）—— 白玉蟾 —— 彭鹤林
  - 李练
  - 马自然
  - 刘奉真
  - 仇鲁
- 张虚靖（三十代天师）
- 赵仙姑
- 曹国舅 —— 张仲范
- 陈七子 —— 蓝养素（号长笑先生脱质在湘会德观，六十四岁遇道有丹诀出世）
  - 马自然
- 张和尚 —— 陈仲虚
  - 刘烈
- 李铁拐
- 张高上 —— 柴先生
- 刘侍郎 —— 宝吕
  - 小郑真人
- 何昌乙 —— 谭景升（宋齐丘窃名作《化书》）
- 玉溪子（袁州朝议孙，名简易，字景昭）
  - 李朝议（观居袁州分宜县玉溪，号太溪叟，见《宜春志》《显亲集》）—— 李生
  - 刘际 —— 陈通叟
  - 刘仙姑
  - 步寒君 —— 赵青州
  - 陈景先 —— 鞠九思
  - 邵中 —— 黄天谷
  - 李八百 —— 沙道彰

《玉溪子丹经指要》序

仆家宜春郡城之东，远祖朝议观，休官修道，自号玉溪叟（今大族不称郡望，皆止称玉溪）。两遇纯阳真人而不悟（一于岳山松树下，再于岳阳楼，月夜闻笛声），后再游南岳，欲见蓝养素，道中逢一人，荷钉铰之具者，谓公曰："公非李某乎？往岳山见养素乎？"公曰："然。""如此则烦公寄一信于蓝，云刘处士奉问先生，十月怀胎，如何出得？"遂长揖而去。公行数里，悒怏不快，因思此人既知余姓名，又知余心事，且言不类俗，因询求之，不复得矣。既见蓝，具述所言。蓝曰："眉间得无白痣乎？"曰："有。"蓝曰："此刘海蟾也。吾养成圣胎，若非此人，不能证果，公更为我言之。"公曰："刘处士奉问先生，十月怀胎，如何出得？"蓝抚掌大笑。惟闻顶雷隐然，见一人如雪月之辉，与蓝无异，直上冲霄，而蓝已逝矣。公焚香叹息而退。今岳山长笑先生是也（见本家《奇遇传》及《宜春志》）。公归，取神仙传记、道书、诸子，闭门不通宾客，昼日披玩。未几，亦无疾而逝（有《显观集》行于世）。

仆其嗣孙也，幼习儒业，虽不遂志，其于道佛经典、星算医卜，靡不究心。独于金丹一诀，尤酷意焉。于是参访江湖，奔驰川陆。虽乞丐者，亦拜而问焉。以夙志不回，天佑[①]其衷，得遇至人于桂仙坊王子庙内，继而再遇于江陵府。一言点化，顿悟七返九还之旨。尝寄迹武当、襄汉、江淮，莫不经游。其间鲜有明达圆机之士，遂绝口不谈一玄字。迨景定癸亥，自荆襄而星沙，乡关不远矣。时逢故里之人，话间询及亲旧，而壮者老、老者逝，不觉流涕。因此念曰：紫阳真人有云，自为计则得矣。靳固天道，罪莫大焉。即启心祷天，开金关玉钥，集而为《悟真篇指要》《长生久视之书》，及《辩惑论》《或问法语》。尤虑法象未尽，又述羲皇作用，以明符火进退，可谓漏天机矣。有志于道者，当自珍惜，所冀人人修炼、个个圆成，功满德就，同证仙果。或生轻慢，殃祸立彰。其中语句鄙质，无过入室中实事。好道君子，宜细味之。傥有所悟，乃天所赐，不在仆区区之口传也。

时景定五年岁次甲子[②]四月圆望宜春玉溪子李简易自序

---

① 佑，底本作"诱"，改。
② 景定五年，公元1264年。

玉溪子丹经指要卷上

玉溪子李简易　纂集

《悟真篇》指要

交会图

依他坤位生成体，种向乾家交感宫。
一夫一妇资天地，三男三女合始终。
药在西南是本乡，蟾光终日照西川。

三五一都图

三五一都圖

三五一都三箇子,
東三南二共成五,
戊己還從生數五,
嬰兒是一含真炁,
意馬歸神室,
心猿守洞房,
精神魂魄意,
化作紫金霜。

古今明者實然稀,
北一西方四共之。
三家相見結嬰兒。
十月胎圓入聖基。
魂魄成三性,
精神會五行。
就中分四象,
攢簇結胎嬰。

三五一都三个字，古今明者实然稀。
东三南二共成五，北一西方四共之。
戊己还从生数五，三家相见结婴儿。
婴儿是一含真气，十月胎圆入圣基。

意马归神室，心猿守洞房。
精神魂魄意，化作紫金霜。

魂魄成三性，精神会五行。
就中分四象，攒簇结胎婴。

一[①]曰九还七返

返还者，颠倒之义也，乃金火之乘数耳。紫阳曰："七返朱砂返本，九

---

① 序号，系点校者划归体例所加。

还金液还真。休将寅子数坤申，但看五行成准。"谓金数四，以土乘之，即九还矣。火数二，以土乘之，即七返矣。《参同契》所谓秘在铅火者，即金丹也。金丹，即神水、华池也。《古文龙虎上经》曰："丹术著明，莫大乎金火。"又曰："神室炼其精，火金相运推。雄阳翠玄水，雌阴赭黄金。"《契》云："捣治并合之，持入赤色门。"秘旨在其中矣。紫阳曰："白虎首经至宝，华池神水真金。"今直指而明之，庶几开悟。金者，真铅也；火者，神汞也。真铅，是先天之气，自肾中生，故丹经云：卓哉真铅，天地之先。神汞，是性中之真，从心中出。肾中之气藏真水，性中之真畜真火。石真人云："药取先天气，火寻太阳精。能知药取火，定里作丹成。"不得真土，则不侔矣。是以，金火还返，为内丹之至要，当于一身中求之，舍此之外，皆非道也。

二曰鼎器

鼎器者，阳炉、阴鼎也，玉炉、金鼎也。一曰神室，一名上下釜，一名黄房，一名偃月炉，又曰坎离匡廓，又曰玄关一窍，异名众多，不可枚举。此乃还丹之枢纽，神气归藏之府。其实有二焉，一曰内鼎神炉，一曰外鼎法象。一身上下之正中，前对脐后对肾，铅汞相投，一点落于此中，紫阳曰："要得谷神长不死，须凭玄牝立根基。真精既返黄金室，一颗明珠永不移。"所谓立基一百日是也。外鼎法象者，取法阴阳，上水下火，明弦望晦朔，按八卦四时，攒簇五行，和合四象，烹炼龙虎，拘制魂魄，内外相符，颠倒升降。以天地为父母，以坎离为夫妻，分三百八十四爻，循行火候，运五星二十八宿，环列鼎中，固济隄防，晷刻不忒。紫阳云："先把乾坤为鼎器，次抟乌兔药来烹。既驱二物归黄道，争得金丹不解成（一云生）？"《契》云："经营养鄞①鄂，凝神以成躯。"又曰："真人潜深渊，浮游守规中。"乃玄关一窍耳。此内外鼎炉法象，显露亦已分明。若更于外觅，及关情欲邪妄，于有形处做造，则悬隔千万里矣。

---

① 鄞，底本作"都"，误，据《参同契》改。

三曰真铅

真铅者，坎男也，婴儿也，月魄也，阴虎也，金公也，铅中银也，黑中有白也，阴中有阳也，异名众多，名曰真铅，实先天一气耳，采之于太易之先。紫阳曰："但将地魄擒朱汞。"是遇真汞而成丹，得真土而相制也。

四曰真汞

真汞者，离女也，日魂也，姹女也，阳龙也，砂中汞也，雄里雌也，阳中有阴也，异名众多，名曰真汞，实木液而已。紫阳曰："自有天魂制水金。"是遇真铅而成丹，得真土而相制也。

五曰真土

真土者，戊己也，中宫也，坤宫也，即非脾也。当铅投汞之时，非真土不能融结。提剑偃戈，以镇四方。《古文龙虎上经》曰："四海辐辏，以置太平。并由中宫土德，黄帝之功。"《契》云："三物一家，皆归戊己。"紫阳曰："送归土釜牢封闭"是也。为金木水火之关键，则五行功全矣。

六曰刀圭

紫阳曰："离坎若还无戊己，虽函四象不成丹。盖缘彼此怀真土，遂使金丹有返还。"宁真人曰："大药不离真戊己，仙家故曰一刀圭。"刀者，金之喻；圭者，二土之喻。饮刀圭者，流戊就己也。石真人曰："要知铅汞合，便可饮刀圭。"复命曰："龙虎一交相顾恋，坎离才姤便成胎。溶溶一掬乾坤髓，著意求他掇取来。"即当时自饮刀圭也。

七曰媒人

媒者，媒合之喻也。投铅合汞，非媒不可，黄婆是也，亦非脾也。紫阳曰："若要真铅留汞，亲中不离家臣。木金间隔会无因，须假媒人勾引。"亦流戊就己之义也。

八曰采取

采者，以不采之采；取者，以不取之取。是不可以有心求，不可以无心得。邵先生曰："冬至子之半，天心无改移。一阳初动处，万物未生时。"皆从这里起，便是作用处。《易》曰："乾道成男，坤道成女。"所以男子十六而真精满，而应乎乾；女子二七而天癸降，而应乎坤。乾纳甲壬，坤纳乙癸，造化有自来矣。紫阳曰："铅见癸时须急采。"是坤之未复之初，太易未见气之前，候一阳动而急采之也。"金逢望远不堪尝"者，谓莫使娇红取次零也。复命禅师曰："采取须教密，诚心辩丑妍。事难寻意脉，容易失寒泉。"紫阳曰："敲竹唤龟吞玉芝，鼓琴招凤饮刀圭。"是采铅入鼎之枢机，即非金华御女之术也。

九曰融结

古歌曰："日为离兮月为坎，日月精魂相吞啗。"紫阳曰："二物总因儿产母，五行全要入中宫。"即五星联珠，日月合璧也。近代马丹阳有云："水中火发休心景，雪里花开灭意春。"是融结之时景象也。学道者，宜熟味之。

十曰烹炼

《参同契》曰："下有太阳气，伏蒸须臾间。"又曰："升熬于甑山兮，炎火张设下。"又曰："嗷嗷声甚悲兮，如婴儿之慕母。"又曰："荧惑守西，太白经天。杀气所临，何有不倾？狸犬守鼠，鸟雀畏鹯。"复命曰："夺得乌兔精与髓，急须收拾鼎中烧。"古歌曰："神火夜烹铅气尽，老龟吞尽祝融魂。"乃自然烹炼之旨。不知造化者，未可与之轻议。

十一曰金木交并

金者，铅之情；木者，汞之性。杳冥恍惚，不可名状。金之在体，刚健纯粹，畅于四肢，是金之本情也，非情欲之情也；木之处内，柔顺恻隐，如闻蛙鸣而汗下，为木之本性也，乃仁之端是也。金之情，因铅而育育；木之性，因汞而凝凝。铅汞相投之时，凝凝育育，而情性自相恋也。真一子所谓："雄情雌性，相须含吐，类聚生成，变化真精，以为神药。"紫阳曰："木性爱金顺义，金情恋木慈仁。相吞相啗却相亲，始觉男儿有孕。"《契》云："金来归性初，乃得称还丹。"又曰："金伐木荣。"若非媒人和合，则有间隔之患矣。

十二曰水源清浊

水源者，心源性海之喻也。若龙蟠虎踞、云散雾收，可谓欲海波澄，爱河浪息。静处乾坤大，闲中日月长。曰浊曰清，当时自见矣。

十三曰温养

除情去欲，收视返听，堕肢体，黜聪明，终日如愚，不可须臾离也。如龙养珠，无令间断；如鸡抱卵，暖气不绝。老子曰："专气致柔，能婴儿乎？"又曰："治大国，若烹小鲜。"

诀曰：忘形以养气，忘气以养神，忘神以养虚。真人守规中，气如春在花。节气既周，脱胎神化。

十四曰火候

火者，神火也；候者，符候也。法天地为鼎炉，以阳为炭，以阴为水，日月运行，一寒一暑，中君申令，细意调燮。盖灵药无形而能潜随化机，颠倒升降。曹真人曰："百刻达离气，丹砂从此出。"有抽添、进退、沐浴之节，若毫发差殊，立致悔吝。紫阳曰："纵识朱砂及黑铅，不知火候也如闲。大都全藉维持力,毫发差殊不作丹。"事属天机,不容轻议,大意已见于《羲皇作用》中。明哲之士,日加九思,自然而悟。古有《太上老君金丹火候秘诀》一十二句,谨录于后:

诀曰:日月本是乾坤精,卦象周回甚著明(终坤始复,如循连环)。

前三五兮后三五(前弦、后弦也),五六三十复还生(一月节气)。

生兮灭兮周十二(一年节气也),十二中分二十四(二十四气,周一岁之火候也)。

二十四气互推迁(周而复始),万象爻铢都在此。

水银一味分为二,变化阴阳成既未。

既未却合为夫妻,始觉壶中有天地。

上歌诀,乃太上金口所宣,露尽药物、火候细微之旨,诏诸后来学道者,宜加敬重。如或轻慢,殃罚立见。在在处处,有神明焉,不可不慎!纯阳真人跋云:"大哉十二句,契合五千言。"

十五曰沐浴

《参同契》曰:"二月榆死,八月麦生。刑德临门,虑防危险。"紫阳曰:"兔鸡之月及其时,刑德临门宗象之。到此金砂宜沐浴,若还加火必倾危。"故卯酉二时,宜沐浴以平之,不进火候。

十六曰脱胎

渐渐大,渐渐灵,渐渐成。紫阳曰:"果生枝上终期熟,子在胞中岂有殊?"云房曰:"孩儿幼小未成人,须藉爷娘养育恩。九载三年人事尽,纵横天地不由亲。"回视旧骸,一堆粪土,功圆果满,上朝元君。可谓形神俱妙,与道合真也。

太乙真人《破迷歌》曰:道傍逢一鱼,犹能掉红尾。子若欲救之,速须送水底。当路逢一人,性命将沦委。子若欲救之,速须与道理。傍门并小法,千条有万绪。真道事不多,不出于一己。为省迷中人,略举其一二。行气不是道,呼吸乱荣卫。咽津不是道,津液非神水。存想不是道,画饼岂为饵？采阴不是道，精竭命随逝。断盐不是道，饮食无滋味。辟谷不是道，饥馁伤肠胃。休妻不是道，阴阳失宗位。如何却是道？太乙含真气。气交而不交，升降效天地。二物相配合，起自于元始。姹女与婴儿，匹配成既济。本是真阴阳，夫妻同一义。所以不须休，孤阳岂成事？出示为神仙，金丹岂容易？志士不说真，大洞隐深谊。五行不顺行，虎向水中生。五行颠倒术，龙从火里出。斯言真妙言，便是太一力。

紫阳曰："休妻谩遭阴阳隔，绝粒徒教肠胃空。"盖引太一真人《破迷歌》之语。辟谷故非至道，然休妻之说，其理深远。今世地狱之辈，见紫阳言此，即将金华三峰御女之术妄为笺注，迷惑后来，陷士大夫于地狱。殊不知，太一真人与紫阳真人之旨趣，乃是身中真阴、真阳交合之义也。故《参同契》曰："雄不独处，雌不孤居。"又云："物无阴阳，违天背元。牝鸡自卵，其雏不全。"云房曰："莫谓此身俱是道，独修一物是孤阴。"白玉蟾曰："自家身里有夫妻，说向时人须笑杀。"盖为此也。紫阳曰："能将日用颠倒求，大地沙尘尽成宝。"又云："若能转此生杀机，反掌中间灾变福。"又曰："劝君临阵休轻敌，恐丧吾家无价珍。"又云："若会杀机明返覆，始①知害里却生恩。"后又诫曰："未炼还丹须急炼，炼了还须知止足。若也持盈未已心，不免一朝遭殆辱。"此论防危虑险，盖转返覆之机。若色心未除，欲火下炽，则大宝倾丧，命基颓圮，到此之时，悔之何及？仆所以再此以警世之学道者，但愿俱趋正道，同证仙阶，提携后来，毋复一盲引一盲也。

葛仙翁《流珠歌》曰：流珠流珠，投我区区。云游四海，历涉万书。茫茫汲汲，忘寝失哺。参遍知友，烧竭汞朱。三十年内，日日长吁。吾今六十，忧赴三途。赖师传授，元气虚无。先定金鼎，后定玉炉。离火激发，坎水规模。玉液灌溉，洞房流酥。真人度我，要大丈夫。念兹在兹，寄吾记吾。

以此显见，前真学道勤苦，未有不遇至人点化也。修炼内丹之道，药物不过铅汞二物而已。然当先修人道，以忠孝为本，济物为先，宝此一身，内功外行，除嗜欲，定心气，节饮食，省眠睡。身中至药，精与气神。精不妄泄，则元气混融。元气混融，则元神安逸。三者既固，则鼎器渐完。鼎器既完，方可言修炼也。

---

① 始，《道藏》本作"如"，据《悟真篇》改。

或问：如何是顺则生人、逆为丹母？

答曰：顺者人伦之大端，分精气以成人，精气为物，游魂为变，有身则有患，烦恼从此起也；逆者颠倒五行，和合四象，采混元未判之气，夺龙虎始姤之精，入于黄房，产成至宝，可谓无质生质，身外有身，暨乎功满德就，而证上仙焉。

《玉溪子丹经指要》卷上终

《玉溪子丹经指要》卷中

玉溪子李简易　纂集

长生久视之书

《黄帝阴符经》曰：上有神仙抱一之道，中有富国安民之法，下有强兵战胜之术。义演三篇，总数百字，其文隐奥，其道渊微，注释虽多，所见各异。昔华阳真人传道于杨真人谷，秘为三条，大抵皆修真内炼之玄旨也。玉溪子探其端倪，指其章义，而为《长生久视之书》。

原夫一身之设，一国之象也。心为主宰，精气为民。人能虚心栖神，所以养性也；惜精爱气，所以养命也。精气既固，神不妄驰，自然血气通流，荣卫调畅，五脏六腑，四肢三关，千二百灵，万二千神，周匝一身，潜为备御主宰。究《阴符》之义，行清静之教，屏耳目之好，去口腹之欲，建五常以综纲纪，布七政以察万神。主居中宫，靡敢纵逸，取用于己，务本于身，芸锄草莱，培植善地。于是紫芝生丹田，黄芽长玄圃，灵台神室，金体玉英，阆苑蓬壶，交梨火枣，三光合度，四时如春，物阜民安，一如华胥氏之国焉。有真人丹元者，羽衣蹁跹，谒于主宰，主宰延之上座。

致恭而谓之曰：真人从远方来，何以教我？

丹元曰：吾居规中，咫尺不远。

主宰曰：何谓规中？

丹元曰：《契》云："真人潜深渊，浮游守规中。"乃宝珠之中耳。自太易之先，与子俱生；在太极之后，与子俱立。动静语默，悉与子俱。令子所行，乃《阴符》中下二篇之法术耳。二者以之治国，足以致隆平；以之修身，止可延寿算。若能行神仙抱一之道，升入玉虚，位为真人，功满德就，臣事三境矣。

主宰曰：我留神此道已久，虽遍参问，未契于心。真人之来，天畀我也。乃再拜而请其道。

丹元曰：神仙抱一之道者，是内丹金液炼形之道也。吾非生而知之，夫琢和氏之璧，穿隋侯之珠者，良工也。况大道还丹乎？不遇师传，终无自悟之理，子性理粗明，于命未了。夫命须炼内丹，内丹既成，则性命之道毕矣。

主宰固请，愿闻其要！

丹元曰：内丹之道，先以乾坤为鼎器，次以坎离为药物，余六十卦为火候，有采取烹炼之节，有温养沐浴之宜，夺造化之神功，体天地之作用，仙圣口传心授，科禁至严，非细事也。在有道者，当自敬之。

主宰曰：敢问内丹如何以乾坤为鼎器，坎离为药物？

丹元曰：《易》云："天地设位，而易行乎其中矣。"鼎器药物，具在于斯。古歌曰："鼎鼎非金鼎，炉炉非月炉。离从坎下起，兑向鼎中居。"又魏仙翁曰："偃月法炉鼎，白虎为熬枢。汞日为流珠，青龙与之俱。"此乃取法阴鼎阳炉，上水下火，列二十八宿，按八卦四时，攒簇五行，和合四象，烹炼龙虎，拘制魄魂，内外相符，颠倒升降，权舆造化，孕育玄珠。大哉乎，鼎器也。

主宰曰：丹经只言铅汞，不知铅汞是何物也？

丹元曰：此即药物也。分而言之曰龙虎，曰乌兔、曰水火、曰金木、曰夫妇、曰婴儿姹女，异名众多，不可枚举。吾直指与子，庶几开悟。且夫天一生水，水中有金，外阴而内阳，象月中有兔，为铅中银。黑中白，金精也，真铅是也。地二生火，火生于木，外阳而内阴，象日中有乌，为砂中汞。雄里雌，木液也，真汞是也。真汞出自离宫，曰"龙从火里出"。真铅生于坎位，曰"虎向水中生"。即非世间凡砂水银、硫黄黑锡、五金八石之类，只是身中真阴、真阳而已。亦非精津气血液之属，但以滋养精气而药日生矣。修炼者，取坎位之阳铅，合离宫之阴汞，火候无差，丹必成矣！

紫阳真人曰："取将坎位中心实，点化离宫腹里阴。从此变成乾健体，潜藏飞跃尽由心"是也。

主宰曰：何谓采有日，取有时？

丹元曰：《参同契》云："晦至朔旦，震来受符。复卦建始萌，长子继父体。"皆从这里起，便是作用处。《易》曰："复，其见天地之心乎！"

主宰曰：何谓交合？

丹元曰：日为离兮月为坎，日月精魂相吞啖是也。

主宰曰：何谓烹炼？

丹元曰：丹经云："升熬于甑山兮，炎火张设下。"又曰："朱雀炎空，紫华曜日。黄金销不飞，灼土烟云起。"云房真人曰："白虎凶顽不可当，青龙猖獗更难防。只消闪入华池鼎，真火掀天煅一场。"悉其旨也。

主宰曰：何谓温养？

丹元曰：如龙养珠，如鸡抱卵，朝屯暮蒙，日用两卦。

主宰曰：何谓沐浴？

丹元曰：观与大壮，阴阳始分。刑德在门，虑防危险。

主宰曰：敢问真土何物？刀圭何似？

丹元曰：所谓不离真戊己，仙家乃曰一刀圭。《契》曰："坎戊月精，离己日光。日月为易，刚柔相当。"刀圭真土，悉在其中。

主宰曰：何谓媒人？

丹元曰：媒何之谓，投铅合汞，非媒不可。

主宰再拜曰：内丹作用已粗知之，火候细微，愿祈真教？

丹元曰：此事端属天机，不容妄泄。今既相遇，又不可不为言之。且人之性，犹水也。水能生木，木主仁，所以性至善。木能生火，火主心，心凝而为神，则为神火矣。以此神火煅炼铅中之银，是以《参同契》至秘在"铅火"二字，则神火之功，不小矣。然此火非凡火，此紫阳有"鼎内若无真种子，犹将猛火煮空铛"之喻。若无药而行火候，适所以自焚其躯。故《阴符经》曰："火生于木，祸发必克；奸生于国，时动必溃。"紫阳曰："火生于木本藏锋，不会钻研莫强攻。祸发只因斯害己，要须制伏觅金公。"金公则真铅是也。其候也，三日震动，八日兑行，三五德就，乾体乃成。巽继其统，固济操持，艮主进止，不得逾时。六五坤承，结括终始，温养子珠，世为类母。暨乎阴尽阳纯，则脱超神化，是为无质生质，身外有身，浩劫长存,胎凡入圣。是道也,扫三千六百旁门。太极以此而生三才,父母以此而育我体,我当以此而成我真。孕于洪濛,生于坤癸,杳冥恍惚,悟者自得。

言讫,丹元即从座起,入于规中,忽失所在。主宰汗下,有如朝露之袭体,又如昼梦之初觉。

访玉溪子,具述所遇丹元之事,因喟然叹曰:道在迩而求诸远,事在易而求诸难。丹元之言,自太易之先,与我俱生,在太极之后,与我俱立,入规中而杳默,觉灵台之添真,得非我中之我乎?认以为是,则又有子焉!敢问子与我孰若?

玉溪子曰:丹元之于主宰,主宰之于玉溪,犹月之在水,大而江海,小而盘盂,分之则众月皆见,聚之则还归于一。岂不闻《灵宝经》云:元始悬一宝珠,大如黍米,在空玄之中,去地五丈。元始登引天真大神,上圣高尊,妙行真人,十方无极至真大神,无鞅数众,俱入宝珠之中。则是珠也,大则包三千大千世界,小则入于秋毫之末,勃勃而投珠口,乃是万而归一。况止三乎?

主宰曰:宝珠之喻,于人如何?

玉溪子曰:即丹元所谓金液内丹,炼神之道也。黄帝赤水求玄珠,非罔象无由得之,为此珠也。不问贵贱,人人具足,但不离一身之中,前辈有诗云:"无价夜光人不识,凡夫虚度几千生。"盖悯其斲丧也。宝珠奥义,实《灵宝经》之秘旨也,非下士所得闻。纵有修行,徒多读诵,朝闻夕死,未见一人。今泄天机,明以告子。元始,即始青之祖气,为天地之根,万物之母,即黑中白、铅中银,真铅是也。大浮黎土,喻坤癸之宫。初则神风静嘿,山海藏云,气升空玄。空玄者,天玄也。生于坤宫,长为黄芽,则地黄也。天玄,乃木汞之气;地黄,乃金铅之色。《契》云:"雄阳播玄施,雌阴化黄包。混沌相交接,权舆树①根基。经营养鄞鄂,凝神以成躯。众夫蹈以出,蠕动莫不由。"明玄黄之气,相感而孕至珍,是为无质生质,号曰还丹,又曰骊珠、玄珠、宝珠。得遇而炼之者,至缘福也。

主宰曰:然则子之宝珠,何在?

玉溪子指坤之上,乾之下,果有一物,如黍米大,光明莹彻,洞照内

---

① 树,《道藏》本作"竖",依《参同契》改。

外。玉溪子曰：此一日之丹也，以我之真，夺造化而生之，从微至著，三年成功。能入此，则不在五行之数矣。

玉溪子登引，主宰随之而入。既入珠口，恍然而悟。

辩惑论

修真之旨，金丹而已，金丹，即铅火也；铅火，即金木也；金木，即情性也。静者为性，动者为情。《参同契》曰："金来归性初，乃得称还丹。"明情复乎性，性归太易也。性归太易，则命全矣。若止明此一性，不修乎命，则曰孤修。如望后之月，日减一日，不见其明。及其晦也，则犹人之遽逝。人之遽逝，性则依然，但命断物坏，性不能驻而自迁耳。东坡诗引禅宗喻云：犹如寒月堕清昼，空有孤光留故躔。假饶心地上征理得明白，亦只是守一个顽空。若能彻底无瑕，可以直超佛地。《心经》所谓不增不减，不垢不净，不生不灭，还你本来面目。或渗漏未尽，则又再出头来，不失人身，幸矣。缘为命上了不故也。昔刘海蟾有歌曰："真个佛法便是道，一个孩儿两个抱。"紫阳真人曰："释氏教人修极乐，亦缘极乐是金方。"岂知夫所谓金方哉？《参同契》曰："白者金精，黑者水基。水者道枢，其数名一。五金之主，北方河车。"又曰："金为水母，母隐子胎。水者金子，子藏母胞。"老子曰："知其白，守其黑，为天下式。"明真铅生于北方坤癸之位，是元气之祖。其采之也，在太易未见气之先，则可用矣。以此铅中之银，合砂中之汞，无中生有，故号还丹。上合鸡鸣，下合潮水，人居三才之一，在天地之间，元气八百一十丈，大运随天，小运随日，呼吸橐籥，应乾坤之开阖。故一呼脉行三寸，一吸脉行三寸，一呼一吸，系于命带。《黄庭内景经》云："两肾水王对生门，出入日月呼吸存。"是一身上下之正中，枢辖经纬，前向脐，后对肾，有如混沌，心肾合为一脉，其白如线，其连如环，广一寸二分，包一身之精粹，元气系之于此。修真之士，采铅投汞，一点落于此中，所谓立基，一百日是也。

此基既成，方名玄牝。玄牝者，即非口鼻诸窍，亦无形象可求，老子曰："玄牝之门，是谓天地根。绵绵若存，用之不勤。"庄子曰："真人之息以踵。"亦非足也，寓此意也。扁鹊《灵枢经》曰：上玄下牝，子母相亲。

则玄牝为阴阳之源，神气之宅。玄牝既立，则犹胎之在母腹中，母呼亦呼，母吸亦吸，故云子母相亲。所以常人不可得而猜度。内丹将成，则元气兀然自住于此，又岂问乎寒暑饥渴而与年寿哉？达磨禅师面壁九年，而无毫发走失者，是息自住，别无他术，盖得此道也。

欲立玄牝，先固本根。本根之本，元精是也。元精，即元气所化也，故精气一也。以元神居之，则三者聚于一矣。石真人云："以神居气内，丹道自然成。"若精虚则气竭，气竭即神逝。《易》曰："精气为物，游魂为变。"此即性命之轮回也。真仙所修者，亦只从此归于本根，而复乎性命。性命之药，无过神与气精。神即游魂，物即精气。《易》曰："天地纲缊，万物化醇。男女媾精，万物化生。"以元精未化之元气，而点化至神，则神有光明，而变化莫测矣，名曰神仙。则是从本身而修，非用外物也。

今世之学道者，不肯于性命上究竟，竞于傍门杂术，及服饵金石草木，以侥幸，可谓之忘本矣。况又有一等地狱种子，妄引仙圣歌诀，以伪掩真，欺诳士大夫，相挽入鬼录。如引紫阳真人诗云："休妻谩遣阴阳隔"，却注为三峰御女采战之术，诬污前真，甚可惧也。仆历江湖数年，亲见此辈，如牵羊入屠肆，续续而死者，不可枚数，诚可哀哉！又岂知夫紫阳之深旨乎？乃身中自有真阴阳也。前贤有云："自家身里有夫妻，说向世人须笑杀。"为内之坎离，流戊就已也。及其立基已兆，则更不可言采药矣。紫阳曰："未炼还丹须急炼，炼了还须知止足。若也持盈未已心，不免一朝遭殆辱。"是不获已，而法天地父母，夺造化于自己，出乎尔而反乎尔，如渡河筏子、上天梯，到彼悉皆遗弃。若得玄珠成象，太一归真，当究真空，与道混一。其地狱种子，岂可与同日而语哉？

或问玉溪子曰：子之《辩惑论》，所言玄牝，还如是否？

玉溪子答曰：似是而非，不可执为有焉，不可泥为无相。紫阳真人曰："要得谷神长不死，须凭玄牝立根基。真金既返黄金屋，一颗明珠永不移。"此乃聊指造化之基耳。除却自身，安顿著何处去？然其中体用权假，本自不殊。如以乾坤法天地，坎离体日月是也。老子曰："谷神不死，是谓玄牝。玄牝之门，是谓天地根。"谷者，至虚之义；神者，喻我，实一性而已。是立鄞鄂，以为室宅，则神气有所收藏不致乱。回光返照便归来，造次弗离常在此。人之则玄珠自结，圣胎自成。《古文龙虎上经》云："神室含洞虚，玄白生金公。"又云："神室有所象，鸡子为形容。"《契》云："真人潜深渊，浮游守规中。"《鼎器歌》曰："来去游，不出门，渐成大，性情纯。"探玄赜奥之士，当直于羲皇心地上立命，混沌里面安身，则到个中矣。如何是羲皇心地上立命？未画卦之前，将画卦之始。月到天心处，风来水面时，一般清意味，料得少人知。如何是混沌里面安身？噫！昨夜七星潭底见，分明神剑化为龙。更待形出个模样，与诸人看。咄！水银实满葫芦里，固塞其口置深水。水银即我葫芦意，沉浮任他水犹气。此处有妙理，达者得真趣。石真人云："意马归神室，心猿守洞房。精神魂魄意，聚作紫金霜。"可谓一孔玄关，湛然神室，不内不外，分明指出。

丹房法语

心凝曰神，凝神归气以炼丹；情复乎性，复性归根以养命。还丹之本，铅汞而已。元精为命之祖，宝元精而真铅自生；元神乃性之宗，啬元神而真汞自产。是故固精以养气，固气以养神，铅汞有时而相投，注息绵绵而为火候，神气无刻不相聚，忘念久久而成金丹。若真铅走而真汞枯，元精散而元神泣，欲求还返，不亦难乎？刘海蟾真人授马自然真人《金丹诀》曰："曾遇真人亲口诀，剖腹开肠为君说。劈破莲花未拆心，涌出赤龙身上血。奔流直达太一宫，鼎见壶中真日月。阴阳交结乌兔合，一颗明珠光皎洁。冲开两路透天门，熟耕三田种紫雪。昆仑顶上刮天明，撼海门中如地裂。三十辐辏法界轮，上下两弦接偃月。进火工夫但寂然，日月循环无暂歇。炼成朱橘如弹丸，跨鹤乘鸾朝帝阙。"

玉溪子曰：言简而要，真遇者方知命基之妙，尽于斯矣，非语言文字可造也。

羲皇作用

《道藏金液论》曰：上古之人，皆服金华龙胎大丹，而后能羽化飞腾，升入无形。且此时，未有鼎器薪火，又无五金八石，显是内丹明矣。羲皇至圣，发天机而画卦，体造化而启《易》（易自画卦始也）。《易》曰："天地定位，山泽通气。雷风相搏，水火不相射。"九还七返，体之而作用也。原夫乾坤坎离，牝牡橐籥，本一本一而已。设象颠倒，以明鼎器药物。当夜气之初动，肇一阳之始萌，海波沸腾，黑龟喷溟，金水相符，如蟾吐轮，采之以片饷，结之以顷刻。中黄施令，国无害道，兵寝刑措，天清地宁。日月东西经，水火南北政，龙蟠虎踞，金伐木荣。当乙癸之运，始应乎朔旦之复亨，魂生震庚，而兑受丁，是为上弦而金八两；三五圆望，极于甲壬，魄长巽辛，而艮纳丙，是为下弦而水半斤。六五归晦，东北丧朋，循环无端，进退符火，居停主人，潜心内炼，收视返听，宴然自如。包括万象，以全至神，二至二分，温凉寒暑，昼夜晷刻，则而勿忒。卯酉刑德，沐浴荡涤，一日之中，变态万状，峻熙和畅，百脉拂拂。淫淫若春泽，液液象解冰，从头流达足，究竟复上升。笙箫虚鸣，秋蝉抑扬，真气游泳，溢心则溃，脐腹阴疼，隐忍踯躅。当此之时，调息绵绵，注意规中，阴疼非疼，隐忍峻作，柔情淑意，海棠春睡。觉两肾如汤煎，次膀胱如火热，乃神室精气为物，自己游魂为变耳。于是引一气以运转，激灵泉而沂流，璞酥飞花，参差四坠，化为玉液，又如甘露。顶门欲裂，三阳并聚，神气满室，莫之能留。守之者昌，失之者亡。三五至精，天地至灵，冲逸纯粹，其神不疲，乃知乾健之正体，复还为婴儿。静坐则虚室生白，雪月辉映，流珠金蕊，惊电朱橘，恍然在外，或见旧宅，分分朗朗，凡块土质，不以为喜，不以为异，一心按定，倏欻合体，间有丹蛇，来缠于心，又见怪物，露见形象，美女狂魄，悲恋求怜，或报未来事，或称天使者，去而复至，动于感想，凝然勿顾，任生任死，心既不受，久之自泯（皆是身中神及外魔来试。若恐惧，则萦乱失所守矣）。惟绝交而屏人事，宜先休有德有力者栖焉。一岁三百六十日，计四千三百二十时，除却沐浴，共七百二十，止有三千六百时。则是蘖三千六百之正气，应乾之策二百一十有六，坤之策一百四十有四，以为六十卦之作用。牝牡四卦，不在其中（牝牡四卦，乾坤坎离也。合之则三百八十四爻，按三百八十四铢，应一斤之数，闰在其中矣）。二篇之策，合三百六十，每一时准二十四铢，为一两之火，一月除卯酉，合七千二百铢，一年合八万六千四百铢，准二百二十五斤之火。在则包之，十而乘之，则夺八十六万四千之正气，计二千二百五十斤火，换尽父母之躯，已成纯阳之体。真为无质生质，身外有身，始则一步两步，次则百步一里，三年九载，纵横天地。蹈水火，透金石，虽尧洪汤旱之沴，阳九阴六之灾，俱无患矣。道成德就，潜伏俟时，太乙乃召，移居中州，功满上升，膺箓受图。尤当择人而授，以继将来，则臣事上清，为无愧焉。

《玉溪子丹经指要》卷中终

《玉溪子丹经指要》卷下

玉溪子李简易　纂集

张紫阳赠白龙洞刘道人歌

兔走乌飞两曜忙，始闻花发又秋霜。徒夸筭寿千余岁，也似云中一电光。一电光，何太急，百年三万六千日。其间寒暑互煎熬，不觉红颜暗中失。纵有儿孙满目前，都成恩爱转牵缠。及乎精绝身枯朽，谁解教君暂驻延。暂驻延，既无计，不免将身随逝水。但看古往圣贤人，几个解留身住世。身住世，也有方，只为时人误度量。竞向山中寻草木，伏铅制汞点丹阳。点丹阳，事迥别，须向坎宫求赤血。取归离位制阴精，

坎，坤体；离，乾体。乾以阳交坤而成坎，所谓流戊也；坤以阴交乾而生离，所谓就己也。万物妊娠于子，乾坤壬癸，会于北方，故曰坎宫。坎宫，即坤宫也。西南是本乡，非未申之位也，元气从此而生。赤血者，即是身中一点阳精，又曰阳铅，实先天一气耳。经曰：卓哉真铅，天地之先，是为真铅也。离位者，即乾宫是也。知时采取此阳铅，以制离位之阴精。阴精，即阴汞也，木液也。二物交结，而成内丹，即非世间朱砂水银、五金八石、草木有形之物。

匹配调和有时节。

药味平平，金水各半，黄婆媒合，婚冠相求，贵在知其时节也。

时节正，用媒人，

《参同契》曰："晦至朔旦，震来受符。"是一阳初动时也。当斯之时，牝龙吟，雄虎啸，得媒人即自交合。媒人，即黄婆也。古歌曰："三四同居

共一室，一二夫妻为偶匹。要假良媒方得亲，遂使交游情意密。"紫阳曰："本因戊己为媒娉，遂使夫妻镇合欢。"又曰："须假媒人勾引。"石真人云："阿谁知运用，大意要黄婆。"然则黄婆为真土，真土即黄婆。当雄雌交会之时，刚柔相结而不可解，非黄婆不能也。实为还丹之枢纽，金水之隄防。黄中通理，正位居体，美在其中。黄婆真土，已见其大概矣。

金公姹女结亲姻。

金公、姹女，见下文释。结亲姻，即是投铅合汞。

金公偏爱骑白虎，

金公，铅也。抱天一之质，本从月生而寄位于西方庚辛金，而出于坎位，故曰"虎向水中生"，即铅中银、黑中白，水中金也。《参同契》曰："金为水母，母隐子胎。水者金子，子藏母胞。"又曰："被褐怀玉，外为狂夫。"乃真铅也，实先天之一炁耳。

姹女常驾赤龙身。

姹女，汞也。汞负正阳之气，本从日生而寄质于东方甲乙木，而出于离宫，故曰"龙从火里出"，即砂中汞、雄里雌，太阳流珠也。《参同契》曰："汞日为流珠，青龙与之俱。"又经曰："赤髓流为汞，姹女弄明珰。"乃真汞也，木液是矣。

虎来静坐秋江里，龙向碧潭奋身起。

秋江，即是西江；碧潭，即是东海。真龙见真虎，则一起一伏，两相饮食，俱相贪便。

两兽相逢战一场，波浪奔腾如鼎沸。

古歌曰："青龙逐虎虎寻龙，赤禽交会声嗈嗈。"是龙争虎战，水激火发，鼎沸暴涌，颠倒受制，时有婴儿之声。

黄婆丁老助威灵，

石真人云："黄婆双乳美，丁老片心慈。龙虎相交战，东君总不知。"黄婆，见前释。丁老，乃文火也。阴真君曰："我为世上道无穷，不知只伏婴儿心。"真漏泄天机也。

撼动乾坤走神鬼。

古歌曰："圣人夺得造化意，手抟日月安炉里。微微腾倒天地精，攒簇阴阳走神鬼。"神鬼，即天魂地魄。

须臾战罢云气收，

云收雨散万籁净，返掌中间灾变福。

种个玄珠在泥底。

《复命篇》曰："夜来混沌擗落地，万象森罗总不知。"乃一点落黄庭也。黄庭，即中宫黄房也，玄关也，喻如泥底也。紫阳曰："一时辰内管丹成。"为一日之丹就也。日添一黍米大，渐渐成玄珠也。黄帝赤水求玄珠，非罔象无由得之，是此珠也。罔象，无思无虑也。

从此根芽渐长成，时时灌溉抱真精。

三谷子曰：立基一百日，温养以周星。但当保精啬神，水自滋，火自养，待其气足。

十月脱胎吞入腹，忽觉凡躯已有灵。

紫阳又曰："一粒灵丹吞入腹。"又曰脱胎，又曰通神圣。《参同契》曰："金砂入五内，雾散若风雨。"既是内丹，如何又曰入腹、入口、入五内？后人疑此，便为外丹。殊不知无质生质，乃谓还丹。真一子所谓：首采天地真一混沌之气而为根基，继取乾坤精粹潜运之踪而为法象，循坎离否泰之数而为刑德，盗阴阳变化之机而成冬夏。阴生午后，阳发子初。故以乾坤为鼎器，以坎离为药物，余六十卦为火候，烹炼温养，潜夺化工。如果生枝上，子在胞中，十月火候气足，则倏尔而蜕神入真胎，与天相毕矣。故云入口、入腹、入五内。《参同契》曰："类如鸡子，白黑相符。纵广一寸，以为始初。四肢五脏，筋骨乃俱，弥历十月，脱出其胞。"可谓无质生质，身外有身。恋故躯，则困在昏衢；出泥丸，则纵横天地。名题仙籍，位号真人，乃大丈夫功成名遂之时也。

此个事，世间稀，不是等闲人得知，凤世若无仙骨分，容易如何得遇之。得遇之，宜速炼，都缘光景急如箭。要取鱼儿须结罾，莫使临渊空叹美。闻君知药已多年，何不收心炼汞铅。莫教烛被风吹灭，六道轮回难怨天。

此语警刘仙，且教其"收心炼汞铅"，以此见内丹须自己内炼，非假外药分晓。

近来世人多诡诈，竞着布衣称道者。问他金木是何般，噤口无言似害哑。

金木，见《指要》中金木交并释。云修丹不知此，不可与语还丹矣。

却云服气与休粮，别有门庭道理长。君不见《破迷歌》里说，太一含真法最强。

旁门小法千条万绪，于金液还返，内丹之道，了无干涉。所谓如何却是道，太一含真气，五星连珠，日月合璧也。内丹从此而结，法身从此而出，别无第二门也。

莫怪言辞甚乖劣，只为世人无鉴别。惟君心与我心同，方敢倾怀为君说。

规中图十二字诀序

三千六百法，养命数十家，率皆旁门，无非曲径。且如服气鼓虚腹，肘后飞金晶，吸摇运河车，闭息为火候，纳清吐浊，接境泝流，引龟转辘轳，鉴形希超脱，存顶囟，守眉心，尽是头上安头，无事起事，颠倒失序，乖于至真。遂使百脉沸腾，三田溃乱，本期永寿，反尔伤生。良由逆天地之和，不合自然之旨。故简易阅历《参同》仅三十载，颇得其奥，伸诸丹经，以其绪余，作《规中图十二字诀》，用传学道君子，以正心诚意为主，为中心柱子，处中以制外。以八字为辅[①]，调御四时，由外以应中。上合天心，中稽人事，默符造化，顺轨阴阳，外法五行，内理五藏，以为日用循环无端也。不施为也，不存想也，晏然大定，以总元机，但要绝嗜欲，定心气，省思虑，节饮食，调鼻息，警昏睡，悭视听，养天和。于四威仪中，吻合自然，别无繁难也。已立鄞鄂者，以是契符火，养圣胎。未立鄞鄂者，以是益元气，养精神，为立鄞鄂之渐。至于虚耗损失，病疾交攻，则以是驱疾固元，为补益延年，养命之术，可谓简易之门矣！

规中图

真人潜深渊
浮游守规中

[①] 《养生秘录·玉虚子宜春心诀》作：以"熙和中和，敛静敛肃"八字为辅。

规中者，如居一规之中，不在中间，不在内外也，不泥象也，不着物也。在身中之中，意中之中，如大圆镜中之一我，但正心诚意，为中心柱子。当万虑俱泯之时，真人出现，如鱼居深渊，游泳自在，而不离方寸，即"真人潜深渊，浮游守规中"矣。喜怒哀乐未发，当此之时，可以居规中，浮泳而潜御四时，以正造化。四威仪中，不可失节焉。物来则应，过复居于中，切不可动着中心柱子。于中常令空虚，一尘不立，久之不纵不拘，自得受用。其要妙也，六阴归坤，万物还元，复卦始萌，长子继父体，一阳潜动处，万物未生时，皆从这里起，便是作用处。当斯时也，跏趺大坐，凝神内照，调息绵绵，默而守之，则一炁从虚无中来，杳杳冥冥，无色无形，兆于玄冥，坤癸之地，生于肾中，以育元精，补续元炁，续续不耗，日益日强。始之去痾，次以返婴，积为内丹之基本矣。袁真人云：所谓是元炁补元炁，岂是凡砂，此补益之上法也。朝屯者，体君子经纶之始，是万物萌芽之初，仁之端也。子时其始生之炁在肾，是不召而自来，宜宝而养之。调息无令耳闻，但听其悠悠绵绵，合乎自然，与天地橐籥相应，久之则肾炁合心炁，二炁交感，以降甘露，而产玄珠焉。暮蒙者，蒙以养正，圣功也，不失赤子之心也。午时其始生之炁在心，无思无虑，寂然不动，冥心内照以合之。是宜静坐以敛之，久之则心炁自合肾炁，而成既济之功焉。人居三才之一，一身与天地等，故与天地之炁相应，真一之精相符。人之元炁八百一十丈，橐籥相似，所以元炁大运随天，小运随日，但人不能体法天地，以致斲丧伤败，精神迷乱，自与之违，岂天地违之也哉？若能顺其理，挃其机，则可以符化工而为修丹，内炼长生久视之道也。除人之外，总皆禀浊混淆，而在元炁中，均为化物耳，又安能御元炁者哉？《参同契》云："春夏据内体，从子到辰巳，秋冬当外用，自午讫戌亥。"又云："赏罚应春秋，昏明顺寒暑。爻辞有仁义，随时发喜怒。如是应四时，五行得其理。"故以子、丑、寅为春，卯、辰、巳为夏，午、未、申为秋，酉、戌、亥为冬。子、丑、寅应春，木用事。木主仁，万物发生之时，故"熙和"二字养之，熙熙然如春登台。和者，美也。黄中通理，正位居体，畅于四肢，发于事业，美之至也。如婴儿之未孩，号而不嘎，和之至也。未知牝牡之合而峻作，精之至也。卯、辰、巳应夏，火用事。火主礼，万物茂齐之时，故以"中和"二字养之。既和矣，无大过，无不及，是谓之中，始得情性优游而无荡泆也。午、未、申应秋，金用事。金主义，草木黄落，万物收成，故以"敛静"二字畜之，以遂万物之情。酉、戌、亥应冬，水用事。水主智，万物归根，元气始肃，故以"敛肃"二字以藏之，以应天地之气。《参同契》云："真人潜深渊，浮游守规中。"真人者，即我之一真，凝则为神，用则为心，静则为性，非动非静，虚则灵通，亦名真心。游泳于规中，在方圆规矩之中，为造化之主，运移不失，中应四时，有信育之，而为真土。发号施令，亭育元气，制养元精，化生纯粹，综五行而不忒，以通天地之和。故正心诚意，乃能无私，始得乾坤泰而坎离交，阴阳和而万物得，三光合度，以致太平。然后国富民安，而百骸俱理矣。

解纯阳真人《沁园春》

（并序）

纯阳妙道真人《沁园春》一词，诀尽还丹至理，天下播传。注释虽多，不免迂阔，岂知些子神仙法，不在三千六百门。如是，则当以心会心，以意会意，倘到个中之趣，方信出于自然。可谓要道不繁，工夫容易，离诸疑网，入众妙门。某辄成七言四句，通宁真人诗一绝，共一十六首，按二十斤之数，直下注脚，用发玄机。览者幸详味之，举一隅则头头俱是。

咸淳丙寅[①]修楔宜春晚学玉溪子序

沁园春

（拈起话头，便是道心事。咦！）

　　　　好天良夜清明候，赤子婴儿混沌时。
　　　　自得无弦琴里趣，宫商不许外人知。

七返还丹，

（金归性初，便是七返。得土成功，号曰九还。）

　　　　情归性海称交并，炉冶金华号返还。
　　　　混养全资真土力，炼成灵质出尘寰。

---

① 咸淳丙寅，公元1266年。

在人，

（大道只在己身，内丹须是百炼。）

　　　　　　太一分三人得一，大药只于身内觅。
　　　　　　可怜万万与千千，尽把将来为乐逸。

先须炼己待时。

（炼己先要降心，采药自有时节。）

　　　　　　拨转机关与俗乖，怡心寂澹似婴孩。
　　　　　　细看造物本无物，春到江南花自开。

正一阳初动，

（坤变成复，复其见天地之心乎！）

　　　　　　静坐蒲团绝所思，神庐出入渐迟迟。
　　　　　　氤氲暖气回天谷，知是一阳来复时。

中宵漏永，

（中宵便是午夜，漏里始觉更长。）

　　　　　　灏气腾腾万籁清，身中冬至恰三更。
　　　　　　可人风味孰能会，时听铜壶滴漏声。

温温铅鼎，

（鼎鼎非金鼎，炉炉非月炉。离从坎下起，兑在鼎中居。）

　　　　　　玉兔汤煎潏沸驰，金炉火炽转光熹。
　　　　　　杳冥谁识无中有，内蕴金华是圣基。

光透帘帏，

（元神阳生，神光闪烁，冥心内照，一归冲漠。）

　　　　　　始青一炁色非色，出彼龙楼归凤阙。
　　　　　　瑠璃箔下烛交辉，蟛蜞江头雨初歇。

造化争驰，

（夫妇归室，月到阳宫。桃花浪里，龙虎相逢。）

　　　　　　红黑相投世莫猜，全凭戊己作良媒。
　　　　　　溶溶一掬乾坤髓，着意求他啜取来。

进火工夫犹斗危。

（水中火发，雪里花开。一意隄防，稳着方便。）

鸿濛宫里气氤氲,红杏枝头二月春。

但把金关牢锁闭,转机总是屋中珍。

曲江上,看月华莹净,有个乌飞。

牛女缘情,道本龟蛇,类禀天然,阳乌遇朔合婵娟,二气相资运转。此是铅汞相投,莫认是小肠九曲。宁真人诗云:曲江之上鹊桥横(牛女情缘,道本是也),大药金丹自此生。不信但敲甲乙户,双童自解教君行(甲乙户,即如戊己门)。此内理至深远,笔舌难宣,但只是一身中事。咦!要知山下路,但问去来人。

当时自饮刀圭,

(二土便是戊己,金刀即是铅汞。)

龙盘虎踞镇中央,离坎交并日月光。

饮罢醍醐归洞府,华池郁郁藕花香。

又谁信无中养就儿。

(身里阴阳,壶中日月。一切仙圣,元来无别。不个中人,教我如何说?)

精养灵根气养神,化滋铅汞孕真身。

恍然透出泥丸顶,始信神仙不误人。

辨水源清浊,木金间隔,不因师指,此事难知。

(铅沉银浮,清在上,浊在下,清为金华,浊为铅质。以金华合木液,用铅之妙诀也。二物会则情性混融,黍珠成则金木间隔。不因师指,此事难知。)

清浊沉浮共一源,取清舍浊更玄玄。

混融间隔须分判,妙在师真一语传。

道要玄微,天机深远,下手速修犹太迟。

学到知羞处,方知艺不精。白云先生所谓:毁之者,如持巨帚,以扫昆仑;味之者,类鸿鹄之饮沧海。井蛙篱鹨之见,岂知海阔天高耶?勤而不遇终须遇,遇之不炼更愚痴。当惜分阴,莫教虚度。直须猛省,急急修持。宝珠入手几时明,庵子坏了如何造?

黍米珠中世界宽,仙真勃勃入其间。

几多未遇徒瞻仰,空叹天高不可攀。

长春真人诗云：日月匆匆顶上飞，光阴忽忽眼前移。

回头返顾即成老，下手速修犹太迟。

绍兴间，宜春城南魏安抚家多阴骘，一日有异人直入书斋中，呼安抚可来就语。时魏昼寝，左右不敢以白，乃题一词于壁而去，名《苏幕遮》。魏起，见而悔甚，使人寻觅，竟不可得。词曰：

水中金，冲牛斗，玉锁金关，护法灵童守。

赤水丹台龙虎走，万象森罗，勃勃投珠口。

饮灵源，明火候，太一炉开，丹熟神光透。

浮名浮利终不久，下手速修，穷取无中有。

蓬莱路，仗三千行满，独步云归。

《虚皇经》云：凡欲修道，建功为先。是以诸天上帝，天帝高尊，诸天真人，诸天神仙，咸以功勤，超圣真位。诸天记功，世间学人，修真志恪，功满德就，凡蜕为仙，仙化为真，真人无碍，洞合自然。消则为气，息则为人，神通自在，变化无形，飞行三界，出幽入冥。修炼之士，始则惜精爱气，栖心凝神，自立基温养后乃入室，三千内功，不可少亏，以至分胎纯熟，超脱朝元，尤资外行，以符天道。是以功不厌多，行不厌广，是以功满三千，大罗为仙，行满三千，大罗为客。钟离祖师云："有功无行如无足，有行无功足不前。功行两全足自备，谁云无分作神仙。"且修真得道，先居蓬莱、方丈、瀛洲，得为散仙，太一元君乃召受图，名题仙籍，以次阶升之跻圣位，上朝玉帝，位号真人。更须接引后来，溥行开化，至无修证处，乃曰自然。

高真诗云：

十月分胎火候捐，内功时计已三千。

更资外行符天道，超脱朝元证上仙。

全真□①张真人道成之日，作《解佩令词》曰：修行之士，功勤不小。识五行逆顺颠倒，妙理玄玄。玉炉中，龙蟠虎踞。金鼎内，炼成至宝。阳神离体，杳杳冥冥，刹那间游遍三岛。出入纯熟，按捺住，别寻玄妙。合真空，太虚是了。

---

① □，此字未能辨认出来，《中华道藏》作"瓦"字，存疑。

密语诗五首

其一

嘘呵三尺觅无踪，放去收来疾似风。
十万人中提一二，的将此道付于公。

其二

伸如惊电圆如月，不是男儿莫近前。
证佛成真须用此，这些微妙要师传。

其三

斩钉截铁剖昏迷，妙用纵横得自师。
适意归来盈袖里，摩娑恩养作孙儿。

其四

光芒焰焰逼人身，骨悚毛寒作么生。
果是男儿应不怕，一挥当下见真情。

其五

十万人中一二人，一挥要合圣贤心。
赤童显出英灵瑞，枯木开花铁变金。

赞纯阳仙像

至德难名，元功不宰，偈诵何劳称赞。皇天无私，惟德是辅，圣师因不远焉。仙姿凤质，命世之真儒。月相虬髯，大唐之宦裔。只因惊觉黄粮梦，截断轮回生死关。丹成只要度人，位重每来援溺。下南州则金铅木汞，游汴京则玉液苏迦。流一派为全真，则亿兆苍生赖其休；垂三剑为箴规，则百千弟子蒙其爱。有时白蘋红蓼，有时紫府清都。放下般般见太虚，依旧立侍通明殿。率土想其丰度，寰区昭著灵踪。郭上灶久欲归来（先生自谓也），彭道人尚希点化（即彭冲阳也）。

老谬累劫，习气缠绵，有识以来，殊不量力，无所不好，独于仙佛之道，未暇问津。前辈长沙宦裔岳君素蟾，与吾同好，遂为忘年交。素知其与彭冲阳、胡古蟾三人法友，同受玉溪先生金丹口诀。一日因话边扣及，即慨然立谈，平日访友寻师，不惜身命，后遇玉溪老师，吾与子平日无非淡好杂术，学道自有时节因缘，子既及此，则唯其时矣，少俟吉日传授。遂于甲子辰中，密指数语。谩试为之，未及一月，丹道即验。所谓金光遍体，琼楼绛阙，龙虎婴姹，须臾恍惚，分明呈现。岳君闻之，因扪泪叹曰：吾闻道以来，身品肉病，不能收足，故于进火工夫，尚未下手。子夙有仙骨，非细事也。吾不敢为汝师。且指彼中一人，绝肖玉溪先生者曰：但加衣冠，以写先生小像师事之。而尽以先生手泽及今十书，严加咐嘱。既而又闻薄识束总管云：先生曩尝栖迹吾家，吾父安抚任满，同载归淮。先生宿食于厨船中，而以铁索带于坐船之后。将及真州，忽焉风涛大作，铁索截断，人船什物，尽入洪波而没。越二日，则先生手挟小衣包，诣扬子桥。舣舟之次，与吾父面别而去。始知先生得入水不溺之道，举家叹息不已。吾自受授，迄今五十五载，今及九旬。勉貌仙像于十书序尾，并寿诸梓，用广其传。

至正十四年[①]月日中阳王珪君璋焚香敬书

《玉溪子丹经指要》卷下终

---

① 至正十四年，1354年。

第十四编 规中指南

真放道人虚白子陈冲素

点校说明

1.陈虚白,名冲素,号虚白子,又号真放道人。元代道士,隐于武夷山修炼仙道。其丹道师承南宗。

2.《规中指南》,二卷,收入《道藏》洞真部方法类。该书直指丹道奥秘,可谓要言不烦,颇受明清学者的重视,如明·龚居中《福寿丹书》收如《玄修篇》,清·钱大昕《补元史艺文志》和卢文弨《补辽金元艺文志》均予著录,光绪年间体真山人汪东亭收录入《道统大成》。

3.本篇以《道藏》第4册为底本整理,参校《道藏辑要》,图片取自《道统大成》本。

规中指南序[①]

《规中指南》一书,乃真放道人虚白子冲素陈仙师所撰。仙师道成武夷升真玄化洞天,深悯后学而作是书,文简理当,直切不繁,其引诸捷径,削诸譬喻,扫诸异名,迳言见理明心,穷神知化,使学者诵而心领神会,释诸狐疑,诱人于至坦之途,至明之域也。于内丹三要、玄牝、药物、火候之

---

① 本序,据《道藏辑要》昴集补入。

说，不外乎元精、元气、元神之指，不出乎至中、至静、至理之言，更非旁引、曲喻、卦爻之词，亦无铅汞、龙虎、婴姹之配。其详也，剖《参同》之秘密，烛《悟真》之隐微，言言显道，字字露机，接引群迷，真传实授，诚所谓知天尽神，治命造玄，彻一世藩篱之迳廷，仙师垂教于千载玄风之下，竟非小补哉？

是书备载于《藏》，仆得之太和山玉虚宫含真党师，授之于东和希古[①]刘公。讲究间，睹书中之句，以"正心诚意"作中心柱子，其绵绵玄牝、赫赫至神、灏灏元精，则顿然而有主宰于心口之间，曰"规中指南"，惟"真中至静"而已矣。刘公于此而有所得，仰是书太露分明，诚修真之模范。惜乎未得大行于世，后之有志于道者，无以为证训，遂乃捐赀锓梓，诸方广虚白仙师弘仁孔德之心，开后之学者见道明心之目。噫！吾教中同袍之士得睹斯文，乃三生之庆幸也欤！宜宝重云。谨序。

三清院主垫朴山人李景元识

《规中指南》卷上

止念第一

（精满不思色，炁满不思食）

耳目聪明男子身，洪钧赋予不为贫。
因探月窟方知物，为摄天根始识人。
乾遇巽时观月窟，地逢雷处见天根。
天根月窟闲来往，三十六宫都是春。

念起[②]即觉，觉之即无，修行妙门，惟在此已。此法无多子，教子炼念头，一毫如未尽，何处觅踪由。

---

① 古，《道藏辑要》本作"公"，依据《青华秘文序》"东和希古刘先生"句改。
② 起，《道藏辑要》本作"头"。

夫无念者，非同土石草木，块然无情也。盖无念之念，谓之正念。正念现前，回光返照，使神御炁，使炁归神，神凝炁结，乃成汞铅。

牢擒意马锁心猿，慢著工夫炼汞铅。

大道教人先止念，念头不住亦徒然。

采药第二

心动则神不入炁（默然养心），身动则炁不入神（凝神忘形）。夫采药者，采身中之药物也。身中之药者（神、炁、精也），采之之法，谓之收拾身心，敛藏神炁。心不动，则神炁完，乃安炉立鼎，烹炼神丹。

识炉鼎第三

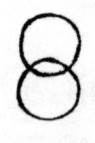

牝 玄
真人潜深渊
浮游守规中

夫玄牝，其白如绵，其连如环，纵广一寸二分，包一身之精粹。

要得谷神长不死，须凭玄牝立根基。

真精既返黄金室，一颗明珠永不离。

入药起火第四

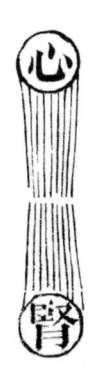

神是火 炁是药

取将坎位中心实，点化离宫腹里阴。
从此变成乾健体，潜藏飞跃尽由心。

坎离交姤第五

追二炁於黄道 會二性於元宫

铅龙升，汞虎降。驱二物，勿纵放。

夫坎离交姤，亦谓之小周天，在立基百日之内见之，水火升降于中宫，阴阳混合于丹鼎，云收雨散，炁结神凝，见此验矣。

紫阳真人曰：

龙虎一交相眷恋，坎离方姤便成胎。
溶溶一掬乾坤髓，著意求他啜取来。

乾坤交姤第六

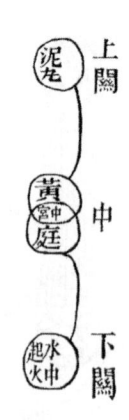

（图：上闗 泥丸／中 黃庭中宮／下闗 水中起火）

大略與別圖同

内亦交时外亦交，三关通透不须劳。
丹田直至泥丸顶，自在河车几百遭。

朗然子曰：

夹脊双关透顶门，修行径路此为尊。
华池神水频吞咽，紫府元君直上奔。
常使炁冲关节透，自然精满谷神存。
一朝得到长空路，须感当初指教人。

夫乾坤交姤，亦谓之大周天，在坎离交姤之后见之。盖药既生矣，于斯出焉。古①诀曰："离从坎下起，兑在鼎中生。"离者，火也；坎者，水也；兑者，金也；金者，药也。是说也，乃起水中之火，以炼鼎中之药。《庄子》云："水中有火，乃成大块。"玉蟾云："一点真阳生坎内，填却离宫之阙。造化无声，水中起火，妙在虚危穴。"丹阳真人云："水中火发休心景，雪里花开灭意春。"其证验如此。夹脊如车轮，四肢如山石，两肾如汤煎，膀胱如火热，一息之间，天机自动，轻轻然运，默默然举，微以意而定息，应造化之枢机，则金木自然混融，水火自然升降，忽然一点大如黍珠，落于黄

---

① 古，《道藏辑要》本作"又"。

庭之中，仍用采铅投汞之机，百日之内，结一日之丹也。当此之时，身心混然，与虚空等，不知身之为我，我之为身，亦不知神之为炁，炁之为神，似此造化，非存想，非作为，自然而然，亦不知其所以然也。《复命篇》曰："井底泥蛇舞柘枝，窗间明月照梅梨。夜来混沌颠落地，万象森罗总不知。"

攒簇火候第七

乾

上柱天，下柱地，只这个，是鼎器。既知下手，工夫容易。

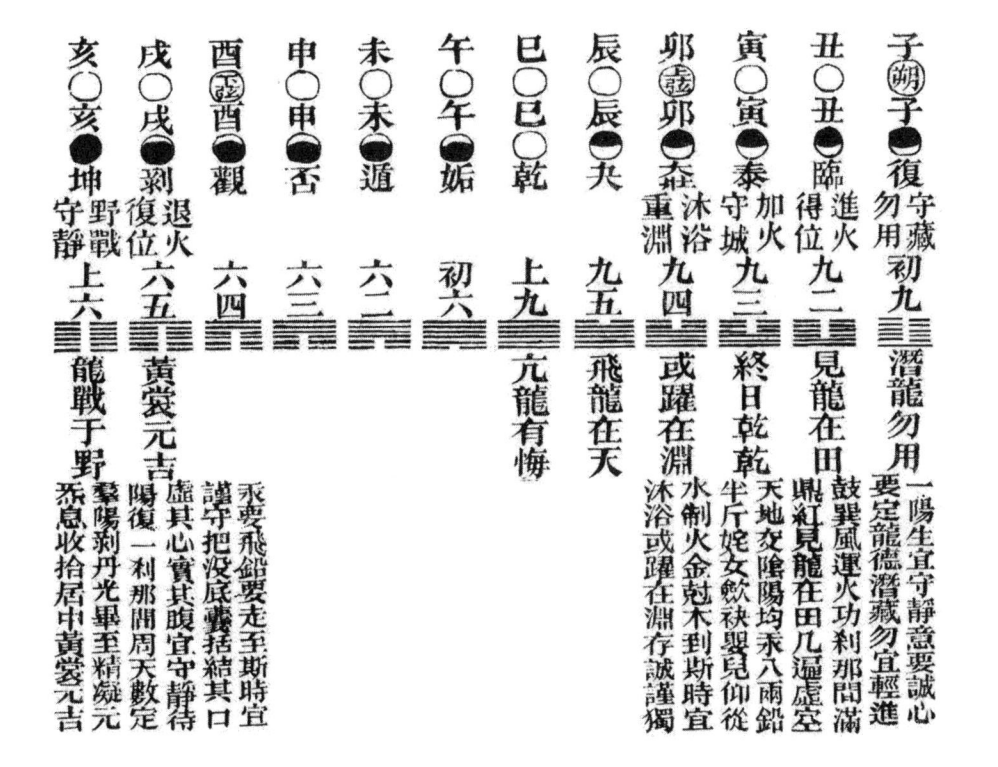

卦	爻	爻辞	注
子 復	守藏	初九	潛龍勿用 一陽生宜守靜意要誠心
丑 臨	進火	九二	見龍在田 鼓巽風運火功利那間滿
寅 泰	加火	九三	終日乾乾 天地交陰陽均汞八兩鉛
卯 大壯	沐浴	九四	或躍在淵 水制火金尅木到斯時宜
辰 夬		九五	飛龍在天 沐浴或躍在淵存誠謹獨
巳 乾		上九	亢龍有悔
午 姤		初六	
未 遯		六二	
申 否		六三	
酉 觀		六四	汞變飛鉛要走至斯時宜謹其心實其腹宜守靜
戌 剝	退火	六五	黃裳元吉 虛其心實其腹括結其口
亥 坤	守靜	上六	龍戰于野 烹陽剝丹光畢至精燦元 其血玄黃 息收拾居中黃裳元吉

养火

阴既藏，再生阳，到这里，要隄防。若逢野战，其血玄黄。

阳神脱胎第八

掀倒鼎，踢翻炉，功满也，产玄珠。归根复命，抱本还虚。

三百日火，一千日胎。其心离身，忽去忽来。回视旧骸，一堆粪土。十步百步，切宜照顾。

孩儿幼小未成人，须藉爷娘养育恩。

九载三年人事尽，纵横天地不由亲。

忘神合虚第九

身外有神，犹未奇特。虚空粉碎，方露全身。

太上玄门知者少，玄玄元①不异如如。

提将日月归元象，跳出扶舆见太虚。

炼到形神俱妙处，遂知父母未生初。

这些消息谁传授，没口先生说与吾。

张真人解佩令

阳神离体，冥冥窈窈。刹那间，游遍三岛。出入纯熟，按捺住，别寻玄妙合真空，虚无事了。

《规中指南》卷下

内丹三要

内丹之要有三，曰玄牝、药物、火候。丹经子书，摘为隐语，黄绢幼妇，读者惑之。愚今满口饶舌，直为天下说破，言虽覼缕②，意在发明，字字真诀，肺肝相视，漏泄造化之机缄，贯串阴阳之骨髓，古今不传之秘，尽在

---

① 元，《道藏辑要》本作"原"。

② 覼缕，详细而有条理地叙述。

是矣。鲸吞海水尽，露出珊瑚枝。

玄牝图

玄關一竅眞端的
妙在師真一句傳
台光

混沌

會八卦　攢五行　雲散碧空山色靜
貫尾閭　逼泥丸　鶴歸丹闕月輪孤
月

诗曰：

混沌生前混沌圆，个中消息不容传。
擘开窍内窍中窍，踏破天中天外天。
斗柄逆旋方有象，台光返照始成仙。
一朝捞得潭心月，觑破胡僧面壁禅。

藥物圖

乘鉛玄牝其一家　從此變成乾健體
先天炁後天炁入黃房成至寶
性由自悟命假師傳
龍虎陰陽同一性　潛藏飛躍盡由心

诗曰：

　　五蕴山头多白雪，白云深处药苗芬。
　　威音王佛随时种，元始天尊下手耘。
　　石女骑龙探雨实，木人驾虎摘霜芸。
　　不论贫富家家有，采得归来共一斤。

火候圖

縱識朱砂與水銀　聖人傳藥不傳火
閉靜　但志法自誠然　不刻時中分子午
開動　盜天地奪造化　无爻卦內別乾坤
不知火候也如閒　我今拈出甚分明

诗曰：

无位真人炼大丹，倚空长剑逼人寒。
玉炉火煅天尊髓，金鼎汤煎佛祖肝。
百刻寒温忙里准，六爻文武静中看。
有人要问真炉鼎，岂离而今赤肉团。

玄牝

《悟真篇》云："要得谷神长不死，须凭玄牝立根基。真精既返黄金室，一颗明珠永不离。"夫身中一窍，名曰玄牝，受炁以生，实为神府，三元所聚，更无分别，精神魂魄，会于此穴，乃金丹返还之根，神仙凝结圣胎之地也。古人谓之太极之蒂、先天之柄、虚无之宗、混沌之根、太虚之谷、造化之源、归根窍、复命关、戊己门、庚辛室、甲乙户、西南乡、真一处、中黄房、丹元府、守一坛、偃月炉、朱砂鼎、龙虎穴、黄婆舍、铅炉土釜，神水华池、帝一神室、灵台绛宫，皆一处也。然在身中而求之，非口非鼻，非心非肾，非肝非肺，非脾非胃，非脐轮，非尾闾，非膀胱，非谷道，非两肾中间一穴，非脐下一寸三分，非明堂泥丸，非关元炁海。然则何处？曰："我的妙诀，名曰规中。一意不散，结成胎仙。"《契》云："真人潜深渊，浮游守规中。"此其所也。

《老子》曰："多言数穷，不如守中。"正在乾之下，坤之上，震之西，兑之东，坎离水火交媾之乡，人一身天地之正中，八脉九窍，经络联辏，虚闲一穴，空悬黍珠，不依形而立，惟体道以生，似有似无，若亡若存，无内无外，中有乾坤，黄中通理，正位居体。《书》曰："惟精惟一，允执厥中。"《度人经》曰："中理五炁，混合百神。"崔公谓之"贯尾闾，通泥丸"。纯阳谓之"穷取生身受炁初"。平叔曰："劝君穷取生身处。"此元炁之所由生，真息之所由起，故玉蟾又谓之"念头动处"。修丹之士，不明此窍，则真息不住，神化无基。且此一窍，先天而生，后天而接，先后二炁，总为混沌。杳杳冥冥，其中有精；恍恍惚惚，其中有物。物非常物，精非常精也，天得之以清，地得之以宁，人得之以灵。谭真人曰："得灝炁之门，所以归其根；知元神之囊，所以韬其光。若蚌内守，若石中藏，所以为珠玉之房。"皆真旨也。然此一窍，亦无边傍，更无内外，若以形体色象求之，则又成大错谬矣。故曰："不可执于无为，不可形于有作；不可泥于存想，不可著于持守。"

圣人法象，见于丹经，或谓之玄中高起，状似蓬壶，关闭微密，神运其中；或谓之状如鸡子，黑白相扶，纵广一寸，以为始初，弥历十月，脱出其胞；或谓之其白如练，其连如环，方广一寸二分，包一身之精粹。此明示玄关之要，显露造化之机。学者不探其玄，不赜其奥，用工之时，便守之以为蓬壶，存之以为鸡子，想之以为连环，模样如此，形状如此，执有为有，存神入妄，岂不大谬耶？要知玄关一窍、玄牝之门，乃神仙聊指造化之基尔。玉蟾曰："似有而非，除却自身，安顿何处去？"然其中体用权衡，本自不殊，如以乾坤法天地，离坎体日月是也。《契》云："混沌处相接，权舆树根基。经营养鄞鄂，凝神以成躯。"则神炁有所取，魂魄不致散乱。回光返照便归来，造次弗离常在此。诗曰①："经营鄞鄂体虚无，便把元神里面居。息往息来无间断，全②胎成就合元初。"玄牝之旨，备于斯矣。抑又论之？杏林云："一孔玄关窍，三关要路头。忽然轻运动，神水自然流。"又曰："心下肾上处，肝西肺左中。非肠非胃府，一炁自流通。"今曰玄关一窍、玄牝之门，在人一身天地之正中，造化固吻合乎此。愚尝审思其说，大略精明，犹未的为直指，天不爱道，流传人间，太上慈悲，必不固吝。愚敢净尽漏泄天机，指出玄关的的大意，冒禁相付，使骨肉相合。修仙之士，一见豁然，心领神会，密而行之，句句相应。是书在处，神物护持，若业重福薄，与道无缘，自然邂逅斯诀，虽及见之，忽而不信，亦不过瞽之文章、聋之钟鼓耳。玄之又玄，彼乌知之？

其密语曰：径寸之质，以混三才，在肾之上，心之下，仿佛其内，谓之玄关。不可以有心守，不可以无心求。以有心守之，终莫之有；以无心求之，终见其无。若何可也？盖用志不分，乃凝于神。但澄心绝虑，调息令匀，寂然常照，勿使昏散，候气安和，真人入定。于此定中，观照内景，才若意到，其兆即萌，便觉一息从规中起，混混续续，兀兀腾腾，存之以诚，听之以心，六根安定，胎息凝凝，不闭不数，任其自如，静极而嘘，如春沼

---

① 《道藏》本无"曰"字，据《道藏辑要》《道统大成》本补。
② 《道统大成》本作"圣"。

鱼，动极而喻，如百虫蛰，氤氲开阖，其妙无穷。如此少时，便须忘炁合神，一归混沌。致虚之极，守静之笃，心不动念，无来无去，不出不入，湛然常住，是谓"真人之息以踵"。踵者，其息深深之义，神炁交感，此其候也。前所谓"元炁之所由生，真息之所由起"。此意到处，便见造化；此息起处，便是玄关。非高非下，非左非右，不前不后，不偏不倚，人一身天地之正中，正此处也。采取在此，交媾在此，烹炼在此，沐浴在此，温养在此，结胎在此，脱胎神化，无不在此。今若不明说破，学者必妄意猜度，非太过，则不及矣。紫阳真人曰："饶君聪慧过颜闵，不遇明师莫强猜。只为丹经无口诀，教君无处结灵胎。"然此窍，阳舒阴惨，本无正形，意到即开，开合有时，百日立基，养成炁母，虚室生白，自然见之。昔黄帝三月内观，盖此道也。自脐以下，肠胃之间，谓之酆都地狱，九幽都司，阴秽积结，真阳不居，故灵宝炼度，诸法存想，此谓幽阙，岂修炼之所哉？学者诚思之！

药物

古歌曰："借问因何是我身，不离精炁与元神。我今说破生身理，一粒玄珠是的亲。"夫神与炁、精，三品上药，炼精化炁，炼炁成神，炼神合道，此七返九还之要诀也。红铅黑汞、木液金精、朱砂水银、白金黑锡、金翁黄婆、离女坎男、苍龟赤蛇、火龙水虎、白雪黄芽、交梨火枣、金乌玉兔、乾马坤牛、日精月华、天魂地魄、水乡铅、金鼎汞、水中金、火中木、阴中阳、阳中阴、黑中白、雄里雌，异名众多，皆譬喻也。

然则何谓之药物？曰：修丹之要，在乎玄牝，欲立玄牝，先固本根。本根之本，元精是也。精即元炁所化，故精炁一也。以元神居之，则三者聚于一矣。杏林曰："万物生复死，元神死复生。以神归炁内，丹道自然成。"施肩吾曰："气是添年药，心为使炁神。若知行炁主，便是得仙人。"若精虚则炁竭，炁竭则神游。《易》曰："精炁为物，游魂为变。"欲复归根，不亦难乎？玉溪子曰："以元精未化之元炁而点化之，至神则神，有光明而变化莫测矣，名曰神。"是皆明身中之药物，非假外物而言之也。然而产药有川源，采药有时节，制药有法度，入药有造化，炼药有火功。吾曩闻之师曰：

西南之乡，土名黄庭，恍惚有物，杳冥有精。"分明一味水中金，但向华池著意寻",此产药之川源也。

垂帘塞兑,窒欲调息,离形去智,几于坐忘。"劝君终日默如愚,炼成一颗如意珠",此采药之时节也。

天地之先,无根灵草,一意制度,产成至宝。"大道不离方寸地,工夫细密有行持",此制药之法度也。

心中无心,念中无念,注意规中,混融一炁。"息息绵绵无间断,行行坐坐转分明",此入药之造化也。

清静药材,密意为丸,十二时中,无念火煎。"金鼎常令汤用暖,玉炉不要火教寒",此炼药之火功也。

大抵玄牝为阴阳之原,神炁之宅;神炁为性命之药,胎息之根,呼吸之祖,深根固蒂之道。胎者,藏神之府;息者,化胎之元。胎因息生,息因胎住,胎不得息不成,息不得神无主。若夫人之未生,漠然太虚,父母媾精,其兆始见,一点初凝,纯是性命,混沌三月,玄牝立焉。玄牝既立,系如瓜蒂,婴儿在胎,暗注母炁,母呼亦呼,母吸亦吸,凡百动荡,内外相感,何识何知,何明何晓,天之炁混混,地之炁沌沌,但有一息存焉。及期而育,天地翻覆,人惊胞破,如行太山巅失足之状,头悬足撑而出之,大叫一声,其息即忘,故随性情,不可俱也。况乱以沃其心,巧以玩其目,爱以率其情,欲以化其性,浑然天真,散之而为万物者皆是矣。胎之一息,无复再守。

神仙教人炼精,必欲返其本,复其初,重生五脏,再立形骸,无质生质,结成圣胎。其诀曰:专炁致柔,能如婴儿乎?除垢止念,静心守一,外想不入,内想不出,终日混沌,如在母腹,神定以会乎炁,炁和以合乎神,神即炁而凝,炁即神而住,于寂然休歇之场,恍兮无何有之乡,天心冥冥,注意一窍,如鸡抱卵,似鱼在水,呼至于根,吸至于蒂,绵绵若存,再守胎中之一息也。守无所守,真息自住,泯然若无,虽心于心,无所存住,杳冥之内,但觉太虚之中,一灵为造化之主宰,时节若至,妙理自彰,轻轻然运,默默然举,微以意而定炁,应造化之枢机,则金木自然混融,水火自然升降,忽然一点,大如黍珠,落于黄庭之中,此乃采铅投汞之机,为一日之内,结一日之丹。

《复命篇》曰:"夜来混沌撷落地,万象森罗总不知。"当此之时,身中混融,与虚空等,亦不知神之为炁,亦不知炁之为神,似此造化,亦非存想，是皆自然之道，吾亦不知其所以然而然，药既生矣，火斯出焉。大抵药之生也，小则可以配坎离之造化，大则可以同乾坤之运用，金丹之旨，又于此泄无余蕴矣，岂傍门小法所可同语哉？若不吾信，舍玄牝而立根基，外神炁而求药物，不知自然之胎息，而妄行火候，弃本趋末，逐妄迷真，天夺其算，吾未如之何也已矣。

火候

古歌曰："圣人传药不传火，从来火候少人知。"夫何谓不传？非秘不传也。盖采时谓之药，药之中有火焉；炼时谓之火，火之中有药焉。能知药而取火，则定里之丹成，自有不待传而知者已。诗曰："药物阳内阴，火候阴内阳。会得阴阳旨，火候一处详。"此其义也。后人惑于丹书，不能顿悟，闻有二十四炁，七十二候，二十八宿，六十四卦、十二分野、日月合璧、海潮升降、长生三昧、阳文阴武等说，必欲穷究何者为火，何者为候，极心一生，种种著相。虽得药物之真，懵然不敢烹炼，殊不知真火本无候，大药不计斤。玉蟾云："火本南方离卦，属心。心者，神也。神即火也，炁即药也，以火炼药而成丹者，即是以神驭炁而成道也。"其说如此分明，如此直捷，夙无仙骨，讽为虚言，当面蹉过，深可叹惜。然火候口诀之要，尤当于真息中求之。盖息从心起，心静息调，息息归根，金丹之母。《心印经》曰："回风混合，百日功灵"者，此也；《入药镜》所谓："起巽风，运坤火，入黄房，成至宝"者，此也；海蟾翁所谓："开阖乾坤造化权，煅炼一炉真日月"者，此也。

何谓"真人潜深渊，浮游守规中"？必以神驭炁，以炁定息，橐籥之开阖，阴阳之升降，呼吸出入，任其自然，专炁致柔，含光默默，行住坐卧，绵绵若存，如妇人之怀孕，如小龙之养珠，渐采渐炼，渐凝渐结，功夫纯粹，打成一片，动静之间，更宜消息。念不可起，念起则火炎；意不可散，意散则火冷。但使其无过不及，操舍得中，神抱于炁，炁抱于神，一意冲和，包裹混沌，斯谓火种相续，丹鼎常温，无一息之间断，无毫发之差殊。如是炼之一刻，一刻之周天也；如是炼之一时，一时之周天也；如是炼之一日，一日之周天也。炼之百日，谓之立基；炼至十月，谓之胎仙。以至元海阳生，水中火起，天地循环，乾坤反复，亦皆不离一息，况所谓沐浴温养，进退抽添，其中密合天机，潜符造化，而不容吾力焉。故曰：火虽有候，不须持些子机关，我自知无子午卯酉之法，无晦明弦朔之节，无冬至夏至之分，无阴火阳符之别，无十二时中只一时之说，无三百日内在半日之诀，亦不在攒簇年月日时之说。若言其时，则十二辰意所到皆可为；若言其妙，则一刻之工夫，自有一年之节候。"但安神息在①天然"，此先师之的说也。"昼夜屯蒙法自然，何用孜孜看火候"，此先师之确论也。噫！圣人传药不传火之旨，尽于斯矣。

诗曰：学人何必苦求师，泄漏天机只此书。
踏破铁鞋无觅处，得来全不费工夫。

后序

神无方，易无体。夫所谓玄关一窍者，不过神识气，使气归神，回光返照，收拾念头之一法耳。玉溪子曰："以正心诚意，为中心柱子"者是也。夫所谓药物、火候者，亦皆譬喻耳。盖大道之要，凡属心知、意为者，皆非也。但要知人身中一个主宰造化底，且道如今何者为我？若能知此，以静为本，以定为基，一斡旋，顷刻天机自动，不规中而自规中，不胎息而自胎息，药不求而自生，火不求而自出，莫非自然妙用，岂待乎存思持守、苦己劳形，心知之，意为之，然后为道哉！究竟到此，可以忘言矣。明眼者，以为如何？

武夷升真玄化洞天真放道人虚白子陈冲素序

---

① 在，《道藏辑要》本作"任"。

第十五编　金液大丹口诀

白衣道者

点校说明

1.《金液大丹口诀》，题名"太微洞天白衣道者授、冲虚妙静宁真子郑德安序"，收入《道藏》洞真部众术类。

2. 白衣道者及郑德安生平事迹不详。郑在《序》中尊称张紫阳为祖师，故以之推定"太微洞天白衣道者"当是宋元之际南宗一系传人。

3. 本篇以《道藏》第 4 册《金液大丹口诀》为底本整理。

序

夫欲修真，必须穷理尽性，以至于命可也。性未明也，命不可知。故释氏以性为主，命为伴；太上以命为主，性为伴。此二说甚好。性为主者，先要明我父母未生已前是个甚么。将万境万缘，悉皆看破，元来只这一点虚灵为主，此个身体亦是虚幻。既如此时，末后一着，作么收拾回去？佛云：向上一着，千圣不传。如得者，名为六通无碍、六自在如来。如无此着，终为顽空。祖师云："饶君了悟真如性，未免抛身却入身。从此更兼修大药，顿超无漏作真人。"太上以命为主者，先要人实腹养身，保精生气，以气化神，以神合道，纵横犹得，长以玉树，枝茎花叶，茂盛之喻工夫锻炼。纯阳为体，身外有身，千千变化，穿金透石，现种种之神通，与佛何异？性命二字，不可分作二，亦不可并作一件说。故仙家金液大丹妙诀，金箱玉笥，万劫一传。玄科云："遇人不传闭天道，妄传非人泄天宝。轻泄漏慢罪灭形，九玄七祖受冥考。"伯阳祖师云："窃为贤者谈，曷敢轻为书？写情记竹帛，又恐泄天符。若遂结舌瘖，闭道获罪诛。可以口诀，难以书传。"谛思之，不须论。深藏守，莫传文。平叔祖师云："吾昔三传与人，三遭祸患。自今已往，当钳口结舌，虽鼎镬在前，刀剑加项，无复敢言矣。"余思之，愿天下人，悉达此道。如此戒行深深，当如之何？既得师传，不免漏泄，粉骨碎身，难报师德。先师云："一人传道，福及九祖。太上愿愿长生，必不固靳。"余遂撰六十四句口诀，号曰《太一含真火符》；直指七言诗一十七首，号《一秤金》。西江月六首，应纯乾卦于中，括尽下手工夫、玄关一窍、药物川源、火候秘旨、进退抽添、沐浴温养、脱胎神化，无不备悉。此乃是余亲行所得之妙，望学者勤心精进，刻日有验。得验之后，每日消息，拟时要准，辨认浮沉，识昏明，知早晚，莫瞌睡，节饮食。工夫到，降则取，升则迎，打成团，发光明。密密绵绵而无大过之患，猖猖狂狂则有不及之忧。得之非难，行之为难，守之尤为难。量都来十月之辛勤，永享无穷之逸乐。然此未知那个是决烈慷慨、特达能仁明道者？得之默而行之，句句相应，方遂德安之愿也。如遇师诀，诚与不诚，行与不行，勤与不勤，则非德安之咎也。余誓曰："我若误了肯学人，万劫风刀当受考。"如遇此书，生轻慢怠惰者，永为下鬼，祸及九玄，学者察焉。

冲虚妙静宁真子郑德安序

金液大丹口诀

太微洞天白衣道者　授

诀曰：余年十九去参师，得遇至真老白眉。一言指出玄关窍，有有无无谁解思。得窍归来专内视，黄婆只在这些儿。我今不避天诛责，说与学仙人得知。心下肾上中高处，约以仿佛是根基。莫执有象妄为做，只今凝神定此规。做时跏趺须大坐，绝尘忘念眼低垂。鼻息绵绵调欲住，欲住不住若毫厘。到此切须休念起，若还念起气神离。宁耐百骸如若坠，任生任死勿生疑。霎时百脉气撮来，心如昏闷力难支。满口玉液款款咽，便觉头底冷风吹。中间一道热汗流，流至尾闾化为离。炎炎冲入昆仑顶，化作一粒玉珠垂。迤迤逦逦流下来，冷窨窨地如雪梨。看看滴在玉池里，便将液送始相宜。穿过重楼入土釜，红莲含蕊景绝奇。以意送入黄金鼎，鼎底火发无人炊。此是天然真火用，起时为候少人知。一刻有丹一刻采，一时火起一时窥。千经万论俱不载，我今漏泄愿君为。每日一阳来起复，急须进火莫稽迟。进火别无他计较，只将心意去迎之。火若武时心用武，火若文时以意随。积渐汞干铅自竭，抽添进退象盈亏。沐浴只忌卯酉月，若还加火必倾危。到此节气宜保守，过此之时谨慎施。十月胎生且温养，一朝现出一仙姿。容貌一般无两样，方显神仙妙用弥。更有一言相嘱咐，切莫脱胎乱奔驰。神若出时频顾宅，出熟方可远游嬉。姑待三千功行满，玉皇下诏入丹墀。

诗

（一十七首）

初习坐

先且跏趺坐半年，次宜清静绝尘缘。
然后用吾真妙诀，诚心一志守中田。

下手

存神定志入黄宫，百脉朝元气聚中。
形重如山汗如雨，霎时火焰自冲冲。

工夫到时

太极无形生一气，默然一气化阴阳。
清中有浊从天降，黑里藏红自地彰。

火候

圣人传药不传火，从来火候少人知。

于今漏泄天机妙，火发初爻是子时。

拟时要准

炉中赫赫火长红，亦用心迎入土宫。
每日一阳时要准，莫教错用费神功。

物药景象

守一坛前芽已萌，朱砂鼎底火初明。
中宫玉漏丁丁滴，皓月横空夜气澄。

升降交结

水出高源下玉京，火生地户发光明。
一升一降归中土，结就团团离坎精。

抽添妙用

汞归金鼎铅藏伏，铅产玉炉汞自消。
二物有无成至宝，抽添理法自然超。

浮沉沐浴

沐浴之因两意微，学人须要不违时。
真气蒸薰周遍体，一气浮沉始合宜。

紫河车

含养元神气与精，紫河车动似风轮。
潺潺水响华池内，烁烁金光遍体春。

聚散变化

前短之因交媾时，退长成物散回归。
阳消汞涸浑无事，只待周天再发机。

养成气母

金胎神室在中宫，似有如无要积功。
三个月时形似橘，一年数足亘天红。

百日基成

十旬内炼慎持盈，渐觉炉边似菊馨。
已是半成消息处，小心姑待出黄庭。

沐浴忌日

兔鸡之月且开怀，住火休符保圣胎。
十月成功光透体，天门烈烈顶如开。

移神换顶

期月移神直上升，三关一透便通灵。
青娥仰视昆仑顶，穿过黄庭入紫庭。

温养胎仙

气足神灵入紫宫，三年温养要雍容。
若还尘境纤毫隔，失却蓬莱路万重。

自然神化

九载提携身外身，此时出入不由亲。
功成行满丹书召，鹤驾翩翩谒紫宸。

西江月

（六首）

一

䷖剥尽一阳来复，温温井底灵泉。纷纷白雪降长天，人在琼楼饮宴。

忽听黄溃报道，翠蛾已至宫前。二人相见结亲缘，料想无人得见。

二

☳临得二阳来到，急须唤请金公。三人相会入黄宫，恩义相施欢共。饮用龙肝虎髓，醍醐美酒香浓。这般富贵是仙翁，胜似豪家受用。

三

☰倏忽三阳交泰，氤氲万象皆春。民安国富贺新正，大地人人相庆。不觉元宵又至，皇家放赏华灯。婴儿姹女暗欢欣，记取月圆时分。

四

☳天上有雷大壮，人皆恐惧修身。千山云布气薰蒸，沐浴虚心清静。此理贤还悟得，便须能解众真。阴阳到此两相停，二八德刑相称。

五

☱老阳逐出少女，全家俱是男儿。五行四象旺当时，富贵因兹荫起。中宫黄金作壁，重楼玉砌阶梯。更兼身内有摩尼，元始悬珠可比。

六

☰四月纯乾夏首，华池菡苔花开。金波皎月映楼台，珠露荷擎堪爱。以造天然造化，须凭神运安排。虚中功行是奇哉，说与常人不解。

安乐歌

君不见，安乐窝中懒散人，不贪富贵不求名。但向无中寻取有，须当认得假和真。大道本来俱恍惚，阴阳相制却成物。学者愚迷总不知，万史千经寻不出。遇明师，亲指诀，只在眉毛并眼睫。高峰要到若须臾，不遇直径徒跋涉。安炉鼎，立根源，离中有汞坎中铅。二物相将归土釜，黄婆媒合始团圆。这件物，无处觅，要妙玄微人不识。自家活计自家收，任你强梁夺不得。人人有气精和神，不是朱砂及水银。偃月炉中频进火，炼就金精却一斤。既有本，何愁末，自在逍遥长豁达。逆顺纵横体自同，得象忘言成正觉。人笑我贫我不贫，争奈身贫道不贫。玄珠至宝为吾友，养在丹田无价珍。空不空，色不色，造化循环无尽极。人来问我若何为，不能共伊谈论得。枉劳神，谩费力，薄福之人谁可测。未知南北与东西，宁辨青黄与黑白。濯甘泉，涤垢污，神仙也是凡人做。妙用分明在目前，崎崎岖岖行远路。宾是主，主是宾，宾主相看亲更亲。契论丹经凭口诀，个中端的自然真。存其心，养其性，性若存时心自正。无为而为无不为，万境俱忘神自应。非或是，是或非，是是非非转执迷。迷人不悟玄元理，达者超升上太微。既得鱼兮安用筌，既渡河兮安用筏。安乐窝中乐道歌，便是长生不死诀。

归真篇

（示后学）

道即心也，心即道也。道由心生，心由道有。因心明道，因道悟心。心生为性，性从心有。此性者，真性也。无生无灭，无去无来。不增不减，如如自然。炳焕灵明，圆通太虚者是也。变化感通之谓神，神之由也。神无心不立，心无气不成。气无精不有，精无气不生。气无神不运，神无气不行。气无精不住，精无神不凝。神无心不守，心无神不灵。神之灵也，不疾而速，不求而至，变化不测，自然而然而亦不知其所以然而然也。心神妙用，我知之矣。故达摩西来，不立文字，面壁九年，直指人心，见性成佛者是也。此心者，非思虑念想，有形可揣之心，乃天心之心，人中之心也。在人身中求之，不可求于他也。非遇至人，不可得而闻，不可得而见。虽遇至人，密而授之，若不自下静定工夫，于大死场中认得分明，亦不许知之。既知也，真知也，悟之也。一从斯有，二从斯得，三生万物，造化无穷焉。于是佛仙圣人，深明大道，洞悟天心，阴阳造化，妙理玄机，皆从此心而得也。圣人之心，凡人之心，其实一心而已。悟之者圣，迷之者凡。噫！道在迩而求诸远，事在易而求诸难，何哉？真如妙性，个个圆成，因贪因著，了无是处。大丈夫决烈慨慷，直下承当，领斯之言，向此用功，与道合真矣。

抽添诗

意到玄关抽百脉，真铅海底放金光。

神归混沌添真水，灵汞山头化玉浆。

《金液大丹口诀》终

第十六编　爱清子至命篇

王庆升

点校说明

1.《爱清子至命篇》，题名"鲒洲果斋王庆升撰"，收入《道藏》太玄部。

2. 王庆升，南宋鲒洲人，字果斋，号吟鹤，有号爱清子。关于师承，其在《三极至命筌蹄》中云："愚宿性慕道，获遇紫清先生弟子桃源子姚师。果见其龟形象武，意其异人，执弟子之礼者几一纪，累以铅汞之道叩之，每辱引辞峻拒。嘉熙己亥（1239年），从道御前佑圣观，守缺暂归。次年庚子，慨蒙奏闻道祖，传受内丹之诀。如教行之，果有灵验。……有莱隐先生杨师古，邂逅永嘉廛隐，一见倾心，授以药物鼎器之旨，时淳祐癸卯（1243年）十一月也。甲辰三月三日，复授以火候，回视丹经，果合符节，元来此道，乃是长生不死、变化飞腾之道。"在《爱清子至命篇》淳祐己酉年（1249年）所作《序》也云："幸天不爱道，得至人授之口诀，其言甚简，其事甚易，诚可立为。"

3. 本篇以《道藏》第 24 册《爱清子至命篇》为底本整理。

《爱清子至命篇》序

人心、道心云者，尽性之谓也。性苟尽矣，命斯可至焉。可道、常道云者，至命之谓也。性犹未尽，乌可至于命也？舍性命以求道，而得之者，未之有也。性命一也，有存灭者焉，有长生不灭者焉，有生死者焉，有长生不死者焉。存而灭，生而死，天下皆是也。人徒见其同而不见其异，故有讳言神仙者焉。神仙之在太空，自开辟以来则已有其人，而未见其名，暨乎黄老辈出，则人与名渐著矣。秦汉而降，则名愈彰，而人愈难得矣。仆潜心于性命有日，幸天不爱道，得至人授之口诀，其言甚简，其事甚易，诚可立为。然非有大福德，大力量，则不能亟行之。私念电光易灭，石火难留，行止靡常，死生莫测。叹世人之笃好，受诳者之崇欺，指燕为鸾，目狐作骥，诋诃先圣，乖惑后来，勇违太上之科，忍怫至真之理，迷迷相汲，比比皆然。苟无言象之昭垂，深恐机缄之终泯，故敢不揣愚陋，谨依师传金丹轨则，述为至命之篇，传之私椟，以淑同志。曰安炉立鼎，曰火候法度，曰野战守城，曰沐浴脱胎，皆是明述而实道，观之者宜悉心焉。倘或因缘际会，而获朝闻之庆，质诸斯文，泮然冰释，怡然理顺，如执左契而收旧物，岂小补哉！

　　　　鮯洲爱清子果斋王庆升吟鹤自序，时淳祐己酉[①]孟秋三日壬申也

《爱清子至命篇》卷上

鮯洲果斋王庆升　撰

先天四象之图

[①] 淳祐己酉，公元1249年。

后天四象之图

（图略：后天四象之图，含坎离等卦象与篆文注释）

安炉立鼎之图

（图略：偃月炉、朱砂鼎）

紫阳真人曰："先把乾坤为鼎器，次抟乌兔药来烹。既驱二物归黄道，争得灵丹不解生。"又曰："安炉立鼎法乾坤，煅炼精华制魄魂。聚散氤氲为变化，敢将玄妙等闲论。"又云："日居离位翻为女，坎配蟾宫却是男。不会个中颠倒意，休将管见事空谈。"又云："人人尽有长生药，自是愚迷枉摆抛。甘露降时天地合，黄芽生处坎离交。井蛙应谓无龙窟，篱鷃争知有凤巢。丹熟自然金满屋，何须寻草学烧茅。"图者，象也，象有物也；诗者，言也，言有则也。欲知其象，当求之于言；欲知其言，当求之于象。言象彰，而物著矣。苟得象而执言，是未得于象也；得言而执象，是未得于言也。泥乎言象者，道不可论也。惟言象俱融，斯之与言道矣。

排符进火之图

紫阳真人曰：长男乍饮西方酒，

震一变而为兑，神水生也。

少女初开北地花。

兑一变而为乾，金花凝也，野战之法也。

若使青娥相见后，

乾一变而为巽，一阴生也。

一时关锁住黄家。

阳极则阴生，火不可常进，当以土藏之，守城之法也。

又云：前弦之后后弦前，

震变兑之后，前弦之后也；巽未变艮之前，后弦之前也。

药味平平气象全。

药者，先天之一气也。当弦前、弦后之时，气味纯全，无太过不及之患也。

采得归来炉里煅，

采得者，取先天之一气也。气数相感，悉出自然，如磁石之吸铁，非采摘之采也。归来者，盖先天一气，初非他物，是我太极未判之时，自己之物也。因汨于情欲，遂忘返，我今复得此一气，使归其根，故曰归来。即"认得唤来归舍养"之旨也。炉里煅者，"倾入东阳造化炉"也。

煅成温养似烹鲜。

煅成者，一转火候毕也。温养者，温和保养也。谓野战既罢，便当守城也。似烹鲜者，老子所谓"治大国，若烹小鲜"之旨也。

又云：日月三旬一遇逢，

日月循环于一月之内，遇朔则一合璧也。

以时易日法神功。

太阳一年，三百六十日一周天；太阴一月，三百六十时一周天。我以一年之气候簇于一日，以一日之气候簇于一时，岂非神功乎？或者以朝屯暮蒙，二卦十二爻，法十二时，谓之卦气，可不悲乎！

守城野战知凶吉，

守城，温养也；野战，进火也。知凶吉者，谓震变兑之后，为见龙在田；兑变乾之后，为飞龙在天，皆利见大人，故曰时之吉。然而震未变之前，为潜龙勿用；乾既变之后，为亢龙有悔。勿用、有悔，故曰时之凶。知此则守城野战，皆得其宜矣。

增得灵砂满鼎红。

知其凶，则守城；知其吉，则野战。战守不失其时，一日有一日之得，则灵砂遍神室而增光辉矣。

九转成功之图

紫阳真人曰：八月十五玩蟾辉，

蟾辉，月也。月者，金之精。八月，酉也。金生于巳，旺于酉，故月到八月十五，光辉皎洁，胜于常月，得其时也。

正是金精壮盛时。

正是者，先此则嫩，后此则老也。壮盛时者，既不嫩，复不老也。

若到一阳来起复，

八月十五，非进火之时也，有所待也，待夫一阳之生，黄钟之候也。虽曰黄钟之候，必七日来复也。

便须进火莫延迟。

既得其药，复遇其时，便须进火，苟或迟延，一蹉百蹉矣！

又云：兔鸡之月及其时，

兔鸡，卯酉之月也。及其时，到这时也。

刑德临门药象之。

刑，杀也；德，生也。金主义而司杀，刑也；木主仁而司生，德也。卯木旺而金胎，德中有刑之月也；酉金旺而木胎，刑中有德之月也。临门者，谓日出于卯则月微，月生于酉则日微，卯酉为日月之门，而刑德临之也。药象之者，谓金丹法金木日月也。

到此金砂须沐浴，

到此者，谓自一阳来复，下□至此也。金砂者，金之精也；黄芽者，水中金也。其名甚多，不必泥也。须沐浴者，涤除玄览。涤除，洗也；玄览，心也。《周易说卦》曰：六爻之义易以贡，圣人以此洗心，退藏于密。曰沐浴者，洗涤之义也。

若还加火必倾危。

到此卯酉之月，但当退火守城，洗心退藏于密可也。若还加火，必倾危矣。

又云：玄珠有象逐阳生，

玄珠，真汞也，姹女也。《参同契》曰："河上姹女，灵而最神。得火则飞，不见埃尘。鬼隐龙匿，莫知所存。将欲制之，黄芽为根。"有象者，真汞既得黄芽，不能飞走，凝结成珠也。《龙虎经》曰："调火六十日，变化自有证。神室有所象，鸡子为形容"也。逐阳生者，随一阳来复之后，得黄芽而成之也。

阳极阴消渐剥形。

阳极者，当夬卦时也，阳生于复，盛于夬，极于乾。阴消者，当夬之时，阴消其五，尚余其一。渐剥形者，非剥卦之剥，六阴将尽，剥去而变纯阳乾健之体也。

十月霜飞丹始熟，

十月斗建亥之月也。阴须剥去，而丹犹未熟，必待十月，方始脱胎也。

恁时神鬼也须惊。

即"四象会时玄体就，五行全处紫光明。脱胎入口通灵圣，无限龙神尽失惊"之旨也。

又云：卦中设象本仪刑，

卦中设象，谓始震终坤，及姤复之十二卦，与夫先天、后天之八卦；朝屯暮蒙之六十四卦，乾坤离坎之四卦，皆是设象取证，故曰"本仪刑"也。

得象忘言意自明。

《周易略例》曰：夫象者，出意者也；言者，明象者也。尽意莫若象，尽象莫若言。言生于象，故可寻言以观其象；象生于意，故可寻象以观其意。意以象尽，象以言著，故言者所以明象，得象而忘言；象者，所以存意，得意而忘象。犹蹄者所以在兔，得兔而忘蹄；筌者所以在鱼，得鱼而忘筌也。然则言者，象之蹄也；象者，意之筌也。是故存言者，非得象者也；

存象者，非得意者也。

后世迷徒惟泥象，却行卦气望飞升。

云房曰：大道安能以语通，伯阳假易作《参同》。后人不识神仙喻，执著筌蹄便下工。

《爱清子至命篇》卷上终

《爱清子至命篇》卷下

鲒洲果斋王庆升　撰

入道诗

一

浮世功名水一沤，数来谁得百年留。
使能久履姬姜位，泽不加民时可羞。

二

一贫彻骨且安贫，颜范虽贫姓字新。
任是富豪能敌国，不知身死属何人。

三

蝇利蜗名是债缘，便须还了听于天。
欠多欠少休贪债，必待丰高又不然。

四

若谋富贵说荣亲，养志承颜有几人。
素位而行无怫逆，过于列鼎与罗珍。

五

人期上冢要焚黄，名爵思为厚夜光。
九祖生天蒙帝渥，只缘一子入仙乡。

六

羲文孔子一先天，互把精微著易篇。
不用阴阳真正理，旁蹊曲径是徒然。

七

乾坤大象一阴阳，离坎精华日月光。
不取盈虚消息候，若非聋瞽必为狂。

八

求道惟愁不遇真，得真翻惑是何人？
但将德行为梯磴，何必攀缘自苦辛。

九

时节因缘不偶然，既由人事亦关天。
功深德厚天孚祐，玉籍标名骨自仙。

十

论兵莫待一阳生，习阅攻车要不惊。
或跃在渊能自试，不劳征战屈人兵。

十一

好下工时便下工，百年光景一飞蓬。
后生不值老来值，大药难医骨髓空。

十二

闰年为厄要先推，阳忒阴差莫妄为。
守待一阳来复后，斗加东北月沈西。

十三

夜夜工夫总一般，坎男离女共同欢。
专心直待阴阳足，却马休兵国自安。

十四

九转金丹九月圆，木金胎旺好安禅。
纯坤月里纯乾足，手把仙瓢酌醉仙。

十五

清高之士贵清虚，捕影追风钓火鱼。
阔论高谈惊世俗，老君终是惮回车。

十六

闾阎小子不明心，执著旁门学采阴。
坐卧三峰终作鬼，畴知仙道有浮沉。

十七

先天妙质罕人明，尽向虚无唤己名。
太极重归无极后，谓之皇极始长生。

十八

万卷丹书名一般，金砂玉石辩应难。
自非夙有神仙骨，未易教君洗眼看。

十九

金丹至药匪寻常，幸藉西华泄此方。
天上有之无计得，积功须及许旌阳。

注《沁园春》

七返还丹，

《参同契》曰："九还七返，八归六居。男白女赤，金火相拘。则水定火，五行之初。上善若水，清而不瑕。道之形象，真一①难图。变而分布，各自独居。"紫阳真人曰："七返朱砂返本，九还金液还真。休将寅子数坤申，但看五行成准。本是水银一味，周流经历诸辰。阴阳气足自然灵，出入岂离玄牝。"以水生于一而成于六，火生于二而成于七，木生于三而成于八，金生于四而成于九。六八为阴，故居归而不用；七九为阳，故七返而九还。七返还丹之义以此。

在人先须，炼己待时。

修丹入门，三千六百，皆所以炼己待时也。然特谓之孤阴不能纯阳也。云房曰："道法三千六百门，学人各执一为根。岂知些子神仙术，不在三千六百门。"又，先生传道岂多门，谅尔根基次第陈。且教旁门安乐法，养铅之理渐教闻。炼己待时，先须行安乐法也。

正一阳初动，

紫阳真人曰："八月十五玩蟾辉，正是金精壮盛时。若到一阳来起复，便须进火莫延迟。"正一阳初动者，建子之月也，其日在斗。《灵宝经》云："旋斗历箕"，以此。

中宵漏永。

《龙虎经》云："初九为期度，阳和准旦暮。周历合天心，阳交毕于己。正阴发离午，自丁终于亥。水火列一方，守界成寒暑。"以阳生于子，故曰"中宵漏永"也。

---

① 一，《道藏》本作"其"，依《参同契》改。

温温铅鼎，

铅者，真铅也。在坎为黑铅，在离为红铅。红铅，砂中之汞也。汞亦有二名，在离为朱汞，在坎为黑汞。黑汞，铅中之银也。鼎，炉鼎也。炉鼎贵温而忌寒。鼎寒者，黑汞少也，可采红铅以益之，得铅而汞自生。炉寒者，红铅少也，汞不能生铅，宜急图之，非徒无益，恐反害己也。

光透帘帏。

光者，月光也。八月十五望蟾辉，望此光也。月轮圆莹，光透于帘帏，斯可进功也。云房曰："闭兑垂帏寂默窥，满空白雪乱参差。殷勤收拾毋令失，伫看一轮月上时。"斯之谓也。

造化争驰，

造化者，神真也，即《灵宝经》所谓"敷落神真"者也。一升一降，妙用无穷，或往或来，阴阳叵测，故曰"争驰"也。

龙虎交媾，

虎，铅也。在兑曰白虎，在坎曰黑虎，即真汞也。龙，汞也。在震为青龙，在离为赤龙，即真铅也。名虽有二，其实一物耳。无极而太极，龙虎分列也。太极归皇极，虎龙交媾矣。

进火工夫牛斗危。

老子曰："祸莫大于轻敌，轻敌几丧吾宝。"又云："勇于敢则杀，勇于不敢则活。"此两者，或利或害，进火之危也如此。

曲江上，

曲江上，元海也。《灵宝经》谓之"生门"，《参同契》谓之"道枢"。

望月华莹净，

月为太阴，其中有兔，阴中之阳也；日为太阳，其中有乌，阳中之阴也。阴根于阳，阳根于阴，此自然之道也。此月华也，非外象之月，乃内象之月也，其离中之月乎。真人有词曰：乾坤未裂，有物如何别，解把鸿濛擘破。说不知，知不说，妙诀真难彻，知音世所绝。要识阴阳颠倒，月中日，日中月。斯所谓月华者，即"白虎首经"至宝也。紫阳真人曰："白虎首经至宝，华池神水真金。故知上善利源深，不比寻常药品。若要修成九转，先须炼己持心。依时采取定浮沉，进火须防危甚。"望者，朝把之也。莹净者，清而不浊也。

有个乌飞。

即日中之乌，阳中之阴也。飞者，升腾之义也。

当时自饮刀圭，

刀圭，即金土之二用也。刀者，金也。金有锋芒，其利如刀，用之以道，立可成仙。悖道轻用，直至杀身，故有刀之名焉。圭者，离己坎戊之二土也。谓之圭者，特寓言耳，非寔有圭也。饮之者，即《阴符经》"食其时"之义也。

又岂信，无中养就儿。

《龙虎经》曰："万象凭虚生。"又曰："炼银于铅，神物自生"者是也。彼元精无质，以神气敷布而感之则潜通，凝结于密户之中，阴阳数足，自然成胎。虽真人高明，初亦未能深信。但见脱胎入口，龙神失惊，方始奇特之。经曰："合抱之木，生于毫末；九层之台，起于累土；千里之行，始于足下。"其斯之谓乎！

辨水源清浊，

辨者，别也。水源，产药川源也。清者，莹净也。浊者，不莹净也。此事古今所共秘，下士难与之言也。

木金间隔。

木者，汞也，龙也，位居乎东；金者，铅也，位处乎西。各列一方，无从交会。还丹之法，用泰之道，天气下降，地气上腾，则无间隔之虞，而有同乡之庆。

不因师指，此事难知。

紫阳真人曰："饶君聪慧过颜闵，不遇师传莫强猜。"此之谓也。然授受之初，自非审观而密试之，未易轻与也。苟妄传于下士，必贻大笑之辱，是以谨秘之。

道要玄微，天机深远，

道之要，精微玄奥；天之机，渊深寥远，非下士可得而与闻者也。

下手速修犹太迟。

速而犹迟者，以有九难。师得弟子难，弟子遇师难，天机显露难，积功累行难，赀粮富足难，选置药物难，丹房得地难，岁月厄闰难，修炼无魔难。以此九难，故曰"下手速修犹太迟"也。

蓬莱路，仗三千行满，

行，功行也，十善业也。十善业者，一曰孝，二曰悌，三曰恕，四曰忠，五曰神圣，谓之五大，又谓之道，乃大道也；六曰智，七曰礼，八曰仁，九曰义，十曰信，谓之五常，又谓之德，乃常道也。以上十行，修之于身之谓业，足以润身之谓德，施诸事物之谓行，久有效验之谓功，用虽异而体则一。行之则著，故总为之行。曰三千云者，贵乎积累也。

独步云归。

积功累行，乃学道者当然之事。及功成行满，则名登仙籍，蓬莱可归也。若不积功累行，而冀炼还丹，轻举远游，飞神八极之表者，未之有也。

注《北斗真形咒》

北者，对南之方也，天一之位也，寒水所属，贞智所配也。斗，斟酌元气也。真，可变化而具众善也。形，相也。真形，心神也。凡所有相，皆为非相，独此心神，乃百骸之主，潜天而天，潜地而地，出入无时，莫知其乡，操之则存，舍之则亡，其静为性，其动为情。率其性，为君子，为圣贤；徇其情，为小人，为异类矣。为君子，为圣贤，此相不加明；为小人，为异类，此相不全灭。不明不灭，故为真也。咒，其祝之语，能密持之，可以守神。

天灵节荣，

天灵节荣，天谷之神也，即元神也，合而为一，天灵也，列之为九，即九宫真人也。散而为万，即森罗万象也。节荣，绛宫之气，即元气也，处心藏之后，当七节之间，行荣血于一身，是为节荣也。

愿保长生。

守神之士，鼻引清风，自天门而入。天门者，鼻之两窍也，上达天谷。天谷者，囟门中之泥丸也，中彻绛宫。绛宫者，心神出入之府也，下贯密户。密户者，两肾之间，混元神室也。风从天灵谷降，神从节荣宫降，会于密户。风木生心火，肾水生风木，故长生可保也。

太玄之一，守其真形。

左肾之神曰太一，右肾之神曰玄一，以其得天一之数也。其真形者，心神也，自绛宫出，驭意马而下降，入密户中。诵北斗真形之咒，此乃玄灵之至道，璇玑之上法也。久久之，则太一、玄一之神，左夹右辅，遂得精神交媾，直臻于无漏，性尽而可至命也。此盖守一之旨也。只此两肾之间，即限也。然则王嗣辅谓之中，尧舜之"允执厥中"，文王之"艮其背"，周公之"艮其限"，孔子之"退藏于密"，皆此道也。

五藏神君，各保安宁。

苟能守神，五藏安矣。

急急如律令。

《爱清子至命篇》卷下终

第十七编　三极至命筌蹄

王庆升　述

点校说明

1.《三极至命筌蹄》，题名"果斋王庆升述"，收入《道藏》洞真部众术类。

2.本篇以《道藏》第 4 册《三极至命筌蹄》为底本整理。

三极至命筌蹄

果斋　王庆升　述

奇耦极象

```
 一
 奇
 偶
極天
極地
極人
```

孰者为阳孰者阴，一奇浑未有身心。

天之所命为真性，二偶萌生始古今。
一奇二偶成三画，上天下地人中宅。
得其粹者产圣贤，草木昆虫一营魄。

无极之象

性陽爲神　一孝道二悌道
　　　　　三恕道四忠道
五神道 右善
一不貪二不欲
三不嫉四不妒
性陰爲情　五不妬 右戒

纯善纯阳体至刚，是名元始法中王。
斯为天一清无浊，太极才生作火乡。
无极止一性有五，大道混融合文武。
能持十戒返其初，寂寂能为万物主。

太极之象

六智德七禮德
八仁德九義德
十忠信 右善
六不婬七不盜
八不殺九不害
十不憎 右戒

子半阳生午半阴，从兹寒暑互相侵。
半斤八两相清浊，中有虚皇是汝心。
真形赤子虚皇老，青中赤外颜色好。
意土归迎金水乡，无星间隔何烦恼。

两仪之象

卯酉刚成半酉柔，昼更夜代不停留。
尊卑贵贱分轻重，阴降阳升气已稠。
清而轻者为刚健，重而浊者为柔顺。
此仪乃是太极形，阴左退子阳右进。

四象之图

从微至著质方成，四象初爻曰太清。
天地雌雄犹混沌，依然只是火之名。
此虽有质亦但气，往返二便并口鼻。
抽添煅炼一二年，九载功成能自俾。

八卦之象

阴阳刚柔再降升，交错始立八卦名。

十五为少十六中，二十以上皆长成。
男三十一女二二，向去皆居父母位。
若解参同道德机，九旬一年身有翅。

皇极之象

孝悌恕忠，神聖大道，又名至德。
智禮仁義，忠信常道，又名王德。
陰陽剛柔，爲命妙道，又名恒道。

四象之前太极专，八卦而上皇极权。
到此皇极以无极，最先老子得其全。
老子即是太清帝，出在世间不知世。
分形散影身外身，尊上道之必康济。

混元三宝之象

不曾修圣便修真，徒煮空铛浪苦辛。
真圣既修无外药，岂能变化妙形神。

内药修真惟九战，仙术年年无注碍。
须知罔念即为狂，圣道千生不可废。

九宫用中之象

```
四     九     二
南绿东 南紫正 南黑西
三     五     七
东碧正 宫黄中 西赤正
八     一     六
北白东 北白正 北白西
```

八卦中黄虚此心，穷年陶炼是孤阴。
九宫如得用中理，骨换玉兮筋变金。
此九元非一个九，九个九宫九处走。
道德经中事已全，参同契里添虚守。

十干纳甲之象

```
乾 胞 胎 胎 胞 乾
兑 女 男 男 胞 艮
   乙少丁 甲少丙 坎
离 中己长 中戊长 震
巽 辛 女 男 庚 乾
乾 胞 胎 胎 胞
   癸        壬
```

用得其中已九和，剥山石果未离柯。
得将十合待纯熟，不可烹煎瓶里鹅。
十月霜飞丹始熟，斋心洁己方堪服。
手把天瓢尽意天，但觉神欢阴鬼哭。

生死三徒之象

地之化物不能變者	天之太陰辛二貨	犬之太陽乙八口
人之元神戊九神見於泥丸	人之元炁丙七月生明子面	歲周乾度
地之植物癸四食	地之動物壬三產	人之元神甲五炁出於絳宮
百穀草木蟲魚鳥獸	春昏始艮	人之元精庚一產於密戶
	天之罡炁丁八星	

天之三徒日月星，三光不死为三灵。
地之徒子食产货，终成泯没无留形。
人徒精气神三药，得法烹炼死方却。
天官已上得更生，合甲配离超死厄。

乾坤直夏之象

泥丸鼻柱
天天
靈關

臍

| 又名腰中之後 |
| 又名曰密户 |
| 中又名上金釜 |
| 神室又名金水乡又名胎 |

陰器

天关细细籥灵风，地轴时时橐火红。
风降火升成鼎象，心藏密户水金宫。
此是先天无极道，混元设教为天宝。
不拘子午择阴阳，性复情还人不老。

艮兑手口之象

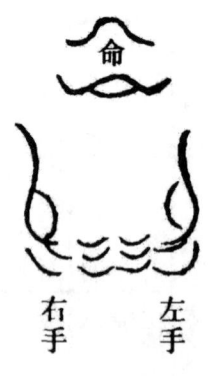

命

右手　左手

手为人间把盛衰，闭口牢牢提兑姬。
周易下经无义易，行之道妙独难知。
此个天关从古秘，都缘此道忒容易。
若能转此生杀机，山泽何愁不通气。

震巽足殳之象

生門
踝
跟　跌
跲

生門又謂之死戶

震称男足动成非，女殳牵情巽莫随。
会得个中恒益理，雷风相搏是天机。
足字从口又从止，口训防闲止训止。
若非止止密防闲，无上神仙只在此。

坎离耳目之象

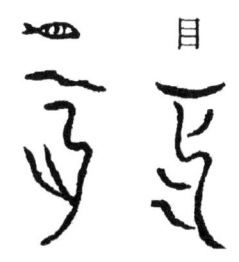

耳目之官不解思，寻声逐色死为期。
耳收听返能相射，水火潜交也太奇。
俱知耳目坎离户，水火飞腾尽由汝。
含光凝韵两平时，魄圣魂昌易寒暑。

腹背根蒂之象

知虚守静总云知，复命归根会者稀。
精气通天恒重厚，玄关一窍是天机。
玄关一窍通水府，心号离宫身牝户。
此皆内象玄牝门，左右闲言君勿取。

金木间隔之象

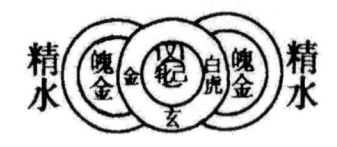

玄牝之门识者稀，多将口鼻强呼之。
心肾两边分左右，俱非天地坎和离。
迷者不识真金木，肝胆肺肠称九曲。
砂汞铅银若个知，天地神仙为眷属。

五车三乘

羊车小乘

羊车小乘者，橐籥起火之术也。其法抽缩外肾，使膀胱下昧民火，下合外肾，左文右武之地火，从下上达，直透三关。行之七七日，内自有甘露降于玉池（甘露，一名黄中酒，又名曰石源，又名醍醐）。常能行而不弛，可以返老还童，渐入圣道矣。

鹿车中乘

鹿车中乘者，守中之法也。其法降心中上昧君火，入于两肾之间，与中昧臣火相配，化为芙蓉，出于泓水之中，存其真人坐于花上，绵绵不绝。如此二十日，通前羊车小乘之术，共计六十九日，则泥丸天谷灵药自生（灵药一名黑汞。水银一名水中金，即元精也）。此乃补脑还精之法，人能常念之，则优入圣域矣。或以辘轳为鹿车者，乃循真之事也。每日寅艮二时，端坐存念鹿车之道，毋令间断，亦以四十九日为限。须是先行羊车，次行鹿车，既行鹿车，乃行牛车。三车并行，斯名大乘也。

老子之"治大国，若烹小鲜"，包牺之法"离为网罟，以畋以渔"，尧舜则"允执厥中"，文王之"艮其背"，周公之"艮限薰心"，孔子之"退藏于密"者，皆守中之旨也。曰产药、曰炼铅实腹（铅乃黑铅，即黑汞也，亦名黑龟精，又名黑龟肝。降于天谷，谓之白龙肝也）。此守中于始之名也。曰温养、曰神土坎火，此守中于中之名也。曰守城、曰野战、曰封闭关锁，此守中于终之名也。曰沐浴、曰真气熏蒸，此守中于刑德之名也。有曰守一者，以左肾之神为太一，右肾之神为玄一，两肾混合之神为太一也。有曰守真者，以二之则伪，一之则真也。有曰守黑者，以显之则白，隐之则黑也。有曰守雌者，以奋飞为雄，隐伏为雌也。又守有黄房者，以密户居正方前直脐中也。黄房者，亦名黄庭，又曰丹田。说不多同，有指泥坛为之者（泥坛，泥丸，亦名天谷，亦名天灵），有指绛宫为之者（绛宫，上命门也。又名节荣，亦名应谷），又有指心肾脾胆为之者，是皆思一部之法耳。苟欲主阳消阴，俾水中金、火中木二者内无间隔，非守中不能也。然此守中之法，乃累圣相传之密旨，实作圣工夫也。诚能允而执之，则必世世羲陶，人人虞舜矣。陟容广而游太清，金梯玉阶，此焉基之。

牛车大乘

牛车大乘者，屏气回风之道也。屏气者，闭鼻息而不呼也（出气曰呼，入气曰吸）。回风者，回天风以合神灵也（神灵心神曰元君，字守灵）。凡行此道者，须先行羊车四十九日，鹿车二十日，共六十九日了却，行此道一十二日，三车通计八十一日，自然天谷灵药繁生，可以修真矣。若上机大智之士，一闻千悟者，三车并行，只一十日灵药便生，不须八十一日也。若作圣做工夫，却当次第行之，不可骤也。且先不拘时候，行羊车四十九日了，次每日寅艮二时行鹿车四十九日，然后每日子午艮寅三时行牛车四十九日。一百四十七日足，依然不拘时候行之，实使绵绵不绝可也。所谓"君子自强不息"者，尽行此道，欲不倦也。绵绵不绝，惟狂克念作圣矣。行之苟倦，惟圣罔念作狂矣。克念作圣，则道心著而人心安。罔念作狂，则人心危而道心微矣。羊、鹿、牛三车，其实一大乘也。

但人有利钝而性有巧拙，故先圣立教，有渐顿之殊。况且世人不务勤师，唯尚摽掠，见丹经有闭尾闾之说，便以羊车为闭尾闾而废之。见丹经有吹嘘之说，便以牛车为吹嘘而废之。见丹经有存息之说，便以鹿车为存息而废之。殊不思不行羊车，则地火不起，人心危而不安矣；不行牛车，则天风不回，道心微而不著矣；不行鹿车，则百神不混合，人心自人心，道心自道心，而不精一矣。老子之"橐籥守中"，玉皇之"回风混合"，大舜则"精一厥中"，亦大乘而已，非二道也。上先圣之诮闭尾闾者，指采阴者耳，以采阴为杀人之道也。诮吹嘘者，指行六字气者耳，以六字为泻三焦五藏之道也。诮存息者，指注想脐下者耳，以脐为糟粕沟渎之场，止可灼艾攻病，非栖心退藏之所也。痴人面上不得说梦，将以救人，反以悟[①]人，岂圣师之心哉？遂明述大乘之道，以祛天下之惑。学道者，苟留神焉，圣域可优入矣。皇极之人，会归中庸之率性，三易之中爻，皆毕于此矣。勉旃！

古诀云：人心惟危（肾邪，人心从之则危），道心惟微（心正，道心放之则微）。惟精惟一（精强不败，一终不离），允执厥中（信天顺守，作圣之域）。

大牛车上乘

大牛车上乘者，修真内炼之法也。其法以元精黑汞为药，元气红铅为火，子阳午阴，抽添斤两，口口相传，不记文字，三年功成，九载圆就。化精成气，气变成神，千日默朝，一纪升天。即修内丹，可以长生不死，可以坐脱立亡。已证真空，迈跻妙有矣。

大白牛车无上乘

大白牛车无上乘者，用雪山白牛，外丹修仙之术也。所谓乾坤为鼎器（乾为马，其道成男，曰大国大象者，皆乾道也。坤为牛，其道成女，乌波斯伽曰小国小象者，皆坤道也。少乌波斯伽，属兑卦，兑属金，而金色白，

[①] 悟，似宜作"误"。

故曰白牛。乾变坤卦，主立冬、小雪二气，占先天艮山之位，故曰雪山白牛也），坎离为药物（坎为中男，坤得乾之中气而成也。坎属水而配铅，水中有金，铅中有银，名曰黑汞，又名水银，此坎之药物也。离为中女，乌波斯伽，乾得坤之中气而成也。离属火而配砂，火中有木，砂中有汞，名曰红铅，又名朱汞，亦名水银，此离之药物也。《五千文》谓之玄牝者，乾坤也；营魄者，离坎也），七返九还金液炼形者是也。一时妊精，一日结胎，十月脱胎，三年无阴，是谓纯阳之仙。六年绝粒，鼻无喘息，名曰至真。白玉其骨，黄金其筋，履蹈虚空，洞贯金石，此修仙之极致也。

自老子、黄帝而下，凡飞腾变化之俦，皆修此耳。故老子作《道德经》以诏后世，黄帝著《阴符经》以彰厥旨（其文三章，皆累圣口口相传，无有文字。后世传之者，率多乖舛。黄帝得之于石室，字皆一丈。又云骊山老母曾注其文，是好事者托言之耳。学者当具真眼目），真人魏伯阳因之作《周易参同契》以极其底蕴，正阳钟离权由之作《云房三十九章》以祛似是之惑，纯阳吕嵒缘之作《沁园春》《霜天晓角》及《窨头》《脱空》等歌以广其意，华阳施肩吾修之作《会真记》以诱进学之士。虽皆发明道要，显示机缄，然而火候法度、温养指归，并不曾说破。

天台悟①真先生，谪自紫阳真人，宿德不渝，感西华夫人，发枢纽而授之以口诀。道成，授杏林石泰以《悟真篇》；杏林道成，授紫贤薛道光以《还元篇》；紫贤道成，授泥丸真人以《复命篇》；泥丸道成，授紫清真人白玉蟾以《翠虚篇》。厥后之闻道者，紫清之徒也。愚宿性慕道，获遇紫清先生弟子桃源子姚师。果见其龟形象武，意其异人，执弟子之礼者几一纪，累以铅汞之道叩之，每辱引辞峻拒。嘉熙己亥②，从道御前佑圣观，守缺暂归。次年庚子，慨蒙奏闻道祖，传受内丹之诀。如教行之，果有灵验。寻为事夺，两致中辍。续观《悟真篇》云："若云九载三年者，总是推延款日程。"又云："十月霜飞丹始熟，恁时神鬼也须惊。"乃知内丹九年成功，外丹十月脱胎。由是蓬头草足，浪走台温。有菜隐先生杨师古，邂逅永嘉廛隐，一见倾心，授以药物鼎器之旨，时淳祐癸卯③十一月也。甲辰三月三日，复授以

---

① 悟，底本作"怡"，校者改。
② 嘉熙己亥，公元1239年。
③ 淳祐癸卯，公元1243年。

火候，回视丹经，果合符节，元来此道，乃是长生不死、变化飞腾之道。今人往往只说速死之法，否则守尸而已。愚患后人之笃好者，或有所闻刚为此辈所惑，共堕迷津，实可哀痛，姑略具其梗概云。

注紫清白真人《金液大还外丹诀》

要做神仙，

天宝修圣，谓之炼圣之道。药物无斤两，火候无时日，一日十二时，时时不绝；一年十二月，月月长存。百日成功，一年圆就，养成圣胎，名金液大还神丹，是为三车大乘之道也。乃千经之髓，万法之基也。灵宝修真，谓之炼气之法。药物有斤两，火候有时日，一日十二时，只用二时；一年十二月，只用十月，三年成功，九载圆就，养成真胎，名曰金液大还内丹，是谓大牛车上乘之法也。九载数足，凝神天谷，日行默朝上帝之诀，精勤千日，通前一纪，脱壳飞神，不生不灭矣。神宝修仙，谓之炼形之术。药物虽无斤两，火候却有时日。一日十二时，只用一时；一年十二月，只用九月。九十日成功，三百日圆就，始出仙胎，点化凡质，不但却死，且得更生。服之三年，体变纯阳，不愁寒暑。养之六载，鼻无喘息，不患饥虚，三千日足，变化飞腾矣，名曰金液大还外丹，是为大白牛车无上乘之术也。

炼丹工夫，

炼丹有三种，一者神丹，以存养而成，谓之打坐；二者真丹，以作用而成，谓之行功；三者仙丹，理贯三才，药需二物，谓之工夫。

亦有何难。

神丹三万六千刻，刻刻行火，一刻不行便成间断也。内丹七百二十以上时，时时行火，一时不行，亦成间断也。外丹只八十一时行火而已，岂不易乎？

向雷声震处，

谓地雷复卦之月也。

一阳来复。

谓七日来复之日也。

玉炉火炽，

玉炉，偃月炉也。火者，天然真火也。得金鼎太素寒烟感之，则火炽矣。

金鼎烟寒。

金鼎，朱砂鼎也。烟者，太素烟也。得玉炉天然之火，则烟不寒矣。

姹女乘龙，

姹女，震中阴爻也。乘者，载也。龙者，赤龙与青龙也。

金公跨虎，

金公，兑中阳爻也。跨虎①，骑也。虎者，黑虎与白虎也。

片饷之间结大还。

片饷之间者，一食饭顷也。结者，铅凝汞结也。大者，至大无外也。还者，还源返本也。此金液大还外丹，虽假外药，即非金银草木滓质之物，止是太极未判之前，先天一气耳。既有两仪四象、八卦五行，则先天一气分列四出，散于万物之内矣。今能以不采之采、不取之取而取之，使天之气复合为一，是故谓之还也。

丹田里，

丹田者，黄房也，密户也，又名元田。左有八卦苍龙，右有八威赤蛇，中有金精猛兽。三虫内顾，长生有路；三虫外趋，神光渐去。心神丹元君，用离为网罟，于此以畋以渔，使三虫不得奔逸，以修深根固蒂、长生久视之道。"田②渔"二字，皆从田，故曰丹田也。或以脐下一寸五分气海为丹田者，或以二寸石门为丹田者，或以三寸关元为丹田者，此乃医家行针灸之上下中三丹田之穴道也。又以一寸三分为丹田者，此是初机学道之士入门之丹田也。又以心为丹田者，此是禅门寂子明心见性之丹田者也。又以胃左脾藏为丹田者，此是饕餮之人行中黄健啖之丹田也。又以脾右肝胆为丹田者，此是俗师不遇真诀，见《云房三十九章》及《破迷》歌论等书，攻击撑阖，混无定当，只不曾说到胆上，故执肝胆为丹田也。又以眉心为丹田者，此是入定出阴灵之丹田也。以鼻端为丹田者，此是禅流习定之丹田也。以把花执菜、握篲持瓢为丹田者，此是开铺席道人假物寄神之丹田也。以婴童两目为

---

① 虎，底本如此，疑应作"者"。
② 田，底本如此，疑应作"畋"。

丹田者，此是学视日不瞬之丹田也。以胞囊为丹田者，此是闭尾闾之丹田也。以玉茎为丹田者，此是行金刚禅、左道术者不漏法之丹田也。以不念善、不念恶谓之悬崖撒手为丹田者，此是瞎眼禅和不明无念之旨者之丹田也。以胃脘玉女为丹田者，此是嗽咽津液之丹田也。以脐心为丹田者，此是旁门采阴者想心火之丹田也。以两目为丹田者，此是存想左日右月之丹田也。以大颧骨为丹田者，此是存想九色圆象之丹田也。又以面曰尺宅为丹田者，此是修神庭之丹田也。千蹊万径，难以尽述。要之，皆非正丹田也。正丹田者，密户而已矣。又以七窍中间为丹田者，此是含眼光、凝耳韵、缄舌气、调鼻息，和合四象之丹田也，学道者之所共务，不可废也。以泥坛为丹田者，此是炼内丹者一载之后，移炉换鼎之丹田也，初修真之士不当用之。

有白鸦一只，

白鸦者，元田白鸦也，一名黑汞，亦名白金，即真汞也。黑白相混，故谓之白鸦。隐而不可见，则谓之水中金、铅中银。显而不可用，则谓之寒山白雪。以其能走，故谓之金精猛兽；以其能飞，故谓之白鸦。一物而异名耳。

飞入泥丸。

飞入者，用天宝炼神混元入药诀。三车大乘之道，二十日不间断，使元田真汞蘩生。所谓真种子者，只此元田白鸦是也。

河车运入昆山。

河车者，三河车也。一者黄河车，即双关辘轳法耳，所谓"三返昼夜，用师万倍"者也。二者河车，即橐籥起火术耳，所谓"河车不敢暂时停，运入昆仑峰顶"者。三者紫河车，即龙虎交姤诀耳，"桔槔说尽无生曲，井底泥蛇舞柘枝"者是也。昆山，昆仑峰，即泥坛耳。

全不动纤毫过玉关。

谓元田白鸦，不费纤毫动作，自然透过玉关也。玉关者，戊己门也。或毫略动，便不成丹也。

把龟蛇乌兔，

把者，将也。龟蛇、乌兔者，水火、日月也，玄牝、营魄也，铅砂、汞银也，离中坎、坎中离也。名号多端，其实只"阴阳"二字耳。

生擒活捉，

生擒活捉者，盖龟蛇乌兔非一性之物，东西南北各列一方，百姓日用常相间膈。还丹之法，使无间隔之忧，而有同宫之庆，岂非生擒活捉哉？古有王谷子，不修阴阳之真理，见《易》有"乾道成男，坤道成女"，及"一阴一阳之谓道"之语，妄立三峰之术，以女玄邕为上峰，乳湩为中峰，室童为下峰。其徒助虐师意，至于剖取心血，竭吸阴精，以为药物，冀成还丹，故《云房三十九章》有"误杀"之戒、"朋来"之劝也。

霎时云雨，

霎时者，片饷也，即感速之义也。云雨者，云雷屯及雷雨作解之义也。夫云之与雨，皆坎水之气耳。而坎水遍于天地间，感天气则升而为云，感地气则降而为雨。云雨之义，即阴阳升降而成润泽之义也。

一点成丹。

一点者，赤水玄珠也。大如黍米，故曰"一点"也。成丹者，从微而著也。

白雪漫空，黄芽满院，

（空，别本作天。院，别本作地。）

白雪者，六虚白雪也。空者，六虚也。黄芽者，出土黄芽也。院者，六欲内院也。六欲内院，亦名黄宫，以两肾有六癸玉女，专主作强，其锋甚锐。《灵宝经》谓"斩戡六癸锋"者，乃教人抑制六癸玉女作强之锋，庶几黄芽满而不溢也。是以真人有"莫教芽蘖溢黄宫"之戒。黄芽白雪，其名甚众。始也周流首腹四肢，则为六虚白雪；及其朝宗曲江之上，则为太玄神水；会归桂海之中，则为碧潭明月矣。其润德，则为沆瀣甘露；透入金鼎华池，则为火汞流珠；繁生黄宫真汞，则为出黄芽。名虽不同，其实赤水玄珠耳。诸家仙经所载，名各不同，《云房三十九章》云："真道不关书。"盖务学，不如务求师也。

服此刀圭永驻颜。

服此者，灵乌望月而饮甘泉也。刀者，谓上士行之能裁成天地之道，下士行之则杀身而后已。圭者，戊己二土也。永驻颜者，长生不老也。打坐行功工夫，各有一千二百门，皆可以驻颜，但不能长生不死耳。惟是祖述老子、伏羲、文王、周公、孔子、魏伯阳、钟离、吕嵒仙诸大圣人，上焉黄帝，下焉悟真一脉之道者，斯能永驻颜也。

常温养，

温养节次有六，一者入药温养，炼内铅为真种子时也。二者野战温养，进火时也。三者守城温养，退火时也。四者沐浴温养，火败火死而熏蒸时也。五者补寒温养，火绝而虚守时也。六者移炉换鼎温养，脱胎入口之后时也。其名虽六，不过只用入药一诀耳。始一终五，故曰常也。

使脱胎神化，

脱胎有三，一者脱胎入口，所谓"强历十月，脱出其胎"者也。二者脱胎离壳，所谓"鸡能抱卵心常听，蝉到成形壳自分"也。三者脱去凡胎，所谓"形神俱妙，与道合真"也。神者，不行而至，不疾而速也。化者，真无贯金石，妙有蹈虚空也。

身在云端。

身有三，一曰自有身，所谓"养就婴儿我自做，非是爷精娘血"者也。二者离合身，谓"坐在立亡，身外有身"者也。三者妙无身，所谓"聚则成形，散则成气"者。既证自有之身，是为地仙，仙胎飞入泥丸，泥丸为昆仑峰，乃在自己云端也。次证离合之身，是为神仙，胎仙脱壳蹑云，乃形虽处地，而神在云端也。及证妙无之身，是为天仙，神超碧落，形陟太虚，乃形与神同在云端也。金液还丹之妙，至于身在云端，其为不空之空矣。

述赞纯阳真人《霜天晓角》

乾坤未裂，有物如何别？

性著才生气，阴阳尚混融。鸿濛为太极，体一抱雌雄。

解把鸿濛擘破。

龙汉延康劫，鸿濛有女青。女青从剖破，兆出万殊形。

说不知，知不说，

阔论高谈者，无非衍舌端。上仙修命术，开口向人难。

妙诀真难彻，

妙道神仙诀，宣传自太清。不逢师指点，臆度枉伤情。

知音世所绝。

无数修仙子，争猜纸上文。先师从说破，聩聩反无闻。

要识阴阳颠倒，

乾坤荡中气，离坎是全材。识得先天象，身朝万化来。

月中日，

太阴元属坎，中有兔为阳。房日云中象，营来变至刚。

日中月。

太阳离仲女，中有桂林乌。毕月恒山满，逢之魄自苏。

天宝炼神混元入药妙诀

一叶一枝花，

五内玲珑玉雪身，虽多关节解通神。
月明酒里丹霞出，不染污泥不染尘。

阴坑是我家。

两畔寒岩锁玉冰，中间一派水澄清。
太阳影里心花现，便是芙蓉阆苑城。

硫黄见我死，

五神意马是硫黄，专驾心猿走八方。
妙香绝色浓薰染，化作真人坐道场。

水银结成砂。

黑汞红铅是水银，肾精心气劈天真。
重新匹配归无极，渐证阴阳自有身。

炼药指真歌

上品药材何物是？产在尘凡无远迩。强名玄牝汞和铅，精气与神而已矣。炼精者，炼元精，非淫妷所感之精。男不淫，女不妷，匪学三峰黄谷术。内里明来会性情，虚空无尘生妙质。炼气者，炼元气，非口鼻呼吸之气。鼻不呼，口不吸，籥天橐地停徐息。巽风离火鼎中烹，直使身安命方立。炼神者，炼元神，非心意念虑之神。心不念，意不虑，念虑无非忧忆处。忘忧绝忆静存神，精气直腾天谷去。精气神，药最亲，以此修丹尚未真。修丹只要乾坤髓，乾坤髓即坎离仁。坎离仁，人不识，万论千书徒自觅。天涯海角有仙师，仙师混迹尘凡客。尘凡客，隐至人，夏葛冬裘如古民。荣辱穷通都不管，冥冥怀抱蕴精淳。冥冥怀抱蕴精淳，妙道天机肯妄陈。行满三千功八百，岂愁提耳不谆谆。

丹经举要

丹经最是《易》为先，有画无文几万年。西伯授官紬藏史，仲尼问礼断韦编。

中宣《道德》皆微旨，后露《参同》亦正传。平叔《悟真》犹显道，不离左右目之前。

三要总叙

曰橐籥守中者，老聃之三要也，所谓"绵绵若存"者也。

曰辟户谓之乾，阖户谓之坤，圣人以此"洗心退藏于密"者，孔子之三要也，所谓"往来不穷"者也。

曰顶法、暖法、忍法，释氏之三要也，所谓"火宅三车"者也。

诸家三要之说不同者，以不得正传也。舍三圣师而宗曲学，焉能出火宅而绵绵不穷乎？

三关总叙

以精、气、神为三关者，内丹之三关也。
以形、气、神为三关者，外丹之三关也。
以鼻、手、足为三关者，合内外之三关也。

九鼎总叙

指心为九鼎者，以心上通七窍，下通二阴也。所谓"包含万象体，不挂一丝头"者也。

指绛宫为九鼎者，以绛宫上通七节，下通两肾也。所谓"三彭走出含阴宅，万国来朝赤帝宫"者也。

指密户为九鼎者，以有三一六癸也。

指泥坛为九鼎者，以有天灵九宫也。二者所谓"从此变为乾健体，潜藏飞跃总由心"者也。

指子时为九鼎者，以甲己子午皆数九也。所谓"正一阳初动，中宵漏永"者也。

指一月为九鼎者，以一月有九还也。

指一年为九鼎者，以一年有九转也。所谓"一月一还为一转，一年九转九还同"者也。

指三年为九鼎者，以年成三姓，三年成九姓也。所谓"三铅只得一铅就，金果仙桃已露形"者也。

指九载为九鼎者，以一载炼一丹，九载炼九丹也。所谓"一载生个儿，个个会骑鹤"者也。

阴符破迷赞

至乐性余，

仁者无忧，此性不欠。智者常乐，此性无余。

既无乐也，其乐自生。极乐徇情，性有余矣。

至静则廉。

静者成仁，动者由智。苟动趋末，性静归根。

笃静不至，乃生贪求。绝利一源，是为廉也。

《阴符经》注解颇多，必皆托名圣贤，取信愚俗。但所见不同，互有得失，反误学者。故摭冱而明者，为二赞以晓方来，观者当必有默会者矣。

古仙真诀集句

父子不堪传，

天下神器个个惜，金璧重宝不浪掷。
依然传授与儿孙，道不肯传说不得。

工夫牛斗危。

大道无为自古传，不云静坐只安眠。
防虞虑险如牛斗，此语胡为不自然。

画瓶里面觅，

粉抹脂涂一画瓶，玉葫芦样果通灵。
水晶宫里嫦娥翠，一朵梅梨缟兔茎。

下士大笑之。

上士谦卑明造化，一言便解真人话。
劣马痴驴直痛鞭，放下缰绳作笑鞭。

紫清白真人尝赠赵寺丞诗云："汞铅不在身中取，龙虎当为意外求。会得这些真造化，何愁不晓炼丹头。"此语正与紫阳真人"孤阴"之说相契，故并录于此也。

踞彭尸上	亦名始青
戒之在得 录无是人色故悭之圣贪天人	游于心肺
质彭尸中	亦名白姑
戒之在斗 录色是人界故恶之圣嗔天人	游于脾肝
矫彭尸下	亦名血姑
戒之在色 录六是人欲故妖之圣痴天人界	游于两肾

劝君不用斩三尸，但绝贪嗔与妖痴。六欲天中居内院，精勤十月养婴儿。十月脱胎吞入口，穿筋洞骨能飞走。等闲径达元始天，寿比天长同

地久。天长地久无尽时，迁质移形人不知。星辰陨伏龙蛇起，一个乾坤不动丝。堪叹时人见大别，清高尽向无边说。求生得死比比然，倚草投胎称寂灭。此个机关古圣传，仲尼三度绝韦编。乾道坤道而已矣，在于上下求之焉。乾坤之道非他物，只道杳冥并恍惚。真精象物暗相逢，结在黄宫成糊涂。糊涂成形史伯华，功劳全仗紫河车。紫河车是何形色，井底泥中一紫蛇。

修真六用

晓

夜半寒泉动地雷，损奇益偶著灵胎。
一壶凤髓朝朝饮，海底红莲火底栽。

暮

日中姤象振天风，武减文加一饷工。
熟煮龟肝餐八两，山泉空泥暮为蒙。

行

孤云地暖闲离岫，野鹤天宽倦返巢。
直道往来无绊碍，火城何必击如匏。

住

赫日腾空碾不停，光芒驰散小于星。
育精金水丘寒地，露沐千山草木青。

坐

洗心藏密匪求安，归复功夫怕十寒。
水土既平神鼎立，芙蓉地里坐端端。

卧

默默昏昏入鬼窠，惺惺憭憭未圆陁。
西山日暝乌巢桂，解鬼休兵驰睡魔。

五空颂

顽空

顽空枯坐斩生缘，日事无萦夜不眠。
形木心灰成底事，有闻行道却凝坚。

性空

性空虚旷日清闲，动若浮云静似山。
懒打顽空无则法，有闻行道必问关。

法空

法空大抵似顽空，有动依然在静中。
按月按时行卦气，二千门路拟皆通。

不空

不空空里有工夫，归复元阳静处符。
阳复阴消须净尽，惟余黍米一明珠。

真空

真空妙用妙难思，仿佛还如岁运推。
夜代昼更寒暑序，了无停迹孰为之。

修丹十戒

一戒遏恶

勿听心田恶念生，芟除净尽自明平。
恶人恶事须还远，气定神安骨自清。

二戒扬善

孝友仁慈众善芽，更须执礼奖忠加。
救危扶困扬诸善，长作尊贤乐道家。

三戒惩忿

心火炎扬大察明，怒将肝胆木来生。
苟非惩忿从天训，五贼张狂道海倾。

四戒窒欲

主肾之宫号作强，六锋列女更殃殍。
地根不斩贪生乐，欲海吹流入鬼乡。

五戒禁酒

点酒才经十二楼，胆房心室起戈矛。
真阳泄向皮肤去，发减精凋去不休。

六戒绝茶

草曰穿肠莫强吞，只宜搜洗浊和昏。
如神不挠清明志，身有甘香白石源。

七戒朝实

朝食胡云校实些，风寒暑湿怕冲邪。
功深已饱三田气，食味空多费齿牙。

八戒暮虚

暮食常令腹带虚，六经调畅气通疏。
多餐一口徒埋塞，眹浍皆盈落尾闾。

九戒高床

坐卧床宜三尺高，更宜和软足坚牢。
低时鬼气侵人骨，莞槁频晞莫惮劳。

十戒低枕

枕若高时最不宜，悭悭三寸莫宜低。
真机妙旨无人会，须遇仙师得耳提。

修仙善恶劝戒

孝而不贪

孝道无为百行先，唐虞一脉此中传。
苟贪利禄轻捐陨，与道相违天与渊。

悌而不欲

事兄从长孝能推，悌道能为世表仪。
人欲一毫来间隔，乖争凌犯出肝脾。

恕而不嫉

恕道元来甚易行，但将心地放教平。
心平气定无他事，和气春风日日生。

忠而不妒

君师夫主事宜忠，粒粟茎丝报始终。
知本知恩须合道，妒才妒德反为凶。

神圣不娟

孝悌恕忠皆至德，惟神与圣妙无极。
是为五大道之原，拘忌之时行不得。

智而不淫

智德元来先五德，知道方为真知识。
一沦淫欲便昏迷，所以申枨遭弃挪。

礼而不盗

尊卑长幼俱有分，贵贱贤愚不可纹。
常将恭敬守文礼，躐等干名作盗论。

仁而不杀

仁者诚为五德长，善顺慈和能育养。
曰悲曰觉曰阳刚，悲戚刚顽杀之象。

义而不害

五德权衡存于义，事无不宜义乃利。
丝毫不利则害人，君子谋为须拟议。

忠信不憎

智礼仁义道之苗，苟无忠信亦徒劳。
全此五常诚得本，憎疑才动堕沉曹。

言无华绮

人道贵华仙道实，华绮之言不可出。
口甜舌滑能悦人，只恐神仙道俱失。

口无恶声

此口诚为祸福关，兴戎出好片言间。
恶声贵不形诸口，天道从来亦好还。

食无求饱

饮食虽云能养气，养生过厚人不贵。
愚人饱味贤饱闻，实腹有铅宜著意。

居无求安

居处求安最不宜，不抽之绪密抽之。
守中橐籥绵绵用，便是宣尼屏气时。

对北勿唾

学道须当惜气精，唾时精气亦飘零。
北方天一五行始，唾涕于兹陨百灵。

对北勿溺

毋令溲尿露三光，倚溺行屙大不祥。
对北二便尤不可，都缘天一在其方。

勿妄杀龟

龟配危星五行水，应人左肾生根始。
无故杀之大不祥，学道之人尤忌此。

勿妄打蛇

蛇配虚星水中火，应人右肾能关锁。
无故打之大不祥，学道之人尤忌可。

禁绝牛肉

牛之为物讵难言，简籍敷陈历历然。

杀有严刑刊在律，食多明报至于天。
福镌首致神光熄，祸及终贻鬼录编。
纵是阴功山岳大，削来磨去不饶贤。

天帝三霜一飨之，凡庸乌可妄思为。
亏名失利皆由此，惹疫遭官亦自兹。
好信因缘培福德，毋耽口腹长愚痴。
饭蔬饮水犹堪乐，何苦长年被舌欺。

《三极至命筌蹄》终

第十八编　金丹正宗

胡混成

点校说明

1.《金丹正宗》，题名"五陵玄学进士胡混成编"，收入《道藏》太玄部。

2. 胡混成，任继愈主编《道藏提要》云："从篇中所述丹法，及'因渡淮浙，寓迹广陵'之言看，胡混成盖为南宋初人。"从其丹道思想和文末《短句十二首》看，其丹法也可以归属于南宗一系。

3. 本篇以《道藏》第 24 册《金丹正宗》为底本整理。

金丹正宗

五陵玄学进士胡混成　编

序[①]

余幼习儒书，长慕道法，有志金丹大道久矣。行住坐卧，梦寐饮食之间，未始一息忘焉。虽参访当世修真之士，往往皆指前人已陈之说，纸上腐朽之言，以相扇惑。何异借听于聋，问道于瞽子？遂乃质于心，自谓归而求

---

① 本段在篇首之末，《短句十二首》之前，校者移于篇前，题名为《序》。

之有余师矣。愈求愈不足，愈修愈不验，方知无师不传，无师不度，虚费岁月，卒无成功。后因渡淮浙，寓迹广陵，乘暇登废城，仿徨四顾，历览山川。缅想松、乔之不遇，慨恨钟、吕之未逢，恍然若有所失。夜梦神人，语以亟返。心神为之不宁者累日，遂假道白砂，而中途忽遇一道人，冰清玉润，碧目童颜，丰神秀异，超然不群，似非尘中人物。余遂礼而前问其姓名，俛而不答，再三叩首，乃出扇相视，上书无言子，乃知先生得无言之妙，抑疑某为异人。自是日与从游，执弟子之礼，盖冀其一言以点化也。出则偕行，入则同息。若是者百日，虽累启请，而终无一言于答。一日命予同出东关，过白砂旧市，至无人之境，乃命同坐曲江之滨，平沙之上，指水为盟，以杖画沙，授金丹大道之旨。首尾不过百余字，备述鼎炉、药物、火候之功夫，次序之妙，纤而无余蕴。曰道具足矣。亟命予记其证验，得之片饷，遂复扫去。余顿首再拜于前，先生亦不顾，遂登小舟渡彼岸，飞行而去，不知果何之也。然予终不知其姓名，又安知非乔松、钟吕之徒？予自得师心传之后，方悟在先盲修瞎炼，虚费工夫，何异钻冰取火，刻舟而求剑也？不亦难乎！吾师之言誓，以轻泄者有谴，故不敢形于文。辄出己见，总括师言，附以短句，著此篇目，曰《金丹正宗》，以示同志。盖非欲求知于人，而将以流传于当世也。观者，或可其可，或不可其不可；其不可其可，或可其不可；然其然，不然其不然，其庶乎！予知其可不可，然不然，或者其有得焉。于是乎书。

金丹正宗

天地未判之先，一混沌而已。混沌既凿之后，阴阳生焉。得阳气轻清而上者为天，得阴气重浊而下者为地，得阴阳二气之全而中者为人，三才之位一定而先天后天分矣。窃谓先天者，纯阳也，一本也；后天者，纯阴也，万殊也。原夫上下表里[①]而为人，赋性受命，皆禀太乙含真。先天祖气，至虚至灵，惟精惟一，纯粹中正，皆可神仙，皆可圣贤，无智无愚，一切同得[②]。

---

① 上下表里，底本作"上帝降里"，校者改。
② 一切同得，底本作"一同初得"，校者改。

殊不知，所得天者，舍一点纯阳先天祖气之外，所谓精神魂魄意、心肝脾肺肾、精津涕唾液、耳口鼻舌声，以至百骸九窍，爪发皮肤，一身四体，自顶至踵，皆从后天纯阴造化，四大假合而成者也。先天祖气，恍恍惚惚，杳杳冥冥。其中有物，有物而非物；其中有精，有精而非精。似有似无，若亡若存，即之而不可见，求之而不可得。其大无外，包含万象；其小无内，一丝不容是气。当知人身中，自有一穴至虚之地以存之，玄关一窍是也①。得之者为神仙，失之者为下鬼。盖得之者未闻一二，失之者百千万也。奈何世人不能保守，一点先天祖气，往往皆流于失矣。不知后天造化，均是虚妄，于是元精、元气、元神，亦忘其先天，著于后天矣。或者三尸内攻，九虫蚀精，六贼盗形，七情耗神，五欲扰心。凡物芸芸，万机眩惑。目观彩色，耳听声音，口嗜滋味，随其所有，即著其想。有好于外，机从目入。既入于内，所动其心。情动于中，必摇其神。既摇其神，以泄其精。既泄其精，必耗其气。既耗其气，形神始离。恍惚幻妄，忧思感情，事物劳形，精乱神散，真一离身，先天之祖气日丧而转转流荡于后天生死之域矣。

  我道祖太上老君悯之，始有金丹大道，教人以返还之说。返者，返本也。还者，还源也。返其后天，而复还先天而已矣。自金丹之名立，而金丹之道著，而金丹之书出焉。余窃谓金丹虚无，大道非有，有中生无，无中生有者。金丹大道，且非无而非有，而所谓鼎器火候者，果有耶？果无耶？抑亦假法象以明大道，盖由"金丹"二字有象之故。意为铸金必有炉鼎，修丹必有灵药，炼药必有火候，而后此名始立矣。今夫修炼外丹之法，必先聚五金八石之药物，次立陶冶土釜之鼎器，次用燧人钻木之真火，依法煅炼，及其成功，可以回生起死，返老还婴，化臭腐为神祇，点瓦砾为金宝，方知修炼内丹之道，毫厘不差，若合符节。聚先天祖气为药物，守玄关一窍为鼎炉，以元神妙用为火候，日煅月炼，时烹刻煮。及时成功，可以脱胎换骨，超凡入圣，跨鸾鹤而冲九霄，登昆仑而游八极。大道之要，不过如斯。后世丹书，千篇万卷，长歌短句，往往不直指真一造化之本根，下手工夫之次序，无非假像设形，借彼喻此，何异空底谈空，梦中说梦，求其功效，茫如

---

  ① 李涵虚《虚空吟》："行之容易得之难，除了虚空不造丹。举世若求安鼎处，个中境界比天宽。""好之容易乐之难，除了虚空不造丹。举世若寻生药处，壶中原是列仙坛。""得之容易守之难，除了虚空不结丹。举世若寻立命处，起头煞尾一团团。"

捕风。其间不失于释氏空寂之论，则流于傍门曲径之僻，颠倒错乱，枝蔓条折。欲使学者，寻其流而莫究其源，欲入其门而莫知其径，迷误后人，惑也滋甚，于是金丹之道废矣。

且即药物而论之曰：乾坤坎离、阴阳水火、砂汞铅银、父精母血、木液金精、丹砂水银、乌精兔髓、日魂月魄、青龙白虎、玄龟赤蛇、交梨火枣、雌雄黑白、婴儿姹女，若是之不一者，皆药物之异名也。岂先天祖气之外，复有所谓药物者耶？

即鼎炉而论之曰：神炉、丹穴、蓬壶、神室、玉炉、金鼎、黄房、中宫、黄婆、戊己、明堂、虚谷、刀圭、玄牝、鄞鄂，若是不一者，即鼎炉之异名也。岂玄关一窍之外，复亦所谓鼎炉者也？

即火候而论之曰：推周天、测潮候、按卦爻、用文武、准晦朔、定弦望、明抽添、悟①进退、鼓橐籥、秤斤两、体刑德、事沐浴、分三五、行姤复，若是之不一者，皆火候之异名也。岂元神妙用之外，复有所谓火候者耶？

今余不效前人之说，以欺后人，即直指金丹大道之本原而言之，必有其次序。一曰立鼎炉，二聚药物，三行火候。三者之外，余不敢复有增损。

立鼎炉者何？即守玄关一窍。是窍藏于先天混沌之中，听于无有有无之内。父母未生此身，即有此窍。既有此窍，即有此身，所谓与生俱生者也。上不在天，下不在地，中不在人，即元始空悬宝珠之地，去地五丈之所，不左不右，不上不下，不前不后，非有非无，非内非外，上通绛宫而透泥丸，下接丹田而至黄泉，上彻下空，而黄道中通焉。此即聚药物之圣地也。

聚药物者何？谓存一点先天纯阳祖气。是气生于无形无象之先，聚于无极太极之内，父母未生，二五之精，妙合而凝。未有此身，即有此气；既有此气，即有此身。此气运行，周流六虚，形以之而成，心以之而灵，耳目以之而聪明，元神以之而运行，五行以之而化生。散之则混融无间，聚之则凝结成药，此即修炼金丹之大药。

行火候者何？顺元神妙用之气，自然往来之道。是火发生于真精恍惚之中，薰蒸于四体一身之内，本无形焉，安有候焉？盖元神散则成气，聚则

---

① 悟，底本作"互"，校者改。

成火，一聚一散，一升一降，循环往来，周流不息，与时偕行，与时偕极也。其于簇年归月，簇月归日，簇日归时，簇时归刻，子午卯酉、辰戌丑未、寅申巳亥、朝屯暮蒙、始复终剥，周历六十四卦、二十四气、七十二候、二十八宿，周天三百六十五度以为候。殊不知，混沌未分之时，安有年月日时，甲癸子亥，又若何而推测？大抵真火，即是元神之运行。元神，即真火之妙用。真火随真息，真息炼真气，真气化真精，真精归玄关，元神发真火，真精结成丹。真息之出入，即真火之进退；真火之进退，即文武之抽添。皆本自然，初非攒簇。又当知随念而生，若燎于原，弗可响迩，其犹可扑灭乎？即非先天之真火，乃后天之凡火也。

今夫修丹之士，必先洞明此三者之机关，深识此三者之根本。目击道存，心领意悟，知以真知，见以真见。未有[①]一毫凝滞于胸中，然后可以下手，用工夫立基矣。且如下手立基之始，必先断灭一切念头，离诸妄想，勇于精进，无染无著，物我两忘，专气致柔。回光返照，虚心实腹，昏昏默默，存无守有，若亡若存，精习静定，使吾心如止水无波、太空无云。至寂然不动之境，然后于玄关一窍之中，假父母未生以前工夫，存定真息真气，使气不离息，息不离气，合为一处，内者不出，外者不入，上下往来于一窍之中，绵绵若存，如在母胞胎未生之前。一点先天祖气，混融磅礴，温然如春，醇然如醉，美在其中，而畅于四肢，充于四体。四体不言而喻，睹之无象，求之无形，无一时一刻不在于玄关。至此则药物归于鼎炉，而火候可行矣。如是则顺元神妙用，自然运行之真火，周流旋转于玄关之外，渐渐煅炼，渐渐凝结。真积日久，力到功深，自小至大，从微至著，玄珠成象，结胎成圣。是皆自然而然，不知其所以然；自神而神，不知其所以神。还如子藏母腹，随呼随吸，咽冲虚太和之气，成金刚不坏之体，以至胎圆十月，化生婴儿，与我未生以前在母胎中一般气象。然后勤加温养之功，专气致柔，念兹在兹，动静语默，造次不离，温养既足，脱胎归空。于是擘破鸿濛，凿开混沌，现出本来面目，身外有身，至此方知大而化之之谓圣，不可知之之谓神，得一而毕万矣。

---

① 未有，底本作"略年"，校者改。

短句十二首

鼎器
（即玄关一窍）

先天地生，不依形立。混沌空悬，中藏太极。

药物
（即先天祖气）

先天祖气，一点真精。便是灵药，根蒂相生。

火候
（即元神妙用）

元神化气，充周四体。自然进退，终而复始。

立基

专气致柔，抱元守一。默默成功，用于百日。

聚药

聚精会神，通玄入妙。探自灵关，藏于一窍。

煅炼

神气往来，水火流转。顺其自然，时烹刻炼。

抽添

不增不减，动静以时。日中则昃，月盈则亏。

结胎

精气与神，混融磅礴。真火相见，片时凝结。

沐浴

神水溶液，灌溉元胞。内外无尘，长养灵苗。

胎圆

真积日久，力到功深。十月胎圆，满鼎黄金。

温养

行住坐卧，抱雄守雌。绵绵若存，念兹在兹。

脱胎

擘破鸿濛，凿开混沌。身外有身，超凡入圣。

《金丹正宗》终

第十九编　先天金丹大道玄奥口诀

霍济之　述

点校说明

1.《先天金丹大道玄奥口诀》，题名"晋陵霍济之述"，收入《道藏》洞真部众术类。

2. 霍济之，字巨川，南宋毗陵（今属江苏）人。其在《后序》中云："巨川世居毗陵，自高祖少师晋公以伦魁事徽宗，与仙人方士相往来，世传有《金丹图》，持以示林灵素，且曰：陈希夷之妙诀也。……又越九十余年，嘉定中，先君上谷府君，忽遇武当山赤脚陈真人，首传此道，归玩旧图，若合符契。"玉渊子序中讲："忽毗陵霍君慧然，袖丹诀来访，读之犹吾岳阳所闻也。大概以真药、坤土、火候为丹家三要，源流出《悟真篇》。"故其所述丹法，大抵亦可归入南宗之一系也。

3. 本篇以《道藏》第4册《先天金丹大道玄奥口诀》为底本整理。

《先天金丹大道玄奥口诀》序

予壮读丹经，经引物论理处，稍窥见一二。时既有室，且宦游，虽好诵，行之未暇也。行年二十有八，坐边事，累责舂陵。道岳阳，客有示晦翁"北山万壑云气深，万死形魂生羽翼"之句者，予感而叹之曰：天地循环，恶独不能先蓬瑗一年知非耶？即遣婢妾，妄尘顿空。一日遇樵隐，说丹要于雅吟亭，词甚不显，了然易解。而予颇以易而忽之，未及竟而别。既抵九嶷，友朋相与，结茅深山。授业之暇，稍思为己，主以静，而佐之丹学，火符卦节，无不合诀。然静境亦身有悟解，追忆飞吟所授，方将弦图改之，而被旨北归辽鹤故乡，见者已怪其霜髭之返黑，益信丹学之妙。虽仿佛依据，犹足自爱，况得的传而行之哉？未几蒙恩，起家参江阃幕，单骑就成，官府如山居，辄玩《老》《易》，每以无同志为恨。忽毗陵霍君慧然，袖丹诀来访，读之犹吾岳阳所闻也。大概以真药、坤土、火候为丹家三要，源流出《悟真篇》，而纲目与濂溪《太极图》不异。且嫉世人，借容成秽论传《悟真》，以逢士大夫之欲，而诬紫阳之道。嗟乎！霍君曷不早值十年，使得参同，以坐进此道于九嶷闲居之日。即霍君以其诀求序。噫！水魄火魂，太极圣经，月戊日己，正位真土。乾坤吾丹鼎，坎离吾丹材，复姤吾丹候，黄中通理，至道一凝，则昏气浊质，变化无余，而充实辉光，圣功纯熟矣。探无极于后天，求正位于他体，不思吾气质变化之不易，返欲假偏阴之至昏至浊者，而滋妄焉！其不趣①鬼市也几希。子澄世念久灰，不知富贵为何味，吏尘厌行当弃去，结庐五老之下，云藏一壑。霍君异时过我，相提携，相警省，使《悟真》之学，证验昭晰，将濂溪《太极图》、轲书之夜气，太易之乾龙，并传而不朽。则君之一身，虽穷犹达，而予亦免索隐行怪之讥。因序此书，将以赠别。

淳祐辛亥②立夏吉日玉渊子刘子澄清叔序

屈原之赋《远游》，朱文公之读《参同》，其感激忧愤之心，一也。然金丹一术，其《黄帝内经》，而魏伯阳演之，则非诬诞矣。近世玩其文，著书以明其学者，汗牛充栋，而得其真者，绝无一二。虽天分不可强，而亦由古学之无传尔。煜幼而慕此，老而有闻，而年运已往，不复可传乎！乡友霍君见示此书，其间漏泄甚多，视他人所著述，绝不侔。因喜而为之书，且为道屈原、朱文公之读《参同》，以启悟后学焉。

淳祐己酉③孟夏四月朔晋陵尤煜谨书

---

① 趣，疑为"趋"字。
② 淳祐辛亥，公元1251年。
③ 淳祐己酉，公元1249年。

先天金丹大道玄奥口诀

晋陵霍济之　述

大道生于先天，自然而然也。自无极而太极，道隐于未形；自太极而天地，道显于有体。是以由阴阳而生五行，本五行而孕一性。一性禀则一造化，一形立一乾坤，则知人之一身，凡精神消长，气血盈虚，无一不与天地并。其阴阳造化犹于一身者，则有先天焉，有后天焉。先天者何？真中之真是也。本方寸之资，其玄虚之体，喻之为铅汞，托之以金木，名之以龙虎。大抵总谓之二物，通谓之四象，是谓五行之清气，属一身之先天也。后天者何？五脏是也。块然无明之质，以滋有漏之身，修之则仅能辟病延生，赖之难以脱胎神化，是谓五行之浊形，属一身之后天。盖先天上道，幽隐而难知，后天浅近而易见。或者以性宗坐禅为先天，不假作为，不明造化，腾腾兀兀，乃禅学属阴，非阳神之仙也。若是性宗为大道，古先上圣，何名为金丹？何名为神仙？但只言学性亦可矣。殊不知，先天之道，近而了然易见，修而易成。奈世人愚昧，不知自身何物为先天，何名为铅汞，何名为龙虎。若是性宗是丹，何不竟言一物，却言二物者，何也？又言四象者，何也？若不遇神仙传授，终难臆度。平叔所谓："饶君聪慧过颜闵，不遇真师莫强猜"者是也。或者又舍先天而学后天，则曰《黄庭》以五脏为主，一身以气血为主，但只存思内观，咽津纳气，亦足仙矣。殊不知，后天之五行，不能飞行变化，乃形滓之物，非虚无中一之气也。钟离先生诗云："心肾却非为水火，坎离安得作汞铅"是也。盖有形之五行，止能延年辟病，不能升真。先天之五行，如日月中之水火，有象而无质，故飞行变化，乃能成仙学者所真悟此。夫先天金丹者，一自吾身中未生，已有其物，一物分二，间隔东西，是名铅汞，亦名金木。以金水同宫，火木同位，故曰四象。若无戊己，和合交媾，则不能归于中。要在察天地动静之机，探日月盈虚之妙，于斯时也，观天之道，执天之行，尽矣。但戊己在天地之间，亦已不存，须识得天地，何时有戊己，方可进功，此即火候也。或曰脾即土也，何谓无土？岂知脾乃后天，即辰戌丑未之土，非戊己也。平叔所谓："要洞晓阴阳，深达造化，方能追二气于黄道，混三性于元宫，攒簇五行，合和四象"者是也。

· 413 ·

余世居毗陵，先君上谷府君，曩遇圣人传授，丁得其传，不顾漏泄，谨以先天铅汞火候，具载本图，以传后学。倘有骨像合仙之君子，蓦面相逢，夙缘契合，识利名之泡幻，叹生死之风灯，或欲闻大道之要焉，吾无隐乎尔。

归根图

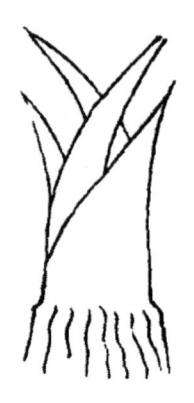

此草木之根也，赖凡土培养，故根常活，根不存则枯。人之根，自有形而根已散失，不赖戊己真土培养，则不能归其根者。复也，散而复归。故老子云："归根曰静，是谓复命。"

人之根喻如草木，颠倒而生，是谓天根

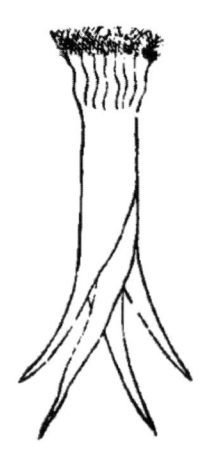

平叔云："不识玄中颠倒颠，争知火里好栽莲"者是也。经云：气气返故根，爽魂随本根，飞根散玄叶。

金丹药物直指图

平叔云："铅汞两般为药物。"又曰："二物会时情性合。"道光云："一物分为二。"云房云："除却铅汞两味药，其他皆是诳愚痴。"此二物不在五脏，不是精血，不是津液，不是存想，不是禅定，不是坐空，不是采战。

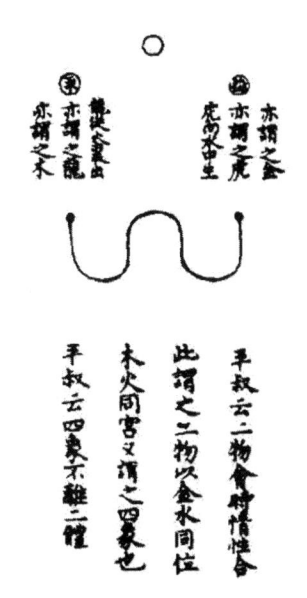

铅汞二物也，不在身外求觅，当于自己身中寻此二物。天地有此二物而长存，人身亦藉之日用。故《易》曰："百姓日用而不知。"故君子之道鲜矣。

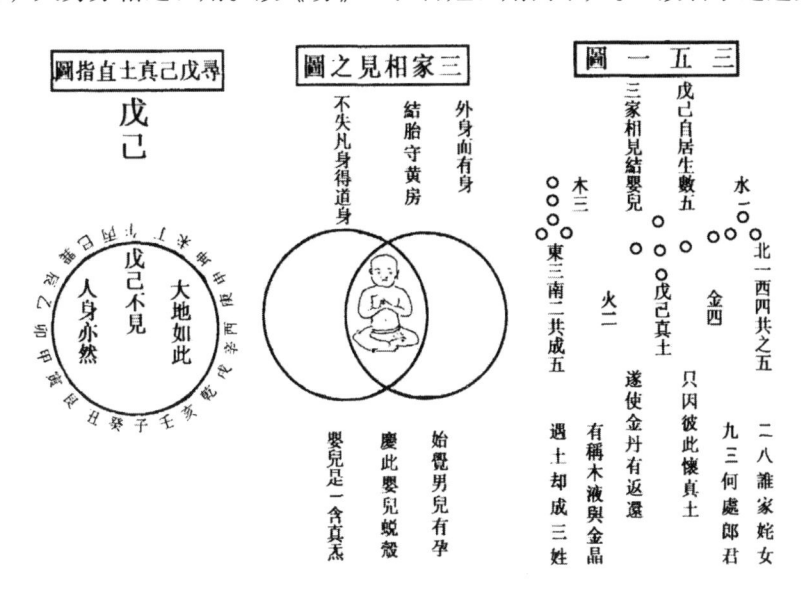

平叔云："离坎若还无戊己，虽合四象不成丹。"又云："四象五行全藉土。"又云："本因戊己为媒娉。"

口诀直指

只见天地支干，不见戊己，而戊己寓天地别处，人身中亦如此候。天地有戊己之时，吾身中戊己亦有，所谓仰观于天，俯察于己，是谓窃天地戊己之全气，补吾身戊己之不足。《阴符》云："天有五贼，见之者昌。"故曰"万物天之盗，人为万物之盗"也。土之异名丹田，丹田去金，皆土也。才识得戊己，便可下手进，此之谓火候。

先天金丹火候盈虚消息之图

天發殺機 龍蛇起陸
人發殺機 天地返覆
日午打二更元始玄座空浮五色獅子之上
五行順行 法界火坑
五行顛倒 大地七寶

聖人傳藥不傳火
從來火候少人知
欲識身中汞與鉛
不知火候亦如閑

夫火候者，乃人身中五行，与天地相会，还元之生气，聚散于中道。初不劳搬运吐纳，巧伪施功，只在一个时内，造化一一圆备。若以日月之间进退论之，自有日分，尤不容牵强。若以①日言之，自有一月之阴阳，凡一月一岁亦然。且以日时论之，要见杀机返覆，要见刀圭河车，要见回死户为生户矣。然后十月胎圆，百日功成，一纪飞升，尽在是矣。

金丹大道指迷颂

（十二首）

不是禅宗

金丹全在得心传，不比空门学坐禅。
药有烹煎火有候，阳神气足便成仙。

不是存想

大道非干存与想，汞铅不是气和精。
要知无价长生宝，有象玄珠彻夜明。

不是行法

烧香叩齿及存神，握诀书符召万灵。
此样工夫非上道，真中更自有元真。

不是五脏

汞铅二物坎离形，姹女婴儿虎与龙。
不是心肝脾肺肾，真元别在水晶宫。

不是采战

修丹全在断淫痴，说著房中便是愚。

---

① 若以，底本无，系校者据文义补。

太上神仙清静种，如何秽浊立丹基。

寻本根

一从太极判乾坤，祖气根元已不存。
草木尚能深固本，修真全在学归根。

认药物

东华相望白龟台，金阙嵯峨向此开。
便看真人升玉府，静中听得震天雷。

识真土

阴阳交媾自烹煎，不列中央妙不全。
天地何时有戊己，更寻真土在心传。

悟火候

火候抽添进退机，盈虚消息想幽微。
玉琴三叠还知否，宝鼎神光冉冉飞。

看丹房

谷神玄牝是丹房，此是长生不死方。
个里灵胎交结处，纯阴剥尽变纯阳。

结胎仙

圣胎结就玉炉温，一气回阳返故根。
飞跃潜藏皆在我，盖因身外有身存。

谨终始

神仙妙诀信非轻，难遇当知却易成。
进火功夫无间断，阳神进出便飞升。

后序

神仙可以学得，不死可以力致，古有是语，信不诬矣。巨川世居毗陵，自高祖少师晋公以伦魁事徽宗，与仙人方士相往来，世传有《金丹图》，持以示林灵素，且曰：陈希夷之妙诀也。林灵素得其旨，而高祖分与道殊，听之嚼蜡，而不能悟。持以遗金枢郭公三益，乃高祖母越国夫人郭氏之父也。郭颇好道，不能尽究其事，此图家藏。又越九十余年，嘉定中，先君上谷府君，忽遇武当山赤脚陈真人，首传此道，归玩旧图，若合符契。因增注口诀，欲刊，先君解化。巨川叹玄学之无传，虑此书之湮废，于是露香盟天，命工锓梓，续先志也。嗟夫！世人贪生恶死，皆有是心，奈以嗜欲为累，不能坚志力行，以致中辍，是知闻道易而行道难。巨川幼喜学道，自卯角习静，先君虑巨川之荒举业，每止绝之，而巨川终不能已。弱冠，时异事殊，利名缰锁，念不到此。后来先君以其诀，传授诸门人，当世异姓贵戚之卿，有闻而行者，有行而未力者，有喜听而不喜行者，而巨川得先君之心传，且戒巨川曰：吾得神仙之道，无神仙之福，今老矣。玄功作辍，莫竟其事，灵宅颓旧，将用迁徙。吾于节斋有缘，可托大事。于甲寅①良月游雪川，与节斋饮酒欢。越一日，忽告别，坐客闻知其意。翌日，以书报巨川曰：虎伏龙降，临行不忙，有子可付，无事思量。呜呼！使先君有余力以毕其道，又奚止此而已哉！因书其事于丹图之后。

巨川百拜敬书

按：枢密郭公旧序云：余读汉《张良传》，观其受书于黄石公，不亦异哉。谈笑兴王，人莫及之，诚有所凭藉。然《本传》谓一篇书，乃《太公兵法》。今其书行于世，人皆读之。子房所得，必不止于此。余意其妙旨，秘而不传。观婿霍端发家，世蓄其书，历年之久，不知其所自来。林灵素见而奇之，谓陈希夷心传之书。霍亲携以示余，果奇书也，求而得之。余后持以见林灵素，以得其真旨，顷于高丽海泛海山，险阻多矣。历试，无不获验，

---

① 甲寅，公元1254年。

可以为身中之宝，信乎！传余之子孙，恨不得传，故序以戒之。

宣和元年① 十一月上巳郭三益序

上谷总管霍君，讳怀字伯玉，毗陵人也。崇宁大魁，少师晋公之曾孙。君生而聪慧，学该九流百家之奥，倜傥不羁，疏财好义，常急救人苦难，若己有之。曾遇圣人传授丹诀，得尸解之道。甲寅冬，无疾示化于雪川赵观文私第之别塾。其子巨川，亦有方外志，虽鹊抱之战，累得虚名，视功名土苴，遁世无闷，若将终身焉。一日以其心传丹诀刊行，以续先志。余因得炷香一观，縣力浅未及问，以愿学焉。

宝祐丁巳② 中和节

---

① 宣和元年，公元 1119 年。
② 宝祐丁巳，公元 1257 年。

第二十编　悟玄篇

余洞真　撰

点校说明

1.《悟玄篇》，余洞真撰，当出于南宋时期，收入《道藏》太玄部。

2. 余洞真，南宋末人。云游杭州，得师传金丹道法。其谓丹法的核心，"无过以阳炼阴之术，阴尽阳纯，则曰仙矣"。篇中多引用张紫阳、石泰、白玉蟾等南宗祖师要语，故其亦承袭了南宗丹法思想。

3. 本篇以《道藏》第 23 册《悟玄篇》为底本整理，参校《道藏辑要》昴集《悟玄篇》。

《悟玄篇》序

盖人生于天地之间，秉受阴阳之气，故曰有死生。为人者，可鬼可仙。鬼者，纯阴之气；仙者，纯阳之体。以阴炼阳甚易，以阳炼阴不难。所谓学仙之士，无过以阳炼阴之术，阴尽阳纯，则曰仙矣。炼阴有法，进火有数，退符有节。夫人身中一窍，名曰玄牝。若人明得此窍，则三才万物，悉备于我矣。此之一窍，非泥于物也，其理别无他术，止不过忘形灭念，如守其中矣。久久纯熟，中宫静极，则身中阳气自然生也。阳气渐生，阴气渐剥，乃曰阳长阴消之意矣。予于古杭，得受师传。天机不隐，故以鄙句，尽心泄漏于此矣。使学仙之士，幸垂一览，同登道岸，非岂异于我哉！

岁在己丑[①]夏月朔日余洞真序

悟玄篇

　　道本无言，因言而显其道；法本无象，因象而得其理。得象忘言，得兔忘筌，何矣？故曰："过河须用筏，到岸不须舟。"所谓人者，秉受元阳真气，三百八十四铢，内分二十四铢，散于五脏六腑，以应二十四气；外分三百六十铢，以应周天三百六十度。元和子曰："人身大抵同天地。"邵子曰："谁把三才别立根，一身别有一乾坤。"此之谓也。盖人子时，两肾中二气上升，午时到心，二气交合薰蒸，肝肺之液自心而来。左肾之气负戴肺液而下降，右肾之气负戴肝液亦下降矣。亥时到于肾，肺液到于左肾，化而为精，肝液到于右肾，化而为血矣。久久元气耗散，精血干枯，则曰死矣。丹书曰："五行顺行，法界火坑；五行颠倒，大地七宝。"盖言学仙之士，龙从火里出，虎向水中生，此五行逆行之理也。所以逆则为圣，顺则为凡。故以三关之妙用，一炼精化气，为初关；二炼气成神，为中关；三炼神还虚，为上关；虚空粉碎，为了当。三关妙用，要在心传，沐浴两月，玄之又玄。口诀秘细，未敢轻言。学仙之士，不遇明师指点，到老无成，空度岁月尔。

形化

　　夫人受父精母血，成胎之时，中含一点元气，以为造化之根蒂矣。先生左肾，次生右肾，肾生心，心生肝，肝生肺，肺生脾，脾生小肠，小肠生大肠。五行形化而生，形体具足，十月胎成，以就婴儿矣。今人只知形化，而不知气化。所谓学仙之士，只论气化而不论形化。今人多以两肾中间为生身处，又言心肾为水火，肝肺为魂魄，脾土为意，全然非矣。

[①] 己丑，公元1289年。

气化

盖人在母胎中，十月气足，其初受父母一点元气而至于心矣。其气到心之时，则发胎气布散于外，以接其生也。夫鬼在于暗中，渺渺茫茫，不知分晓，微觉在细雨密雾之中，而无一点光明，遂逐灵光而去，接入胎中，径入光内，俱不知阴见其阳，则化为气矣。名曰太极。其气复升之顶，分为二气，下降于左右二肾，名曰两仪。乾道成男，坤道成女，乾坤相索而生六子，散乎于外而为六脉，六脉周流，一身备矣。造化悉备，所以降生于世以为人也。所谓学仙之士，要识生身之处，立为丹基，可以超凡入圣也。吾今恐言未尽，故立图以发学，诚为参学尔。

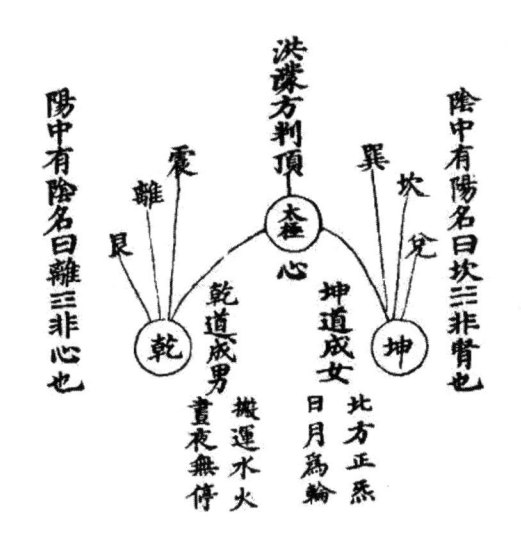

坐工口诀

夫学道之士，不拘时候，但得身心闲暇之时，求于静处，瞑目闭口，安坐端身①。或盘膝，或不盘而坐，皆可。夫坐之时，外忘其形而不著物累，内忘其心而不著事。若存其中，似存不存，似守不守，而著于空矣。久久纯熟，自然念定。念定则阳生，阳气生则有升有降。其气升者，自腰间尾闾而

---

① 安坐端身，底本作"忘坐端耳"，不通，据《道藏辑要》本改。

升，直上夹脊而止，藉巽风则鼓而上于顶矣。二气交合，下降于舌端，如蜜之甜，款款咽纳，直①入中宫矣。丹书曰："吹嘘赖巽风。"又曰："初时须著力，次候却如无。"总之②升降不明火候之数、日用功夫、三关妙用、沐浴玄机，空延岁月，到老无成矣。古歌曰："神仙不肯分明说，误杀阎浮多少人。"何也？这些道理人还识，陆地神仙闹似麻。所谓天机秘诀，未敢泄漏于文，故以口传心授尔。

火燥水滥

夫火燥者，上升不止；水滥者，下降不息。若有法度调和，斤两运用，则火不炎燥，水不泛滥，自然定矣。用时则有，不用则无，其理玄机，在乎口诀。既不知此妙用，则何一炼精化气，二炼气成神，三炼神还虚也。今学道之人，天下纷纷，其得正传者，无有一二尔。此个道理，岂可轻易授人哉？

沐浴

十月怀胎，两月沐浴，共成一载三百六十日矣。且休说十月怀胎，其两个月而沐浴，安于何处矣？此两个月而又不行火候，或安于前，或安于后，或安于其中矣。委的实用非不用也。学道之士，须要参学，莫泥于卯酉二月，非也。脱胎之时，莫非口传心授尔。

玄关一窍

玄关窍假在其中，无形无象亦无穷。
今人若指其安处，便隔千山几万重。
若人指点心肝脾肺肾不著处，却如虚处巧捏一穴，其言终③矣。著一处，却非终矣。

---

① 直，底本作"只"，据《道藏辑要》本改。
② 之，底本作"知"，改。
③ 终，《道藏辑要》本作"中"。下句"终"字，亦同。

药物

精中气血血中精，精气元同太极成。
莫言呼吸为交感，此物安能有死生。

火候

进火之时，顷刻一周天。夫十个月而三百日，三千六百时，三万刻。或刻刻行火候，或时时行火候，或日日行火候，或时中不拘于刻，或日中不拘于时，但用便用。但不知法度，则乱升乱降，则不能上矣。口诀存焉。

中宫

土生万物，心主万事。心即土也，土即心也，故曰"中央戊己土"。中央，即玄关一窍也。了得土，万物死；了得心，万事息。今知学道人，茫茫只向外边寻觅，却不去中心求其道也。

抱一

脱胎吞入腹，在于人间，九载积行满八百，而证于仙。乾坤往来，游遍名山洞府，行满八百之日，奉金书玉诏，而列于班矣。

出神名曰解胎

学道底人，总不知火候、沐浴、造化之备，其脱胎之时，莫非口传心授尔。

玄关一窍

玄关一窍者，乃一身总要之关也。此窍者，即心中之心是也。其心非肉心，乃心中之主宰，一身万事之神也。其神者，无形无相，非有非无也。人能无私之时，便是玄关一窍。才有一毫私欲，不是也。程子曰："不偏不倚之谓中。"才有偏倚，便不中也。杏林石真人曰："身里有玄机，心中无垢尘。"斯言尽矣！

玄关一窍，万事之宗。动交于物，静养在中。不无不有，非色非空。凝然湛定，气息流通。左升白虎，右发青龙。齐停夹脊，鼓起巽风。搧开炉鞴，透上昆峰。乾坤交姤，化作一泓。降至舌端，咽入黄宫。一日之内，三四遍功。初关百日，沐浴一月。中关百日，沐浴前同；上关百日，火候数穷。脱胎神化，抱一养童。九年行满，白日上升。

大道无言非有问，忘形忘象求铅汞。守中一物莫存些，专意身心要守定。呼吸一应便神清，六脉自然朝性命。精神魂魄各归元，至此身心寂不动。一阳生至二阳迁，只待温温行火令。须臾直举至银河，玉枕泥丸如火烘。乾坤交媾降明堂，项上圆光悬宝镜。如如下降至舌端，满口馨香甘液喷。徐徐咽纳下黄庭，遍体金光随罩定。三家相见结婴儿，一卦三二两卦定。晨昏握运仗天罡，四三皆拱璇玑柄。一年进破顶额门，是谓超凡而入圣。九年抱一行圆满，独步翔鸾归大洞。吾今泄破圣贤机，洗耳暝心存一定。莫待铅虚汞散飞，他时赴死甘心尽。玄机备细剖心传，学道人人早精进。

药物

夫采药者，血中采取真气，气中采真精。血气者，到顶交合，化而为液。真精真气者，气至顶交合，化而为金。液者，流于经脉而为白血。其金者，入于中宫，结而成丹。工夫到日，一身血气化为白血，真精真气，尽结以成丹。体既成，出神入神，皆不被幻躯之累也。向上一著，超出阴阳之外，尤存口诀，是为身外有身，尤未奇特也。

初下手

玄牝之门

万化俱忘性不忘,忘无忘处妙无方。
这些便是玄关窍,何是泥形乱度量。

透关

自从关窍撞通时,二气周流应化机。
任去任来无罣碍,丝毫不动斡璇玑。

破境

心明性彻,光圆如镜,一念才生,诸相即应。学道之士,不可认著,必属他境。故云"为甚眼中难著屑,只因性里不藏尘"。

念头一动性扬波,鬼面神头见许多。
盖谓寂然通感应,学人不认即无魔。

敌魔

思念相续,不能断绝,鬼面神头,千般万状。立时驾动,水火二车,一撞三关,直透内院。三尸走,六贼逃移,则群魔自然散矣。

阵阵昏沉黑暗濛,立时仗剑布罡风。
炉中发起三阳火,扫荡妖氛顷刻中。

立基

释氏工夫至此,谓之打成一片,昼夜不舍,只管加时定力,日就月将,做将去了。道门立基,行火候煅炼而成丹也。

丹基立定念头纯,昼夜神光卫护身。
两眼自然慵睹色,一心默默守玄真。

火候

　　八窍分为八节门，温凉寒暑应乾坤。

　　四时不失阴阳火，鼎内丹砂结紫云。

又白真人曰：行火之士十二时，设一时即五刻也，三百日内在半月，计一千五百刻也。

　　一身八刻一周天，一刻工夫簇一年。

　　学者若知如此用，饥来吃饭困时眠。

沐浴

　　身中沐浴，乃气候之沐浴；月中之沐浴，乃丹头之沐浴也。紫阳曰：兔鸡之月及其时。斯言者，两月沐浴也。

　　精全气旺药炉温，二八临门固蒂根。

　　不向抽添加火候，洗心涤虑道常存。

又，气候来潮，须当塞兑垂帘，湛然无欲，以待气候过也。毋①得纵意四散，所谓"不能固济须丹倾"矣。

　　工夫到此要防危，不比寻常一类推。

　　气候来潮须保养，禁关闭兑守无为。

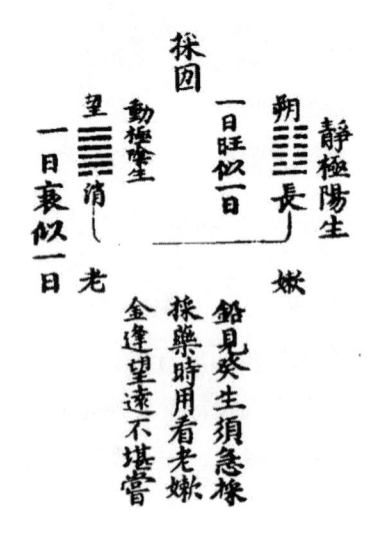

---

① 毋，《道藏》本作"母"，从《道藏辑要》本。

嫩如涌泉之泛上是也，老如蚁行如毛细是也。

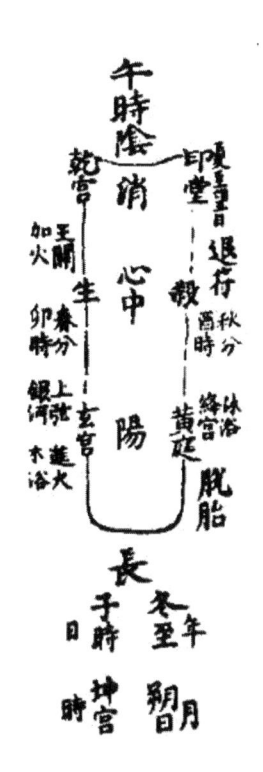

闭目若存中，如空空不空。坤宫真气发，背上炎烘烘。巽风轻鼓舞，一直透天宫。闭之不可放，化作满头霜。徐徐而放下，大地作甘霖。

夫人者，头乃诸阳聚会之所，其中有阴，名曰真汞。五脏者，乃诸阴聚会之所，其中有阳，名曰真铅。盖心者，上不属于阳，下不属于阴，而得其中以为一身之主宰。视之不见其形，听之不闻其声，叩之者感而遂通，中之者寂然不动。人若向此不动中做功夫，终至纯熟，则知天地造化悉备于我矣。

《悟玄篇》终

第二十一编　丹经极论

点校说明

1.《丹经极论》，不署撰人，似出南宋，收入《道藏》洞真部方法类。

2.《丹经极论》，所论之丹道理法，不失为南宗思想，且篇末附有《悟真遗篇》与《还丹复命遗篇》，故亦可认为该篇为南宗之文献。

3. 本篇以《道藏》第 4 册《丹经极论》为底本整理。

丹经极论

真铅未有天地混沌之前，铅得一而先形，次则渐生天地、阴阳五行、万物众类。故铅为天地之父母，阴阳之本元。盖圣人采天地父母之根，而以阴阳母为丹母，如不能于其间生天地阴阳者，即非金液还丹之道。若以天地阴阳之后所产五金八石，草木灰汁，晨霜夜露，雪浆冰水，诸杂物类而为者，不亦难乎！同志之士，思之久而自悟，自非凿开混沌，见天地之根，擘破鸿濛，视阴阳之母，无以议金液还丹之正道。达者悟之，毋入旁门曲径耳。

真铅，即真一之气也。夫人元阳真气，逐日走散，无由凝结而成圣胎，故圣人采真铅以制之，使凝结而成砂。逐日运火，渐渐添汞，汞渐多，铅气渐散，故抽铅添汞也。十月功足，铅尽汞干，化为金液还丹，则形化为纯阳矣。铅是天地之火，父母阴阳之根基。盖圣人采天地父母之根，而为大药之基；采阴阳纯粹之精，而为大丹之质，且非常道造作也。汞性好飞，遇铅乃结，以其子母留恋，未有天地混沌之前，真铅得一先形，以渐生天地阴阳、五行万物也。以先天地之阳丹，点己之阴汞，立为纯阳矣。然后运在一身之内，炼成金液还丹，以其①造化在内，故曰内药、内丹。虽有自然真火，在土釜之中赫赫长红，亦须凭外炉勤功增减，抽添运用，无令差忒，以至于殆也。然内外真火，变化无穷，实藉真铅之妙绝也。此物偏能擒汞，不使飞走，二药内外虽异，其实用一道也。所以有内外二药者，人之一身，禀天道秀气而有生，托阴阳陶铸而成形，故一身之中，以精气为本，神生于气，气生于精。然此三者，皆后天生一之气，至阴之物也。修真之士，无过冶炼精气神而已，奈何三物俱后天生，纯阴而无阳，安能形化为纯阳，而出于天地之外耶？故祖师曰：孤阴不能自产，当采先天之一气，以真阴、真阳二八同类之物，擒在一时辰之内，炼成一粒至阳之丹，号曰真铅。造化在外，故曰外药。以此阳丹，擒己阴汞，犹猫捕鼠。阳丹，是天地之母气；己汞，乃天地之子气。以母气伏子气，岂非同气乎？又云：未有天地混沌之前，真铅得一，而渐生天地阴阳，五行万物，此证金丹先天一气也。以先天阳丹点己阴汞，化为纯阳，更假阴阳符火，进退抽添，十月功足，形化为气，气化为神，神与道合而无形，变化不测，故能出乎天地之外，立乎造化之表，提挈天地，陶铸阴阳。陶铸者，先天一气之使然也，故曰"妙绝无过种子"。安可以后天后阴之气类为内药耶？天地未分，形同鸡子，中混沌真一之气，即黑铅也，故黑铅为天地万汇之先也。太易、太素之前，含灵至妙，未见萌兆；太极、太一之际，有物混成，中真一之精，为天地之祖，万物之始。一气既形，两仪斯析，然后有阴阳五行、三才万物众名。故配乾坤为天地纪纲，运阴阳为造化橐籥，是以乾坤立而阴阳行乎其中矣。金液大丹与造化同途，故以乾坤为鼎器，同其大冶，以坎离为药物，比其化权矣。

夫神仙抱一之道者，上天所秘也。世人不可得之，乃太一含真之元。太一者，太极、太渊之源，是虚无炼神之道。一者，气也。人能行太一真气，与我真气相济，包含太和，久而炼之，乃为大丹。丹者，纯阳也。阳者，天道也。故神舍②道，聚则成形，散则成气，故与道相通者。道养气、养神

---

① 其，底本作"真"，校者改。
② 舍，似宜作"含"字。

者，保和天道也，故曰"精气相济"。久而炼用，是谓纯阳炼形。火者，阳也；息者，风也。以风吹火炼形，神形俱妙，故曰炼形。炼形者，先须存心于内，真气冲和，乃丹阳气纯粹之精，运行不息，升沉往还，周而复始，包含万类，故乃丹阳也。天气降而复升，地气升而复降，天之阳晶为日，地之阴晶为月。若得斗柄之机，自然斡运，日月运行而无休息，乃纯阳炼神之道也。修丹之士，采日月之精华，合阴阳之灵气，周星数足，阴阳终尽，归功土德，而神精备矣。

乾道变化，各正性命。夫变化之道，性自无中而有，必藉命为体，命自有中而无，必以性为用。性因情乱，命逐色衰。命盛则神全而性昌，命衰则性弱而神昏。夫性者，道也，神也，用也，静也，阳中之阴也；命者，生也，体也，动也，阴中之阳也。斯二者相需，一不可缺，孤阳不立，孤阴不成，体用双全，方为妙道。吕真人曰："了明空性不修丹，万劫阴灵难入圣。"窦真人曰："参禅尽欲言间悟，见性宁知梦里非。却似狂猿捞水月，如何捉得月光归。"

阳精是真一之精，至阳之气，号曰阳丹。己之真气属阴，为一身之主，以养百骸。乃阳丹自外来，以制己之阴汞，即是阳丹反为主，而己汞反为宾矣。二物相恋，结为金砂，自然不飞、不走，然后加火，煅成金液还丹也。故阳丹在外，谓之疏；己之阴汞在内，谓之亲。反此亲疏，以定主宾，则道成矣。

真道养神。若能守我在已死气之关，令七祖枯骨，皆有生气。生我者道，活我者神，将神守之，以道养神是也。

夫外药者，金丹是也。造化炉中，烹炼真一之气，功夫到时，只在半个时辰，立得成就。

夫内药者，金液还丹是也。须十个月，方能脱胎神圣。

此二药虽运阴阳造化相同，及其用功火候，实相远也。

外药火候

身心不动，呼吸自然，神气入于其根也。闭极则失于急，纵放则失于荡，惟使其绵绵续续，勿令间断，然后神久自凝，息久自定。其运火之功也，若烹小鲜，无过不及也。一气初萌，在乎不采之采，若存若亡，在乎微阳养稚阳，然后注意规中，息息归根，以意定气，渐渐运火，一升一降，周而复始，不可泥定不运，而反成否塞。所以阴阳运转，皆乾坤之妙用，罕有人达晓。使天地不运转，则一气停积，万物不生；人若不运转，则一气否塞，不产丹药，岂得与天地同其长久也？一终之功，数在九转，进火久之，觉得神气微冲，火候全，清明在躬，阴阳分，即宜退火温养。顷时，然后复进火，渐至烹炼，致虚极，守静笃，身心合，神气交，百骸九窍如浴起，夹脊双关似火，然后可谓纯阳矣。修炼之士，在临机圆活，知进退存亡，不失其为圣人也。

内药运功

真一之气，窅然无形。若不得二八阴阳之气相交，安能降格兆形黍粒者？却得此黍粒之丹，吞饵之后，若不能得阴阳火氤氲，安能变化金液丹哉？

真一之气，在造化炉中，被真火煅炼，光透帘帏，金华满室，乃真阴、真阳二气交合，产成黍粒之丹，吞入腹内丹田中，点化阳魂，以消阴魄也。当斯之时，一气运归身中，由泥丸而下，但觉五内清凉，金光透体，成功在乎一时之间。

及乎在内，却有十月之功，运用抽添，防危虑险，所谓："井底泥蛇舞柘枝，窗间明月照梅梨。夜来混沌撅落地，万象森罗总不知。"正此时也。得此阳丹，点己阴汞之后，在乎虚心运火，忘情谐和，运阴阳合乎呼吸，以呼吸用神气，以神气用水火，以水火用胎息，绵绵游泳，坎离交合，而生金液也。运阴阳造化之机，不以初功，既升而由泥丸而下，所谓下镇人身泥丸绛宫，中理五气，混合百神，则忘气以养神，仍直下也。轻轻然运默默举。其诀曰：

专气致柔，能如婴儿。除垢正念，静心守一。

外想不入，内想不出。终日混沌，如在母腹。

神定以会乎气，气和以合乎神。神即气而凝，气恋神而住。于寂然大休歇之场，恍兮无何有之乡，灰心冥冥，如鸡抱卵，似鱼在水，呼至于根，吸至于蒂，绵绵若存，再守胎中之一息也。更在屏尘缘，绝视听，少饮食，不睡眠，则腾腾任运，任运腾腾，不可著于持守，不可泥于进火。久久之后，要温养子珠，正谓"药熟不须行火候，泥于火候必伤丹。只须保养无亏损，渴饮困眠饥便餐。"

运丹生成之际，忽觉夹脊，上冲泥丸，沥沥有声，从头似有物触上脑，须臾如雀卵颗颗，自腭下重楼，如冰酥香甜，甘美之味无比。觉有此状，乃得金液还丹。徐徐咽归丹田不绝，五脏清凉，闭目内观，藏府历历如照烛，渐次有万道金光透体也。十月功足，圣胎圆成，调神出壳。

出神

自古神仙出神，别无他法，神即我身之元神。气足则神灵，神灵则自出，非比存想之法。阳神之出，鬼神不可得而见，不可得而知。鬼神可知可见者，则与阴神同类，非阳神也。三年千日之功，存养既成，气足神全，出入自由。身外之身，即法身，聚则成形，散则成气，不可以形迹拟议。阴神即无形迹，不能分身化形；阳神可以一身至百十身，各各可以饮食，可以应酬，合之又复一，所谓"圣而不可知之谓神"，隐显莫测，变化无穷，千里万里，须臾即到，过去未来之事，一一皆先知，方可谓之阳神。阳神出入，皆由天门。天门初开时，如大斧劈脑，不可惊动，如婴儿囟门，密室圣护，未可轻出。初出于左右盘旋，回顾神室舍屋。神出熟时，开眼闭眼，我皆自见，然后使去来在空。始亦须自十步，以至百步，至千步，渐渐放出。放出之际，即收回。久久之后，方可任意远出。神出之时，须留一神看舍，及祝翊卫护戒之神。守之一神，是脑中金甲神人，出时当分付与吾托定顶门，恐有假名托象，入我神舍，不可放入。吾归即呼我姓名，便合为一，非在三载九年之功，安能至此哉？

悟真遗篇

一

氤氲聚散本精魂，知者名为乾与坤。
易道范围天地化，莫将万象执言论。

二

四序花开四点亭，风吹香气喷人馨。
劝君采取依时节，莫使娇红取次零。

西江月

丹是色身妙宝，法身即是真心。从来无色亦无音，一体不须两认。
万法非无非有，有无亦莫搜寻。二边俱遣弃中心，选佛斯为上品。

又

一理无今无古，此心何喜何瞋。无相乃为真相，色身即是法身。
不消一句半句，活得千人万人。咦！这里便是到头，何须只管翻身。

还丹复命遗篇

绝句

一

坛自三层十二楼，八方和合土为尊。
丁公全藉黄婆力，南北相吞制魄魂。

二

守一坛中已绝尘，一爻看过一爻成。
此心却似糠灰火，静坐时闻滴漏声。

三

须将神水洒坤宫，先举西来后合东。
要知大道希夷理，太阳移在月明中。

四

玄牝之门切要知，几人下手几人稀。

君还不信长生理，但去桑间看梅梨①。

五言

受得真仙诀，阴中炼至阳。地雷潜动处，星斗共商量。

八卦看成母，三才始见昌。不愁生死系，定觉地天长。

《丹经极论》终

---

① 张三丰《无根树》：无根树，花正微，树老重新接嫩枝。梅寄柳，桑接梨，传与修真作样儿。自古神仙栽接法，人老原来有药医。访明师，问方儿，下手速修犹太迟。

第二十二编　存神固气论

点校说明

1.《存神固气论》，不署撰人，似为宋元时期道士所作，收入《道藏》洞真部方法类。

2. 本篇据阴阳五行原理简要阐述丹道修炼之法，宗于《悟真篇》，概亦可归入南宗之文献。

3. 本篇以《道藏》第 10 册《存神固气论》为底本整理。

存神固气论

炉鼎地位

四象之始终，万物之化生，不离戊己鼎，火挖戊己，然后能造物，故至人于金木相刑受气，与水火升降既济之间，有造化神物，使活而不毙，生生不穷之理。

阴阳颠倒

阴阳者，相求之物也。离火也，失水则燥，燥极所济在坎；坎水也，失火则冰，冰极所济在离。离宫受血藏铅，阳中有阴也，故不燥而清凉。坎宫受气藏汞，阴中有阳也，故不冰而温暖。离虽含铅，血动则火发化汞；坎虽含汞，气动则水生化铅。故知坎属水者，不知有汞气隐焉。知离属火者，不知有铅血隐焉。动化之际，铅汞自升降相求，至人于此有坎离颠倒之理。

阴阳老少

数过三十二，阴阳渐老矣。阳老则气衰，必少阴而后济；阴老则血衰，必少阳而后济。老阴夺少阳，如坤之次有复也；老阳夺少阴，如乾之次有姤也。金木老阴阳也，相刑而生者，少阴阳也。人之乾坤为老，艮兑为少，不知造化之所谓老少者，有不一也。至人于此，有妙夺造化之意。

水火相求

水遇火乃受气，受气则生而不竭，故不走；火遇水乃成形，成形则活而不灭，故不飞。方真水求真火，则阴多阳少而化铅；方真火求真水，则阳多阴少而化汞。汞必求铅，故降而干坎；铅必求汞，故升而干离。升降之际，擒于戊己，相吞相恋而结化。至人于此，有住阴阳之和，还返添夺之妙理。

金木相刑

金不克木，木不受气，受气生火，乃火不克金，金不受气，受气乃生水。以金召金，故动而克木，以火召火，故动而克金。水火既生，以和召和，自相求而造物。至人于此，使炉中水火自相寻者，盖得修所生之至理。

五行还返

万物之理，归于母则根深蒂固，有长久之道；散于子，则花荣叶茂，有衰谢之理。子谢母衰者，五行之顺行也；长生久视者，五行之不顺行也。至人于中宫神物造化之际，造物既功，则子隐母腹，母含子胎，致龙出于火，虎生于水，有还返颠倒之理。

王气盛衰

火初生，阳之王气也；水初生，阴之王气也。阳进不已，日中必昃；阴进不已，月盈必亏。王气渐衰，至人于此有炉中截王气之理，故如时之春，不至于秋，如日之升，不至于昃，如花之荣，不至于谢。

添进火候

精为气母，不能自运，所运在气；气为神母，不能自运，所运在神。此真铅所以生神火，神火所以伏真铅也。至人以神运气，自然气住而不飞；以气运精，自然精住而不走。三物不出鼎火，则开生门，离于鼎火，则归死户。至人所以传法不传火者，盖擒捉烹炼之际，斟酌添进火候，至神之能事，有不可致诘也。

龙虎关轴

天地氤氲，故关轴先立于玄极，出纳斟酌，元气生生不穷，人方受铅汞于父母，关轴立矣。元气因此物而生，此物托元气而养，故一呼一吸，绵绵若存。既配金木生神物，当服龙虎纳元和，而助养之，自然胎气造化，生生不穷也。

情性动静

物理所不可逃者四：曰生曰心、曰性曰情。有生必有心，有心必有性，有性必有情。性则静定，情则感通，感通之际，二气必交。交于外则龙虎飞走，铅汞漏失；交于中则龙虎相随，铅汞内结。铅汞内结，气所生也。故气来入身谓之生，所以通生谓之道。至人以道御情，氤氲之际，能住玄胎，恍惚之中，能擒物象，所以有道合一，形神俱妙之功也。

身分色化

从色来者，由阴阳之中；从化来者，出阴阳之外。由阴阳者，有留形住世之理，故无用之中有用。有用者，必夺造化于阴阳。出阴阳者，有飞灵走性之道，故有为之中无为。无为者，方独超升于象外，进退之序，能炼色身而化形，乃能脱化身而化神。果无序而欲顿超，理所未闻。

胎息真趣

世虽曰："胎从有气者结，气从有胎者息。"然岂止神气不散，习息日久，而后成哉？是未达真趣。真趣未达，块然静处，积习于空寂中，则终身没世，不免为一耽睡汉而已。于养丹结胎，却曰住年则远矣。且生化之理，独阳不生，独阴不成，至人谓养圣胎求出路，坎离铅汞不相孤。苟非龙虎交遘，立关轴于玄极，谁能住元和而息胎乎？

寂灭无为

灰既死，木既槁，火木无所托；块虽聚，尘虽积，则金水无由生，四象无由施，则丹药为弃物，炉鼎为虚器。盖不能住不死之玄胎，故沉于寂灭，不能夺造化之神机，故泥于顽空。至人既见五贼而昌，则乘火龙，跨金虎，宇宙在手，万化生身，终于形神俱化，而游无上之妙。曷尝论空寂，止枯槁，而与尘块共灭哉！

形神俱妙法

内而求之，性则心也，命则肾也。知道者，以性复命，以肾交心，五气交感，一归戊己。魏真君所谓"三五一"者，正为此也。然则《易》谓之三五一，五行颠倒，火生木，水生金。以生数推之，水一金四，五也；火二木三，五也；土数亦五，是为三五。萃而一，故曰三五一。《黄庭经》云："五行相推大归一。"以是观之，魏君之意，岂不昭昭乎？学者悟此，则呼吸之义可明，而阳光之精可见矣。阳光之精，即丹砂也。丹砂，即大药也。自古修性命者，莫不由大药而获度世也。然知性而不知命，则执空而无变化，故钟离先生云："只修真性不修丹，久后多应变化难。"知命而不知性，则形气无宰，故茅真君曰："但明行气王，便是得仙人。"则知性与命，独修则不成。欲修性者，必以道全其神；欲修命者，必以术延其形。道术相符，则性命会合矣！故《太平经》云："神以道全，形以术延。"以可证也。遇之者，未可便修，必周览古今神仙经书歌诀以明之，义无不通，然后可以绝疑。

中源篇

尝读《阴符经太公注》云："金丹之术百数，其要在神水华池。"未晓真诠，因游太山，见儒士吟"天地何廓清，阴阳道可成。华池与神水，全在虎龙精。"即叩之，姓朴字元龟，云："花从何处生，绿叶间红窠。谁人将色染，争如造化何。"未悟。朴又云："石何坚兮水何柔，坚柔相磨谁肯修。石性土兮水润流，焉知嫩蕊之好求。"又华者，花也。花者，化也。化由火也。池者，水也。乃水火之候，水火是日月之流澈，能生成万物，为世间至灵。万物自负阴而抱阳以成，人花从何生？从何结？承阴布枝，抱阳结实，实中有仁，留种成孕，亦如人性情在母腹中，渐成人身也。金丹应日月之玄象，成万物之根本，龙虎之起伏，水火之交运，四时之节候，即可长生。又云：铅即青龙，为道之祖；汞即白虎，为道之宗。修之合神合圣，即非人间之铅汞。但识根元，汞生于砂，金产于铅，此道上合天心，下合地理，中合人精，变化莫测。

《存神固气论》终

第二十三编　养生秘录

点校说明

1.《养生秘录》，不署编人，当出于元代，收入《道藏》洞玄部众术类。

2. 本篇辑录南宋至元代金丹炼养之书，所言丹法归旨于张紫阳、李简易、白玉蟾等南宗思想，故亦当视为南宗一系文献。篇中《青霞翁丹经直指》，与《道藏》32册玄全子《诸真内丹集要》卷下《青霞真人内用秘文》内容相同，亦与《碧虚子亲传直指》同。

3. 本篇以《道藏》第10册为底本整理。篇中《金丹问答》与《金丹大成集》之《金丹问答》内容相同，不再重复，故予以删除。

养生秘录

玉溪子丹房语录

心凝曰神，凝神归气以炼丹；情复乎性，复性归根以养命。还丹之本，铅汞而已。元精为命之根，宝元精而真铅自生；元神乃性之宗，啬元精而真汞自产。是知固精以养气，固气以养神。铅汞有时而相投，驻息绵绵而成火候；真气无刻不相聚，忘念久久而成金丹。若真铅走而真汞枯，元神散而元精竭，欲求返还，不亦难乎？非遇志人，勿轻传授，保而重之秘之！

口诀

外阴阳往来则外药也，内坎离辐辏则内药也。外有作用，内则自然。精气神之用有二，其体则一。以外药言之：交合之精，先要不漏；呼吸之气，更要细细，至于无息；思虑之神，贵在乎安静。以内药言之：炼精，炼元精，抽坎中之元阳也。元精固，则交合之精自不泄矣。炼气，炼元气，补离中之元阴也。元气住，则呼吸之气自不出入。炼神，炼元神也，坎离合体成乾也。元神凝，则思虑之神泰定。其上更有炼虚一着①，非易轻言，贵在默会心通可也。勉旃！勉旃！

玉虚子宜春心诀②

三千六百法，养命数千家，率皆旁门小法，无非曲径。仆阅历《参同》仅三十载，作《规中图》十二字诀，用传学道君子。以正心诚意，为中心柱子，处中以制外。以"熙和中和，敛静敛肃"八字为辅，调御四时，由外以应中。上合天心，中稽人事，默符造化，顺轨阴阳。外法五行，内理五脏，以为日月循环无端，不施为，不存想，晏然大定，以总元机。但要绝嗜欲，定心气，省思虑，节饮食，调鼻息，警昏睡，悭视听，养天和，于四威仪中，吻合自然之妙③，别无繁难也。已立鄞鄂者，以是契符火，养圣胎。未立鄞鄂者，以是益元气，养精神，为立鄞鄂之渐。至于虚耗损失，疾病交攻，则以是驱疾固元，为补益延年、养命之术，可谓简易法门矣！

宋咸淳己巳岁④下元节宜春玉溪子李公明序

---

① 着，底本作"者"，据《中和集·全真活法·口诀》改。
② 按：此篇系辑录《玉溪子丹经指要·规中图十二字诀序》而成。
③ 中、吻二字，底本作"四、聪"，不通，据《玉溪子丹经指要·规中图十二字诀序》改。
④ 咸淳己巳岁，公元1269年。

规中图

规中者，如居一规之中，如大圆镜之一我。但正心诚意为主，为中心柱子。当万虑俱泯之时，真人出现，如鱼跃深渊，游泳自乐，而不离方寸是也。喜怒哀乐未发，当此时，可以居规中游泳，而潜御四时，以正造化。四威仪中，不可失节焉，物来则应，应过复归于中，绝不可动著中心柱子。于中常令空虚，一尘不立。久之，不纵不拘，自得受用其妙也。六阴归坤，万物荄元，"复卦建始萌，长子继父体"①，一阳潜动处，万物未生时，从这里起，便是作用处。当斯时也，跏趺大坐，凝神内照，调息绵绵，默而守之，则一气从虚无中来，杳杳冥冥，无色无形，兆于②玄冥坤癸之地，生于肾中，以育元精。日益月强，始之去痾，次之返婴，积而为内丹之基本矣。袁真人云：元气补元气，岂是凡砂石。此补益之上法也。朝屯者，君子经纶之始，是万物萌芽之初，仁之端也。夫子时，始生之气在肾，是不召而自来，宜保而养之。调息无令耳闻，但听有悠悠绵绵，合乎自然，则与天地橐籥相应，久之，则肾气合心气，二气之交感，以降甘露，而产玄珠焉。暮蒙者，以养正圣功也。使不失赤子之初心，义之端也。午时，其始生之气在心，是亦不召而自来，无思无虑，冥心内照以合之。静坐而照，久而则心合肾气，而成既济之功焉。人居三才之一，一身之造化，与天地等耳。故日月常行，天地之气相应，真一之精相符。人之元气，八百一十丈，与二气橐籥相合。所以元气大运随天，小运随日也。但人生不能体天地造化之大，以至作丧伤败，

---

① 复卦建始萌，长子继父体，底本作"复赴建始萌，长子绝父体"，据《参同契》句改。
② 兆于，底本作"非子"，据《玉溪子丹经指要·规中图十二字诀序》改。

精神迷乱，自与之违，天地岂违者哉！知道之士，若能顺理握机，则可以符化工而为修丹内炼，长生久视之道也。舍人之外，总皆禀混淆而在元气中，均为化物耳，又安能驭元气也？《参同契》云："春夏据内体，从子到辰巳。秋冬当外用，自午从戌亥。"又云："赏罚应春秋，昏明应寒暑。爻辞有仁义，随时发喜怒。如是应四时，五行得其理。"

中黄内旨

玉真先生云：无极中黄大道，本是口传心授，不立文字。吾今慈悯初生之士，一时闻之，不能记忆，故设为此善巧方便，令彼入耳注心，眼观神领。传度既毕，即时焚之，勿令泛之。内旨曰：夫天有九宫，地有九州，人有九窍。天有中黄为太阳，地有中黄为太阴，人有中黄为丹扃，俱名为中黄八极。中言其位，黄言其色，故谓中黄。八极者，是八方总会要处，又只是中宫，即黄庭，即玄牝，即先天一气，即玄关一窍，即至善之所，即黄极之道，即允执厥中，在五行谓之土，在五脏谓之脾，在五常谓之信。药物、三气、五神、火候、呼吸，尽在是矣。行住坐卧，皆当注念，不可须臾离也。不废人事，但当正心处物，常应常静。吾祖师所谓："多言数穷，不如守中。"又言："三十辐，共一毂。"辐者胁肋，毂者中扃也。又言："天地之间，其犹橐籥乎！"乃呼吸之谓也。呼则肾气升，得土则止；吸则心液降，逢土则息。即此谓水火煅炼，而成大丹。若能存守，则法无不灵。吾谓："若要道法灵，须是守中扃。"中者，理得上下四隅，不偏不倚之谓也。天地相去八万四千里，人之心肾即一身之天地，相去八寸四分，以中指节文为则，自脐上至鸠尾骨尖，只有八寸四分。今云脐者，盖与肾对也。故心之下去三寸六分，脐肾之上三寸六分，惟中间一寸二分为黄庭，主我身命。所谓至圣之道，秘之秘之！

三茅真君云：精养于气，气会于神，精神不散，是曰修真。子不离母，母不离子，子母持守，长生不死。

洞真先生云：谨守谨守，莫言莫言，自然自然，玄之又玄。闻道之士，皆千生幸庆，宿有仙缘。或资谈笑，漏泄于人，有不测之祸，蔓延之灾。受授之后，勤而行之。

玉溪真人云：儒家尧舜、禹汤文武、周公孔子、颜曾思孟，历代道统相传，即此道也。升少慕清虚，留心至道，万法千门，无不师访。因游衡岳，方遇至人，密受紫阳仙翁丹诀。按九宫八卦，以年易月，以月易日，以日易时。取天地之正气，夺造化之奇功，纳归中宫，交感成丹。非止延年，何似住世，所谓"我命在我不由天"。升自得之后，体力不衰，发鬓不白，日行百里，举动轻便，神异证验，不可具述。其间水火既济，又为坎离交会之法，久而行之，可以成丹。今之人盖火燥炎上，水湿润下，自勾引阴邪之气，乘间而入，令人多病寿夭。若遇此诀，使之"五行颠倒术，龙从火里出。五行不顺行，虎向水中生"。顺行则凡，逆行则圣。玄之又玄，今悉于后。诀曰："一升便提，气气归脐。一降便咽，水火相见。"此十六字，简而易行。不拘时候，或在官府，不妨政事，虽处富贵，不妨行用，所谓至道不繁也。如有风疾，见效甚速。但于日中少暇，或盘膝，或垂足，正坐，皆无所拘。取鼻中出入息为候，入息谓之吸，即便升气，将下部微力前提，其气尽归脐间，此之谓"气气归脐"。盖脐乃人之气海，所聚元气，尽藏于兹。遇出息谓之呼，即便放身自在，一咽汩然有声，此谓之"水火相见"。如是行之，不计次数，要行且行，得止便止。若能久持，脐下常如火熨，腹中气响如雷，小便渐减，精气不泄，腰脊坚强，饮食倍进，百病去体，外邪不侵。行及一年，宿有诸疾尽除。行之既久，自然三宫升降，二气循环，遂成大道，长生久视也。昔年都下有过海王先生，教人行持随鼻出入息升降之法，而不得提搋之法。次有恩州李道人，授杨和玉，只教提搋之法，而又不得出入息之法。皆用其偏枯。升因游南岳紫气峰下，亲受李先生秘诀。先生山东人也，一百五岁，发须不白，面如童颜，行步如飞。予得其传，行之既验，不敢自秘，谨以传好道之士。

四段锦

一开臂。二开胸。三搅车。四挽弓。

青霞翁丹经直指[①]

仆自幼学道，弱冠弃家，遍历江湖，求师问友。得先师张悟真以来，诸前烈丹经、诗词传记，熟读精思，寻文求义。又尝遍参道友术士，访名山洞天，祷求石碑壁记，得海琼仙指迷大道之要。后遇率然居士[②]于朱陵洞天，作诗章以相赠，始得证海琼之妙旨。乃知年少所学，所求所见，已是屋上架屋，枝上接枝，殊不知屋便是屋，枝便是枝，道在迩而求诸远也。一旦顿悟，切恐湮没无传，且念后之学者，未必如此肯心留意，因录数语以贻后人。得之者，可因文解意，猛省用功，虽不求师而在其中矣。

夫男子四大一身皆阴，惟先天一气真阳。此气非吹嘘呼吸之气，亦无形影气象可见，故悟真先生以为"可见不可用，可用不可见"也。然此气未受形之先，在父母胎中先受此气，然后生二肾，便生二眼，由此生心生肝，生脾生肺，生九窍四肢，而后人象具足也。此气只在两肾中间，名为玄牝之门。先师《玄牝歌》言之详。世间人莫能悟之，今人宰牲杀猪，但见两肾中间，腰膂去处，有一空膜，中有此呼吸膨动，直至肉冷方息是也。此气未死之先，气血全盛，魂魄相属，内含五采，受[③]气如汤。人一死，则如牲畜，气血一散，而气馁矣。只此一气，便是金丹大药。故先师以肝心脾肺胆肾肠、精津液涕唾气血为非道，又以精神魂魄意似是非者，此也。人之一身，右足太阴，左足太阳，而足为涌泉，发水火二气，自双足入尾闾，上合于二肾，左为肾堂，右为精府，一水一火，一龟一蛇，互相橐籥。二肾之间，虚生一窍，是为玄牝。二肾之气，贯通玄牝之间，由此发黄赤二道，上夹脊双关，贯二十四椎，中通心腹，入膏肓之下，会于风府，上朝泥丸。由泥丸而下明堂，散灌五宫，下入重楼玉阙，直注于绛宫，复流入于本府。日夜循环，周流不息，皆是自然而然，即不是动手脚做成的。今人流入旁门者，不知虚无自然，默默运用之理，却乃妄行屈伸呵咽，摩擦引导，存思注视，妄想妄作，反致成疾。如白莲道人多黄肿，运气道人多气蛊，皆其验也。

夫此一气，人人一般，即无多少，但有涵养的做得成，无涵养的做不

---

① 此篇题为青霞翁所作，而内容与《碧虚子亲传直指》基本相同。
② 率然居士，《碧虚子亲传直指》作"安然居士"。
③ 受，《碧虚子亲传直指》作"暖"。

成。其流行出入，自有定数，如海中潮候，弦朔必应；天上斗柄，子午自移。又若女子月经，人病疟疾，应时而至，确然不差。此气遇阳时为火，阴时为水，火即木液，水即金精。又左肾为坎，右肾为离，离中有己，坎中有戊。以戊己二土，合为圭字，又名水中金。金者，刀也，故名刀圭。又火即木，水即金，为金木无间，水火同乡，其实金木水火，只是一土。一土，为总五行尔。先师以为五脏元①气，六腑无精，故谓此也。此气自然时时运转，不假人力。凡言辘轳三车，黄河曹溪，取象如此，非以人力强为也。此气常以子时而至为阳火，午时而至为阴水，以卯时而至为木液，酉时而至为金精。卯中有甲，酉中有庚，故须采取用甲庚；子中有戊，午中有己，故运中土。自非洞晓乾坤升降，阴阳盛衰，药材老嫩，水火潜亢之理，不足以语此。然先师言之甚详，而后甚惑；言之愈多，而后人愈疑者，何也？皆缘泥②于虚无，则不知下手功夫，是以胎息不成，而归于顽空，忽于自然，溺于妄想强作，是以心神枉费而返致疾。夫虚无者，言其不可见闻。盖虚空中齐欲用工，作贯通为实是也。自然者，言其不可以迎取。今之采取火候等逐节工夫，深浅之言，句句分明，节节谨切，谨守奉行，无不应验。

　　凡未入室以前，且理会得安鼎采药，每日夜且习打坐，坐一定然，则骨节关开脉通，自膀胱至夹脊，便如车轮运动，先天一气自然由三关朝泥丸，下重楼，入绛宫。然其来有时，而采亦有时，须得甲庚金木旺相之时，默默端坐，不须用摩动。须臾，觉顶中火热，喉中甘露，垂垂滴而下，便以目内视，一意以内送，纳之绛宫玄牝而止。凡一日之间，以甲应上弦，庚应下弦，自子至卯为上弦，得汞半斤；自午至酉为下弦，得铅半斤。采甲汞庚铅各半斤，自然定数。所谓"铅见癸生须急采"者，言木汞金铅，以甲庚二时采取也。如此采取之法，然初采之时，不计年月，久久积之，方成鼎炉。夫一身，炉也；绛宫，鼎也。今人以脾中黄庭，顶中泥丸为鼎，皆非也。年月既久，炉鼎方成，然后种药，药物一生，且采且炼。采而积之为药，炼而成之为火。采之一日有一斤之③数，炼之一日有一④铢之得。采药之时，须采甲

---

① 元，《碧虚子亲传直指》作"无"。
② 泥，底本作"终"，据《碧虚子亲传直指》改。
③ 之，底本无，据《碧虚子亲传直指》补入。
④ 一，底本无，据《碧虚子亲传直指》补入。

庚旺气。行火之法,则忌甲庚。沐浴有此不同。云采之法亦如安①鼎。然不过因②其自然之来,迎之以意,送之以目,故丹书有"黄婆青女"之说。黄婆,意也;青女,眼也。以意迎逢,谓之黄婆媒合;以目内送,谓之青女传言。

人身之气,随意而动,意行即行,意止即止,故送入鼎中,随意即止,不复下流矣,谓之种药。药既入鼎,然后有火候焉。圣人传药不传火,以火与药,同归殊途,同情异功故尔。子为一阳,至巳为六阳。自子至巳,火得六数,而六阳成乾。当其子至巳,以意迎之,谓之进火,谓之添。午为一阴,至亥为六阴,自午至亥,水得六数,而六阴成坤。以意送之,谓之退火,谓之抽。故子巳为火,午亥为水。言火不言水者,添进为火,抽退为水耳。自然而然,不假人为。丹经言《河图》《洛书》之数者,言其火候自然,与此生成之数合也,非必待用力而合此数也。言朝屯暮蒙,昼姤夜复,亦言与卦默合,非必用力而方合此卦爻也。如运用之说,则言此气运行,流灌五脏百脉,如亥子水旺肾,寅卯旺肝,巳午旺心,申酉旺肺,辰戌丑未旺脾,自然此气运行,由旺宫而出,亦不必妄想此时此脏,有此气出入流运。然采取造鼎之初,则无禁忌,时至即为,既了即了。

至如入药行火,则须择日入室,一毫俗事不可妄干,使耳目鼻口,四象相忘,胸中淡然,虚室生白。一有所著,便是封固不密,药物走漏,便非道也。既居室内,惟半饥半饱,不可求睡。每使胸次惺然,常常提醒,见药即采,遇火即行。一年之内,止除卯酉二月不行水火,以其卯则木旺,酉则金旺,木旺则火旺,金旺则水旺故耳。凡此二月不行水火者,盖行则返过而伤也。一年十二月内,除卯酉二月外,止存十月,故十月而胎成,过十月又不须行火,则又谓之伤丹,此谓火候。十月胎成,移入泥丸,谓之换鼎。此胎气既足,如人已生,但须乳哺,故换鼎入泥丸,乳哺之谓。此时不须工夫火候,亦无沐浴,但只常常温养之。如此三年九载,则天门自开,婴儿自然出矣。往来无碍,而位登仙翁矣。此首尾用工之说,皆出自然,不假人力,强为妄想,不过及时以意迎之而已。此是积日累月,造鼎安炉,一年十月,结

---

① 安,底本无,据《碧虚子亲传直指》补入。
② 因,底本作"目",不通,据《碧虚子亲传直指》改。

胎行火。先师以为"一日金丹赫赫红"是也。又谓顷刻可成者，何也？言一时半日之工夫，可夺一年半纪之造化。当其药生之时，不过顷刻迎逢，谓之顷刻金丹。即非终日终夜，劳神苦思，强为之也。

夫药炉鼎，火候沐浴，胎息婴儿，运用抽添，主宾浮沉，升降铅汞，水火真土，金精木液，一切言说，皆是假名换姓，其实只为一物。《钩锁连环》，自可熟论见义。其有用工下手，虚无自然之说，先师许多丹经词诀尽矣。参同吻合，一以贯之，不过如此而已。然言之非艰，行之为艰；行之亦非艰，守之为艰。何以守之为艰？大抵旁门小法，俱无报应，惟金丹一件，便有报应。今人采药，年少者须半年功夫，守斋戒，沐浴绝欲，忘念静坐，默取采之，候时节到来，耳目手足轻健，百病俱无，自然两肾火起，夹脊如车轮，泥丸如汤浇，口中常有甘露，滴滴而来。若能不睡，存神不绝，不过两月余，得目生神光，此心明了也。若有慧性，此之验也。得之者，不可便以为至道，否则狂念一生，遂成颠风。至若三月行火之余，时刻工夫不差，则九窍光明，头有金轮，洞视内外，远接鬼神。当此之时，婴儿已成形象，不可便纵其运动出入，须加紧护牢收，否则火漏丹败。

十月既满，婴儿受气已足，自然如瓜果之熟，脱蒂而去。然后出入往来，可以移身丈尺，远则不可远出，一出便还须收回，否则神一夺而迷途，遂至投胎托化，不复顾屋庐矣。直须三年九载，日子满足，骨格老成，如人生十数载，知人事深浅轻重，方可纵其自然往来出入。此则飞升变化，证真仙位矣。然犹有魔障焉。当其入定坐忘之时，而聪明倍生，神异百出，凡天下奇奇怪怪之事，生前死后，神仙希遇之事，鬼怪惊怖之状，并集于前，直如慧眼神见。又若神明依附，此魔障之来，不可便以为道。须要定见把握，一念凝坚，所谓太玄之一，守其真形是也。切不可见妄为真，从情为性，如此守一，方能成道。今人多如此时，无定力定见，故为外邪所附，不为学道无成，及致坠堕，遂以为神仙有无何渺茫，惜哉！

仆平生读书结友，参师问道，躬行力践，所见功验如此，并以告之未来学者。有志之士，得而诵之，寻文求义，参之先师丹经遗论，求之《道藏》玄文秘旨，一一皆合。但能依此修行之，十月胎成。移鼎温养之后，又参向上一著，方可看《悟真下篇》，求精进法。又当自然有希有之遇，有不言传者。若不如此次第行之，则身中无主，婴儿不育，妄参禅学，如水之无源，木之无根，觉成顽空。顽空之下，不思工字，用工丹田合一，方是贯通之理。一有走漏，到老无成，终归轮回恶趣。皆思平日空下工夫，修炼成丹，合一成真，方是贯通诚实也。再用丹田，修炼成珍，则脱体化神，方是宝也。修得实宝在身，丹成之后，修成深浅，把握定否，如何有报应？却是用功处，一时不可息忽，一步不可放纵。就中飞升为上，尸解为次，夺舍又次之，投胎为下矣。至如飞升，长生久视，一也；尸解，二也。二者尤须功圆行满，有代天宣化，济物利人之功，方能及此。若无功行，但足以增年益寿，亦不能为仙矣。何以言之？神一去而不回，则气一绝而不苏，上则夺舍，下则投胎，又下为无著之魂。仆痛惜愚惑之徒，谈道者千万，功成者一二，故并述以为来者之戒，不揆轻泄，冒成此书。后之作者，得玩味披研，如对师资，如见君父，珍藏什袭，永为身宝，非人勿示，非人勿传，有违此语，先祸其身，后及九祖，堕沉无间，永无出期。

时咸淳甲子[①]秋望日书于朱陵洞天

大道歌

道不远，在身中，物即皆空性不空。
性若不空神气住，气归元海寿无穷。
欲得身中神不出，莫向灵台留一物。
物在身中神不清，耗散真精损筋骨。
神御气，气留形，不须杂术自长生。
术则易知道难遇，几人遇了不专行。
所以千人万人学，毕竟终无一二成。
神若出，便收来，神返身中气自回。
如此朝朝与暮暮，自然赤子产真胎。

金锁，乃玄关处；玉匙，即元气也。静坐之际，调鼻中之息，规守中扃，以得定处，自然神息绵绵，不可以一毫别念。待调息以匀，鼻中自觉无出入息，但存中去处，一念坚固，以元气呼吸息纳于玄关，忽觉一声，其关

---

① 咸淳甲子，公元1264年。

即开，当时自有所见之趣。功夫至此，中字方洞彻矣。

　　金鼎欲留砂里汞。金鼎是中字，又即鼎炉中间。欲留存砂里汞，是元精也。玉池先下水中银。玉池，是华池。水，是神水也。金鼎中欲留其汞，静坐间，先守中扃。中扃若守得定了，出入息自然微默。微默之后，自觉息定，元气自在，内藏呼吸，待身体自觉混融，恍不知有物、有自身、有天地后，如此华池水自来。待得满口，一咽汩然有声，就下以意送至中扃。中扃玄关处，汩然一声响，似开锁，恁时就闭目回照，顾己内境，自灵异，景象不可尽述之耳。

金丹问答

（略①）

《养生秘录》终

---

① 此篇《金丹问答》，即是《金丹大成集》卷二《金丹问答》，故节略之，不再录入。

第二十四编　太上修真玄章

点校说明

1.《太上修真玄章》，不著撰人，疑出于宋元时期，收入《道藏》太玄部。

2. 全书分十章，言丹家性命修炼之道，兼采宋儒之性气说，大抵出于宋元道士之手。其说祖述张紫阳金丹论，故亦可视作南宗之文献。

3. 本篇据《道藏》第 23 册《太上修真玄章》为底本整理。

太上修真玄章

一气化生章第一

神者，性也。有天地之性，有气质之性。父母未生已前，即天地之性；父母既生之后，即气质之性。气者，有天地之气，真气也；父母之气，凡气也。盖人初在母腹中，受父精母血，成其朕兆也。所谓凡气合空洞帝真九气，而全其体段，所谓真气也。一气生胞，二气生胎，三气长灵，明仙之气而生魂，性始来。以体段未具，而不能灵。迨夫四气魄生，五气脏生，第六气高真冲融之气而生灵，体段始具，则能动。动则神生，神生则性灵。至九月气足，十月胎圆，然后降生。

性命根蒂章第二

神仙云：人在母腹中，其脐带与母脐带相连，母呼亦呼，母吸亦吸。及乎降诞，剪去脐带，然后各自呼吸。而所受父母一点凡气，则栖于下丹田中，而寄体于肾。其丹田前对脐，后对肾，在脐肾之间，其连如环，广一寸二分，有二窍，以应乾坤。上通泥丸，下贯涌泉。旁有六窍，以应坎离震巽艮兑，以通六腑。一身之气，皆聚于此，如水之朝东，辐之凑毂，故此窍为命之根蒂，其性居丹田泥丸，而寄体于心。泥丸者，在人之首，明堂之间，六合之内，是为顶门，故世呼婴儿顶门为性门也。性门未合，皆知宿生因缘等事，合则忘之矣。故泥丸为性之根，能知性根命蒂，则始可言修炼矣。

先天后天章第三

天地之气有二，未受胎已前，谓之先天，又谓之母气。其为气也，至大至刚，充塞天地，周流六虚，昼夜不息。人才受胎，便禀此气，谓之后天，又曰子气。又云日月发生之气，即前所谓混合空洞帝真九气是也，其实一气耳。其气亦充塞人腔子里，每日用子时，斗柄帖地，先天之气随斗柄，从九地之下发生，周流六虚，造化万物。子时非人间之子时也。日用二六时中，常常收视反听，顿觉身中暖气冲然，即其时也。丹经云：精生其时，时至自知，百刻之中，切忌昏迷。天地之气既生，人身之子气亦感类，而从其发生，上升丹田，点化凡气，以成人身之造化。

形神玄用章第四

形者，神气之舍；神者，形气之主。形气非神，块然一物，灵神非形气，则茫然无归宿之地。呜呼！神则性也，气则命也，二者不可偏废。修性而不修命，紫阳云：精神属阴，宅舍难固，未免长用迁徙之法。修命而不修性，释氏云：炼气纯粹，寿可万岁，若不明正觉三昧，报尽还来，散入诸趣。所以儒家云：论性不论气不备，论气不论性不明。要知性为上，气次之。

金丹作为章第五

炼金丹者，以形譬鼎器，气喻药物，神喻火功。忘机绝虑，收视返听，使精神魂魄意五者不泄，定鼎器也。昼牝夜玄，摄心一处，终日默默，如愚如痴，采药物也。惺惺不昧，了了常如，神不外驰，其气自息，调火功也。是以圣人忘形以养气，忘气以养神，忘神以养虚，形神俱妙，与道合真。所谓忘者，非枯木死灰，面壁昏坐，懵然无知之谓也。心若太虚，内外贞白，圆活如走盘之珠，澄湛如印潭之月，动而不动，静而不静。必有事焉而勿正，心勿忘，勿助其长，纵之不逸于外，制之不拘于内，胸次间常虚豁豁地，夫是谓真忘矣。若夫虚化神，神化气，气化形，死矣，是与凡夫无别。

虚无生化章第六

天地之外，曰太虚太无，总曰虚无，又曰虚空。以无心，故虚故无，虚则能容，无则能化。是以物各付物，事各付事，形各付形，气各付气。四者各付本根，天地自覆载，日月自运行，阴阳自升降，寒暑自往来，四时自推迁，五气自顺布，飞潜自动静。色自色，天地亦何容心焉。此天地所以能长且久也。人不能与天地同长久者，以其有心，故不能虚无。苟能虚无，其神自来归。神归气复，始可言修炼矣。

修炼三治章第七

夫修炼之法，当先慎言语，次节饮食，其次省睡眠。此三者，乃修仙修佛之大关键也。胡为而言哉？老君曰："玄牝之门，是谓天地根。绵绵若存，用之不勤。"玄牝者，神气也。口鼻者，神气之门户也。出息入息，长收缓放，使之绵绵，归根复命，以养元气。故先之以慎言语。紫阳云：虚无生一气，一气产阴阳。人自日用发生之气，每凭虚而生，人才饥虚，便思饮食，以故塞其气。其气既塞，不能归元，则随声色香味、喜怒哀乐耗散之矣。故次之以节饮食。学道之士，如鸡抱卵，使暖气相续，才有间断，赚他性命。人若贪睡，则神离于气，气无所主，奔溃肆逸，欲望凝结，其可得乎？故次之省睡眠。

神气交媾章第八

既能慎言语，节饮食，省睡眠，然后行内炼采药之方，坐禅修幻之法，次第而行之。由先天之母气下降，而后天之子气上升，俱会于丹田，默化父母之凡气。日久月深，凡气炼尽，真气充实，其气油然而生，莫之能御。自双关升泥丸，与神交姤，所谓"追二气于黄道，会三性于元宫"，仍化成甘露，自玄雍而下，复入丹田，一升一降，成其造化。但要此心虚无，一念不动，然后相应，不然则药材消耗，火候差殊，不作丹也。此皆出于自然，不可存神运气，与揠苗助长之说同日语矣。

动静升降章第九

动极生静，静极生动，一动一静，互为其用而已矣。如天地之妙，其动也辟，其静也翕，不辟则不翕，不翕则不辟。辟兮翕兮，生生无穷。若静定之功既极，元阳之气自生。气之生也，乾坤震动，山岳动摇，龙象争驰，风火相激，醍醐灌顶，光射帘帏。已而淫淫若春泽，液液象解冰，自头流达足，究竟复上升。往来三宫，自升自降，无暂休息，一升一降，为一周天。盖气上升为冬至子时，一阳生于五阴之下，其卦为复。进退至坤，六阴既极，复变而升。二至二分，晦朔弦望，五行四象，二十八宿，三百六十五度，攒簇归一刻之中。一刻故有一年之气象，一年三万六千刻，刻刻要调和，除却卯酉外，可以夺天上三万年气数。此皆与天地造化默相符合，非执文泥象之法也。

炼气成神章第十

当此之时，气脉调和，精神爽快，曦然如浴之方起，睡之正酣[①]，夫妇合

---

① 酣，底本作"醒"，据《金丹四百字》改。

欢，子母留恋。自神抱其气，气抱其神，日积月累，互相交合，打成一片，阴尽阳纯，遂成真人。迨夫脱胎神化，身外有身，聚则成形，散则成气，去来无碍，灵显自如。造化莫能拘，阴阳莫能制，鬼神莫能测，寒暑不能侵，逍遥乎无何有之乡，与虚无同其体矣。

《太上修真玄章》终

附 录

易筋经

（道光三年新刊、市隐斋藏版）

《易筋经》序[1]

顺施则凡，逆施则道，亘古及今，万仙万佛不能外此而别有造化。顺逆者，阴阳也。阴阳交而万物生，阴阳隔而天地否。《易》曰："一阴一阳之谓道。"此理之在天下，荐绅先生或有能言之者。

慨自释迦把断要津，金钵盂遂沉海底。释部谈空，真机罕露。彼人只知权、顿、渐三法，不知精、气、神三宝。人皆知三教一原，又孰知三教一法乎？祖祖相传，同是这个。惟此圣神功用，运之于内则成道，运之于外则成力；运之以求嗣则中的，运之于御女则无敌。祖师慈悲，但愿举世尽成仙佛，读者其知所轻重矣。吾闻有道之士，神威慑人，揭地掀天，排山倒海，叱逐风雷，斡旋造化，意之所至，无不披靡。力云乎哉，小矣。

是书无刻本，传写甚讹，兹得黄舆山人秘本，用较鲁鱼，因付之梓，以公同志。

道光三年岁次癸未花朝日、济一道人傅金铨题于合阳丹室

---

[1] 本篇原题《易筋经后序》，在《易筋经》篇末，现移到篇首。

李卫公序

后魏孝明帝太和年间，达摩大师自梁适魏，面壁于少林寺。一日，谓徒众曰："盍各言尔所知，以识尔等之功行若何。"众述其进修。师曰："某得吾皮，某得吾肉，某得吾骨，某得吾毛肤，惟慧可能得吾髓"。而后人漫解之，以为喻入道之浅深，不知实有所指，非漫语也。

迨九年功毕，示化，葬熊耳山，却乃携只履西归。去后，面壁处，碑砌坏于风雨，寺僧重修之，得一石函，虽无封锁，而百计不能开。有慧可徒曰："是必胶漆之固也。"熔蜡满注，遂解。众视，乃藏密经二帖：一名《洗髓》，一名《易筋》。皆天竺国文，僧众不识。间有西僧能译之者，亦仅十之一二。无复至人口授其秘，即所得少译之文，将以之为皮毛乎？为唾余乎？孰能罄会其微哉！寺僧各执己见，就其少译者，演习之，皆视作旁门，遂流于技艺，而为三昧之游戏。其了道法门，亦岌岌乎将已矣。于是少林僧众，仅以角技擅长，是得斯经之一斑耳。

然此经命名曰《洗髓》、曰《易筋》，余思非无说也，盖其传有在矣。昔者一客问东方朔曰："先生有养生诀乎？"答曰："无他术，吾能三千年一洗髓，三千年一伐毛，吾已三洗髓、二伐毛矣。"客以为滑稽之戏语也，孰知果有是事哉！吾意达摩大师，必得东方朔之诀者，即其问众僧某得吾皮、肉、毛、肤、骨、髓之说，实有所指，非滑稽语也。故慧可数十年，竟得其《洗髓》经文，本寺但传之衣钵而去，可登正果，已了其道。其《洗髓》之秘，是以后世无传焉。惟《易筋》一经，虽留镇山门，以光师法，终为俗僧之武备，其西来心印法门，俱目之渺渺若空言也。

后一僧游至少林，见寺僧不勇于为善，而勇于用力，各以斗狠为功课。叩其故，寺僧有表其由者、出其经者。此僧超异绝识，乃悟曰："达摩壁其经文，欲人了道，岂止此末技，而为游戏哉？此经虽不能尽译，其奥自当有译之者。"乃怀经远访，遍历山岳。一日抵蜀，登峨嵋山，得晤西竺圣僧般刺密帝，言及此经，并陈来意。圣僧曰："此佛祖心传妙印之先基也，然此经文义渊深，皆通凡达圣之事，非一时可以指陈精意。"乃止僧住于山，教以进修法。至百日而身极固，再百日而身充周，又百日而身如金石。欲驯此僧入佛而登圣域，僧果志坚不落尘世，乃随圣僧化行海岳不知所之。

徐鸿①客遇之海外，得其秘谛，授之虬髯，虬髯又授之与余。余尝试之，辄有奇验，始信佛语真实不虚。惜乎未得洗髓之秘，不能游观佛境。又惜余立志不坚，不能如僧有不落尘世之愿，乃仅成六花小技，而佐征伐之功。虽一时受知遇于圣天子，而取公侯禄，然此心终为愧歉也。谨叙其由，俾知颠末，后之学者务期了道，切勿效区区作人间勋业事，庶不负达摩壁经之意，亦不负余传经之心也。若曰神勇，足以名世，则古之以力闻者多矣，奚借是哉！是为序。

大唐贞观二年三月朔三原李靖药师甫题

牛将军序

我，武人也，少未深于文章，好弄长枪大剑、驰马弯弓以为乐。值中原多故，徽、钦北狩，泥马渡河，江南多事。余因应少保岳元帅之命，署为裨将，屡立战功，遂擢大将。

忆昔年奉少保奉命出征，追后旋师还鄂。途中，忽见一僧，状貌奇古，类阿罗汉相，手持一函入军营，嘱余致与岳少保。叩其故，僧曰："将军知少保有神力乎？"余曰："不知也，但见吾少保能挽百钧弓耳。"僧曰："少保神力，天付之欤？"余曰："然。"僧曰："非也，余授之耳。少保幼曾从学于余。神力功成，余嘱其相随入道。不从而去，作人间勋业事。名虽成，患将至。呜呼！天也，命也，运也，奈若何？而今将及矣。致此函，或能返省获免其厄，亦未可知也。"余闻言，不胜悚然。异叩姓名，不答；叩所之，曰："西访达摩师。"余摄其神威，不敢挽留，竟飘然而去。

少保得函，读未数行，竟泪下曰："吾师神僧也，不吾待，吾其休矣。"因从襟袋间出一册付余，曰："好掌此册，择人而授，勿使进道法门，斩焉中绝，有负神僧也。"不数月，少保果为奸相所害。余心伤少保，冤愤莫伸，视功勋若尘土，固无复人间之想矣。念少保之嘱，不忍负恨。武人无巨眼，不知斯世界谁具证道根行、可传此册，具藏于嵩山石壁中，俟有道缘者自得之，以衍进道法门，庶免余妄传之咎，可以酬对少保于天上矣。

大宋绍兴十二年宏毅将军牛皋鹤九甫题

---

① 鸿，底本作"鸿"，据他本改。

海岱游人序

予少之时，惟耽诗书，暮年好与方外人交，暇则游吟于海岱之间。一日至太白山，偕友人挈榼携壶于海滨，藉草而饮，远眺霜林老叶，红映水光。

正在诗兴勃之际，忽一西羌人，自西而东，经此憩息。予见其修雅可亲，乃止而饮。问："所之？"曰："胶崂访师。"又问："何长？"曰："神勇。"在座俱茫然，请问神勇之故？曰："吾并指可贯牛腹，侧掌可断牛头，挛拳可碎虎脑。不信，请试于腹。"乃以木石铁锤，令壮仆击之，若罔知也。以巨绳系其睾丸，缀以车①之轮，压以巨石，曳轮而走若驰。又系其两足跟，令三四壮者曳之，屹立不移也。众愕然曰："有是哉，天付之欤？亦人力欤？"曰："人也，非天也。"叩其用？曰："却病一，永不生虚疾二，终身壮健三，饥寒不迫四，多男灵秀五，房战百胜六，泥水探珠七，御侮不慑八，功成不退九，此皆小用者也。基之成佛了道，乃其至耳！"问其所得？曰："吾师僧，僧师神，递有传授。"乃出书一册，众阅之，乃知神勇之由筋可易，而积力生于积气也。酒已，羌人欲去，挽之不得。曰："观尔言，志异于众，愿以此书赠。吾访神师，频游佛地，不暇留此也。"

余再四思，惟读圣贤书五十余年，学圣贤不能至，落得一迂腐老儒。凡事斤斤论理之有无，不知理之外别有天地，非迂儒辈所能探索者。此书为药师序，药师岂妄语哉？盖思上古称有勇力者，殷王受荡舟，羿鸟获孟贲、夏育、北宫黝、伍子胥、项籍、朱亥、东海壮士，皆以力闻于世，惟孔子有神勇不以力闻。凡此岂皆天赋，亦出于人为，应亦载之经籍，或经秦火而失耳。经云：基之作佛，此则西竺古先生之超越处，非中原人所可藐观焉者。噫！吾安能起卫公、武穆，与之共访神僧于世外也哉！惜吾老矣不能用，且珍藏笥中，俟有佛骨者呈之，以为一助云尔。

大元中统元年庚申秋九月海岱游人题

---

① 车，底本作"牛"，改。

易筋经 卷上

西竺圣僧般剌密帝 译义

济一子珊城傅金铨 校正

总论

译曰：佛祖大意，谓登正果者，其初基有二：一曰清虚，一曰脱换。能清虚，则无障；能脱换，则无碍。始可入定，始可出定。知乎此，则进道有基矣。所云清虚者，《洗髓》是也；脱换者，《易筋》是也。

其《洗髓》之说，谓人之生感于情欲，一落有形之身，而脏腑、肢骸，悉为滓秽所染，必洗涤净尽，无一毫之瑕疵之障，方可步超凡入圣之门。不由此，则进道无基。所言《洗髓》者，欲清其内；《易筋》者，欲坚其外。果能内清虚而外坚固，登圣域在反掌之间耳，何患无成？《易筋》者，谓人身之筋骨，虽由胎禀，而受之各异，有筋弛者、筋挛者、筋靡者、筋弱者、筋缩者、筋壮者、筋舒者、筋劲者、筋和者，种种不一，悉由胎禀。如筋弛则瘓，筋挛则瘦，筋靡则痿，筋弱则懈，筋缩则亡，筋壮则强，筋舒则长，筋劲则刚，筋和则康。若其人，内不能清虚而有障，外不能坚固而有碍，岂能入道哉？故入道莫先于易筋，以坚其体，壮内以助其外，否则道亦难期。所谓《易筋》者，易之为言大矣哉。易者，乃阴阳配合之道也。易，即变易之易也。易之变化，虽存乎阴阳，而阴阳之变化，实存乎人。弄壶中之日月，搏掌上之阴阳，故竖系之在人，无不可易。所以为虚、为实者易之，为寒、为热者易之，为刚、为柔者易之，为静、为动者易之。高下者，易其升降；先后者，易其缓急；顺逆者，易其往来。危者，易之安；乱者，易之治；亡者，易之存。气数者，可以易之挽回；天地者，可以易之反覆，何莫非易之功也。至于人身之筋骨，岂不可以易之哉？

夫筋，人身之经纬也。骨节之外，肌肉之内，四肢百骸，无处非筋，相联络贯通，周行血脉，而为精神之外辅。如人肩之能负，手之能提，足之能履，通身之活泼灵动者，皆筋使之然，岂可容其弛挛、靡弱哉？而瘓瘦者、痿懈者，又宁许其入道乎？佛祖以挽回斡旋之法，俾筋弛者易之以和，筋挛

· 462 ·

者易之以舒，筋靡者易之以壮，筋弱者易之以强，筋缩者易之以长。即绵泥之身，可立成铁石，何难易之？勇力，身之利也，圣之基也，此其一端耳。故阴阳为人握，而阴阳不得自为阴阳，人各成其阴阳也，不为阴阳所罗，以血肉之躯，而易为金石之体。内无障，外无碍，始可入得定去，出得定来。然此功夫，实非细故，功有渐次，法有内外，气有运用，行有起止。至若药物器制、节候岁月、饮食起居，各有证验。入斯门者，务宜先办信心，次立肯心，奋勇往坚，精进如法，行持而不懈，自无不立跻圣域矣。

般剌密帝曰：此篇就达摩大师本意，言《易筋》大概，译而成文，毫不敢加之意见，创造一语。后篇行功法则，具详原经译义。

膜论

夫人之一身，内而五脏六腑，外而四肢百骸；内而精气神，外而筋骨肉，乃共成一身也。脏腑之外，筋骨主之；筋骨之外，肌肉主之；肌肉之内，血脉主之。周身上下，活泼动摇者，此又主之于气也。故修炼之功，全在培养气血，即如天之生物，亦不过随阳气之所至，而百物生焉。况于人之生乎！又况于修炼乎！

夫精气神，无形物也；筋骨肉，有形身也。无形者，有形之本。此法必先炼无形者，为有形之培；有形者，为无形之辅。是一而二、二而一也。若能养无形，而弃有形，则基于道；炼有形，而存无形，则成于技。凡有形之身，必得无形之气，相倚而不相违。是故炼筋，必须炼膜；炼膜，必须炼气。然炼筋易而炼膜难，炼膜难而炼气尤难也。先从极难处，立定脚跟，向不动不摇处，认斯真法，务在培养元气，守其中气，保其正气，护其肾气，养其肝气，调其肺气，理其脾气，升其清气，降其浊气，避其邪恶不正之气。勿伤于气、逆于气，忧思怨怒损于气。使气清而平，平而和，和而畅达，能行于筋，而串于膜，以致通身灵动，无处不行，无处不到。气至则膜起，气行则膜张，能起能张，则膜与筋齐坚而齐固矣。

若炼筋不炼膜，而膜无主；炼膜不炼筋，而筋无依。炼筋、炼膜而不炼气，则筋膜泥而不起；炼气而不炼筋膜，则气委不能宣达，流串于筋膜。气不能流串，则筋不坚固。此所谓参互其用，错综其道也。俟炼至筋起之后，必宜加倍功夫，务使周身膜皆腾起，与筋齐坚固，外养于皮，并坚其内，始为了当。否则筋坚无助，譬如植木无土培养，岂全功哉！

般刺密帝曰：此篇言易筋以炼膜为先，炼膜以炼气为主。然此膜，人多不识，不可为脂膜之膜，乃筋膜之膜也。脂膜，腔内物也；筋膜，骨外物也。筋则联络肢骸，膜则包贴肌骨。筋与膜较，膜软似皮；肉与膜较，膜劲于肉。膜居肉之内、骨之外，乃包骨衬肉之物也，其状若此。行此功者，必使气串于膜间，护其骨，壮其筋，合为一体，乃曰全功。

内壮论

内与外对，衰与壮对。衰与壮较，壮可久也；内与外较，外可略也。盖内壮言道，外壮言勇。道植圣基，勇仅俗务；道成百劫，不化之身；力仅一时豪杰之用，悬霄汉矣。

凡炼内壮者，其法有三：

一曰守此中道。守中，专于积气也。积气，专于耳、目、鼻、舌、身、意也。其下手之妙，要在于揉。揉法详后。凡揉之时，解襟仰卧，以手掌着其胸腹之间，即含其眼光，凝其耳韵，匀其鼻息，缄其舌气，免其身劳，锁其意驰，四肢不乱，一念冥心。先存想其中道，后绝去诸妄，渐至六时不动，是名曰"守"，是云合式。盖揉在于是，而守在于是，则一身之精气神，俱注于是，久久积之，自成庚方一片矣。设而杂念纷纭，驰想世务，神气随之而不凝，乃虚其揉矣，何益之有？

二曰万勿他及。人身之中，精神与气血，不能自主，悉行于意，意行则行，意止则止。守中之时，意随掌下，是为合式。若驰意各肢，其所凝积精气、神髓，即走散于各肢，即成外壮，而非内壮矣。揉而不积，是虚其揉矣，有何益哉？

三曰待其充周。凡揉与守，所以积气。气积，则精神血脉，悉附之。守之不驰，揉之且久，气惟中蕴，而不旁溢。气积而力自积，气充而力自周遍。即《孟子》所谓："浩然之气，至大至刚，塞乎天地之间"者。设未及充周，驰意外走，散于四肢，不惟外壮不壮，而内壮亦不坚矣。

般刺密帝曰：人之初生，本来原善。若为情欲杂念分去，则本来面目，一切抹倒，又若为耳、目、口、鼻、声、意，分损灵气，蔽其慧性，所以达摩祖师，面壁少林九载者，是不纵耳目之欲也。耳目不为欲纵，猿马自被其锁缚矣。故得斯真基之法，始能只履西归。此篇乃达摩心印真经，法在"守中"一句，用在"含眼光"数句。若能如法行之，则虽愚必明，虽柔必强，极乐世界，可立而登矣。

揉法

夫揉为用，意在磨砺其筋骨也。筋骨磨砺，而后能壮。磨砺者，即易之之谓也。其法共三段，每段百日。

一曰揉有节候。初春月起功，初行时，其春寒，难以裸体，只可解襟；次行二月中旬，天道渐和，方能现身下功。渐暖，方能通便，任意行也。

二曰揉有定式。人身右气左血，凡揉之法，宜从右揉向左，使气入血分，令其通融。又取胃居于右，揉令胃宽能食。又取揉者，右掌有力，而用不劳。

三曰揉宜轻浅。方揉之际，虽曰人功，实法天地之义。天地生物，渐次不骤，气至自生，候至物成。揉之之法，但取推荡，徐徐往来，勿重勿深，久久自得，乃为合式。设令或重，必伤皮肤，恐生瘢疵；深则于肌肉筋膜，恐生热肿，不可不慎。

采精华法

太阳之精，太阴之华，二气交融，是生万类。古人知之，而善咽之，久皆仙去。其法秘密，世人莫知也。况无坚志，无恒心，是谓虚负居诸。行内炼者，自初功，至于功成，不少间断，以至于终身，勿论闲忙，勿论时候，而采咽精华之功夫，务须勤行。盖取阴阳之精英，益我神智，愚滞渐开，清灵日长，百病不生。

采咽之法，日取于朔，谓与月初交，其气新也。月取于望，谓金水盈满，其气旺也。设朔望值阴雨，或不暇，则取初二初三、十六七。过此六日，虚而不可取也。

取日于朔，宜日初出，时即静对，调匀鼻息，细吸光华，令满口，闭息凝神，细细咽下，以意送至中宫，是为一咽。如此七咽，静守片时，然后起行，任从应酬。

望取月华，亦如前法。于戌亥时，采咽七次。

此天地自然之利，惟有恒心者，为能享用之。亦惟有信心者，乃能自取之。此一部大功，不可忽也。

《真诰》曰：日有九芒，月有十芒，故诸玄有服日月芒法。

服药法

炼壮之功，外资于揉，内资于药。行功之际，先取药一丸服之，约药入胃将化之时，即行揉功。揉与药力，两相迎凑，乃为得法。不然，过犹与不及，皆无益也。行一次，服药一次，照此为常。

内壮丸药方

野蒺藜（炒，去刺）、白茯苓（去皮）、白芍药（火煨，酒炒）、熟地黄（酒制）、炙甘草（蜜炙），以上各十两。人参、白术（土炒）、全当归（酒洗）、川芎，以上各二两。[①]

右共为细末，炼蜜为丸，约重一钱。每服一丸，或汤或酒送下。

一云：多品合丸，其力不专，另立三方，只须一味取用。

一方：蒺藜，炒，去刺，为末，炼蜜为丸，每服一钱。

二方：朱砂，水飞，每服三分，蜜水调下。

三方：白茯苓，去皮为末，蜜水调下。或作块，浸蜜中，久服愈佳，每服一钱。

---

① 来章氏本《易筋经》所载有"朱砂（水飞）"一味。

汤洗水药方

行功之时，频宜盐水汤洗。盖取盐能软坚，功力易入。凉能散火，不致聚热。一日一洗，以此为常，功成则止。

法用地骨皮、食盐，各量用，煎水，乘热汤洗，则气血融和，肌肤舒畅。

初月行功法

初行功时，择童子数人，更换揉之。取其力小，揉推不重，更取其少年血气之盛。未揉之先，服药一丸，约药行之时，即行揉法。揉与药力，一齐运行，乃得其妙。揉时，当解襟仰卧，心下脐上，适当其中，按以一掌，自右向左，推而揉之，往来徐徐，均匀，勿离皮，勿乱掌，勿移动，是为合式。

当揉之时，冥心内观，守中存想，勿忘勿助，意不外驰，则精神、气息，皆附注一掌之中，是为圆正如法火候。若守中纯熟，揉推匀静，正揉之际，竟能熟睡，更为得法，胜于醒守也。如此行持，约略一时，不能定则，以大香二炷。寅、午、戌，共行三次，日以为常。如少年火盛，只宜早、晚二次，其或太骤，恐致他虞。行功毕，静睡片时，清醒而起，不误应酬。

二月行功法

初功一月，气已凝聚，胃中觉宽，其腹两旁，筋皆腾起，各宽寸余，用力努之，硬如木片，是其验也。两肋之间，自心至脐，软而陷者，此则是膜，较深于筋，掌推不及，不能腾也。至于此时，于前所揉一掌之旁，各开一掌，仍如前法，徐徐揉之。其中软处，用杵深深捣之，久则膜自起浮，至于皮与筋齐坚，全无软陷，始为全功。此揉、此捣，亦准香二炷，日行三次，以为常则。

三月行功法

功满二月，其间陷处，至此略起，乃用木槌轻轻打之。两旁所揉，各一掌处，却用木杵如法捣之。又于其旁，至两肋梢，各开一掌，如法揉之。准以二香为则，每日三次。

四月行功法

功满三月，其中三掌，皆槌打。其外二掌，先捣后打。日行三次，功逾百日，则气满筋坚，腾起肋膜有验。

易筋经　卷下

西竺圣僧般剌密帝　译义
济一子珊城傅金铨　校正

行功轻重浅深

初功以轻为主，一月后，渐可加力，乃为合宜。切勿太重，或致动火；切勿游移，或致伤皮。

初功用揉，取其浅也。渐入加力，是因气坚而增重，重仍是浅也。次功用捣，取其深也。次之用打。打外属浅，捣内属深。内外皆坚，方为有功。

两肋内外功夫

功逾百日，气已盈满。充塞周遍，譬之涧水，汩岸浮堤，稍有决导，则奔放他之，无处不到，无复在涧矣。当此之时，切勿用意引入四肢之外；切勿用槌、杵捣打，略有引导，则入四肢，即成外勇，不复来归于骨肉，不成内壮矣。

入内之法，乃乘石袋，由心口，至两肋梢，骨肉之间，密密捣之，兼用打法。如是久久，则其所积充满之气，循之入骨。入骨有路，则不外溢，始成内壮也。内外两歧，于此分界，极当辨审。中间少有夹杂，若轻用引弓、努拳、挑打等势，即趋于外，不入于内矣。

木杵、木槌式

木杵、木槌，皆用坚木为之，降真为最，文楠、紫檀次之，花梨、白檀、铁梨又次之。杵长六寸，中径半寸，圆头尖尾，即为合式。槌长一尺，周围四寸，把细顶粗，中处略高少许，取其高处着肉，两头尚有闲空，是为合式。

石袋石杵式

木槌、木杵，用于肉处，骨缝之间，悉宜石袋。石取圆净，无棱角，大如葡萄，小如榴子，生于水中者，乃堪入选。生于山中者燥，燥能动火。土中者，郁气不宣畅，皆不可用。袋用细布，缝作圆筒，如木杵形，圆其头，长约八寸，其次六寸，其次三寸。石用半斤，重者一斤，其最斤半，分置袋中，以指挑之，挨次扑打。行持既久，骨缝之间，膜皆坚壮矣。

五六七八月行功法

功逾百日，心下两旁，至肋之梢，已用石袋打，而且揉。此处乃骨之交，内壮、外壮于此分界。能于此时不向外引，则其气即向骨缝中行矣。气循打处，逐路而行，则自心口打至颈，又自肋梢打至肩，周而复始，不可倒行。日行三次，共准六香，勿得间断。如此百日，则气充周，行满前怀，任脉充盈矣。

九十十一十二月行功法

功至二百日，前怀气满，任脉充盈，则宜运入脊后，以充督脉。从前之气，已上肩头，今则自肩头，照前打法，兼用揉法。上循玉枕，中至夹脊，下至尾闾，处处打之，周而复始，不可倒行。脊旁软处，以掌揉之，或用杵槌，随便捣打。日准六香，共行三次。上下、左右，揉打周遍。如此百日，气满脊后，百病俱除，督脉充满。凡打一次，用手搓遍，令其匀润。

配合阴阳说

天地，一大阴阳也，阴阳相交，而后生万物。人身，一小阴阳也，阴阳相交，而后无百病。此一阴一阳，互用之妙，内而气血交融，自然无病。无病则壮，其理分明。

然行此功，亦借阴阳交配之义，是亦外助，盗天地、盗万物之玄机也。凡行此功，始自却病。凡人之身中，其阳衰者，多犯痿弱虚惫之疾，宜用童女或少妇，三进气以助之①。盖女子外阴而内阳，借其阳以助其衰，诚为至理。若阳盛阴衰，多犯火病，宜用童子或少男，三进气以消之②。盖男子外阳而内阴，借其阴以制其盛，亦是玄机。以是补助，岂止无病？行此功者，则从其便，以童男、女相兼用之，令其阴阳和畅，真乃玄之又玄、妙之又妙，圣神功用，自臻极至。

任督二脉说

任督二脉，为阴阳之海。人之脉，比于水，故曰脉之海。

任者，妊也，凡人生育之本也。脉起于中极之下，以上毛际，循腹而上咽喉，至承浆而止，此阴脉之海。

督之为言，都也，为阳脉之督纲。起于尾闾，由夹脊、玉枕，循顶额，

---

① 三进气以助之，该句来章氏本《易筋经》作"依法揉之"。
② 三进气以消之，该句来章氏本《易筋经》作"揉之"。

下鼻柱，至上龈而止，此阳脉之海。

人罕知之。

下部行功法

积气三百余日，前后任、督二脉，悉皆充满，乃行下部工夫，令其通贯。盖任、督二脉，在母胎时，原自相通，所以有日廓月增之盛；出胎以后，饮食出入，隔其前后通行之路。督脉，自上龈，循顶，行脊，下至尾闾；任脉，自承浆，循行腹，下至会阴，两不相贯合。甚且日至于悖处，所以有日耗月消之病。行下部之功，则气至，可以相接而交旋矣。

行此功夫，其法在两处，一在睾丸，一在玉茎。

在睾丸，曰攒、曰挣、曰揉、曰搓、曰拍；

在玉茎，曰咽、曰洗、曰握、曰束、曰养、曰闭。

以上十一字，除咽、洗、束、养外，余七字用手行功，皆自轻至重，自松至紧，自勉至安，周而复始，不记遍数。日行六香三次，百日成功，则其气充盛，超越万物。

凡攒、挣、拍、揉、搓、握六字，皆手行之，渐次至重。若咽气，初行之始，先吸气一口，以意消息咽下，送至胸；再吸一口，送至脐；又吸一口，送至下部行功处，然后乃行攒、挣等功。握字功，要努气至顶，为得力，日以为常。洗者，用药水逐日烫洗。洗有二意：一取和血气，一取苍老皮肤。束字，功毕、洗毕，用软帛作绳，束其茎根，松紧适宜，取其常伸不屈之意。养者，功成物壮，鏖战胜人，是其本分。犹恐其嫩，先用旧鼎，时或养之。养者，谓安闲温养，切勿驰骋，多战方能无敌。

功行百日，久之益佳。弱者强，柔者刚，缩者长，病者康，居然伟丈夫也。若木石、铁槌，吾何惴哉！以之鏖战，泥水探玄，可以得珠。以之求嗣，则百斯男。吾不知天地间，更有何药复加于是？此功此法信受者，实乃宿契也，岂小补哉？

行功禁忌

　　自上部初功，至此凡三百余日，勿多近内。盖此功以积气为主，而精神随之。初功百日，宜禁忌之。百日功毕，后可进内一次，疏通其留滞，多或二次，万不可三，向后皆同。行功至下部功时，五十日间，疏放一次，以去旧生新。以后直加保养固守，作壮之本，万勿浪用。此后功成气坚，收放在我，顺施则人，逆施则道，非凡宝可喻价也。

下部洗药方

　　行下部功，常以药水日日烫洗。盖取药力通和气血，苍老皮肤之义。且解热退火，不致他变也。

　　法用：地骨皮、蛇床子、甘草三味，各等分，用煎汤洗，先温后热，缓缓汤之。每日一二次，日以为常。

余伎

　　精气与神，炼至坚刚，永固之期，自有作用根基，希仙作佛，能勇猛精进。设人缘未了，用之临敌①，其功要处，在于意有所寄，气不外驰，则精自不狂，守不走失。欲延嗣，则按时审候，应机而射，百发百中，无不孕者。设欲鏖战，则闭气存神，按队行兵，自能无敌。若于下炼之时，加吞咽、吹吸等功，相兼行熟，则为泥水采补，最上神锋也。

内壮神勇

　　壮有内外，前已言矣。然分量，尚未究竟，今再明之。向行胁肋打揉之法，气入骨内，致令任督二脉，气充遍满，前后交接矣。尚未见力，何以言勇？盖以气未到手也。

---

① 敌，底本作"时"，据来章氏本改。

法用石袋，照前行之。先向右肩，以次打下，至于右手中指之背。又从肩背打至大指、食指之背。又从肩后打至无名指、小指之背。[①] 又从肩里打至掌内大指、食指之梢。又从肩外，打至掌内中指、无名指、小指之梢。打毕，用手处处搓揉，令其匀和。

日限六香，分行三次，时常烫洗，以疏气血。功毕百日，其气始透，乃行左手，仍准前法。此则从骨中生出神力。久久加功，其臂、腕、指、掌，异于寻常，以意努之，硬如铁石，并指可贯牛腹，侧掌可断牛头，努拳可碎虎脑，皆小用之末伎也。

练手余功

炼手之际，用功之后，常以热水，频频汤洗。初温次热，次大热。自掌至腕，皆令周遍，汤毕，勿拭，即乘热摆撒其掌，以至自干。摆撒之际，以意努气，至指尖，是生力法。以黑、绿二豆，拌匀置斗中，以手插豆，不计其数。

一取汤洗，和其气血；一取二豆，能去火毒；一取磨砺，坚其筋骨，厚其皮肤。如此功久，则从前所积之气，行之于手，而力充矣。其皮肉、筋膜，与骨相着而不软动。不用之时，与常人无异。用时，注气一努，则坚如铁石，以之搏击，诸物应手而碎。

盖此力，自骨中生出，与世人之外壮不同。内外之分，看筋可辨。内壮者，其筋调畅，其皮细腻，而力极大；若外壮者，其皮粗老，其掌、腕、臂，处处筋皆盘结，状如蚯蚓，浮于皮外，其力多轻。此内外之辨也。

外壮神力八段锦

内功既成，骨力坚凝，然后方可引达于外。盖以其内有根基，由中达外，有本之学也。

炼外之功，概以八法：曰提、曰举、曰推、曰拉、曰揪、曰按、曰抓、

---

① 本句从来章氏本补。

曰拧。

于此八法，努力行之，各行一遍，周而复始，不计其数。亦准六香，日行三次，久久功成，力充周身矣。用时，照法取力，无不响应，骇人听闻，所谓手托城闸，力能举鼎，手搦猛虎，曳舟于陆，挟辀而趋，植麾于风，窃舟于壑，俱非异事。其八法，若逐字单行，以次相及，更觉精专，任从其便。

神勇余力

内外两全，方称神勇。其功毕矣，以后常宜演炼，勿轻放逸。一择园林树木之中，大而茂盛者，是得旺相之气。暇时，即至树下，任意行功，或槌或抱，或推扯、踢拔诸势，任意为之。盖取得其精气，又取努以生力，不懈成功也。一择山野大石，挺立秀润，光洁殊众者，时就其旁，亦行推按种种字法，常时演之。

运力势法

其法用身蓄气，处处运之，挺然直立，彻顶踵，无懈骨。卷肱，掌指稍出，两足齐踵，相去数寸，立定。从上如按物难下，凡至地转腕，托物如难上也，过其顶；两手稍侧，又攀如难下，至肩际，转腕，掌向外，微卷之，则卷肱，立如初。乃两肱，向①后者，欲气不匿胸间耳。却舒右股拦之，欲右者以左手逮乎左，左之爪相向矣。如将及之，则左手撑而及左，右手扯而却右。左射引满，右肱卷之如初矣。则舒左股拦之，右手撑，左手扯，扯之且满，以右法左。左右互者，各三之，则两股，立如初。左手下附左外踝，踝、掌、胫竞相功也，则以右手推植物，左倾。倾矣，故曳之，使右依肩际。如是者三之，则右手亦下，左手推曳之。如右法者三之，则卷两手，立如初，平股掇重者，举之势极则扳，盖乳旁而卷矣。握附左腹，右间不附腹也。高下视脐之轮，则臂右卷，扼右卷旁。一强物，至左外踵，转腕托上，

---

① 向，底本作"开"，校改。

托尽而肱且直则投，而下至右际，拳之右掌，右腰眼。左右互者各三之，徐张二拳而前交，叉手举，势极则转腕。举者，掌下十指端上也。攀者，十指端下也。又，掌上拱，着顶圆筐，腋下卓焉。

就其势倒而左，入左足外，以前势起，倒而互者各三之。凡人倒左者，左膝微诎。不诎者，法也。乃取盐汤濯右手背，指濡之，平直右股，挥横之，燥则濯左。左挥右燥，复右互者各三之，计挥且数十矣。自是，两股不复卷矣。乃蹬右足数十下，亦如之数，以其踵，或抵之颈，以其指或插之地，则屹立敛足，举踵顿地数十。已而，两足蹲立，相去以尺，乃挥右掌，前击数十，左亦如之，而功竣焉。

凡势左右，各以其拳，但凡功日二三，必微敛后一时。行时，则以拳遍身捶打，勿使气有所息。时揸五指头，捣户壁。凡按久，而作木石声焉。坐屈上之，屈拳前之。卧必侧面，上手拳而杵席坐卧，各因其左右拳，皆握固焉。

韦驮献杵第一势

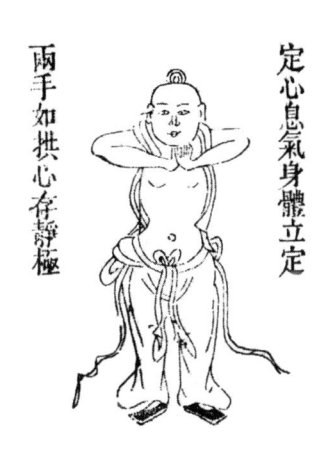

定心息气，身体立定。两手如拱，心存静极。

韦驮献杵第二势

韦驮献杵第三势

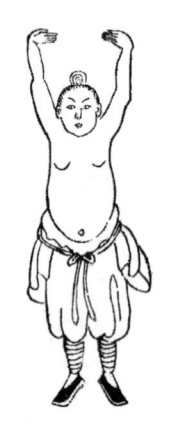

摘星换斗势

单手高举掌须下覆目注两掌吸气不呼鼻息调匀用力收回左右同之

单手高举，掌须下覆。目注两掌，吸气不呼。鼻息调匀，用力收回。左右同之。

出爪亮翅势

掌向上分足趾拄地两胁用力并腿立膀鼻息调匀目观天门牙咬舌抵上腭十指用力腿直两拳收回如挟物然

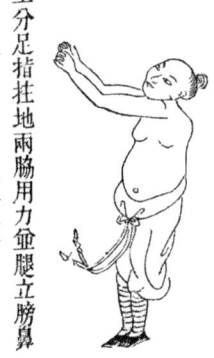

掌向上分，足趾挂地。两胁用力，并腿立膀。鼻息调匀，目视天门。牙咬，舌抵上腭，十指用力，腿直。两拳收回，如挟物然。

倒拽九牛尾势

小腹运气空松前跪后腿伸直二目观拳两膀用力

小腹运气，空松前跪，后腿伸直。二目观拳，两膀用力。

九鬼拔马刀势

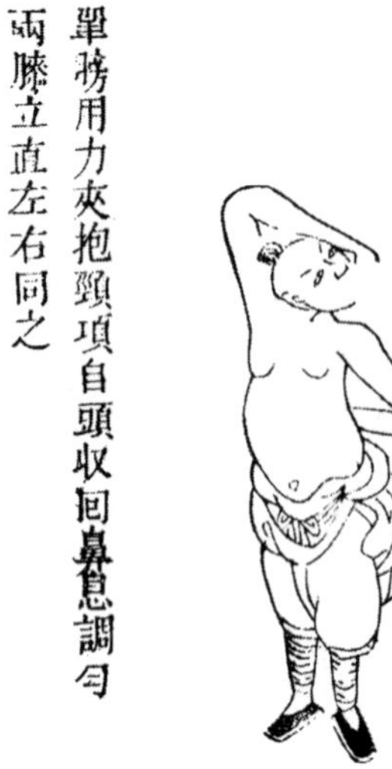

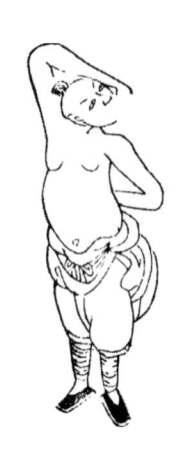

单膀用力，夹抱颈项。自头收回，鼻息调匀。两膝立直，左右同之。

三盘落地势

目注牙齿，舌抵上腭。睛瞪口裂，两腿分跪。两手用力抓地，反掌托起，如托千斤[1]，两腿收直。

---

[1] 千斤，底本作"子金"，校改。

青龙探爪势

肩背用力,平掌探出。至地围收,两目注平。

卧虎扑食势

膀背十指用力,两足蹲开,前跪后直。十指拄地,腰平头昂,胸向前探。鼻息调匀,左右同之。

打躬势

膀背十指用力兩足踞開前跪後直十扑

地腰平頭昂胸向前探鼻息調匀左右同之

两肘用力，夹抱后脑。头前用力探出，牙咬，舌抵上腭。躬身低头至腿，两耳掩紧，鼻息调匀。①

工尾势

兩肘用力夾抱後腦頭前用力探出牙咬齦

舌抵上腭躬身佤頭至腿兩耳掩緊鼻息匀

---

① 底本此图说明文字，与"卧虎扑食势"同，误。本图说明文字，误入"工尾势"说明，现移动至此。

膝直，膀伸躬鞠，两手交推至地。头昂目注，鼻息调匀，徐徐收入。脚跟顿地，二十一次。左右膀伸，七次。盘膝静坐，口心相注，闭目调息，定静后起。①

木杵图

木杵长六寸，中径寸半，头圆尾尖，即为合式。

木槌图

槌长一尺，围圆四寸，把细顶粗，其粗之中处略高少许，是为合式。

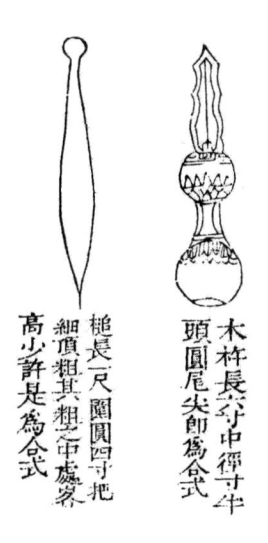

---

① 本图文字说明误刊"打躬势"说明，现说明文字增补自来章氏刊本《易筋经》。

任脉之图

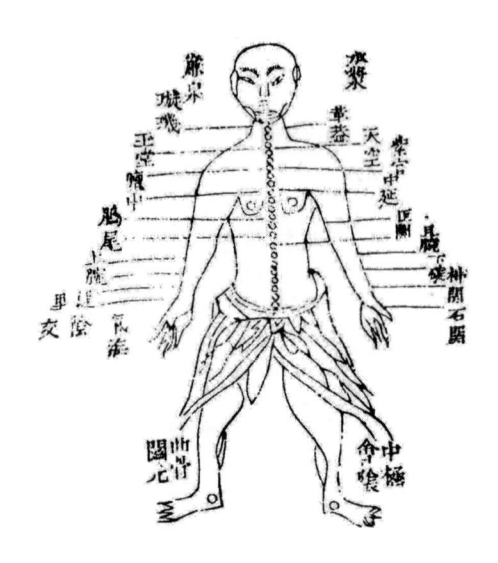

督脉之图

督脉者，起于下极之腧，并于脊里，上至风府，入脑上巅，循额至鼻柱，属阳脉之海也。中行，凡一脉二十七穴。

鼻柱下：

素髎一穴：在鼻柱上端。

水沟一穴：一名人中，在鼻柱下。人中，督脉、手阳明之交会。

兑端一穴：上唇取之，在唇上端。

龈交一穴：在唇内齿上，督、任二脉之会。

下卷终

跋①

紫凝道人②曰：予读《易筋经》，为之三复其文。见其中之德性功业，一以贯之，未尝不掩卷而叹曰："大哉斯经！之所蕴乎真仙佛之宝筏也。"然古今求道者众，而入道者累世不一见，非道之不可仰企，由渡水而不知津，登山而不知径，欲以臻彼岸，跻绝顶也，难矣。故佛以智慧入门，老氏曰"知之则泰定"。总之言，欲奏其效，必先洞明其行之之法也。

是经于天时之寒暑，必参之而稽其候；日月之盈虚，必察之而著其光。虑乎器之长短、广狭、轻重、尖圆，难中节也，为定其规制。虑乎材有高下，恐取之者不中则也。又为精其选，用药有等分、有定数，洗炼有定法，恐人失制，未必调且匀，其所谓列方而示之，准则者纤毫。必详周身之上下、内外、前后、左右，皮膜、筋骨、血气、经络之数，则又有难喻而鲜不紊其调理者，更无不尽其浅深、次第，使人开卷了然，循其序而行之，可以平步圣域而绰然有余裕矣。

由是而气盈力健，骨劲膜坚，为文武神圣之奇男子，作掀天揭地之大事业，可垂手而得。性功德业，非一以贯之哉？继此功愈纯而效愈进，则入水不溺，入火不焚，天不能为之灾，地不能为之害，寒暑不能为之贼，我命自我立，同天地无极矣。故称圆觉金仙，御风而行，逐气而逍遥，于云霓之上

---

① 此跋原在《易筋经》卷上篇末，现移到篇尾。

② 清道光五年（1825）祝文澜本《易筋经义》，其跋文署名"天启四年岁次甲子三月天台紫凝道人宗衡跋"。

者此也。始知达摩大士所言"基此作佛成仙"之语，为不诬。后之君子，诚不以予言为谬，于是经真心笃好，有以服其全功、收其成效，不负圣贤相传，引人入道之意，予更不能无厚幸云尔。

洗髓经

济一子珊城傅金铨　校

翻译《洗髓经》意序[①]

　　《易筋》《洗髓》，俱非东土之文章，总是西方之妙谛。不因祖师授受，予安得而识之？又乌自而译之也哉？我祖师大发慈悲，自西徂东，餐风宿水，不知几历寒暑；登山航海，又不知几历险阻，如此者，岂好劳耶？悲大道之多歧，将愈支而愈离，恐接绪之无人，致慧眼之淹没。遍观诸教之学者，咸逐末而忘本，每在教而泥教，谁见流而债源？忽望震[②]旦，白光灼天，知有载道之器，可堪重大之托，此祖师西来之大义也。

　　初至陕西敦煌，遗留汤钵于寺。次及中州少林，面壁趺跏九年，不是心息参悟，亦非存想坐功，总因因缘未至，姑静坐久留，以待智人参求耳。及祖师示人为第一义谛，问者多固执宿习，不能领略再请。予何人？斯幸近至人，耳提面命，顿超无上，正传正觉，更有教外别传《易筋》、《洗髓》二帙。

　　惟《洗髓》义深，精进无基，初学难解，其效亦难至，是为末后之究竟也。及其成也，能隐能显，穿[③]金透石，脱体圆通，虚灵长活，聚而成形，散则为风，然未可一蹴而至也。《易筋》义浅，而入手有据，初学易解，其效易臻，堪为筑基之初起。是必《易筋》之功竟，方可因之而《洗髓》。予得师传，行《易筋》已效，将《易筋》原本一帙，藏之少林壁间，俟有缘

[①] 本篇序言底本无，据来章氏本《易筋经》后附之《洗髓经》增补。
[②] 震，底本作"霞"，校改。
[③] 穿，底本作"串"，据文义改。

者得之。惟《洗髓》一帙，附之衣钵，远游云水，后缘行至，果获奇应。曾不敢轻以告人，又恐久而失传，辜负祖师西来之意。于是不揣鄙陋，译为汉语，止求不悖经文，不敢致饰于章句，依经详译于后，并为序言于前，以俟智者之玩味而有得也。

释慧可谨序

洗髓经

济一子珊城傅金铨　校

总意

如是我闻时，佛告须菩提。易筋工已竟，方可事于斯。此名静夜工，不碍人间事。白日任匆匆，务忙衣与食。运水及搬柴，送尿与送屎。抵暮见明星，然灯照暗室。晚夕工课毕，将息临卧具。大众咸酣寝，忘却生与死。明者独儆醒，黑夜暗修持。抚体叹今夕，过了少一日。无常迅速身，同少水鱼头。然而如何救，福慧须两足？四恩未能答，四缘未能离。四智未现前，三生未归一。默观法界中，四生三有备。六根六尘连，五蕴并三途。天人阿修罗，六道各异趣。二谛未能融，六度未能具。见见非是见，无明未能息。道眼未精明，眉毛未落地。如何知见离，得了涅槃意。若能见非见，见所不能及。蜗角大千界，蟭眼纳须弥。昏昏醉梦间，光阴两俱失。流浪于生死，苦海无边际。如来大慈悲，演此为《洗髓》。须从《易筋》后，每于夜静时。两目内含光，鼻中微运息。腹中竟空虚，正宜纳清煦。朔望及两弦，二分并二至。子午守静工，卯酉温沐浴。一切惟心造，炼神竟还虚。静中常醒醒，莫被睡魔拘。夜夜长如此，日日须行持。惟虚能容纳，饱食非所宜。谦和护保身，虚风宜谨避。借假可修真，四大须保固。柔弱可持身，暴戾灾害逼。渡河须用筏，到岸方弃之。造化生成理，从微而至著。一言透天机，渐进细寻思。久久自圆满，未可一蹴至。成功有定限，三年九载余。容纳在一纪，决不逾此期。心空身自化，随意任所之。一切无罣碍，圆通观自在。隐显度众生，弹指超无始。专报四重恩，永灭三涂苦。后人得此经，授持可奉行。择人相授受，叮咛视莫轻。

元始钟气篇

宇宙有至理，难以耳目契。凡可参想者，即属于元气。气无理不运，理非气莫著。交并为一致，分之莫可离。流行无阻滞，万物何为命？穿金与透石，水火可相并。并行不相害，是曰理与气。生处伏杀机，杀中有生意。理以气为用，气以理为体。即体以显用，就用以求体。非体亦非用，体用两不立。非理亦非气，一言透天机。百尺竿头步，原始更无始。悟得其中意，方可言洗髓。

四大假合篇

元气久氤氲，化作水火土。水发昆仑巅，四达注坑井。静坐生暖气，水中有火具。湿热乃蒸腾，为雨又为雾。生人又生物，利益满人世。水久澄为土，火乃气之焕。人身小天地，万物莫能比。具此幻化质，总是气之余。本来非有我，解散还太虚。生是未曾生，死又未尝死。形骸何留留，垂老后天地。借假以合真，超脱离凡类。参透《洗髓经》，长生无尽期。无假不显真，真假浑无隙。应作如是观，真与假不二。四大假合形，谁能分别此。

凡圣同归篇

凡夫多吃假，美衣饰其体。徒务他人观，美食日复日。人人皆如此，碌碌天地间。不暇计生死，总被名利牵。一朝神气散，油尽而灯灭。身死埋旷野，惊魂一梦摄。万苦与千辛，幻境无休歇。圣人独认真，布衣而蔬食。不贪以持己，岂为身口累。参透天与地，与我同一气。体虽有巨细，灵明原不异。天地有日月，人身两目具。日月有晦明，星与灯相继。纵或星灯灭，见性终不没。纵成瞽目人，伸手摸着鼻。通身俱是眼，触着则物倚。此事心之灵，包罗天与地。能见不以目，能听不以耳。若能常清净，不为嗜欲起。自知原来处，归向原处去。凡夫与圣人，眼横鼻长直。同来不同归，因彼多外驰。若能收放心，提念与生死。趁此身色健，精进用心力。洗髓还本原，凡圣许同归。

物我一致篇

万物非万物，与我同一气。幻出诸形相，辅助生成意。有人须有物，用作衣与食。药饵及器皿，缺一即不备。飞潜与动植，万类为人使。造化恩何洪，妄杀即暴戾。蜉蝣与蚊蝇，朝生而暮死。龟鹤麋与鹿，食少而服气。乃得享长年，人而不如物。只贪衣与食，忘却身生死。若能绝嗜欲，物我而一致。

行住坐卧篇

行如盲无杖，自然依本分。举步低且慢，踏实方更进。步步皆如此，时时戒急行。世路忙中错，缓步保安平。住如临崖马，亦如到岸舟。回光急返照，认取顿足处。不离于当念，存心勿妄动。得止宜知止，留神守空谷。坐定勿倾斜，形端身自固。耳目随心静，止水与明镜。事物任纷纷，现前皆究竟。坐如山岳重，端直肃容仪。闭口深藏舌，出入息与鼻。息息归元海，气足神自裕。浃骨并洽髓，教外别传的。卧如箕形曲，左右随其宜。两膝常参差，两足如钩钜。两手常在腹，扣脐摸下体。睾丸时挣搓，如龙戏珠意。倦即侧身睡，睡中自不迷。醒来方伸足，仰面亦不拘。梦觉浑无异，九载见端的。超出生死关，究竟如来意。行住坐卧工，只此是真谛。

洗髓还原篇

《易筋》工已毕，便成金刚体。外感不能侵，饮食不能积。还怕七情伤，元神不自持。虽具金刚相，犹属血肉躯。须遵《洗髓经》，少食多进气。搓摩干沐浴，按眼复按鼻。摸面又撚耳，不必以数拘。闭眼常观鼻，合口任鼻息。每去鼻中毛，切戒唾远地。每日五更起，吐浊纳清气。开眼去小便，切勿贪酣睡。厚褥跏趺坐，宽解腰中系。右膝包左膝，调息舌抵腭。胁腹运尾闾，摇肩手推搦。分合按且举，握固按双膝。鼻中出入悠，绵丝入海底。有津续咽之，以意送入腹。叩牙鸣天鼓，两手摩右膝。伸足扳其趾，出入六六息。两手按摩竟，良久方拳立。左脚亦如然，按摩工已毕。徐徐方站起，行稳步方移。忙中恐有错，缓步为定例。三年并九载，息心并涤虑。浃骨更洽髓，脱壳飞身去。渐几浑天化，末后究竟地。

即说偈曰：口中言少，心头事少。肚内食少，自然睡少。有此四少，长生不老。

又半偈曰：有人认得勾头草，遍地草木都吃了。

洗髓经跋

前译经文，后译口意。文言各异，意义可通。梵语达摩，华言法空。诸所有见，即不离人。执理不通，分门别户。我慢自高，同己则许。异己则毁，老死范围。如此之人，迂而且鄙。坐井观天，蟪蛄为期。祖师圆通，东游西归。只履独步，熊耳灭迹。不惟空尘，且更空理。无罣无碍，得大自在。噫嘻祖师，生于黔底。幼而颖异，少游印度。穷诸教谊，不泥言筌。直见渊源，特来东土。直指性地，解缠出缚。人天师资，感祖洪恩。遗兹妙谛，后之见者，慎勿膜视。

（卷终）

按：《易筋经》功夫驰名于武术界，曾被著名武侠小说家金庸（1924—2018）在《天龙八部》《笑傲江湖》等书中渲染成"武学中至高无上的宝典"，由此在武术爱好者和武侠迷中甚是泛滥。其实雍正、乾隆年间著名小说家吴敬梓（1701—1754）在《儒林外史》中已经记载《易筋经》（见"第49回"），称练成"握拳能碎虎脑，侧掌能断牛首"（见"第52回"），匡然已被当时坊间传为"武功秘笈"了。

《易筋经》一书历来仅在少数人中秘密传抄，堪称"秘本"。第一次公开刊印，是在道光三年（1823）由傅金铨刻印。傅金铨（1765？—？），字鼎云，号济一子，江西金溪珊城人，生活于清乾隆、嘉庆、道光年间，是清代内丹修炼家，刊印有《道书十七种》。称《易筋经》"运之于内则成道，运之于外则成力"。因此《易筋经》不仅仅是"并其指可贯牛腹，侧其掌可断牛头，努拳可碎虎脑"①的"武功秘笈"，更是一部内丹修炼的"丹经秘典"，是丹道修炼中所不可缺少的重要功夫。各个版本《易筋经》大多载有"紫凝道人跋"，嘉庆年间祝文澜本《易筋经义》明确标署"天启四年岁次甲子三月天台紫凝道人宗衡跋"。从天台山桐柏宫远观南望，即可见紫凝山，重峦叠嶂，秀岩怪石，幽谷奇洞，云雾缭绕，神奇秀丽。据说紫凝山为紫凝道人习武著书之地，紫凝道人之名即是以山为号。在天台山深厚的道、释、武文化的培植下，紫凝道人将南宗修炼和中华武功融为一体，写下《易筋经》一书。著名武术史学家唐豪（1896—1959）在《少林武当考》中指出"此书疑是羽流所作"②，后来进一步断定《易筋经》是天台紫凝道人所著③。明朝天启年间的"天台紫凝道人"，虽难以断定是《易筋经》的作者，但是在《易筋经》的传播上应该说发挥了关键性的作用。

《易筋经》的产生应该与天台山和南宗存在关系，或者说《易筋经》与南宗丹法有着千丝万缕的关系。南宗丹法创始于北宋年间张紫阳（984—1082），著有《悟真篇》，标志着南宗丹法正式形成。《悟真篇》指出："始于有作人难见，及至无为众始知。但见无为为要妙，不知有作是根基。"《易筋经》和《洗髓经》一并而传，《易筋经·总论》说："清虚者，《洗髓》是也；脱换者，《易筋》是也""所言《洗髓》者，欲清其内；《易筋》者，欲坚其外。果能内清虚而外坚固，登圣域在反掌之间耳，何患无成？"又说："以血肉之躯，而易为金石之体。内无障，外无碍，始可入得定去，出得定来。……奋勇坚往，精进如法，行持而不懈，无不立跻于圣域云。"《洗髓经》序中也说："惟《洗髓》义深，精进无基，初学难解，其效亦难至，是为末后之究竟也。及其成也，能隐能显，穿金透石，脱体圆通，虚灵长活，聚而成形，散则为风，然未可一蹴而至也。《易筋》义浅，而入手有据，初学易解，其效易臻，堪为筑基之初起。是必《易筋》之功竟，方可因之而《洗髓》。"《易筋经》外用揉捣腾其筋膜、导引壮其筋骨，是为"有作"之法；《洗髓经》内行清虚而脱体圆通，了"末后之究竟"也，乃是"无为"之功。若果《易

---

① 引自《易筋经》"内壮神勇"。
② 唐豪：《少林武当考》，53页，山西科学技术出版社，2008年。
③ 唐豪：《旧中国体育史上附会的达摩》，《中国体育史参考资料》第四辑，人民体育出版社，1958年。

筋》《洗髓》得其要法渐次而修，必然如《悟真篇后序》所说："大丹之法至简至易，虽愚昧小人得而行之，则立超圣地"也。由此可见《易筋》《洗髓》的功夫，正是南宗丹法先"有作"为基、后"无为"为竟的"先命后性"之丹道修炼程序。

《悟真篇》讲："草木阴阳亦两齐，若还缺一不芳菲。""阴阳得类方交感，二八相当自合亲。"《参同契》也说："同类易施工兮，非种难为巧""欲作伏食仙，宜以同类者"。《易筋经》有《配合阴阳法》说："天地，一大阴阳也，阴阳相交，而后万物生。人身，一小阴阳也，阴阳相交，而后百病无。阴阳互用，气血交融，自然无病。无病则壮，其理分明。然行此功，亦借阴阳交互之义，盗天地万物之元机也。"①《易筋经》的"配合阴阳法"，正是南宗丹法中"阴阳两齐""得类交感"的"同类易施工"的思想。丹士在"当揉之时，冥心内观，着意守中，勿忘勿助，意不外驰，则精、神、气皆附注一掌之下，是为如法火候。若守中纯熟，揉推匀静，正揉之际，竟能睡熟，更为得法，胜于醒守也"。由此可见《易筋经》外用"配合阴阳"相间揉之，丹士内行"冥心内观，着意守中"，非南宗同类阴阳思想作为指导焉能企及之？

最后，谈一下《易筋经》署名"西竺达摩祖师著"的问题。达摩是中国佛教禅宗的创立者，五传而到慧能大师，著有《坛经》。从文献记载来看，达摩不可能是《易筋经》的作者，徐哲东（1898—1967）和唐豪二位先生已经考证的非常清晰，不再赘言。然而内丹修炼自宋元以来，丹家多持"三教合一""道佛双修"的观点，甚至认为禅宗的"正法眼藏、涅槃妙心"就是"金丹大道"。张紫阳在《悟真篇》后序中也称："伯端得达磨、六祖最上一乘之妙旨"。《悟真篇三注》薛道光说："此道正是我达磨祖师西来底意，祖祖相传，皆此道也。……存性，即玉液炼己之功；修命，即金液还丹之道。愚者却谓我教禅宗，一言之下，顿悟成佛，此乃诳惑迷愚，安有是理哉！要知金丹即我教中最上一乘之妙。"从张紫阳到徒裔薛道光等，都是将"金丹"视为禅宗"最上一乘之妙"，认为得到了"达磨、六祖最上一乘"的心法妙旨，甚至视为是达磨、六祖的传承人。由此可以推断，《易筋》《洗髓》二经形成文字，当是出自南宗一派精于文墨者之手笔，以南宗金丹之术仿张紫阳

---

① 引自来章氏本《易筋经》。

祖师上承得达磨"最上一乘之妙旨"的遗风托署"达摩祖师"之名。由于事出有因，《易筋经》等署名"达摩"也不能看做是故意的"造假"和"伪托"。紫凝道人隐居天台紫凝山修炼，该地正是南宗的发祥之地，紫凝道人或许就是南宗的一脉传人也未可知，唐豪先生认定《易筋经》出自紫凝道人之手也难以说完全是空穴来风。即使紫凝道人不是《易筋经》的第一作者，从现有的史料看，他是《易筋经》形成文字以来第一个弘法者和推广人当无疑义。

（盛克琦记）

图书在版编目（CIP）数据

南宗丹书/（北宋）张紫阳等原著；盛克琦编撰
. -- 北京：华龄出版社，2024.1（2024.4 重印）
　ISBN 978-7-5169-2666-6

　Ⅰ．①南… Ⅱ．①张…②盛… Ⅲ．①内丹—古籍—汇编　Ⅳ．① B95

中国国家版本馆 CIP 数据核字（2024）第 007897 号

选题策划	董　魏	责任印制	李未圻
责任编辑	郑建军	装帧设计	陈　志

书　　名	南宗丹书
作　　者	（北宋）张紫阳　等 盛克琦　编撰
出　版 发　行	华龄出版社　HUALING PRESS
社　　址	北京市东城区安定门外大街甲 57 号　邮　编　100011
发　　行	（010）58122255　传　真　（010）84049572
承　　印	文畅阁印刷有限公司
版　　次	2024 年 1 月第 1 版　印　次　2024 年 4 月第 2 次印刷
规　　格	710mm×1000mm　开　本　1/16
印　　张	32.25　字　数　513 千字
书　　号	ISBN 978-7-5169-2666-6
定　　价	158.00 元

版权所有　侵权必究

本书如有破损、缺页、装订错误，请与本社联系调换。